BENELUX WATERWAY

An Enthusiasts Guide

Welcome to the 1st edition of Benelux Waterway Vessels which has .... other sources. We are really grateful to all our European friends \ .... gaps in our database. We have tried to include all cargo and tanker barges along with some auxiliary vessels, including tugs, pilot boats, dredgers, workshops etc. We have endeavoured to be as comprehensive as possible, but due to the sheer physical size of our database we have restricted the details to the following.

Vessel Name/ Flag/ ENI or IMO No/ Length Overall (metres)/ Type/ Build Year/ Tonnage/ MMSI No/ Call-sign

For those of you interested in greater depth (Previous Names/ Building Yard/ Yard No./ Owner etc), nothing comes close to the large annual publication 'Binnenvaart' by W. van Heck and A.M. van Zanten—a real 'must have' for all Dutch barge enthusiasts. Our own publication is an attempt to put enough information into a pocket size book to enable the identification of the many vessels to be seen from the coastal ports to the cities & towns, often hundreds of miles inland. We have catered for the radio and AIS plotters & spotters as well as the photographers and general enthusiasts. The bulk of the vessels contained herein are from the Netherlands and Belgium, but also included are some carrying the flags of Luxembourg, Germany, Switzerland and France and a few others. For those that are new to the hobby will have soon realised that just jotting down the name doesn't necessarily identify a particular vessel as some names (see 'Delta' and 'Fiducia' for example) are carried by many barges and the only sure way is to note the ENI No. and type of vessel. The ENI is usually found on the stern of the superstructure or on the sides of the barge, or even on the edges of the hatch covers. Some are tucked away but should always be carried by European Law. Also, usually carried on each vessel, is Length, Beam, Draught and Tonnage. We have included a full cross-check ENI to Vessel Name index to speed up identification.

VESSEL NAME	in alphabetical order. } = Paired with
FLAG	B = Belgium, CH = Switzerland, D = Germany, F = France, LX = Luxembourg,
	NL = Netherlands, RK = Ukraine, RO = Romania, SB = Serbia, 5N = Nigeria
ENI/IMO No.	European No. = 8 digits beginning 0……., IMO No. = 7 digits
TYPE	# = unpowered
	Cargo (HB) = Houseboat conversion, Cargo (PS) = Preserved sailing ship
	Cargo (P) = Cargo barge converted to passenger use
	Cargo (KVB) = Koppelverbände (Powered pushing vessel and unpowered barge).
	Tug (P) = Pusher tug, Tug (S) = Steam tug, Tug (Fire) = Fire fighting tug,
	Tug (OS) = Ocean going tug, Tug (KW) = Kustwacht (Coast Guard),
	Patrol = Patrol, Tenders etc. Tanker © = Cement Tanker
	MVE = Vehicle Carrier, Ferry = Vehicle/Passenger inland ferry
	APV = Anti-pollution vessel, SPV = Special purpose vessel, SAR = Search & Rescue vessel
LOA	Length of vessel overall (to the nearest metre i.e. 35.49 = 35 but 35.50 = 36)
BUILT	Year of initial build - many vessels rebuilt/converted later.

Since starting this project we have been amazed to find the many different roles that waterway vessels fulfil along with the realisation that some have been operating since the 19th Century – 14 in this book, alone. They vary in size from 9 to 147 metres in length and up to 15,000 tons which undoubtedly reduces the number of trucks on the roads of Europe and should surely be a wakeup call to other countries that have allowed once thriving canal networks to fall into disrepair and decay.

We hope that our 'bit of a list' publication will be of help to enthusiasts who would like to find out about this unique form of transport but couldn't find basic details. In a publication of this size based on personal research there will be vessels included that shouldn't be and vessels not included that should be. Any omissions or alterations that you do find would be gratefully received by the editor and be acknowledged and included in the next edition – thank you.

Compiled by John Eaton - Published 2012 by EGGWords Publications (johnandbabs@orange.net)

BENELUX WATERWAY VESSELS 2012

Vessel Name	Flag	IMO/ENI	LOA	TYPE	BUILT	GT	MMSI No	Callsign
(ANTWERP) 10 (IMO 9211705)	B	06503502	30	Tug	1999		205351190	OT3511
(ANTWERP) 11	B	06503503	30	Tug	1999		205351290	OT3512
(ANTWERP) 20	B	06503799	29	Tug	2002		205360090	OT3600
(ANTWERP) 21	B	06503824	30	Tug	2002		205360190	OT3601
(ANTWERP) 22	B	06503840	30	Tug	2002		205252690	OT2526
(ANTWERP) 30	B	06105141	32	Tug			205501790	OT5017
(ANTWERP) 31	B	06105142	35	Tug			205504190	OT5041
(ANTWERP) 32	B	06105143	32	Tug			205506390	OT5063
(ANTWERP) 70	B		29	Tug	1968		205251490	OT2514
(ANTWERP) 73	B		29	Tug	1968		205252390	OT2523
(ANTWERP) 74	B		29	Tug	1968		205252590	OT2525
(ANTWERP) 75	B		29	Tug	1968		205263790	OT2637
(ANTWERP) 76	B		29	Tug	1968			
(ANTWERP) 80	B	03276800	29	Tug	1976		205253490	OT2534
(ANTWERP) 81	B		28	Tug	1976		205254190	OT2541
(ANTWERP) 82	B		29	Tug	1976		205264290	OT2642
(ANTWERP) 83	B		29	Tug	1976		205264890	OT2648
(ANTWERP) 84	B		29	Tug	1977		205254890	OT2548
(ANTWERP) 85	B		29	Tug	1977		205254790	OT2547
(ANTWERP) 86	B		30	Tug	1977		205257290	OT2572
(ANTWERP) 90	B	06504222	30	Tug	1989		205273990	OT2739
(ANTWERP) 91	B	06504223	30	Tug	1990		205337590	OT3375
(ANTWERP) 92 (IMO 9018579)	B	06504157	28	Tug	1989		205203390	OT2033
A NOUS	NL	02322682	73	Cargo	1961	1000	244660053	PH2041
AALIYAH	NL	02320325	84	Cargo	1962	1200	244730736	PB9674
AALTJE	NL	02309715	20	Tug	1956		244259000	PBPB
AART SR	NL	02319199	29	Cargo	1959	149	244660738	PD3541
AB OVO	NL	03051619	39	Cargo	1963	374	244250773	PD9464
ABEL-NIELS	NL	02318860	100	Cargo	1965	1134	244650810	PH4437
ABEONA	B	06003285	47	Cargo	1964	412	205344590	OT3445
ABYSS	B	06001606	39	Cargo	1957	351	205352390	OT3523
ACACIA	NL	02104694	55	Cargo	1957	924	244710426	PG7322
ACALI	B	06105147	109	Cargo	2009	3321	205375690	OT3756
ACALI II	B		85	Cargo #				
ACCEPI	NL	02318072	80	Cargo	1983	1439		PG5043
ACHERON	B	02329711	95	Cargo	1971	1870		
ACHERON II	B	06105074	83	Cargo	1971	2622	205427290	OT4272
ACHILLES	NL	02333346	110	Tanker	2010	3150	244690695	PB6889
ACIDUM	NL	05306400	67	Tanker	1937	478	211480540	
ACQUIT	B		50	Cargo	1960	640		
ACRITAS	NL	02310511	50	Tanker	1959	267	244700454	PB4275
ACROPOLIS	B	06003644	100	Cargo	2001	4225	205342690	OT3426
ACTIEF	NL	02015186	25	Tanker	1972	116		PF8400

BENELUX WATERWAY VESSELS 2012

Vessel Name	Flag	IMO/ENI	LOA	TYPE	BUILT	GT	MMSI No	Callsign
ACTIEF	NL	02201517	32	Cargo	1931	264		PD2777
ACTIEF	NL	02205074	67	Cargo	1950	800		PG5619
ACTIEF	NL	02300846	70	Cargo	1925	1302	244710190	PF8201
ACTIEF	NL	02311620	60	Cargo	1963	650	244620987	PH6180
ACTIEF	NL	03190035	59	Dredger	1909	102		PD8980
AD WILMA	NL	02100737	30	Cargo	1923	151		
ADANDI	NL	02326178	110	Cargo	2003	3049	244670913	PD4295
ADATO	NL	02313371	77	Cargo	1942	852	244700617	PD5567
ADDIO	NL	02326640	80	Cargo	1981	1266	244650804	PE7479
ADDIO	NL	02330197	135	Cargo	2008	6789	244620701	PC9195
ADELAAR	B	02012519	30	Tug (P)			205430390	OT4303
ADELAAR	NL	02301428	21	Tug (S)	1925	20	244049755	PD9755
ADELAAR	NL	02316726	86	Cargo	1982	1520	244630202	PF8749
ADELAAR	NL	03250293	60	Dredger	1954		244690118	PF9538
ADELANTE	NL	02311664	63	Cargo	1964	649	244650965	PH3202
ADELIEKE	NL	02325159	85	Cargo	1991	1553		
ADELVOTIS	NL	02330417	110	Cargo	2009	3280	244630237	PF8944
AD-FUNDUM	B	06002595	24	Tug (P)	1963	109	205286790	OT2867
ADIO	B	06004105	39	Cargo	1959	361	205270690	OT2706
ADIOS	NL	02352587	55	Cargo	1943	579	244690218	PF3006
ADJA-B	NL	02204396	67	Cargo	1938	480	244710744	PI3406
ADJO	NL	02310192	66	Cargo	1958	699	244700111	PD3690
ADJO	NL	02316507	27	Tanker	1982	120	244710523	PH4680
ADJO 3	NL	02323245	71	Tanker	1997	1089		
ADJO II	NL	02310234	30	Tanker	1958	149	244710524	PH7423
ADMIRAL	NL	02331246	86	Tanker	2008	1700	244690223	PB6330
ADMIRAL	NL	02331666	110	Tanker	2009	2780	244660637	PB2096
ADMIRALENGRACHT	NL	02006003	63	Tanker ©	1963	582	244660256	PF2327
ADMIRATIO	NL	02311913	60	Cargo	1964	738	244670969	PE3339
ADONIA	NL	02300120	39	Cargo	1925	334		
ADORA	NL	02313913	57	Cargo	1957	721		PI3386
ADRIAAN	NL	02324034	50	Dredger	1999	723	244710444	PD3348
ADRIAAN D	NL	02312519	21	Tanker	1967	53	244690431	PB6601
ADRIAAN HENDRIK	NL		15	SAR			244776000	PCDM
ADRIAAN PIETER	NL	02327246	110	Cargo	2005	2704		PD2655
ADRIAAN R	NL	02010210	50	Cargo	1966	523	244710361	PI7335
ADRIANA	NL	02103925	70	Cargo	1965	998		
ADRIANA	NL	02104621	85	Cargo	1973	1727		
ADRIANA	NL	02203650	62	Cargo	1959	499	244670599	PE3865
ADRIANA	NL	02311401	67	Cargo	1922	924	244710328	PD3807
ADRIANA	NL	02311853	60	Cargo	1964	1709	244710215	PD3869
ADRIANA	NL	02314061	77	Cargo	1957	1060		PC5297
ADRIANA	NL	02315228	70	Cargo	1947	976		
ADRIANA	NL	02315561	39	Cargo	1964	386		PG3940
ADRIANA	NL	02327637	86	Cargo	1966	2068	244660618	PD2834

BENELUX WATERWAY VESSELS 2012

Vessel Name	Flag	IMO/ENI	LOA	TYPE	BUILT	GT	MMSI No	Callsign
ADRIANUS	NL	02312732	13	Tug	1968		244710852	PH8083
ADRIATICO	B	06105060	57	Dredger			244020007	PC2104
ADRIENNE	NL	03250248	59	Cargo	1955	606	244660970	PF3878
ADVENDO	NL	02316077	105	Cargo	1980	2719		PH6181
ADVENTURE	NL	02326687	110	Tanker	2004	3186	244630706	PH2551
ADVERSA	B	06001820	90	Cargo	1978	1597	205262590	OT2625
AEGIR	NL	02306783	19	Tug	1946	15	244660659	PD2303
AEMERACK	NL	02310266	38	Cargo	1958	306	244670128	PD4238
AEOLUS	NL	02320789	85	Cargo	1962	1375	244250811	PG8879
AEOLUS	NL	03051334	61	Dredger	1955	796	244660864	PI5371
AFHANKELIJK	NL	02205039	85	Cargo	1980	1550	244670877	PD6890
AFHANKELIJK	NL	02315918	67	Cargo	1948	803		PD3146
AFRA	NL	02311766	46	Cargo	1964	605		PF4233
AFSLUITDIJK	NL	02011373	52	Cargo	1992	437		PF5132
AGAMEMNON	NL	02319271	85	Cargo	1978	1597		PI3404
AGATHANGELUS	NL	02300240	86	Cargo	1926	1698		PE3168
AGENA	B	01823215	38	Cargo			205503890	OT5038
AGENTIA	NL	02100983	67	Cargo	1928	1021	244670695	PE6485
AGMA S	NL	02320844	71	Cargo	1971	995	244690076	PE3676
AGORA	B	06003701	70	Cargo			205425590	OT4255
AHEAD	B		60	Cargo	1961	700	205452490	OT4524
AHOY II	NL	02326320	63	Cargo	1957	441	244710610	PE4023
AIRSET	NL	02719833	32	Dredger			244690116	PD8904
AISANCE	NL	02315216	77	Cargo	1962	1148	244660071	PD3931
AJIS	B	06003749	55	Cargo	1961	693		
AKERSLOOT	NL		13	Ferry	2010	15	244700619	PB8028
AKKRES	NL	03230304	47	Cargo	1958	410		
ALABAMA	NL	02104285	63	Cargo	1947	755	244630534	PI3001
ALADIN	NL	06003722	70	Cargo	1953	1040	244700199	PB7389
ALAIN	B	06002324	85	Tanker	1989	1663		
ALANY	NL	02316425	22	Tug (P)	1939		244070235	PH65Q6
ALASKA	NL	02313023	17	Tug (P)	1973	49	244670549	PE9190
ALASKA	B	06105037	110	Tanker	2008	2954	205401290	OT4012
ALBA	NL	02317905	17	Tug	1911		244670012	PH2152
ALBATROS	NL	02008181	42	Cargo	1967	335		PF4617
ALBATROS	NL	02100968	42	Cargo	1909	316		PE3998
ALBATROS	NL	02307415	80	Cargo	1949	1307	244620095	PD4764
ALBATROS	NL	02310674	56	Cargo	1960	418	244710476	PG4114
ALBATROS	F	02316167	55	Cargo	1964	653	244690573	PG8925
ALBATROS	NL	02316293	67	Cargo	1962	890	244650926	PD4077
ALBATROS	NL	02316862	19	Tug (P)	1982	51		
ALBATROS	NL	02327168	81	Cargo	2005	1728	244670476	PD7698
ALBATROS	NL	03250299	73	Dredger	1964	1602	244660828	PD7952
ALBATROS	B	9545651	49	Dredger			205538000	ORPB
ALBATROS (A996)	B		28	Military			205220000	ORIA

BENELUX WATERWAY VESSELS 2012

Vessel Name	Flag	IMO/ENI	LOA	TYPE	BUILT	GT	MMSI No	Callsign
ALBATROS 2	NL	02316862	19	Tug	1967		244660550	PF4157
ALBATROS IV	NL	02305547	50	Cargo	1907	518		
ALBATROS V	NL	02303097	50	Cargo	1913	534		PD9372
ALBEMAR	B	06000684	39	Cargo	1965	400	205376790	OT3767
ALBERANTO	NL	04802360	109	Tanker	1977	3295		
ALBERDINA	NL	03050620	11	Tug	1937	11	244322000	PC8069
ALBERT SR	NL	02103132	38	Tanker	1956	212		
ALBERTINA	NL	03280169	50	Cargo	1923	533	244660662	PF5476
ALBERT-R	NL	03051726	21	Tug	1939	19	244110012	PD3473
ALBLASSERWAARD	NL	02104348	70	Cargo	1949	906	244660620	PD2245
ALBULA	NL	02314853	60	Dredger	1948	503		PD7547
ALCANTARA	B	06004168	110	Cargo	2001	3038	205372090	OT3720
ALCATRAZ	B	06003049	80	Cargo	1971	1217	205205690	OT2056
ALCEDO	B	06004262	111	Cargo	1996	2706	205381890	OT3818
ALCEDO	LX	9190315	86	Tanker	1948		246419000	PCFL
ALCYON	NL	02304687	80	Cargo	1930	1372	244700733	PG8877
ALDABRA	NL	02332525	110	Tanker	2009	2700	244660520	PB4764
ALDEANO	NL	02323214	81	Cargo	1966	1397	244660134	PB4506
ALDEMARIN	NL	02204481	67	Cargo	1953	732	244660780	PI8089
ALEA	B	06001510	80	Cargo	1955	1127	205379090	OT3790
ALEGRIA	NL	02103611	39	Cargo	1962	351	244700906	PD9071
ALEGRIA	NL	02311023	22	Tanker	1961	57	244730451	PD3588
ALEKSANDER	NL	02327526	85	Cargo	1961	1146		
ALENA	NL	02309268	60	Cargo	1955	633	244660945	PD2833
ALETTA	NL	02317499	67	Tanker	1958	882	244660135	PF4362
ALETTA	NL	02318820	110	Cargo	1990	2511	244660314	PG8663
ALEX	NL	02317562	72	Tanker	1958	938	244700461	PE3677
ALEXANDER	NL	02313022	55	Cargo	1964	569	244710359	PB8537
ALEXANDER	NL	02325290	100	Cargo	1970	1678	244660190	PF6042
ALEXANDRA	NL	02332975	135	Cargo	2010	5503	244660931	PB4978
ALEXANDRIS	NL	02313003	75	Tanker	1970	1023		PH9075
ALEXIA	B	02327260	110	Tanker	2005	3566	205391990	OT3919
ALFA	NL	02308371	46	Cargo	1922	415		
ALFA	B	06004286	80	Tanker	1963	1127	205475890	OT4758
ALFA MEA	NL	02313934	80	Cargo	1965	1324	244670490	PG7924
ALGRA	NL	02304969	50	Cargo	1930	534		PF3813
ALIANA	NL	02204884	80	Cargo	1972	1121		
ALICE	NL	02205557	30	Tanker	1957	130	244730279	PG9984
ALIDA	NL		10	SAR			246352000	PCLN
ALIDA	NL	02310954	61	Cargo	1961	495	244660296	PD3809
ALIE	NL	03310510	17	Tanker	1964	61		
ALIE-JAN	NL	02331761	86	Tanker	2008	1700	244670119	PC8295
ALINDA B	NL	02317730	63	Tanker	1957	769		PE7004
ALISMA	NL	02336709	90	Tanker	2005	2408	244670157	PI3387
ALJA	D	02314164	80	Cargo	1955	1129	244710776	PE9409

5

BENELUX WATERWAY VESSELS 2012

Vessel Name	Flag	IMO/ENI	LOA	TYPE	BUILT	GT	MMSI No	Callsign
ALJA	NL	02317608	24	Tug (P)	1941		244710776	PE9409
ALJA	NL	02331320	135	Cargo	2009	4202	244690826	PD7972
ALJEBA	B	06000944	75	Cargo		891		
ALK	NL	02314235	80	Cargo	1975	1374		PD3261
ALLEGONDA	NL	02308875	27	Cargo	1931	132		
ALLEGONDA	NL	02331244	110	Cargo	2009	3344	244630178	PE8526
ALLEGONDA L	NL	02202487	39	Cargo	1925	274		PH4440
ALLEGRO	NL	02313036	80	Cargo	1931	1644	244690999	PH9418
ALLEGRO	NL	02332618	105	Cargo	1989	2433	244730609	PG8402
ALLEGRO	B	06105004	135	Cargo	2007	4152	205386990	OT3869
ALLETTE	NL	02204092	70	Cargo	1966	750	244660200	PE4648
ALLIANCE	NL	02329651	135	Cargo	2007	4005	244070940	PE5368
ALLIANTIE	NL	02316522	100	Cargo	1981	2105	244690220	PD7521
ALLIANTIE	NL	02323837	86	Tanker	1998	1507		
ALLiGATOR	B		28	Dredger			205126000	ORTA
ALLONS	NL	02319861	67	Cargo	1961	857	244740426	PD5288
ALM	NL	02308670	86	Cargo	1924	1525	244660181	PG2676
ALMA	NL	02326076	86	Cargo	2003	1888	244710188	PF4141
ALMA	B	06000773	50	Cargo				
ALMAJO	NL	02325650	105	Cargo	1978	2327	244615944	PI5152
ALMERE 4	NL	02204918	28	Tanker	1960	110	244670370	PH9333
ALMERE 7	NL	03051576	28	Tanker	1962	169	244730276	PG9994
ALMERI	NL	02203565	47	Cargo	1926	486		PE7606
ALMERIA	B	06004165	110	Tanker	2006	2300	205372690	OT3726
ALMI	B			Cargo				
ALMIRA	NL	02329408	110	Tanker	2007	3585	244670433	PD6162
ALOHA	NL	02326567	95	Tanker	1985	2213	244670563	PI2230
ALPA 2	NL	02309841	67	Tanker #	1957	920		
ALPHA	NL	02102268	19	Tug (P)	1942	22	244740971	PE4653
ALPHA	NL	02302413	50	Cargo	1911	501	246317655	PD5781
ALPHA	NL	02309191	23	Tug	1955	26		
ALPHA	NL	02328422	110	Tanker	2007	3143	244123654	PAJM
ALPHA	B	06504083	50	Tanker ©		397		
ALPHA 3	NL	02330454	110	Tanker	2008	2777	244620869	PF2798
ALPHEUS	NL	02325795	110	Tanker	2003	2971	244710549	PG9898
ALPHONSE LETZER	B	7615593	49	Tug	1977		205019000	ORLC
ALPHONSIA MARIA	NL	03050011	33	Cargo	1913	155		
ALPI	NL	02104104	73	Cargo	1960	1047	244710362	PE3012
ALSACE + HOLLANDE(02329039)	F	02329040	105	Cargo	2007	1949	244660556	PB4786
ALSVIN	B	06004017	110	Cargo	2004	2634	205319790	OT3197
ALTENA	NL	02103987	73	Cargo	1965	861	244660226	PF8240
ALUDRA	NL	02317205	67	Cargo	1950	945		PD5888
ALWA 1	NL	02312714	85	Cargo	1958	1200	244620517	PD2401
ALWI-B	NL	02103887	67	Dredger	1964	958	244660917	PF8632

BENELUX WATERWAY VESSELS 2012

Vessel Name	Flag	IMO/ENI	LOA	TYPE	BUILT	GT	MMSI No	Callsign
ALYCIA	B	06000687	80	Cargo	1958	1293	205280890	OT2808
ALY-SON	B	06004156	67	Cargo	1957	910		
ALYSSIA	B	06003075	56	Cargo	1962	615	205220990	OT2209
AMADEUS	NL	9281592	87	Cargo	2003	1723	244316000	PBJK
AMALFI	NL	03270629	70	Cargo	1963	938	244730015	PF4828
AMALIA	NL	02326711	110	Tanker	2004	4207	244670100	PH3607
AMALIA	NL	02333547	110	Cargo	2010	3225	244710324	PB8521
AMANDA-NATHALIE	NL	02318979	80	Tanker	1963	1250	244660384	PD3872
AMANDUS	NL	02322992	100	Cargo	1972	2052	244670869	PD2503
AMARA	B	06001814	85	Cargo	1957	1429	205348690	OT3486
AMARANTHUS	NL	02331716	110	Cargo	2011	3238	244710698	PB8784
AMARE	NL	03270663	56	Cargo	1963	620	244700980	PG5628
AMARIGE	B	06002467	82	Cargo	1965	1050	205234090	OT2440
AMARONE	NL	02332868	135	Tanker	2009	6355	244660152	PB4524
AMASUS	NL		16	Patrol			246039000	PBVG
AMATIS	NL	03170860	57	Tanker	1965	590	244670496	PH4422
AMAZONE	NL	02315771	68	Cargo	1960	812	244650990	PG3663
AMAZONE	NL	02322517	93	Cargo			244700642	PD9353
AMAZONE	NL	02322692	105	Cargo	1976	2854	244670351	PE4131
AMAZONE	NL	02332193	135	Cargo	2009	5103	244650312	PB3216
AMBERES	B	06000249	74	Cargo	1940	1000		
AMBERES	B	06105022	135	Cargo	2007	4711	205392290	OT3922
AMBIORIX	B	06000633	70	Cargo	1966	1014		
AMBITIE	NL	02319014	86	Cargo	1965	1675	244690352	PE6208
AMBITIE	NL	03031853	63	Cargo	1964	803	244620985	PD8973
AMBIVALENT	NL	02007930	62	Cargo	1964	670	244180088	PE5823
AMBRO	B	06003095	110	Cargo			205339290	OT3392
AMBULANT	NL	02313457	80	Cargo	1969	1200	244700179	PE3694
AMBULANT	NL	02315575	80	Cargo	1956	1110	244660469	PF6821
AMBULANT	NL	03040409	22	Dredger	1925	63	244710327	PD4156
AMELAND	NL	02318995	77	Cargo	1989	1310	244730486	PI2862
AMELIE 1	NL	06105001	110	Tanker	2008	3189	244670192	OT3931
AMELIE 2	LX	02333163	110	Tanker	2010	4250	244710710	PB4837
AMENTO	NL	06003704	110	Cargo	2001	2454	244710358	PD8226
AMER	NL	02324070	24	Workshop	1999	50	244710445	PC5953
AMER	NL	02330192	13	Patrol			244710198	PD4972
AMER	NL	03150123	37	Cargo	1929	156		
AMERSTROOM	NL	02319840	86	Cargo	1970	1817	244700469	PE8492
AMESHA I	NL	02331845	96	Cargo	2009	2516	244690441	PB6609
AMESHA II	NL	02331846	77	Cargo #	2009	2233		
AMETHYST	NL		110	Tanker	2009	4200		
AMETHYST }	NL	02327085	104	Cargo	2005	3189	244710305	PI2069
AMETHYST II }	NL	02327086	86	Cargo #	2005	2786		
AMICE	NL	02312572	27	Tug (P)	1924			
AMICE	NL	02330198	135	Cargo	2008	3939	244620677	PE7162

7

BENELUX WATERWAY VESSELS 2012

Vessel Name	Flag	IMO/ENI	LOA	TYPE	BUILT	GT	MMSI No	Callsign
AMICE	NL	03031777	59	Cargo	1961	707	244630581	PG3902
AMICE	NL	03051467	55	Cargo	1959	604	244630581	PG3902
AMICITIA	NL	02321851	86	Cargo	1962	1789		
AMIE	NL	02204207	39	Cargo	1967	366		
AMIGO	NL	02315410	23	Tug (P)	1938		244710664	PH3673
AMIGOS	NL	02323626	135	Cargo	1974	3923	244660073	PE6892
AMIRA	NL	02331447	110	Cargo	2008	3214	244660365	PD2848
AMIRAL	B	06000826	55	Cargo	1962	699	205295290	OT2952
AMISTADE	NL	02332451	135	Tanker	2009	6232	244650552	PB3798
AMODO	NL	02104333	67	Cargo	1947	872		PH2137
AMOR	NL	02303134	51	Cargo			244670847	PD7103
AMOR	NL	02313113	21	Tanker	1971	54		PC7122
AMOR	NL	02320213	17	Tug	1945		244690364	PD4562
AMOR VINCIT	NL	02100698	64	Cargo	1909	802		
AMORE	NL	02317544	73	Cargo	1962	1025	244700530	PD4587
AMORE	B	06002212	68	Cargo	1962	1009	205219990	OT2199
AMORE VICI	NL	03310500	55	Cargo	1964	607		PE7199
AMORSITA	B	06003456	59	Cargo	1964	749		
AMOUR	B	06003664	70	Cargo	1963	999		
AMOUREUS	NL	02327408	135	Cargo	2006	3696	244010131	PD2888
AMPHIRA	B	06004290	80	Cargo		1309	205505190	OT5051
AMPHIRO	NL	02332862	110	Tanker	2009	4306	244660252	PB4561
AMPHIRO	B	06001370	67	Cargo	1956	882		
AMPHORA	NL	02204068	67	Cargo	1966	821	244650828	PF6201
AMSTEL	NL	03011445	37	Workship	1938	102		PD9670
AMSTELLAND	NL	02328593	86	Tanker	1968	1726	244700266	PD4773
AMSTELPLUS	NL	02006663	24	Tanker	1969	79	244690439	PF8780
AMSTELSTROOM	NL	02305769	37	Cargo	1936	163		PH3888
AMSTELSTROOM	NL	02316225	90	Tanker	1980	1978	244020692	PG5436
AMSTELSTROOM	NL	03051380	10	Tug	1931		244260765	PG3443
AMSTELSTROOM	NL	9295775	26	Tug			246203000	PIAS
AMSTERDAM	NL	02326056	110	Tanker	2003	3156	244660188	PF9099
AMULET	NL	02333259	135	Tanker	2010	6752	244700837	PB8201
AN.KA	NL	02104346	85	Tanker	1970	1496		PE8867
ANACONDA	NL	02102404	24	Tug (P)	1914	21	244660118	PB4491
ANACONDA	NL	02332448	135	Cargo	2010	3306	244650880	PB4342
ANACONDA I }	NL	02321948	104	Cargo	1995	3018		PD4890
ANACONDA II }	NL	02322001	86	Cargo	1995	2643		
ANANJA	NL	02203924	50	Cargo	1963	535	244630877	PD6527
ANARA	NL	02311431	67	Cargo	1962	951		PC3713
ANBENO	NL	02322084	85	Cargo	1973	1573	244740689	PD3231
ANCA	NL	02305299	41	Cargo	1906	360		
ANCILLA	NL	02104894	39	Cargo	1959	379	244730608	PF2962
ANCLAJO	NL	02329379	86	Tanker	2007	1681	244700618	PD2735
ANCOR	NL	02304182	80	Cargo	1929	1377		

BENELUX WATERWAY VESSELS 2012

Vessel Name	Flag	IMO/ENI	LOA	TYPE	BUILT	GT	MMSI No	Callsign
ANCOR	NL	03350406	57	Cargo	1956	522	244660161	PD8761
ANCORA	NL	02311956	65	Cargo	1965	805	244710266	PH6114
ANCORA IMPARO	NL	02310230	63	Cargo	1958	706		PD7561
ANDA	NL	02332439	135	Cargo	2009	3679	244660065	PB4448
ANDA (II)	NL	02304794	86	Cargo	1930	893	244670332	PD4346
ANDANTE	NL	02311533	70	Cargo	1963	835	244710274	PG7930
ANDANTE	NL	02324191	86	Cargo	1999	1850	244690814	PF5668
ANDERE BOEG	NL	02210531	55	Cargo	1963	723		PD4918
ANDISA	B	06004009	50	Cargo	1929	529	205355390	OT3553
ANDRE	NL	02310838	67	Cargo	1966	1011	244730861	PF9296
ANDREA	NL	02332896	135	Cargo	2010	3933	244660339	PB4614
ANDREAS	NL	02201571	21	Cargo	1921	29	244020016	PD3217
ANDRE-B	NL	9451252	31	Tug	2008		245188000	PHON
ANDROMEDA	NL	02205110	67	Cargo	1949	800	244660445	PG9947
ANDROMEDA	NL	02317831	85	Cargo	1986	1703		PF9504
AN-DY	NL	02316487	67	Tanker	1954	790	244690851	PI5289
ANGE	NL	02300506	46	Cargo	1915	407		PF5057
ANGELA CATHARINA	NL	03170330	30	Cargo	1910	91		
ANGELIQUE	NL	02006135	80	Tanker	1964	1374		PD5000
ANGELIQUE	NL	02315164	50	Cargo	1930	614		PG5176
ANGELIQUE	NL	02333629	125	Tanker	2010	4875	244730048	PB9049
ANGELO	NL	04302650	39	Cargo	1932	325		
ANIMA	NL	02313165	67	Cargo	1957	876	244710694	PD4694
ANIMAR	NL		105	Cargo			244670674	PE6725
ANIMAR	NL	02332008	110	Cargo	2009	3332	244670645	PB5561
ANIMATO	NL	03310490	61	Cargo	1963	655	244670154	PF2507
ANIMO	NL	02004712	39	Cargo	1955	352		
ANIMO	NL	02300158	50	Cargo	1925	566	244670964	PF3625
ANIMO	NL	02301928	41	Cargo	1927	359		PD7100
ANIMO	NL	02304281	45	Cargo	1969	119		
ANIMO	NL	02318863	85	Cargo	1955	1146	244660584	PD7819
ANIMO	NL	02319464	60	Cargo	1907	608	244690773	PD9746
ANIMO	NL	02324073	86	Cargo	1999	1769	244670217	PI3287
ANIMO III	NL	02315258	39	Cargo	1963	363	244710432	PD6688
ANITA	NL	02204281	20	Tanker	1969	119	244730280	PF9221
ANITA	NL	02309001	23	Tug	1954		244700392	PI2352
ANITA	NL	02310111	62	Cargo	1957	728	244630191	PD2644
ANITA	NL	02313958	105	Cargo	1971	2003	244700571	PD4363
ANITA	B	06000414	47	Cargo	1952	448		
ANJA	NL	02101127	58	Cargo	1911	606	244110578	PH2275
ANJA	NL	02327417	110	Tanker	2006	3180	244710116	PD2759
ANJA I	NL	04805400	99	Cargo	1976	1784	244710392	PE5529
ANJA II	NL	02101027	80	Cargo #	1972	1473		
ANJA V	B	06000394	80	Cargo	1929	1350		
ANJE	NL	02310271	43	Cargo	1959	401	244660434	PG8875

BENELUX WATERWAY VESSELS 2012

Vessel Name	Flag	IMO/ENI	LOA	TYPE	BUILT	GT	MMSI No	Callsign
ANJELIERSGRACHT	NL	02332160	86	Tanker	2009	1637	244010413	PG4823
ANJER	NL	02100858	39	Cargo	1900	251		PE7135
ANJE-W	NL	02306694	40	Cargo	1916	321	244690292	PF3562
ANJO	NL	02302017	42	Dredger	1909	277	244730387	PC3754
ANKARA	B	06000615	67	Cargo	1928	1019	205500690	OT5006
ANKERPOORT 2	NL	02324829	77	Cargo	1981	2196		PD3061
ANLE	NL	02301448	50	Cargo	1927	555	244070554	PD2482
ANLK	NL	03242287	17	Tug			244690920	PE9676
ANMARES	NL	03021433	62	Cargo	1965	652	244700496	PH9990
ANNA	NL	02318658	85	Cargo	1964	1298	244620749	PF9960
ANNA	NL	02319270	100	Cargo	1979	1989		PG8301
ANNA	NL	03050640	39	Cargo	1913	2199		
ANNA ARINA	NL	02310625	59	Cargo	1960	782		PE3968
ANNA ARINA	NL	02319887	86	Cargo	1956	1185	244700332	PD4317
ANNA B	LX	9339002	60	Workship	2006		253327000	LXLP
ANNA CATHARINA	NL	02321976	40	Workship	1994	424		PD9374
ANNA DOROTHEA	NL		11	SAR			244904000	PCQR
ANNA MARGARETHA	NL		19	SAR			246175000	PIAA
ANNA MARIE	NL	02318905	17	Tug (P)	1989			PD6449
ANNA SORAYA	NL	02313990	77	Tanker	1957	1085		PH2372
ANNA Z	NL	06003535	67	Cargo	1928	920	244730970	PD2017
ANNE	NL	02100213	50	Cargo	1923	458	244660343	PE6697
ANNE	NL	02324932	70	Workship	2000	941	244650162	PB2846
ANNE MARIE	NL	02321537	105	Cargo	1972	1890	244700031	PG2348
ANNE M	NL	02323460	102	Cargo	1913	2412		PC2621
ANNEKE J	NL	02322760	80	Cargo	1924	1332	244700178	PE5297
ANNEMARIE	NL	02301010	67	Cargo	1926	889		PD3084
ANNEMARIE	NL	02303047	60	Cargo	1891	768		
ANNEMIEKE	NL	02312206	16	Tug (P)		6		
ANNETTE MARIA	NL	02328754	111	Cargo	2007	2523	244710007	PD8119
ANNICO	B	06002497	80	Cargo	1959	1099	205278690	OT2786
ANNIE	NL	02315102	50	Cargo	1965	572	244670546	PE7234
ANNIE III	NL	02011587	22	Tug	1956		244660979	PD8990
ANNIE IV	NL	02323317	25	Tug (P)	1966	48	244660978	PD2070
ANNIE POULISSE	NL		10	SAR			245686000	PCSC
ANNINA	NL	02309382	64	Cargo	1955	803		
ANNY	NL	02005665	50	Cargo	1960	373		PD5985
ANROMA]	NL	02323909	110	Cargo	1999	2495	244660723	PC5459
ANROMA II]	NL	02324261	87	Cargo	1999	2000		
ANSA	NL	03011837	60	Cargo	1965	739	244710091	PD5244
ANTA	NL	02315544	51	Cargo	1964	576	244700757	PI2572
ANTALYA	B		105	Cargo			205500890	OT5008
ANTARCTICA	NL	03110604	80	Cargo	1964	1190	244710072	PG7397
ANTARES	NL	02310590	40	Tanker	1960	256		PG7788
ANTARES	NL	02315684	57	Cargo	1959	707	244710222	PF4588

BENELUX WATERWAY VESSELS 2012

Vessel Name	Flag	IMO/ENI	LOA	TYPE	BUILT	GT	MMSI No	Callsign
ANTEROS	NL	06004132	80	Cargo	1957	1125	244670775	PH9234
ANTHONIE	NL	02313377	70	Cargo	1972	908	244650853	PH9589
ANTHONIE I	NL	02327257	34	Tanker	1961	149	244710406	PD4009
ANTHONIE II	NL	02313193	24	Tanker	1971	100	244710408	PI8473
ANTHONIE III	NL		110	Tanker	2009		244710407	PC5641
ANTHONIE III	NL	03250289	19	Tanker	1962	53		
ANTHONIE V	NL	04019530	41	Tanker			244710972	PB8971
ANTIDA	NL	02313503	85	Cargo	1969	1299	244670643	PI7168
ANTIEKEXPRESS	NL	04802510	77	Cargo	1962	1186		PB8120
ANTIGOON	B	06003782	85	Cargo	2002	1635	205356090	OT3560
ANTIGOON	B	06502949	14	Tug (P)	1965		205402090	OT4020
ANTIGOON	B	06503006	48	Tanker			205249490	OT2494
ANTILOPE	NL	02309448	39	Cargo	1955	345	244740336	PD4437
ANTILOPE	NL	02311762	70	Cargo	1934	906		
ANTIO	NL	02204781	73	Cargo	1956	1633	244670453	PD4187
ANTIQUITEIT	NL	02321773	21	Cargo			244730019	PD5783
ANTISANA	NL	02319192	80	Cargo	1974	1906	244740114	PG8778
ANTOINETTE	NL		18	SAR			246608000	PBUA
ANTON	NL	03350440	21	Cargo	1924	58		
ANTON	B	06004282	110	Tanker	1987	3200	205392190	OT3921
ANTONIA	NL	02311037	39	Tanker	1961	249	244740487	PE8443
ANTONIE	NL	02318724	85	Tanker	1988	2060	244660713	PF7134
ANTONIE	NL	02330094	110	Cargo	2008	3008	244030668	PG5611
ANTONIE C	NL	02333289	110	Tanker	2010	4284	244690328	PB2066
ANTONIE IV	NL	03150361	18	Tanker	1958	66	244710409	PE5177
ANTONIUS	NL	03110560	65	Tanker	1963	699	244660050	PF8581
ANTWERP	NL	02327111	110	Tanker			244710897	PD3554
ANTWERPEN	NL	03011981	39	Tanker	1953	250		
ANTWERPEN	B	06001783	85	Tanker	1972	2188		
ANWI-JA	NL	02325297	85	Tanker	1971	2261		PD4171
APACHE	B	06001928	85	Cargo	1982	1599	205217990	OT2179
APHODIUS	B	06002379	79	Tanker	1960	1244		
APHRODITE	NL	02322901	110	Tanker	1997	2511		
APHRODITE	NL	06105000	110	Tanker	2007	3164	244050207	PG5091
APHRODITE	LX	08023057	85	Cargo			253242212	LX2212
APOLLO	NL		21	Pilot			244287000	PCDH
APOLLO	B			Cargo				
APOLLO	NL	02301893	80	Cargo	1926	1330		PF2819
APOLLO	NL	02322780	110	Tanker	2010	2807	244730982	PD2535
APRIL	NL	02319980	85	Cargo	1956	1443		PI6201
AQUA ALBIS	NL	02333388	86	Tanker	2010	1795	244700668	PB8069
AQUA AMISIA	NL	02326540	35	Tanker	1958	210	244700288	PH2313
AQUA IBERIA	NL	02104625	73	Tanker	1972	905	244670391	PD5845
AQUA MARE	NL	03011642	25	Tanker	1957	87	244700289	PC2279
AQUA MOSA	NL	02311621	49	Tanker	1963	440	244700287	PD7420

BENELUX WATERWAY VESSELS 2012

Vessel Name	Flag	IMO/ENI	LOA	TYPE	BUILT	GT	MMSI No	Callsign
AQUA MYRA	NL	02319046	110	Cargo	1989	3168	244630035	PC5373
AQUA NOVA	NL	02319024	70	Cargo	1961	1055	244180257	PD4854
AQUA RHENANIA	NL	02203920	50	Tanker	1963	488	244650017	PE3593
AQUA SCALDIS	NL	02104418	49	Tanker	1970	481	244700290	PD3477
AQUA TEAM	NL	02333764	85	Tanker	2010	1515	244660497	PB4410
A-QUADRAAT	NL	02325946	110	Cargo	1957	2507	244010107	PD3855
AQUALITY	B	02326705	70	Cargo	1964	1024	205426590	OT4265
AQUAMARIN	NL	02323566	110	Tanker	1958	2339	244740576	PD2091
AQUAPOLIS	B	06105002	135	Cargo	2007	5187	205384790	OT3847
AQUARANT	NL	02302647	86	Tanker	1927	1312	244690543	PE3815
AQUARANT	NL	02313734	85	Cargo	1950	1199	244670036	PD9683
AQUARIUS	NL	02003079	18	Tanker	1931	41		PD5655
AQUARIUS	NL	02005425	56	Cargo	1956	577		PF7840
AQUARIUS	NL	02104793	23	Tug (P)	1941			
AQUARIUS	NL	02310182	56	Tanker	1958	515	244070327	PE8965
AQUARIUS	NL	02316687	67	Cargo	1957	883	244620978	PD9521
AQUATICUS	NL	02004504	50	Cargo	1943	442	244710712	PD7501
AQUATIQUE	NL	03170650	61	Cargo	1959	700	244650821	PF5227
AQUILA	NL		23	Pilot			246656000	PBXA
AQUILA	NL	02309873	26	Tug (P)	1957		244710842	PH3300
AQUILON	NL	01823375	110	Tanker	2006	3400		
AQUITAINE	NL	02319450	69	Cargo	1958	958	244700039	PI3221
ARA	NL	02305999	16	Tug	1938		244740735	PD7019
ARA	NL	02314076	80	Cargo	1928	1244	244700277	PE5896
ARAFURA	NL	03040195	38	Cargo	1928	251		
ARAGON	B	06105051	110	Cargo	2008	5558	205434090	OT4340
ARANKA	NL	02003576	42	Cargo	1912	352		PD4045
ARBON	B	06002019	85	Tanker	1972	1832	205267790	OT2677
ARCA	NL	02317628	67	Cargo	1981	909		
ARCA	NL	9167966	83	Patrol			244454000	PDHT
ARCADIA	B	06001867	55	Cargo	1954	498	205455590	OT4555
ARCADIE	B	06002226	100	Cargo	1987	1999		
ARCHIMEDES	NL	02332135	110	Cargo	2010	3388	244670379	PB5299
ARCHIMEDES	NL	04029390	86	Tanker	1987	1502	244650866	PE3666
ARCILLA	NL	02206539	110	Cargo	1993	2706	244670429	PD7142
ARCTIC	NL	02324550	110	Tanker	2006	3180	244670152	PD4235
ARCTIC	NL	02328895	90	Cargo	2007	2467		
ARCTURUS	NL	02307890	23	Cargo			244670535	PH3184
ARDEA	LX	9190327	86	Tanker	1999	2750	246414000	PCHW
ARDENTE	NL	02305132	60	Cargo	1920	741		PD7194
ARDITO	NL	02006412	75	Cargo	1961	1150	244710333	PI2185
ARENA	NL	02333091	110	Cargo	2010	3420	244670779	PB5702
ARENA NAVIS	NL	02313468	81	Cargo	1939	1164	244660269	PD2020
AREND	NL	02316425	17	Tug (P)	1981	15		
AREND	B	06004183	50	Tanker	1981	435		

BENELUX WATERWAY VESSELS 2012

Vessel Name	Flag	IMO/ENI	LOA	TYPE	BUILT	GT	MMSI No	Callsign
ARENDA	NL	03051415	68	Cargo	1958	1102	244700725	PH4398
ARENDINA	NL	02313128	65	Cargo	1943	705		PI4616
ARESE	NL	02331690	135	Cargo	2009	4406	244630134	PD8183
ARGANON	NL	02334277	110	Tanker	2011	6100		PG4499
ARGAS	NL	02316918	54	Tanker	1983	584	244670085	PF8154
ARGO	NL	02201548	37	Cargo	1932	288		PH9982
ARGO	NL	02310683	55	Cargo	1960	608		PG4973
ARGO	NL	02313745	74	Cargo	1952	987	244030852	PH4412
ARGO NAVIS	NL	02313805	67	Cargo	1958	1040	244650798	PG2920
ARGONAUT	NL	02004674	27	Dredger	1931	62		PC5989
ARGONAUT	NL	03310488	90	Tanker	1964	1499	244690545	PD8302
ARGOS	NL	02319850	80	Cargo	1958	1135	244020011	PE8423
ARGUS	NL	02322375	26	Tug	1955	80	244700383	PD4593
ARGUS	NL	02326274	86	Cargo	2005	1919	244730009	PC5559
ARGUS	B	06003944	110	Cargo	2003	3027	205368590	OT3685
ARIANE	NL	02331118	86	Tanker	2008	1660	244670096	PH4517
ARIANE	NL	02333549	105	Cargo	2010	2290	244710325	PB8522
ARIE	NL	02302530	50	Cargo	1924	566	244690426	PD2986
ARIE CORNELIS	NL	02103585	49	Cargo	1962	323	244750048	PE6672
ARIE LEENDERT	NL	02318976	86	Cargo	1980	1636	244690569	PH2579
ARIE V	NL	03030026	50	Cargo	1925	436		PG8340
ARIE VISSER	NL		19	SAR			244413000	PCEK
ARIELA	NL	02301794	67	Cargo	1927	927	244056826	PE6826
ARIES	NL	02304893	50	Cargo	1930	551	244700646	PF7896
ARINA	NL	02104543	77	Cargo	1958	1078		
ARINOS	B			Cargo				
ARION	NL	7528491	29	Tug	1976		244699000	PFBZ
ARISON	D	02314427	80	Cargo	1961	1118		
ARISTO	NL	02326985	105	Cargo	2005	2407	244690231	PG3521
ARIZONA	B	06003602	85	Cargo	2000	1320	205346890	OT3468
ARIZONA I }	NL	07001635	110	Cargo	1990	2625	244690652	PD9163
ARIZONA II }	NL	07011817	80	Cargo	2005	2080		
ARJA	NL	02313993	74	Cargo	1951	963	244730288	PH6492
ARJA	NL	03030021	64	Cargo	1925	855	244690009	PD3812
ARK	B	06002307	55	Cargo	1959	750	205291790	OT2917
ARKANSI	NL	02322290	80	Cargo	1962	1301	244730767	PG2466
ARKERVAART	NL	02311912	55	Cargo	1964	574	244710271	PD2803
ARMA	NL	02301295	43	Cargo	1926	350		
ARMADOR II	B	04006520	39	Tanker		284		
ARMAGEDDON	B	06003303	66	Cargo	1958	814	205341190	OT3411
ARMARIS	NL	02323682	110	Cargo	1998	2819	244710004	PH5368
ARMINIA	B	04018900	82	Tanker	1963	1185	205502490	OT5024
ARMIRA	NL	02331195	110	Cargo	2008	3260	244620043	PE8344
ARNA	NL	02312677	67	Cargo	1959	943	244670679	PG4606
ARNICA	B	06000399	67	Cargo	1931	1102		

13

BENELUX WATERWAY VESSELS 2012

Vessel Name	Flag	IMO/ENI	LOA	TYPE	BUILT	GT	MMSI No	Callsign
ARNICA	B	07000382	129	Cargo			205411690	OT4116
ARNO	NL	02006967	31	Tanker	1971	140	244700479	PD8180
ARNOLD	NL	02205054	80	Cargo	1980	1238	244710201	PI3969
AROWI	NL	02103447	57	Cargo	1960	533	244690635	PE7857
ARQUERO	NL	02323895	110	Cargo	1999	3114		
ARTA	NL	03011845	60	Cargo	1966	734	244650939	PD7144
ARTEGA	LX	06105211	110	Tanker	2010	3390	205495690	OT4956
ARTEMIS	NL	02103658	60	Tanker	1962	598	244730066	PD8766
ARTEMIS	NL	02319484	105	Tanker	1973	1885		PI5468
ARUBA	NL		110	Tanker	2011	3200		
ARUBA	NL	02104011	25	Tug (P)	1938		244670030	PE7349
ARUBA	NL	02309416	61	Cargo	1955	634	244700890	PD7859
ARWI	NL	02310630	55	Cargo	1960	600		PD7628
ASANA	B	06003243	85	Cargo			205239790	OT2397
ASFRA	NL	02321983	80	Tanker	1974	1293	244730029	PH4201
ASKJA	NL	02327293	110	Tanker	1974	3020		PD2036
ASOKA	B	06000184	80	Cargo	1966	1214	205274790	OT2747
ASOKA	B	06002220	55	Cargo	1928	699		
ASOPOS	NL	02316017	81	Cargo	1957	1224		PG8581
ASPALI	NL	02328238	110	Cargo	1917	2260	244660902	PI9139
ASPASIA	B	06105036	86	Cargo	2008	1833	205399290	OT3992
ASPORTO	NL	02203885	51	Tanker	1963	495	244670406	PC5761
ASSI	B	06103016	20	Tug (P)			205231200	OT0377
ASSISTANT	NL	02300069	16	Tug (P)	1903	10		
ASSISTENT	NL	02013809	9	Tug	1910		244082724	PH2724
ASSISTENT	NL	02309000	16	Tug	1954		244650236	PI2231
ASTERIA	B	06002087	84	Cargo	1940	1301		
ASTERIAS	NL	8943545	35	Patrol			246017000	PGBM
ASTERIX	B	02323222	13	Tug (P)	193*		205427990	OT4279
ASTRA	NL	02312386	50	Cargo	1960	600		PF7464
ASTRA	NL	02332679	110	Tanker	2009	2918	244650752	PB4187
ASTRAKHAN	B	06004053	67	Cargo	1961	1015		
ASTRID	NL	02307774	98	Cargo	1951	2009	244050337	PD8607
ASTRID	NL	02311139	50	Tanker	1962	418	244700379	PG4550
ASTRID	NL	02318650	79	Cargo	1955	1112	244660803	PF8337
ASWINTHA	NL	02322474	110	Tanker	2009	2520	244650699	PB4108
ATALANTA	NL	02328205	110	Cargo	2006	2523		PD2094
ATALANTE	NL	02316073	271	Cargo	1954	600	244700882	PG6481
ATHENA	NL	01823257	39	Cargo	1958	337	244740959	PD7550
ATHINA	B	06004243	135	Cargo	2006	3851	205385290	OT3852
ATLANTA	NL	03110176	50	Cargo	1930	506	244700542	PE2050
ATLANTA	B	06002897	19	Tug (P)	1996	66		
ATLANTIC CARRIER	NL	02322333	108	Tanker	1973	2991	244670078	PE4916
ATLANTIC PARTNER	NL	02333118	110	Tanker	2010	4338	244670809	PB5744
ATLANTIC PERFORMER	NL	02333816	135	Tanker	2010	5962	244710207	PB8464

14

BENELUX WATERWAY VESSELS 2012

Vessel Name	Flag	IMO/ENI	LOA	TYPE	BUILT	GT	MMSI No	Callsign
ATLANTIC PIONEER	NL	02327377	135	Tanker	2005	5664	244670077	PD4131
ATLANTIC POWER	NL	02327357	135	Tanker	2005	5927	244670062	PD2890
ATLANTIC PRESTIGE	NL	02333489	135	Tanker	2010	5978	244700991	PB8309
ATLANTIC PRIDE	NL	02327381	135	Tanker	2005	5664	244670063	PD3851
ATLANTIC PROGRESS	NL	02333566	135	Tanker	2010	5978	244710367	PB8543
ATLANTIC SUPPLIER	NL	02311809	108	Tanker	1964	3345	244670083	PG9399
ATLANTIC TRADER	5N	02312205	109	Tanker	1965	3559	244670082	PH2174
ATLANTIS	NL	02007085	15	Tug (P)	1972	55		
ATLANTIS	NL	02318238	90	Cargo	1970	1583	244700450	PD3243
ATLANTIS	NL	02326589	135	Tanker	2004	5782	244630427	PD4503
ATLAS	NL	02311641	26	Tanker	1963	85		PH5240
ATLAS	NL	02315562	73	Cargo	1964	1202	244650922	PF5000
ATLAS	B	06002614	110	Tanker			205206590	OT2065
ATOL	NL	02316112	86	Cargo	1966	1484		PG8524
ATRITON	NL	9451537	32	Tug			244469000	PHOF
ATRIUM	NL	02309794	55	Cargo	1921	653	244670922	PG9153
ATRIUM	NL	02314282	60	Cargo	1936	475	244690024	PF2709
AUCLE	B		39	Cargo	1962	359		
AUDACES	NL	02314941	55	Cargo	1956	651		PF4472
AUDAX	B	06001696	80	Cargo	1970	1415	205236790	OT2367
AUDE	NL	01823098	39	Cargo	1962	380	244700955	PE5675
AUDE AUDENDA	NL	02312638	67	Cargo	1961	1012	244660326	PF2230
AUDREY	NL	02311228	85	Cargo	1962	1410	244660106	PD9331
AUGINA	B	06000147	80	Cargo	1966	1326		
AUKE	NL	02718169	23	Tug	1965	101	244710252	PD4305
AURA	NL	02004753	58	Cargo	1955	561	244730912	PB6969
AURORA	NL	02304184	50	Cargo	1929	514	244670837	PB5801
AURORA	NL	02308061	80	Cargo	1940	1326	244740047	PH7957
AURORA	NL	02325405	110	Cargo	2002	2961	244670390	PG8686
AURORE	NL	02309510	53	Cargo	1956	549	244090260	PF9836
AUSTRALIEHAVEN	NL	02310640	19	Tanker	1960	42		PD5482
AVALANCHE	B	06001398	79	Cargo			205216890	OT2168
AVALON	NL	02310035	39	Cargo	1957	345		
AVALON	NL	02329494	135	Cargo	2008	3964	244670050	PD3927
AVANCE	NL	02324788	110	Cargo	2002	2915	244700713	PD4820
AVANCE	NL	03100559	70	Cargo	1963	/853	244670439	PD3841
AVANIUM	B			Cargo				
AVANTI	NL	02315284	86	Cargo	1953	1212	244690749	PI2232
AVANTI	NL	02325659	70	Cargo	2002	1139	244710559	PD3826
AVANTI	NL	03030187	34	Cargo	1923	184		
AVANTI	NL	03110506	70	Cargo	1961	845	244710559	PD3826
AVANTI	NL	03170547	39	Cargo	1957	333	244710329	PD8791
AVANTI	NL	03270668	79	Cargo	1964	1017	244630710	PF9173
AVANTI	NL	06001604	80	Tanker	1968	1927	244700117	PD9489
AVANTI II	NL	02302251	80	Cargo	1925	1363		PI2276

BENELUX WATERWAY VESSELS 2012

Vessel Name	Flag	IMO/ENI	LOA	TYPE	BUILT	GT	MMSI No	Callsign
AVARO	B	02315989	86	Cargo	1972	1300	244690486	PG2201.
AVE MARIA	B	06002458	80	Cargo	1963	1274	205460790	OT4607
AVELINGEN	NL	02325703	86	Cargo	2002	1696	244690731	PG3157
AVENA	NL	02300031	85	Cargo	1923	1541	244660546	PF3275
AVENIR	NL	02311472	42	Cargo	1963	405	244700868	PE7059
AVENSIS	NL	02317673	105	Cargo	1981	2230	244730580	PD3340
AVENTURA	NL	02333406	110	Tanker	2010	2558	244660054	PB4434
AVENTURIER	NL	02312649	42	Dredger	1959	344		
AVILA	RO	06002126	72	Cargo	1957	916		
AVILA	B	06105154	135	Cargo	2009	3952	205205790	OT2057
AVINO 8	NL		110	Cargo			244648043	PB4608
AVIOR	NL	02001128	15	Cargo			244700086	PG3921
AVISO	B	06002090	77	Tanker ©	1926	862	205272190	OT2721
AVONDSTER	NL	02311031	57	Cargo	1961	695	244010949	PG4250
AVONTUUR	NL	02201267	44	Cargo	1929	351		
AVONTUUR	NL	02301719	26	Cargo	1904	119		PI2717
AVONTUUR	NL	02302334	39	Cargo	1927	204		
AVONTUUR	NL	02310874	63	Cargo	1961	713	244700891	PF7270
AVONTUUR	NL	02311703	18	Tanker	1964	36		PF8671
AVONTUUR	NL	02311796	60	Cargo	1964	704	244690044	PE4052
AVONTUUR	NL	02319539	25	Tanker	1991	115	244750207	PI7642
AVONTUUR	NL	02324653	57	Cargo	1962	674		
AVONTUUR	NL	02329930	50	Cargo	1957	466		
AVONTUUR	NL	03030251	50	Tanker	1925	464		PF6756
AVONTUUR	NL	03170186	39	Cargo	1928	320		
AVONTUUR 2	NL	02203344	39	Dredger	1955	142	244700607	PF5305
AVONTUUR II	NL	02311459	22	Tanker	1963	53	244700983	PD2257
AWAKENINGS	NL	02321350	108	Cargo	1910	2451		
AXIOMA	NL	02316051	85	Cargo	1980	1459	244740160	PD9543
AXIOMA	B	06000100	85	Cargo	1973	2370	205287390	OT2873
AZOLLA	NL	02329306	135	Cargo	2007	5146	244030549	PE4562
BABBELBERG	NL	02102055	68	Cargo	1906	818		
BABETTE	NL	03270631	56	Cargo	1962	610	244620988	PE5978
BABY TONGA	NL	02319054	39	Cargo	1961	388	244740469	PF6540
BACCARAT	NL	02331644	110	Tanker	2009	3185	244630720	PI8091
BACCHUS	LX	02334345	135	Tanker	2011	4208		
BACH	B	06002274	110	Tanker	1973	2962	205212390	OT2312
BAKESTEIJN	NL	02318443	85	Cargo	1973	2782	244620935	PD8887
BALANCE	NL	02325529	110	Cargo	2002	3015	244670019	PG4876
BALENO	NL	02103824	57	Cargo	1964	543		
BALOE (IMO 9382463)	NL	02720712	23	Tug	2006	123	245431000	PBGI
BALTIC	NL	03010852	50	Cargo	1927	561		
BANCO	LX	06105272	110	Tanker	2011	3458	205505590	OT5055
BANKERT	NL	02324108	86	Cargo	1999	2335	244660329	PC5407
BANZAI	B	02328296	110	Cargo	2006	3240	205257990	OT2579

BENELUX WATERWAY VESSELS 2012

Vessel Name	Flag	IMO/ENI	LOA	TYPE	BUILT	GT	MMSI No	Callsign
BANZYSTAD	LX	02333145	110	Tanker			244710026	PB5969
BAR MELUS	NL	03110460	39	Cargo	1960	319		PF2730
BARACAS	NL	06000627	55	Cargo			244700064	PE4637
BARAKA	B	06002702	83	Cargo	1994	1702	205485190	OT4851
BARBARA II	NL	02311616	45	Tanker	1963	527		
BARBARA III	NL	02200138	29	Tanker	1900	99		
BARBARA V	NL	02103555	70	Tanker	1961	742	244620835	PI2845
BARBAROSSA	NL	02205049	86	Cargo	1980	1751		PH3118
BARBERA I	NL	03170561	49	Cargo	1959	420	244700914	PE3008
BARBOSSA	NL	02324789	105	Cargo	2001	3025	244700064	PC9153
BARBUDA	B	06004228	85	Cargo	1989	1656	205377590	OT3775
BARCA 1	NL	02310306	17	Workship	1958	55		
BARCA 2	NL	03020384	19	Workship	1924	16		
BARCA 3	NL	03030147	25	Workship	1927			
BARCELONA	LX	02332647	135	Tanker	2010	6303	244670932	PB5930
BARCO	NL	02316367	110	MVE	1981	644	244660498	PI3471
BARCO	NL	02326596	70	Cargo	2004	1089	244690236	PH3063
BARCOR	B	06001007	67	Tanker	1941	1973	205350190	OT3501
BAREND	NL	02321365	110	Cargo	1994	3050	246745000	PI2715
BAREND BIESHEUVEL	NL	9226255	61	Patrol			245155000	PBAU
BARENDSZ	NL	02324983	86	Cargo	2001	2338	205232390	PE4572
BARON V LYNDEN	NL		7	SAR			244050110	PE5271
BARQUERO	B	06000428	39	Cargo	1959	360	205232390	OT2323
BARRACUDA	NL	7052911	34	Tug	1971		245797000	PGBA
BARRYLAUNA	B	06001765	73	Cargo	1955	998	205299190	OT2991
BART	NL	02305219	32	Cargo	1931	202	244700737	PE3650
BART	NL	02307876	23	Tanker	1926	40	244700812	PB8181
BARTJE 1	NL	02006886	28	Tanker	1970	123	244700681	PI8750
BARTJE 2	NL	03040560	31	Tanker	1925	180		
BARTJE 3	NL	02310006	17	Tanker	1957	40		PF6569
BARTJE 4	NL	02312970	24	Tanker	1970	130	244700681	PG8616
BARTJE 5	NL	03150687	30	Tanker	1955	132	244050175	PD6154
BARZABEL	LX	08060011	19	Tug (P)	1990	85		
BAS ANNE	NL	02311926	69	Cargo	1965	1135	244700650	PG5078
BASTA	NL	02327459	110	Cargo	2006	3247	244660797	PD8176
BASTIMENTO	NL	02325414	80	Cargo	1962	1166		PD2607
BATAVIA	NL	03170622	55	Cargo	1963	615		PD4730
BATAVIER	NL	02007946	86	Cargo	1979	1557		PD4648
BATAVIER	NL	02103473	67	Tanker	1960	713	244660482	PD5975
BATAVIER	NL	02303580	50	Cargo	1926	572	244660131	PG5233
BATAVORUM	NL	03150411	55	Cargo	1963	698	244660072	PF5679
BATOUWE	NL	03290231	63	Cargo	1962	801		
BATRA	NL	03031363	29	Cargo	1923	112		PG6180
BATTELLO	NL	02202662	46	Cargo	1951	378	244670675	PD8565
BATTENOORD	NL	02328815	105	Cargo	2007	2815	244700075	PD5296

BENELUX WATERWAY VESSELS 2012

Vessel Name	Flag	IMO/ENI	LOA	TYPE	BUILT	GT	MMSI No	Callsign
BAUKJE	NL	02104399	67	Cargo	1965	909		
BAZAN II	NL	02200224	42	Cargo	1903	304		PI3439
BBM	NL	02311274	17	Tanker	1962	36		
BE-AN	NL	02309624	42	Cargo	1956	359		
BE-AN	NL	03030309	50	Cargo	1905	431		PG3791
BE-AN II	NL	02200294	50	Cargo	1913	500		PE4855
BEATA	NL	02300591	86	Cargo	1922	1600		PD8288
BEATI	B	06001358	65	Cargo	1965	792	205264590	OT2645
BEAUFORT	NL	02311451	64	Cargo	1963	814		
BEAUME	NL	02006130	55	Tanker	1964	497	244660907	PF5178
BEETHOVEN	B	06004138	110	Tanker	2005	3180	205200190	OT2001
BEJA	NL	03340158	50	Cargo	1960	478	244670531	PF3198
BEL AIR	NL	02317064	100	Cargo	1973	2202	244710048	PH2377
BELCANTO	B	06000983	39	Cargo	1964	383	205318590	OT3185
BELFORT	B	06002641	32	Tanker			205208690	OT2086
BELICHA	NL	06004032	110	Cargo	2004	2600	244660037	PD8975
BELIZE	B	06003497	55	Cargo		672		
BELLA VISTA	B	03150451	73	Cargo	1961	1000		
BELLADONNA	NL	02318263	85	Cargo	1971	1747	244670061	PF2013
BELLEZA	NL	02307914	80	Cargo	1943	1126		
BELLINE	NL			Tanker	2010			
BELUGA	LX	06004267	15	Tug (P)	1970	21		
BELVONA	B	06003388	80	Cargo	1958	1366	244690458	OT2875
BEN	NL	04008530	106	Tanker	1972	1940	244750009	PB2662
BEN-DOR	F	06002922	85	Cargo	1951	1550	226000890	FM2319
BENEL (Seen as 02309866)	NL	06003714	43	Cargo	1957	403		PE8412
BEN-GUS	B	06004296	110	Cargo	1981	2190	244690919	OT3848
BENJA	NL	02331196	135	Cargo	2008	3213	244620968	PE3997
BENJAMIN	NL	03211027	82	Tanker	1961	1157	244010313	PD8560
BENNY	NL	03230332	90	Tanker	1959	1359	244700074	PH8838
BENRO	NL	02103640	55	Cargo	1962	678	244084683	PI7281
BENTLEY	B	06001575	76	Cargo	1957	1280	205219090	OT2190
BEO	NL	02313014	63	Cargo	1961	750	244670270	PI3870
BEOTANK 2	NL	02333391	110	Tanker	2010	2750	244670353	PB6638
BER/MEL	B	06002834	56	Cargo			205366690	OT3666
BERBER	NL	03050937	39	Cargo	1951	329		PG6779
BERDI	NL	02317214	85	Cargo	1969	1303	244690919	PE5870
BERGHEM 1	NL	02326984	22	Dredger			244630184	PE5796
BERGSE DIEP	NL	02334365	110	Tanker	2011	3508	244740404	PF4267
BERINGZEE	GB	06002705	81	Tanker	1993	1610	244084683	PH4683
BERJAN	NL	02317898	86	Cargo	1964	1371	244670353	PD5403
BERJO	B		50	Cargo			205492090	OT4920
BERKEL	NL	02308427	38	Cargo	1900	317		PF7057
BERKEL 01	NL	02309364	63	Cargo	1955	680	244700670	PE3878
BERKEL 02	NL	06004201	63	Cargo	1956	639	244730472	PE5240

BENELUX WATERWAY VESSELS 2012

Vessel Name	Flag	IMO/ENI	LOA	TYPE	BUILT	GT	MMSI No	Callsign
BERKELSTROOM	NL	02318319	90	Tanker	1987	2100	244630022	PD4415
BERLIN	NL	02211189	82	Tanker	2004	1725	244660186	PI3127
BERMUDA	NL	02327445	84	Cargo	2006	2557	244710134	PB8406
BERNADETTE	NL			Cargo	2010			
BERNADETTE	NL	02325642	110	Cargo	2002	3009		PF9131
BERNARDUS	NL	03011824	54	Dredger	1966	620	244710443	PB7873
BERNARDUS-D	NL	02317874	67	Cargo	1957	932	244690372	PE5895
BERNHARD SR	NL	02328884	110	Cargo	2007	3220	244690747	PE9661
BERNIC	NL	02319711	70	Cargo	1957	869	244670150	H920
BERNISSESTROOM	NL	02318245	110	Tanker	1987	3170	244020449	PG5482
BERT	NL	02006605	60	Dredger	1968	744	244730119	PE4890
BERTUS JR	NL	02322529	21	Tug (P)	1956		244670075	PD4943
BESTEVAER	NL	03290261	55	Cargo	1963	631	244660309	PF3795
BETA	NL	02005284	85	Cargo	1957	476	205483390	OT4833
BETA	NL	03320001	55	Cargo	1926	605		
BETA CURA	NL	03011317	38	Cargo	1926	292	244130289	PE3590
BETELGEUZE	NL	9267871	46	Patrol			244700317	PB7761
BETHARRAM	B		80	Cargo		295	205429990	OT4299
BETSIE	NL	02305082	67	Cargo	1913	978		
BETSIE-G	NL	02006618	15	Tug (P)	1968		244660852	PD8634
BETSY-T	NL	03051587	62	Cargo	1961	731	244690373	PE5255
BETTMERALP	NL	02317331	67	Cargo	1957	810	244710205	PE6070
BETTY	NL	02315241	64	Cargo	1962	743		PD5239
BETUWE	NL	02315649	63	Cargo	1959	788	244660321	PI2778
BETUWE	NL	03310415	57	Cargo	1956	684		PG9423
BEURSPLEIN-5	NL		10	SAR			245083000	PDAJ
BEVELAND	NL	02323406	111	Tanker	1998	2762	244690864	PG3605
BEVER	NL	02313706	73	Cargo	1952	950	244740563	PD6707
BEVER	NL	02322555	52	Cargo	1959	575	244710330	PI3025
BEVER	NL	02323564	20	Dredger			244710851	PE4827
BEVER	NL	9492256	37	Tug	2010	990	244536000	PDAA
BEVERWIJK	NL	02323047	39	Ro-Ro	1927	387		
BGA TRANS	NL	02103072	67	Dredger	1955	619	244740708	PD3457
BIANCA	NL	02100843	80	Cargo	1926	1552		PF9624
BIANCA II	D	02334018	110	Tanker	2010	2979		
BIANCO	NL		110	Tanker	2010			
BIENVENU	B	06504148		Cargo				
BIESBOSCH	NL	02320521	50	Dredger	1992	640		PH6155
BIG DIL	B	06003355	55	Cargo	1960	671	205431190	OT4311
BIJLMEMEER	NL	02006848	63	Cargo	1972	784		PG9005
BILL	B	06003978	35	Tanker			205298990	OT2989
BINGO	NL	02311851	100	Cargo	1964	1806	244710330	PD3179
BIRGIT	B	06503959	21	Tug	1957	19		
BIRJO	B	05107560	80	Tanker			244650891	OT3711
BIRJO II	B	06002143	110	Tanker	1987	3496	205301290	OT3012

BENELUX WATERWAY VESSELS 2012

Vessel Name	Flag	IMO/ENI	LOA	TYPE	BUILT	GT	MMSI No	Callsign
BISAM	NL	02331365	23	Workship	1963	145	244700011	PE9668
BIVIO	B	06002822	80	Cargo	1972	1316	205294890	OT2948
BIZET	B	06003210	77	Tanker	1963	1102	205293190	OT2931
BIZON	NL	03020225	32	Dredger	1914	76		
BJORN	B	06002906	77	Cargo	1960	1124		
BLACK PEARL	NL		110	Tanker	2010			
BLACKLOCK	NL	02313156	86	Cargo	1957	1572	244650891	PF4742
BLARICUM 1	NL		8	SAR			244630225	PI3351
BLIZZARD	NL	02316967	108	Tanker	1983	1564	244660413	PH8343
BLOEMGRACHT	NL	02312828	50	Tanker	1969	503		
BLUSBOOT BATOUWE	NL		20	SAR			244710429	PE9365
BLUSTER	NL	8516976	70	Tug	1988	2311	245414000	PBMJ
BO	NL	02327447	22	Tug (P)	1965		244660113	PD2761
BO BJORN	NL	06003353	29	Tug (P)	1926	32	244660116	PF8812
BO DJOVANNI	NL	03256285	70	Cargo	1963	858	244650446	PD8097
BO PETRA	NL	02327701	21	Tug (P)	1942	43	244660117	PD3703
BOBO	NL	03310401	16	Tug	1956	12	244630658	PE4218
BO-BO	NL	02006131	79	Cargo	1964	1066	244670582	PD6031
BODENSEE	CH	02312393	73	Cargo	1958	1024		
BOEKANIER	B	02318713	105	Cargo	1969	1920	205405390	OT4053
BOERAN	NL	02312781	85	Tanker	1969	1185	244670374	PF2993
BOHEMIA	D	02331731	125	Tanker	2009	3355		
BOHR BVBA	NL	02312420	23	Tanker		68		
BOLERO	NL	02323447	77	Cargo	1960	1108	244710391	PD9496
BOLERO	NL	02324333	95	Cargo	1985	2412	244710761	PD2341
BOLERO	NL	02325839	135	Cargo	2003	5327	244630192	PF5063
BOLERO IV	NL	02322402	110	Tanker	2009	2900	244660356	PB4634
BOLERO V	NL	02322790	110	Tanker	2010	3277	244670638	PB5548
BOLERO VI	NL	02333726	110	Tanker	2010	2900	244055949	PD4673
BON CHANCE	B			Cargo				
BON ESPOIR	NL	06000820	39	Cargo	1965	354	244690126	PD7799
BON JOVI	NL	02325930	86	Cargo	2003	1682	244000100	PF2976
BONA SPES	NL	02103552	60	Cargo	1981	727		PD4858
BONA SPES 2	NL	02305425	17	Tug	1931	5	244690728	PF2791
BONA VENTURA	NL	02204398	80	Cargo	1971	1364	244690601	PD6367
BONAFIDE	NL	02317266	66	Cargo	1965	720	244670374	PD3609
BONAFIDE	NL	03310501	60	Cargo	1964	630	244700632	PD3169
BONA-FIDE	B	06002330	39	Cargo	1953	357	244700271	OT2425
BONAIRE	NL		110	Tanker	2011	3200		
BONAIRE	NL	02312737	22	Tug (P)	1941	21	244670031	PF2081
BONHEUR II	NL	02204188	22	Tug (P)	1939	24		
BONITAS	NL	02311656	43	Tanker	1963	330	244055949	PE5949
BONNE ATTENTE	NL	02104725	80	Cargo	1974	1326	244660274	PI7497
BONTEKOE	NL	02331952	110	Cargo	2009	3228	244700271	PD4502
BONTEKOE	NL	03110472	67	Cargo	1960	767		PI2948

BENELUX WATERWAY VESSELS 2012

Vessel Name	Flag	IMO/ENI	LOA	TYPE	BUILT	GT	MMSI No	Callsign
BOOTHUIS BRAUHAUS	B	06002437	50	Cargo (HB)	1921	500		
BORA	NL	02314380	85	Tanker	1955	1245	244650753	PG8724
BOREAS	NL	02103791	13	Tug	1963	4	244010298	PD8089
BOREAS	NL	02301979	18	Tug (P)	1916	11	244690601	PF4530
BOREAS	NL	02310812	57	Cargo	1960	620		PF2014
BOREAS	NL	02312911	55	Cargo	1965	715	244700798	PG4293
BOREAS II	NL	06504272	24	Tug (P)	1927	22		
BORIS	NL	02309345	63	Tanker	1955	684	244670099	PE8134
BORIS	NL	02311072	60	Cargo	1961	709	244670341	PI2504
BORNEO	NL	02004560	16	Tug	1920		244710831	PD6148
BORNEO	NL	02318150	67	Cargo	1967	630	244740191	PF9567
BORNEO	NL	02327438	110	Cargo	2006	3236	244670355	PF2400
BORNEOKADE	F	02323459	110	Cargo	1980	3034		PD3666
BORNRIF	NL	02311694	77	Cargo	1960	1083		
BORNRIF	NL	02321276	110	Cargo	1994	2870	244670841	PD8655
BOS 3	B			Cargo				
BOS 4	B	06000221	41	Tanker			205412290	OT4122
BOS 5	B		42	Tanker			205505890	OT5058
BOS 16	B	06105151	40	Tanker	2010	399	205482390	OT4823
BOS 17	B	06105152	40	Tanker	2010	399	205488290	OT4882
BOS 18	B	02331508	20	Workship	2009	399	205447190	OT4471
BOS 20	B	06003555	89	Tanker		1632	205317990	OT3179
BOS EN LOMMER	NL	02007471	61	Cargo	1975	727	244710630	PE7044
BOSCO	B	06004128	135	Cargo	2005	3300	244670497	OT3288
BOSSUIT	NL	02326432	90	Tanker	2004	1621		PH6579
BOTEIN	NL	02332656	110	Tanker	2009	3228	244650753	PB4188
BOULDER	NL	8516988	70	Tug	1988	2311	244113000	PHIQ
BOUNTY	B	06001060	80	Cargo	1923	1370	205245190	OT2451
BOW 1	NL	03344003	50	Cargo	1929	507	244010910	PH3256
BRAAKMAN	B	8915457	32	Tug	1991	249	205199090	OT1990
BRABANDER	NL	02313685	67	Cargo	1972	926		PH6844
BRABANT	NL	02312262	60	Cargo	1956	638	244690666	PD5907
BRABANT HOPPER	NL	02324498	63	Cargo	2000	848	244660442	PD3780
BRABO			60	Heavy Lift			205274990	OT2749
BRABO	B	06002448	79	Cargo	1961	1139	205453190	OT4531
BRABO 4	B	06000173	80	Cargo	1965	1453	205279490	OT2794
BRAKEL 2	NL		43	Ferry	1958		244650618	PB3951
BRAM	B	02320865	40	Cargo #	1980	889		
BRANDARIS	NL	02317177	80	Tanker	1974	1188		PC4863
BRANDARIS	NL	02719091	14	Tug	1980		246389000	PDHJ
BRANDING	NL	02311791	60	Cargo	1964	744	244670529	PE2411
BRAVA	NL	02316394	75	Cargo	1963	1015	244690074	PH2774
BRAVO	NL	02309048	23	Tug	1954	26	244700654	PD6722
BREEDIEP	NL	02319653	86	Cargo	1957	1410	244700155	PI2810
BREEZAND	NL	03150440	65	Cargo	1962	703	244700723	PD9539

21

BENELUX WATERWAY VESSELS 2012

Vessel Name	Flag	IMO/ENI	LOA	TYPE	BUILT	GT	MMSI No	Callsign
BREEZE	NL	02104388	67	Cargo	1960	1097	244710002	PG2336
BREGETTA V	NL	02312305	70	Cargo	1966	984	244710319	PE3999
BREITLING	B	9369057	110	Tanker	2005	4278	205045800	OT2651
BREMARE	NL	02313614	65	Cargo	1947	800	244690180	PD2836
BRENKA B	NL	02309970	49	Tanker	1957	397		PG8983
BRENT	NL	9507051	33	Tug	2010	200	245931000	PF9440
BREYDEL	B	06000393	80	Cargo			205355590	OT3555
BRIGANTIJN	NL	02327037	86	Cargo	1999	1693	244700592	PD5375
BRIGITTE	NL	02329079	67	Cargo	1939	1000		PD8113
BRIGITTE	NL	03310525	55	Cargo	1965	491	205217890	PD4152
BRIGITTE	B	06004062	110	Tanker	1973	2672	205463890	OT4638
BRIGITTE B	NL	02326775	86	Cargo	2004	2300	244730512	PD8284
BRISANI	NL	02323366	86	Cargo	1993	1870	244700325	PB7767
BRISANT	NL	02311432	60	Cargo	1963	738	244700972	PD3474
BRISE	NL	02318249	108	Tanker	1988	1610	244710336	PF3214
BRITANIC	NL	02329358	110	Tanker	2007	3200	244690468	PF8042
BRIZO	NL	02300439	80	Cargo	1926	1330	244010075	PH2857
BRIZO	NL	02318624	85	Cargo	1962	1209	244690708	PF8502
BRIZO	B	06000027	95	Cargo	1973	2047	205499290	OT4992
BROADWAY	B	06003706	80	Tanker	1962	1268	205345590	OT3455
BROEDERTROUW II	NL	02317287	19	Tug (P)	1967	96	244660216	PG7286
BROEDERTROUW IV [4]	NL	03230273	20	Tug	1930	30	244660215	PD4321
BROEDERTROUW XIV	NL	02309738	21	Tug	1956	31	244660207	PD4323
BROEDERTROUW XV	NL	02309671	21	Tug	1956	30	244660206	PD9418
BROOKLYN	B			Cargo				
BROTHER	B			Cargo				
BRUGGE	B	8603004	31	Tug			205084000	ORNF
BRUSSELS	NL	02326631	110	Cargo	2004	2996	244660184	PD3583
BRUTUS	NL	02329100	60	Cargo	1958	747	244700611	PF7290
BRUTUS	B	06003616	99	Cargo	1947	1747		
BRUTUS	B	06504143	80	Cargo			205291690	OT2916
BRYAN	NL		23	Workship	2011			
BRYAN	B	06105041	19	Tug (P)	2008	91	205476390	OT4763
BUIKSLOTERBANNE	NL	02006847	56	Cargo	1972	647		PG9002
BUITENVELDERT	NL	02006849	63	Cargo	1972	766		PG9014
BUIZERD	NL	02316529	24	Tug	1963	55	244670664	PH8354
BUKA	B	06001886	80	Cargo	1978	1485	244660049	OT2178
BURGZAND	NL	02006598	67	Dredger	1962	807	244690925	PD6109
BUTSKOP I	NL	02008142	74	Cargo	1962	1647		PG3806
BUTSKOP II	NL	02316648	73	Cargo	1965	1587		PG9194
CAAN	NL	02326678	90	Cargo	2004	1672	244630036	PH5514
CADENSIA	B	06001935	110	Cargo	1958	2341	205305990	OT3059
CADENZA	NL	02104732	70	Cargo	1973	1159	244660195	PG2608
CAESAR	NL	02316385	100	Cargo	1982	2681	244620823	PI3034
CAITLIN	NL	02005545	52	Cargo	1959	546	244670059	PF5127

BENELUX WATERWAY VESSELS 2012

Vessel Name	Flag	IMO/ENI	LOA	TYPE	BUILT	GT	MMSI No	Callsign
CALA JONDAL	NL	02324258	55	Cargo	1958	700		PD5049
CALABRIA	NL	03310502	80	Tanker	1964	1236	244010053	PE7444
CALAMUS	NL	02325966	90	Tanker	2004	2408	244670155	PH3337
CALANDA	NL	02327306	110	Cargo	2005	3077		
CALANDO	NL	02326010	105	Cargo	2003	2407	244660320	PD2331
CALANDPLUS	NL	02325162	35	Tanker	1955	127	244690409	PE3227
CALCIT 1	NL	02313798	109	Tanker	1960	2456	244670833	PF6876
CALCIT 2	NL	02321254	105	Tanker	1972	1695	244660690	PD6252
CALCIT 3	NL	02314238	110	Tanker	1953	1957	244670084	PD8827
CALCIT 4	NL	02320808	85	Tanker	1964	1471	244660690	PB4853
CALCIT 5	NL	02205100	105	Tanker	1980	2073	244660370	PF2949
CALCIT 6	NL	05600010	85	Tanker	1977	1382	244700385	PB7848
CALCIT 7	NL	02325283	84	Tanker	2001	1518	244650848	PD4031
CALCIT 9	NL	02311983	69	Tanker	1965	812	244670824	PD2229
CALCIT 10	NL	02205022	110	Cargo	1980	1564	244670834	PF2246
CALCIT 11	NL	02330190	110	Tanker	2008	3257	244690484	PD2470
CALENDULA 2	NL	02103130	37	Tanker	1955	202		PI2486
CALENDULA 5	NL	02311560	42	Tanker	1963	301		PF9736
CALENDULA 7	NL	02312373	45	Tanker	1967	342		PH3532
CALENDULA 12	NL	02317655	100	Tanker	1986	1821	244670084	PI3667
CALIBRA	NL	02326366	70	Cargo	2004	1121	244130028	PI2497
CALIMERO	NL	02104377	61	Cargo	1957	738		
CALIPSO	NL	02323915	135	Cargo	1999	3727	244750318	PE3108
CALISTA	B	06003736	63	Cargo	1963	844	205347290	OT3472
CALISTO	NL	02331873	99	Cargo	2009	2934	244630748	PI8597
CALISTO I	NL	02332328	84	Cargo #	2009	2672		
CALPAM 114	NL	02311102	22	Tanker	1961	68		
CALPAM 116	NL	02311814	24	Tanker	1964	109	244670302	PD7470
CALPAM 122	NL	02313097	25	Tanker	1971	106		
CALPAM 131	NL	02007058	23	Tanker	1972	86		
CALPAM 208	NL	02101246	31	Tanker	1922	170		
CALPAM 218	NL	02002639	25	Tanker	1951	90		
CALYPSO }	NL	02332205	101	Cargo	2011	2893	244740744	PG8141
CALYPSO II }	NL	02334602	82	Cargo	2011	2411		
CAMARO	NL	02317558	110	Cargo	1985	2648	244650847	PC2708
CAMARO II	NL	02324795	98	Cargo	2002	2291	244650849	PF2429
CAMARO III	NL	02325598	87	Cargo	2002	2251	244650850	PF2434
CAMARO IV	NL	02329331	135	Cargo	2007	3188	244650923	PF8189
CAMBIO	NL	02314077	62	Cargo	1947	611	244660810	PH8658
CAMELO	B	06001799	67	Cargo		907	205342590	OT3425
CAMILLE	B	02318903	106	Tanker	1973	2913		
CANBERRA	B	06001940	39	Cargo	1964	378	205297590	OT2975
CANTHARIDA	B	06003790	80	Tanker	1960	1107	205352190	OT3521
CAPELLA	NL	02318787	85	Cargo	1940	1405	244020112	PD6144
CAPIBARA	NL	02323443	105	Cargo	1981	2857	244700652	PG5396

BENELUX WATERWAY VESSELS 2012

Vessel Name	Flag	IMO/ENI	LOA	TYPE	BUILT	GT	MMSI No	Callsign
CAPIO	NL	02318158	67	Cargo	1961	719	244130028	PH7755
CAPRICORNE	B			Cargo				
CAPRICORNUS	NL	02326530	105	Cargo	1989	2503	244730487	PG5451
CAPTAIN KEIKO	B	06001031	39	Cargo	1958	374		
CARACAS	B	06004108	85	Cargo	1980	1382	205433290	OT4332
CARAMBA	NL	02104236	67	Cargo	1966	945	244650854	PH2394
CARAMONA	B	06504294	56	Cargo		563		
CARBON	NL	02306931	16	Tug	1914		244070396	PE7565
CARDAN	B	06002167	51	Cargo	1960	629		
CARDIE	NL	02317587	80	Cargo	1957	1103	244690188	PF6012
CARDIUM	NL	02331956	110	Cargo	2009	3237	244670086	PI3402
CARESSA	NL	02101731	67	Cargo	1930	929	244710505	PB3149
CARI II	B	06000169	38	Cargo	1956	372	205307790	OT3077
CARIA	NL	02314161	67	Tanker	1974	995	244700853	PI9136
CARICE	NL	02317251	67	Cargo	1965	878	244750325	PB7134
CARINA	NL	02324761	70	Cargo	2000	926	244730487	PD3361
CARISMA	NL	02323320	79	Cargo #	1998	2398		
CARISMA I	NL	02323258	92	Cargo	1998	2585	244010927	PG3977
CARITAS	NL	02309837	62	Tanker	1957	656	244700915	PE7468
CARL	B		15	Tug	1978	50		ORKF
CARLA	NL	02324352	69	Cargo	1961	755	244660928	PF7020
CARLA	NL	02326233	81	Cargo	2003	1650	244660993	PB5021
CARLA B	NL	02304888	49	Cargo	1930	415	244630344	PI2277
CARLTON	NL	02308694	82	Cargo	1911	1215		PF3541
CARMEN	RK	02322158	55	Cargo	1963	1286	244710665	PF7047
CARMEN	NL	03170565	55	Cargo	1960	540	244710796	PB8844
CARON	NL	02330817	135	Cargo	2008	4217	244010504	PI3629
CARONIA	NL	02326661	135	Cargo	2006	5053	244650881	PD3431
CARPE AURORAM	NL	02326460	135	Tanker	2004	4135	244660478	PD2486
CARPE DIEM	NL	02006196	34	Cargo	1911	216	244660940	PF9850
CARPE DIEM	NL	02319106	110	Cargo	1988	2998	244620966	PD7077
CARPE DIEM	NL	02319231	110	Tanker	1973	2308	244660476	PG4216
CARPE NOCTEM	NL	02329627	110	Tanker	2007	3204	244660477	PD2585
CARPIO	NL	03290265	50	Cargo	1963	469	244670410	PD3576
CARRERA	B	06004090	110	Tanker	2004	3149	205440190	OT4401
CARTAGENA	NL	06000212	70	Cargo	1940	782		
CARTIER	NL	02315374	39	Cargo	1958	344		PG7610
CASA NOVA	B			Cargo				
CASA NOVA	NL		135	Tanker	2009			
CASA NOVA	NL	02324146	110	Cargo	1999	2511	244650875	PF2957
CASABLANCA	B	06002693	86	Cargo	1971	1228		
CASA-NOVA	NL	02101038	50	Cargo	1922	523	244670591	PD3143
CASCADE	NL	02317616	80	Cargo	1956	1177	244740102	PG4821
CASCADE	NL	02325258	70	Cargo	2001	1045	244660169	PF3135
CASCADE	NL	03270630	49	Cargo	1963	500		PE5235

BENELUX WATERWAY VESSELS 2012

Vessel Name	Flag	IMO/ENI	LOA	TYPE	BUILT	GT	MMSI No	Callsign
CASIMIR	NL	02328793	110	Cargo	2007	3248	244740760	
CASPARA	NL	02309967	67	Cargo	1957	895	244670995	PB5992
CASSANDRA	B	06002342	95	Cargo	1959	1553		
CASSIDY	B	06004041	110	Cargo	1974	2831	205327290	OT3272
CASTOR	NL	02332934	135	Tanker	2010	4290	244650754	PB4189
CASTROL 2	NL	02317220	28	Tanker	1952	122	244650970	PG3707
CATA	B			Cargo				
CATANIA	B	06004254	67	Cargo	1957	890	205440190	OT4401
CATHALIJN	NL	02328143	110	Cargo	2006	3258	244100851	PD3949
CATHARINA	NL	02304289	72	Cargo	1929	1030	244690587	PD7279
CATHARINA	NL	02313718	57	Cargo	1954	607		PF2981
CATHARINA	NL	02323686	102	Cargo	1972	1992	244075291	PG5291
CATHARINA	NL	02325942	96	Cargo	2003	4266	244660079	PC4528
CATHARINA	NL	02332611	135	Tanker	2009	4521	244650795	PB4289
CATHARINA	NL	03011965	63	Cargo	1950	808	244700311	PF3557
CATHARINA II	NL	02326253	86	Cargo #	2003	3880		
CATHARINE W	NL	02312972	73	Cargo	1958	964	244100224	PE4409
CATHELI	NL	01822965	59	Cargo	1958	607		
CATHY	NL	02314910	67	Cargo	1954	934	244710725	PD3259
CATHY	NL	02332067	86	Tanker	2010	1644	244670452	PB5339
CAVIRENA	B	06001327	39	Tanker ©	1963	328	205463090	OT4630
CAZADOR	NL	02327536	105	Cargo	1949	1358	244740207	PD3281
CEBU	D	02327182	110	Tanker	2005	3210	244700828	PG5596
CECILIA	NL	02101958	20	Tug	1915	15	244700715	PD7688
CEDI	NL	02318305	85	Cargo	1960	1372	244700114	PB7508
CEES	NL	02315539	60	Cargo	1956	905	244730987	PE5101
CELANDRO	B	06001626	50	Cargo			205496190	OT4961
CELESTE	NL	02326407	105	Cargo	2004	3047	244670264	PI3364
CELSIUS	NL	02314364	110	Tanker	1974	2869	244660301	PD4976
CELTIC	NL	02328509	110	Cargo	2007	3238	244690622	PD3502
CENDY	NL	02317433	90	Tanker	1972	2032	244740520	PI8680
CENSUS	NL	02310188	80	Cargo	1957	1211	244650913	PD9308
CENTINA	NL	02333548	105	Cargo	2011	2290	244710348	PB8529
CENTURION	B	02318260	105	Cargo	1987	2040	205503190	OT5031
CENTURION	B	06001915	85	Cargo	1982	1599	205221690	OT2216
CENTURY	NL	02326986	110	Cargo	2005	3055		PE8405
CENTURY II	NL	02330484	80	Cargo #	2008	2439		
CERAMBYCIDA	B	06002560	77	Tanker	1963	1089	205432190	OT4321
C'EST TOUT	NL	02304773	39	Cargo	1930	328		
CETUS	NL		25	Pilot			246380000	PH9238
CETUS	B	06003211	56	Cargo		630		
CETUS	B	06004304	110	Cargo	1993	2939	205388990	OT3889
CHALLENGE	NL	02309740	51	Cargo	1956	526	244690348	PF3865
CHALLENGER	NL	02203959	22	Tug	1925		244620862	PB8536
CHALLENGER	NL	02204830	44	Cargo	1948	375		PH3026

25

BENELUX WATERWAY VESSELS 2012

Vessel Name	Flag	IMO/ENI	LOA	TYPE	BUILT	GT	MMSI No	Callsign
CHALLENGER	NL	02322008	110	Cargo	1995	2813	244710735	PB8808
CHALLENGER	NL	02322469	82	Tanker	1996	1317	244670574	PH2726
CHALLENGER	NL	02331409	110	Cargo	2009	3397	244010269	PD9339
CHALLENGER II	NL	02326293	81	Cargo #	2003	2512		
CHAMARI	NL	02203735	58	Cargo	1961	826	205266590	PG8276
CHAMISA-D	NL	02331909	135	Tanker	2009	6981	244730603	PH9748
CHAMONIX	LX	08023059	80	Cargo	1958	1158	253242244	LX2244
CHAMSIN	NL	02324743	108	Tanker	2000	1406	244660420	PD6112
CHAPERON	NL	03250303	63	Cargo	1964	771	244620984	PG5169
CHARDONNAY	NL	02331927	86	Tanker	2009	1700	244690993	PI2030
CHARIS	B	06004102	110	Tanker	2005	3801	205364790	OT3647
CHARISMA	NL	02331961	86	Cargo	2009	1736		PI5384
CHARLES-EUGENE	B	06000297	80	Cargo	1969	1472	205274390	OT2665
CHARLIE	NL	02321208	14	Tug	1974	6	244700658	PD3657
CHARLINE	B	06002190	50	Cargo	1927	591		
CHARLOIS	NL	02333461	135	Tanker	2010	4300	244700820	PB8188
CHARLOTTE	NL	02326396	110	Tanker	2004	2922	244700582	PD3426
CHARME	NL	02311516	57	Cargo	1956	684	244750330	PF7572
CHARON	NL	02312944	80	Cargo	1961	1537		
CHARON	NL	02314231	80	Tanker	1971	1388	244090332	PF5529
CHASSEUR	NL	02316752	39	Cargo	1963	352	244180268	PH5014
CHATEAU LAFITTE	B	06000822	74	Cargo	1952	978		
CHEETA	NL	02323237	24	Tug (P)	1958		244700994	PD5166
CHELSEA B	NL	02016073	20	Tug (P)	2005	48	244650991	PD9485
CHEMGAS 12	NL	02311047	70	Tanker #	1961	954		
CHEMGAS 15	NL	02314397	77	Tanker #	1975	1660		
CHEMGAS 16	NL	02314408	77	Tanker #	1976	1402		
CHEMGAS 17	NL	02314705	77	Tanker #	1977	1403		
CHEMGAS 20	NL	02325572	77	Tanker #	2002	1466	244710350	PF2467
CHEMGAS 21	NL	02325573	77	Tanker #	2002	1467	244710349	PF2463
CHEMGAS 22	NL	02332001	110	Tanker #	2010	1808		
CHEMGAS 23	NL	02332832	110	Tanker #	2010	1808		
CHE-NO	B	06002352	67	Cargo	1961	990	205437890	OT4378
CHERASCO	B	06003376	110	Cargo	1989	2403	205274390	OT2743
CHERDY	B	06006389	73	Cargo	1965	1052	205344790	OT3447
CHEYENNE	NL	02313075	65	Cargo	1971	911	205494890	PD9033
CHEYENNE	NL	02318591	80	Cargo	1959	1254	244650914	PB4359
CHEYENNE	B	06002363	90	Cargo	1913	2364	205316890	OT3168
CHIBA	B	06003522	67	Cargo			205444090	OT4440
CHICAGO	NL	02332788	110	Tanker	2010	3257	244670404	PB5311
CHICO	NL	02203959	22	Tug	1925	22		
CHILA	NL	02302116	80	Cargo	1926	1361	244690585	PE4129
CHILANDIA	NL	02324394	135	Cargo	2000	3797	244630221	PD4227
CHIMERE	B			Cargo				
CHIMO	NL	02328898	105	Cargo	2007	2706	244660926	PD8462

| \multicolumn{9}{c}{BENELUX WATERWAY VESSELS 2012} |
Vessel Name	Flag	IMO/ENI	LOA	TYPE	BUILT	GT	MMSI No	Callsign
CHINOOK	NL	02322525	110	Tanker	1996	1578	244660415	PE8166
CHOICE	NL	02331536	110	Cargo	2009	3232	244660555	PD2451
CHRIDA	B	06002786	85	Cargo	1928	1641	205471890	OT4718
CHRIDI + CHRIDI I	B	06105139	172	Cargo KVB	2009	2732	205285890	OT2858
CHRIDI V	B	06002808	18	Tug (P)	1940	11		
CHRIGON	NL	03011815	55	Dredger	1965	760	244660791	PF3078
CHRIS	B	06003646	67	Tanker	1960	915	205344390	OT3443
CHRIS-LI	B	06002380	80	Cargo	1957	1149	205421190	OT4211
CHRISMI	B	06001692	39	Cargo		360	205494890	OT4948
CHRISTA	NL	02203864	65	Tanker	1962	708	244740687	PG9187
CHRISTIAAN	NL	02324408	110	Tanker	2000	2554	244670266	PD3028
CHRISTIAAN C	NL	02315638	51	Cargo	1966	653	244700739	PG3245
CHRISTIAAN P	NL	02324263	50	Dredger	1999	608	244660237	PD2979
CHRISTIAAN WILLEM	NL	02315490	38	Cargo	1951	280	244730891	PI2719
CHRISTIAN	NL	02304224	50	Cargo	1929	523	244750193	PD2741
CHRISTIAN	NL	06503576	19	Tug (P)	1919		244730083	PB7392
CHRISTIAN 2	NL	06503070	20	Tug (P)	1924		244700049	PB7393
CHRISTIANA	NL	02309746	67	Cargo	1956	849		PD4900
CHRISTIANA	NL	03051715	59	Cargo	1965	599		PE2685
CHRISTIEN	NL		14	SAR			244761000	PDKA
CHRISTINA	NL	02005501	50	Cargo	1959	514	244700739	PH9776
CHRISTINA	NL	02103480	49	Cargo	1960	457	244710400	PB8571
CHRISTINA	NL	02206027	80	Cargo	1965	1271	205044100	PE2518
CHRISTINA	NL	02303314	113	Cargo	1928	2991		PF6322
CHRISTINA	NL	02312567	75	Cargo	1957	910	244660977	PH5904
CHRISTINA	NL	02318500	43	Ferry	1955		244690672	PF5258
CHRISTINA	NL	02319699	109	Cargo	1991	2427	244670799	PE2230
CHRISTINA	NL	03051650	67	Cargo	1963	1017	205328690	PH2028
CHRISTINA	NL	03250157	67	Cargo	1930	1032	244700799	PH8659
CHRISTINA II	B		39	Cargo			205265690	OT2656
CHRISTOFFEL	NL	02321452	85	Tanker	1963	1607	244660056	PD9618
CHRISTOPHORUS	NL	02315637	81	Dredger	1968	1796	245121000	PDKQ
CHUBASCO	NL	02324744	108	Tanker	2001	1406	244660422	PD5875
CILINKA	NL	02311145	67	Cargo	1931	1004	244710265	PE8131
CINDY	B	06000421	55	Cargo	1929	615	205328690	OT3286
CINDY	B	06000765	39	Cargo	1934	341	244630051	OT3246
CIRCLE	NL	02325274	110	Cargo	2001	3061	244710135	PD3962
CITO	NL	02328101	110	Tanker	2006	3227	244670431	PD4897
CITRINE	LX	02332313	135	Tanker			244650807	PB4298
CITY SUPPLIER	NL		20	Cargo	2010			
CLAMARANT	NL	02311517	55	Cargo	1963	610	244750183	PD6481
CLASINA	NL	02323875	41	Cargo	1890	331		
CLASINA MARIA	NL	02103475	62	Cargo	1960	743		
CLAUDIA	NL	02311510	64	Cargo	1963	759	244670958	PH3838
CLAUDIA	NL	02314368	110	Cargo	1966	2623	244670583	PF2217

27

BENELUX WATERWAY VESSELS 2012

Vessel Name	Flag	IMO/ENI	LOA	TYPE	BUILT	GT	MMSI No	Callsign
CLAUDIA II	NL	02332225	75	Cargo		1782	244690054	PB6078
CLAUMAR	B	06003810	80	Cargo	1979	1288	205355790	OT3557
CLEAN SERVICE	NL	02314661	26	Tanker	1975	137		PD5223
CLEMA	B	06004200	80	Cargo	1957	1117	205375190	OT3751
CLEMENCE	NL	02307850	39	Cargo	1952	320	244690374	PE3384
CLEOPAS	NL	02314223	80	Cargo	1921	1272	244730195	PH8325
CLIMAX	NL	02312158	64	Cargo	1965	845	244630051	PF8029
CLIMAX	NL	03011383		Cargo	1950	41		
COASTAL SERVICE	NL	02716321	16	Tug	1970		245104000	PDMC
COBRA	D	02327512	110	Tanker	2006	2348		
COBRA	NL	02329201	110	Cargo	2007	3202	244690428	PH4045
COBY	NL	02302189	70	Cargo	1908	1303	244690184	PF4475
COENTUNNEL ACHT	NL	02320975	18	Patrol			244670537	PH8188
COFELICA	NL	02329474	110	Cargo	2007	3225	244010517	PF9356
COGO BARCO	B	02323455	20	Tug	1929			
COLIDON	NL	02305111	50	Cargo	1931	527		
COLLUSION	NL			Tanker	2010			
COLOMBIA + COLOMBIA II	B	06004239	192	Cargo	2006	3010	244740305	OT2530
COLOMBUS	NL	02318007	67	Tanker	1957	866	244670797	PD2163
COLONIA	NL	02317895	80	Tanker	1973	1193	244660468	PE8468
COLORADO	NL	02305631	80	Cargo	1929	1005	244690185	PG4366
COLORADO	NL	02318629	85	Cargo	1958	1498	244670295	PF8141
COLORADO	B	06004293	135	Tanker		5578	205384390	OT3843
COLUMBIA	NL		21	Pilot			245679000	PDLA
COLUMBIA	NL	02313000	67	Tanker	1970	1068	244660703	PE7439
COMBI	NL	02308287	39	Cargo	1952	307	244630324	PG3597
COMBIMAC	NL	02323708	30	Cargo	1976	193	205388090	OT3880
COMBINATION	NL	02332712	110	Cargo	2011	3175	244620662	PD6457
COMIENZO	NL	02329316	135	Cargo	2007	5695	244070991	PE5218
COMMANDER	NL	02330684	135	Tanker	2008	5976	244620841	PG9677
COMMANDO	NL	02004988	21	Tug	1956		244710315	PH4554
COMMEARE	NL	02318975	80	Cargo	1967	1277		PE3490
COMMERCE III	NL	02307211	80	Cargo	1948	39		
COMMODORE	NL	02331062	110	Tanker	2008	2541	244620874	PE9607
COMMUNITAS	NL	02203934	57	Cargo	1963	683		PG8396
COMPAAN	NL	02332826	110	Tanker	2010	3606	244670460	PB5347
COMPAAN	NL	06001430	39	Cargo	1959	357	244630324	PG9665
COMPAEN	NL	02212303	11	Patrol			244700672	PF7681
COMPAGNON	NL	02326666	110	Tanker	2004	2995	244660564	PH5712
COMPANION	NL	02332503	83	Tanker	2009	1634	244650659	PB4032
COMPARI	B	02323607	135	Cargo		2310	205359190	OT3591
COMPONIST	NL	02332517	135	Tanker	2009	4642	244670209	PB4200
COMPROMIS	NL	02324640	86	Cargo	2000	1649	244010965	PD3374
COMPROMIS	NL	02325760	135	Tanker	2002	6287	244660990	PB5016
COMRADE	NL	02314439	86	Cargo	1919	1605	244710518	PE4886

BENELUX WATERWAY VESSELS 2012

Vessel Name	Flag	IMO/ENI	LOA	TYPE	BUILT	GT	MMSI No	Callsign
COMUS	B	06003670	110	Cargo	2001	3021		
COMUS 2	B	06105020	110	Tanker	2007	4000	205390790	OT3907
CON AMOR	NL	02313277	65	Cargo	1960	652		
CON AMORE	NL	02312308	67	Cargo	1966	826	244660650	PI2574
CON AMORE	NL	02322504	80	Cargo	1963	1228	244690707	PI3090
CON AMORE	NL	02324053	81	Cargo	1919	1633	244070355	PE9257
CON AMORE	NL	02327210	110	Cargo	1998	2545	244010704	PF9535
CON ZELO	NL	02315789	80	Cargo	1957	1086		
CON ZELO	NL	02316307	86	Cargo	1981	1634	244670309	PG4337
CON ZELO	NL	02318505	110	Cargo	1988	2167	244630194	PD3964
CON ZELO	NL	02325206	70	Cargo	2001	1150	244660168	PF8377
CON ZELO	B	06503051	39	Tanker ©	1956	354		
CON ZELO II	NL	06503203	39	Tanker	1955	276		
CONATUS	NL	02006868	60	Cargo	1971	681	244020558	PD3801
CONCORDE	NL	02310093	70	Cargo	1957	806		PE3775
CONCORDE	NL	04803890	110	Tanker	2002	3163	244700044	PD4099
CONCORDIA	NL	02000809	48	Cargo	1928	426	244710045	PD9378
CONCORDIA	NL	02005798	60	Cargo	1961	654	244660854	PD3001
CONCORDIA	NL	02315785	73	Cargo	1964	1159		PD6895
CONCORDIA	NL	02325548	110	Cargo	2002	3421	244650861	PH9256
CONCORDIA	NL	06003793	86	Cargo	1981	1599		PI2780
CONDITION	NL		110	Cargo	2009			
CONDOR	NL	02311528	52	Cargo	1938	500		
CONDOR	NL	02315230	21	Tug (P)	1949		244690498	PF6510
CONDOR	NL	02317585	110	Cargo	1958	3052	244650917	PH8825
CONDOR	NL	02331400	110	Cargo	2009	3198		
CONDOR	NL	03011564	67	Tanker	1955	837		PD3407
CONFIANCE	NL	02313980	86	Cargo	1971	1524	244690357	PD6855
CONFIANCE	NL	02315129	55	Cargo	1929	632	244670309	PD8928
CONFIANCE	NL	02321403	86	Cargo	1970	1427	244650830	PD8107
CONFIANCE	NL	03170096	50	Cargo	1927	532	244670672	PE7885
CONFIANT	NL	02327161	108	Cargo	1973	3150		PF6785
CONFIANZA	NL	02104034	64	Cargo	1966	827	244690815	PB4386
CONFID	NL	02320953	85	Cargo	1972	1601	244730796	PD3129
CONFIDE	NL	03110503	75	Cargo	1961	1089	244710115	PI2346
CONFIDENCE	NL	03170628	67	Cargo	1943	900		
CONFIDENTIA	NL	02203475	50	Cargo	1956	518	244690202	PD8130
CONFIDENTIA	NL	02326597	110	Cargo	2004	3232	244650877	PI7782
CONFORZA	NL	02325915	110	Cargo	2003	2567	244700940	PF2359
CONNEMARA	LX	02333890	110	Tanker	2010	3047	244730368	PB9419
CONNIE	NL	02315163	82	Cargo	1958	1533	244710403	PF9489
CONQUEST	NL	02316516	18	Tug	1947	15	244730026	PF5926
CONQUEST	NL	07001730	125	Tanker	2005	4030	244690563	PB6763
CONSENSUS	NL	02319490	80	Cargo	1957	1068	244660691	PD5506
CONSEQUENT	NL	02310809	66	Cargo	1960	748	244660889	PD5077

29

BENELUX WATERWAY VESSELS 2012

Vessel Name	Flag	IMO/ENI	LOA	TYPE	BUILT	GT	MMSI No	Callsign
CONSTALATION	D	02323373	105	Cargo	1980	2468	244660170	PD3252
CONSTELLATION	NL	02327190	125	Tanker	2005	3497	244690815	PD2141
CONTARGO I	NL	02324494	108	Cargo	1983	2945	244670675	PB5363
CONTARGO II	NL	02324592	110	Cargo	2000	3060	244630388	PF2556
CONTARGO III	NL	02324060	109	Cargo	1999	2741	205404990	PD5101
CONTARGO X	NL	02326858	73	Cargo #	2000	2241		
CONTARGO XI	NL	02326721	83	Cargo #	2004	2374		
CONTARGO XII	NL	02330827	86	Cargo #	2008	2399		
CONTENDER	NL	02328726	19	Tug	2007		244700158	PD5031
CONTENT	NL	03290050	49	Cargo	1930	399		
CONTENTUS	NL	02318115	86	Cargo	1950	1563	244650911	PE5514
CONTESSA	B	06004196	57	Cargo	1954	630		
CONTO MIO	NL	02103688	60	Cargo	1962	731	244660166	PD6673
CONTRA	NL	02326613	80	Cargo	1964	1303	244630671	PD2383
CONTRA.A	NL	02313761	86	Cargo	1969	1317	244690437	PI3731
CONTRA.B	NL	02316126	80	Cargo	1958	1192	244690436	PD3594
CONVENANT	NL	02333325	110	Tanker	2010	4235	244670865	PB5825
COOLSINGEL	D	02332046	86	Tanker	2009	2351	244670312	PD2214
COOPERATION	NL			Tanker	2008			
COOPERATION	NL	06000502	73	Cargo	1965	1008	244630496	PH8338
COPENHAGEN	NL	02333268	110	Tanker	2011	3231	244740448	PF6172
COR	NL	03020333	50	Cargo	1930	616		
CORAL	B		39	Cargo			205404990	OT4049
CORAL	NL	02137530	29	Cargo	1922	143		
CORALIEN	NL	02311328	51	Cargo	1947	610	244740497	PF8500
CORAM DEO	NL	02204119	65	Cargo	1966	622	244620989	PD7479
CORAZON	NL	02315158	63	Tanker	1943	747	205502990	OT5029
CORBITA	B	06003559	100	Cargo	1956	1869	205319090	OT3190
CORDI JAN	NL	02312829	63	Cargo	1949	754	244630671	PH6195
CORENDYCK	NL	02316214	86	Cargo	1956	1585	244660704	PE7062
CORINA	NL	02009691	79	Cargo	1963	1686		PH6582
CORINA	NL	02325511	35	Tanker	2001	190	244690474	PE6206
CORJA	NL	02304917	64	Cargo	1930	740	244660722	PG8693
CORJA	NL	02322782	86	Cargo	1996	1771		
CORJANO (TSUNAMI)	B	06000487	55	Cargo		373	205369790	OT3697
CORMA	NL	02103504	64	Cargo	1961	850	244700960	PD7185
CORMA	NL	02303785	58	Cargo	1909	728		
CORMA	NL	02307133	70	Cargo	1948	1011	244700696	PI2923
CORMA B	NL	03250100	80	Cargo	1928	1515		
CORMORAAN	NL	03270697	62	Cargo	1965	901	244660728	PH6306
CORMORAN	NL	02315052	39	Cargo	1962	385	244660029	PG4415
CORNEEL	B	06001937	39	Tanker	1951	325		
CORNELIA	NL	02002257	39	Cargo	1924	270	244700390	PD5140
CORNELIA	NL	02318963	80	Cargo	1990	1464	244710202	PF8658
CORNELIA	NL	03051335	44	Cargo	1955	389		

BENELUX WATERWAY VESSELS 2012

Vessel Name	Flag	IMO/ENI	LOA	TYPE	BUILT	GT	MMSI No	Callsign
CORNELIS	NL	02312854	54	Cargo	1969	497		PE7272
CORNELIS	NL	02313978	80	Tanker	1973	1000	244650824	PD7478
CORNELIS	NL	02333363		Workship	2011			
CORNELIS	NL	03170174	22	Tanker	1902	79	244710704	PD3952
CORNELIS	NL	03310305	53	Cargo	1952	592	244710126	PB8393
CORNELIS ADRIANA	NL	02103904	70	Cargo	1964	794		PD6307
CORNELIS B	NL	02103598	60	Cargo	1962	700		
CORNELIS B	NL	02311684	73	Cargo	1963	1076		
CORNELIS M	NL	02325734	70	Cargo	2002	1000	244660614	PG3356
CORNELIS R	NL	02324335	135	Cargo	1999	2673	244660905	PD3844
CORNELIS SR	NL	02312178	55	Cargo	1965	659		
CORNELIS SR	NL	02312769	80	Cargo	1969	1251	244100001	PC8175
CORNELIS SR	NL	02325619	70	Cargo	2002	995	244700444	PE5236
CORNELIS V	NL	02104359	63	Cargo	1969	793		PD4497
CORNELUS	NL	03310472	52	Cargo	1963	488	244620977	PD6515
CORONA DEL RIO	B	06000789	39	Cargo	1959	371		
CORRADO	NL	02206775	80	Cargo	1970	1338	244740097	PI7902
CORRENTE	NL	02322435	85	Cargo	1980	1249		
CORSAIRE	B	06003432	80	Tanker			205301090	OT3010
CORTINA	B	06004273	135	Cargo	2007	3755	205393890	OT3938
CORYLOPHIDA	B	06105239	86	Tanker	2010	1709	202503990	OT5039
COSMOPOLIET	NL	02101084	67	Cargo	1928	838		PD8593
COSMOPOLITE	NL	02315182	85	Cargo	1964	1465	244660610	PH8847
COSTA RICA	B	06000984	67	Cargo	1958	763	205218290	OT2182
COTCHA	NL	02103683	56	Cargo	1962	626		
COTRANS 1	NL	02314566	80	Cargo	1977	1314	244620972	PF4317
COTRANS 2	NL	03021429	70	Cargo	1965	900	244660605	PF6530
COTRANS 3	NL	02315519	80	Cargo	1979	1312	244660606	PD2685
COTRANS 4	NL	02315757	73	Cargo	1980	1060	244670604	PG3761
COTRANS 5	NL	02315758	73	Cargo	1980	1071	244660608	PG3762
COTRANS 6	NL	02315759	71	Cargo	1980	1024	244660610	PG3763
COTRANS 7	NL	02315760	73	Cargo	1980	1060	244660613	PG3764
COTRANS 8	NL	02324944	70	Cargo	2000	1008	244700840	PD8383
COTRANS 9	NL	02318494	70	Cargo	1988	1010	244620973	PD9092
COTRANS 10	NL	02318710	70	Cargo	1988	1010	244620974	PF9116
COTRANS 11	NL	02325435	70	Cargo	2001	1008	244620975	PD3543
COTRANS 12	NL	02309515	56	Cargo	1956	622	244620976	PI6698
COTRANS 14	NL	02310619	70	Cargo	1960	897	244620977	PH2921
COURAGE	NL	02310584	18	Tanker	1959	39		
COURAGE	NL	02312751	64	Cargo	1957	682		PE3343
COURAGE	NL	02324112	63	Cargo	1962	704	244660307	PD3584
COURAGE	NL	03170575	55	Cargo	1961	608		
COVANO	NL	02323931	134	Cargo	1999	5165	244660491	PC6280
COWA	B	06003434	80	Cargo	1958	1179	205482590	OT4825
CRAMANT	NL	02314178	73	Cargo	1948	955		

BENELUX WATERWAY VESSELS 2012

Vessel Name	Flag	IMO/ENI	LOA	TYPE	BUILT	GT	MMSI No	Callsign
CRANE BARGE 1	NL	02320928	40	Cargo	1993	360	244670111	PE8757
CRANE BARGE 2	NL	02320929	40	Cargo	1993	360	244670112	PE8760
CRANE BARGE 3	NL	02326735	52	Cargo	1965	607	244670113	PI3028
CRANE BARGE 4	NL	02332479	42	Cargo	2009	250	244670114	PB3630
CREDO	NL	02300231	60	Cargo	1925	750	244740587	PF8928
CREDO	NL	02306690	63	Cargo	1915	800	244620936	PD4052
CREDO	NL	02317984	86	Cargo	1957	1525		PD4967
CREDO	NL	02325699	85	Cargo	1980	1597	244660591	PE3435
CREDO	B	06000302	55	Cargo	1960	693	205384190	OT3841
CREDO	NL	08023064	31	Tug (P)	1912	50	244710346	PF7295
CRESCENDO	NL	02104544	62	Cargo	1964	708	244730208	PB9229
CRESCENDO	NL	02203923	60	Cargo	1963	844	244670604	PG3822
CRIGEE	NL	02332326	135	Cargo	2009	5500	205244590	PD3955
CROW	NL	02310815	48	Tanker	1960	444		PE3197
CT SOFIA	NL	02333516	86	Tanker	2010	1700	244700415	PB7871
CUM-DEO	NL	02318817	67	Cargo	1958	708	205202190	PG5362
CUNADO	NL	02325102	110	Cargo	1988	3932	205412090	PE3432
CUNERA	NL	02311663	70	Cargo	1963	901	244700782	PF8720
CUNERA	NL	02330447	110	Cargo	2008	3247	244660904	PG9291
CUNERA II	NL	02331321	135	Cargo	2008	4202	244700331	PB3938
CUPIDO	B	02207407	86	Cargo			205407990	OT4079
CUPIDON	B	06002857	105	Cargo	1973	2303	205481290	OT2445
CURA	NL	02304361	50	Cargo	1929	521		
CURA	NL	02309314	30	Cargo	1909	167		
CURA DEI	NL	02326126	110	Cargo	2003	3100	244670386	PD5467
CURA NOSTRA	NL	02101992	18	Tug	1926		244670541	PD4513
CURACAO	NL		110	Tanker	2011	3200		
CURACAO	NL	06004113	23	Tug (P)	1931	23	244670033	PB5067
CURATA	NL	02207282	95	Cargo	1972	1863	244690395	PD7696
CURIA	NL	02311691	55	Tanker	1963	527		PE8133
CURIE	NL	02318154	110	Tanker	1987	2164	244020419	PE9032
CURRENCY	NL	02326969	110	Tanker	2005	2990		
CURSOR	B	06004278	80	Cargo	1956	1350	244660697	OT2021
CUTTY SARK	B	06003436	61	Cargo	1960	698	205412090	OT4120
CYBERNETICA	NL	02314122	86	Cargo	1953	1282	244660429	PH4782
CYCLOON	NL	02324328	110	Tanker	2000	1495	244660414	PD2405
CYCLOOP	NL	02204629	80	Cargo	1975	1360	244670800	PD9291
CYGNUS	NL	02328823	110	Cargo	2007	3020	244070079	PD4578
CYGNUS	B	06003577	19	Tug (P)	2000	124	205320790	OT3207
CYLOR	B	06004139	135	Cargo	2005	3890		
CYMBA	B	06004275	110	Cargo	1994	2690	205382590	OT3825
CYMRU	NL	02319685	95	Cargo	1965	2515		PD2880
CYNTHIA	NL	02003749	27	Dredger	1932	130	244700371	PI2799
CYPRIA	NL	02316365	80	Tanker	1965	1251	244700009	PE7573
CYRANO	NL	02328757	110	Cargo	2007	3250	244660371	PD3959

BENELUX WATERWAY VESSELS 2012

Vessel Name	Flag	IMO/ENI	LOA	TYPE	BUILT	GT	MMSI No	Callsign
D.W.B. DORDRECHT	NL		24	Tanker	1989	149		
D.W.S. 10 WATERGEUS	NL	02320590	24	Tanker	1960	131	244700535	PG7857
D.W.S. 11 WATERBUFFEL	NL	02320591	24	Tanker	1960	131	244700534	PG7859
D.W.S. 14 WATERVAL	NL	02009391	24	Tanker	1985	80	244700533	PG7860
D.W.S. 15 WATERMAN	NL	02009392	24	Tanker	1985	80	244700532	PG7871
DA CAPO	NL	02315086	63	Cargo	1959	528	244650003	PG4849
DA VINCI	NL	02305586	63	Cargo	1934	684	244690101	PH6525
DA VINCI	NL	02322986	110	Tanker	1996	3667	205311290	PF2691
DABRICY	B	06504069	81	Cargo	2003	1595	205206190	OT2061
DACAPO	NL	02102581	38	Cargo	1919	257		PG9926
DADAN	NL	02317634	95	Cargo	1963	1699	244100376	PD3315
DAEVANOS	NL	02316493	39	Cargo	1969	393	244730787	PH3793
DAGERAAD	NL	03030301	45	Cargo	1913	400		
DAGERAAD	NL	03030824	50	Cargo	1929	606		
DAILY	NL	02314556	80	Cargo	1958	1076		PE5790
DAILY	NL	02318432	110	Cargo	1988	2811	244660954	PE6796
DAKATO I	NL	02332149		Cargo #	2009			
DAKOTA	B	06002903	57	Tanker	1963	599	205418790	OT4187
DAMAR	NL	02315872	80	Cargo	1961	1138		
DA-MAR	NL	02102904	58	Cargo	1908	777	244670394	PD2646
DAMARO	NL	02104068	74	Cargo	1966	905		
DAMIAN	NL	03310532	65	Cargo	1965	794	244660994	PB4613
DAMIANO	NL	02332750	85	Tanker	2010	1621	244670978	PB5975
DAMIATE	NL	06003746	77	Cargo	1965	1013	244700319	PB7626
DAMINA-K	NL	02328752	110	Cargo	2007	3057	244130279	PG7673
DANA	NL	02330141	35	Tanker	2009	299	244690843	PF9885
DANCING WATER	NL	02302045	21	Tug (P)	1974		246683000	PE8164
DANDIA	B	06001154	73	Cargo	1963	1057	205200690	OT2006
DANDY	NL	03110065	67	Cargo	1924	1019	244660371	PD7962
DANIELLA	B	06002153	82	Cargo	1958	685		
DANIQUE-F	B	06503864	24	Tug (P)	1936	26	205228790	OT2287
DANKBAARHEID	NL	02203074	20	Cargo	1912	37		PF8715
DANKBAARHEID	NL	02204101	67	Cargo	1966	828	244710301	PG3765
DANKBAARHEID	NL	02309940	56	Cargo	1957	609		PH4904
DANKBAARHEID	NL	02311979	50	Cargo	1925	558		PH4401
DANKBAARHEID	NL	02317708		Cargo	1922	235		
DANMARIS	NL	02315307	55	Cargo	1960	651	244670810	PF6600
DANNY	B	06003705	73	Cargo	1964	1003	205490090	OT4900
DAVY	NL	03260156	50	Cargo	1960	517		PD9748
DAYBREAK	NL	02315766	105	Cargo	1976	2618	2315766	PD3027
DAYER	NL	02315940	84	Cargo	1956	1270	244130279	PE3877
DAYTONA	B	06002392	100	Cargo	1971	2208		
DC MOSA 1	NL	06002781	73	Cargo	1960	1006	244660075	PB8664
DE 3 GEBROEDERS	NL	03030956	36	Cargo	1931	205		
DE 3 GEBROEDERS	NL	03180025	35	Cargo	1924	225		PE9652

33

BENELUX WATERWAY VESSELS 2012

Vessel Name	Flag	IMO/ENI	LOA	TYPE	BUILT	GT	MMSI No	Callsign
ZUTPHEN								
DE BATAVIER	NL		37	Cargo			244710156	PF8333
DE BIESBOSCH	NL		40	Car Ferry			244690922	PH7886
DE BLAUW GANS I	NL	03030047	31	Cargo	1923	168		PI2891
DE BOURGONDIER	NL	02100724	28	Cargo	1921	154		
DE EEN	NL	02323712	30	Cargo	1968	190	244670646	PG9554
DE GOEDE VERWACHTING	NL	02001577	25	Cargo	1900	36		
DE HOOP	NL	02005670	55	Cargo	1960	529		
DE HOOP	NL	02309896	48	Cargo	1957	416	244710044	PD4766
DE HOOP	NL	02309916	60	Cargo	1957	694		
DE HOOP	NL	03310023	36	Cargo	1903	240		
DE HOOP 1	NL	02317643	15	Tanker			244660488	PC5408
DE HOOP 2	NL	02311949	30	Tanker	1964	141	244660485	PG2312
DE HOOP 3	NL	02311947	30	Tanker	1964	155	244660486	PI2308
DE HOOP 4	NL	02310161	35	Tanker	1957	206	244660487	PG3158
DE NEGEN	NL	02312383	15	Patrol			244670652	PE4606
DE NEUS	B	06105203	52	Dredger	2004		205367890	OT3678
DE REDDER	NL		11	SAR		10	245580000	PBBM
DE STEUR	NL	03030632	42	Cargo	1923	250		
DE TIJD ZAL T LEREN	NL	03030157	25	Cargo	1924	91		
DE TIJD ZAL 'T LEREN	NL	02103965	62	Cargo	1964	766	244660036	PF3968
DE TIJD ZAL T LEREN II	NL	02300059	50	Cargo	1916	546		
DE TIJD ZAL T LEREN III	NL	02306638	50	Cargo	1909	474		
DE TIJD ZAL T LEREN IV	NL	02300405	39	Cargo	1917	256		
DE TIJD ZAL T LEREN VI	NL	02314049	35	Cargo	1935	202		
DE TWAALF	NL	02011551	15	Patrol	1993		244670653	PF2881
DE TWEE	NL	02314276	16	Tug	1975		244670647	PH8151
DE UITDAGING	NL	02312120	70	Cargo	1965	830		PE6046
DE VALK	NL		86	Cargo	1961	1675		
DE VALK	NL	02327495	86	Cargo	2006	1675	244700810	PE7366
DE VERANDERING	NL	03030862	31	Cargo	1905	159		
DE VIER	NL	02006955	14	Tug	1966	8	244670648	PF8822
DE VIJF	NL	02204254	14	Tug	1968	8	244670649	PD7893
DE VLIJT	NL	02317328	86	Cargo	1972	1750	244700570	PI9530
DE WATERMAN	NL	03350375	39	Cargo	1954	336		PI5238
DEALO	B	06003508	80	Cargo	1980	1399	205311290	OT3112
DEANNE W	NL	02312895	70	Cargo	1948	945		PC7877
DEBORAH	B		39	Cargo		361		
DEBOTANK	B	06004151	110	Tanker	1973	2945	205362990	OT3629
DECENNIUM	NL	06002847	55	Cargo	1934	543		
DECHELLE	NL	02332232	110	Tanker	2009	2792	244660167	PB3821
DECIBEL	NL	02315152	80	Cargo	1963	1153	246901002	PD6654
DEEF	B	06003201	50	Cargo	1956	513		
DEENEPLAAT	NL	02311260	25	Tanker	1963	103		PE9647
DEFACTO	NL	02103727	70	Cargo	1963	1000	244660327	PD2151

BENELUX WATERWAY VESSELS 2012

Vessel Name	Flag	IMO/ENI	LOA	TYPE	BUILT	GT	MMSI No	Callsign
DEGO	B	06003571	95	Cargo	1973	2069		
DEI GRATIA	NL	02006769	75	Cargo	1969	1191		PF6142
DEI VOLUNTAS	NL	02314191	80	Cargo	1973	1319	244670411	PE5439
DEINING	NL	02300109	46	Cargo	1915	431		PH3226
DEJA	NL	02326994	125	Tanker	2005	3420	244660629	PC5693
DÉJÀ VU	NL	02325769	95	Cargo	2002	2515		
DÉJÀ VU	NL	02325892	76	Cargo #	2002	2173		
DEJO B	NL	02005212	49	Tanker	1957	400	244730348	PH8665
DELCACIA	NL	03290226	39	Cargo	1962	369	244042985	PG3914
DELFSHAVEN	NL	02327505	110	Tanker	2006	3135		
DELFTANK 3	NL	02311582	20	Tanker	1960	48		
DELFTANK 8	NL	02311474	20	Tanker	1963	48		
DELOS	NL	02332709	105	Cargo	2009	2662	244660087	PB4423
DELTA	B		38	Tanker			205390090	OT3900
DELTA	NL	02102154	35	Cargo	1902	227		
DELTA	NL	02309829	18	Tug	1957	12	244700655	PF3680
DELTA	NL	02311873	86	Cargo	1958	1410	244700442	PF7384
DELTA	NL	02313251	17	Tug				
DELTA	NL	02322599	39	Tanker	1956	268		
DELTA	NL	02325460	86	Tanker	2002	1953	244670735	PF3075
DELTA	NL	02328379	110	Cargo	2007	3054	244060095	PD9655
DELTA	NL	02329693	110	Cargo	2008	3000	244020225	PD2398
DELTA	NL	02332657	86	Cargo	2009	2250	244670844	PF7384
DELTA	NL	9104718	41	SPV			244762000	PDPC
DELTA 3	NL		27	Pilot			244730909	PD4241
DELTA HOPPER	NL	02325794	63	Cargo	2002	889	244660439	PF5501
DELTA I	NL	02312436	28	Tanker	1967	120	244730905	PE6491
DELTA II	NL	02329733	85	Cargo #	2007	2394		
DELTA III	NL	02324421	27	Tanker	2000	150	244730909	PD4241
DEMAT	NL	02310269	80	Cargo	1958	1314	244730094	PG2983
DEN DUVEL	B		30	Workship			205484790	OT4847
DENDRE	B	06500096	39	Tanker	1953	354		
DENERA	NL	02326975	105	Cargo	1973	1832	244660327	PD2131
DENI	NL	02312365	79	Tanker	1960	983	244700521	PF6275
DENNIS	NL	02307659	70	Cargo	1931	1031	244700296	PG6250
DENNIS	NL	02310982	55	Cargo	1961	640		
DENNIS F	NL	02205299	19	Tug	1922		244690967	PC3396
DENSIMO	NL	02327312	105	Cargo	1989	2421		PD2958
DENZO	NL	02007370	85	Tanker	1974	1475	205497090	PF9539
DENZO	NL	02313225	80	Cargo	1958	1080	244710210	PD3480
DENZO	NL	02321756	67	Cargo	1963	846		
DEO CONFIDENTES	NL	02330120	135	Cargo	2008	3748	244730862	PC8467
DEO DATA	NL	02324760	42	Workship		221		
DEO DUCE	NL	02314010	70	Cargo	1953	750	244660717	PE5087
DEO FAVENTE	NL	02326753	55	Cargo	1965	646	244730050	PH4486

BENELUX WATERWAY VESSELS 2012

Vessel Name	Flag	IMO/ENI	LOA	TYPE	BUILT	GT	MMSI No	Callsign
DEO FAVENTE	NL	02333026	86	Cargo	2009	2316	244660062	PB4442
DEO FAVENTE	NL	06003971	86	Cargo	2004	1641	244030275	PF5963
DEO GRATIAS	NL	02330219	99	Cargo	2008	2967	244660035	PD7383
DEO GRATIAS	NL	02330542	84	Cargo #	2008	2662		
DEO GRATIAS	NL	02331243	110	Cargo	2008	3225	244180386	PI2687
DEO JUVANTE	NL	02104173	63	Cargo	1966	767	244660038	PE3020
DEO JUVANTE	NL	02200955	27	Cargo	1925	122		PF2300
DEO JUVANTE	NL	02204816	39	Cargo	1967	389	244660880	PD8806
DEO JUVANTE	NL	02312939	71	Cargo	1962	1015		PH4400
DEO JUVANTE	NL	02313982	67	Cargo	1974	985	244730094	PI5912
DEO JUVANTE	NL	02318354	100	Tanker	1987	1893	244670832	PD3090
DEO JUVANTE	NL	02330445	135	Cargo	2008	4229	244660319	PG4074
DEO VOLENTE	NL	02002337	62	Cargo	1902	657	244710934	PH8725
DEO VOLENTE	NL	02313868	80	Cargo	1970	1196		
DEO VOLENTE	NL	02315808	85	Cargo	1957	1725		
DEO VOLENTE	NL	02332963	110	Cargo	2010	3347	244670457	PB5342
DEO VOLENTE	NL	03170641	60	Cargo	1963	700	244710928	PG4827
DEO-DATE + ARSENE (39m)	B	06001148	39	Cargo		370	205293290	OT2932
DEQEBE	NL	02313271	67	Cargo	1957	750		PC5220
DESAFIO	NL	02319760	82	Cargo	1970	1289		PG6859
DESANDO	NL	02318620	70	Cargo	1962	1018	244650818	PE8780
DESCANSO	NL	02328562	135	Cargo	2007	3950	244580354	PC5561
DESCHIETER 10	B	02100374	81	Cargo	1922	1374	205399690	OT3996
DESCHIETER 11	B	06503548	79	Cargo	1955		205205190	OT2051
DESCHIETER 14	B		85	Cargo			205351890	OT3518
DESCHIETER 16	B	06002434	80	Cargo	1942	889	205351990	OT3519
DESCHIETER 17	B	06000247	80	Cargo			205352090	OT3520
DESEADO	B	06000175	86	Cargo		1974	205445190	OT4451
DESEO	B	06105015	110	Cargo	2008	5527	205377990	OT3779
DESIDERIO	NL	02310193	55	Cargo	1958	516	244620886	PD6567
DESIRE	NL	02311441	62	Cargo	1963	750	244710657	PF7750
DESIRE	B	06004209	57	Cargo	1955	603		
DESIREE	NL	02313865	86	Cargo	1970	1307	244710006	PI3302
DESIREE	NL	02315725	10	Tug	1950		244730985	PH2763
DESIREE	B	06004188	80	Tanker	1956	986		
DESMAR	NL	02313693	67	Cargo	1958	900	244670243	PD4203
DESPATCH	NL	02317098	39	Cargo	1983	372		PD3357
DESPERADO	NL	02332586	110	Tanker	2009	4228	244010030	PG4862
DESTINATIE	NL	02316273	110	Cargo	1981	2307	244690061	PI2447
DESTINO	NL	02323384	86	Tanker	1998	1387	244700574	PE7213
DESTINY	NL	02201495	50	Cargo	1931	437		PD4867
DESTINY	NL	02312766	85	Tanker	1963	1322		PG8239
DESTINY	NL	03290246	39	Cargo	1963	360	244700140	PD8673
DESTINY + DESTINY 1	NL	02318392	183	Cargo	1972	2165	244700872	PD4261
DEUGNIET	B	06105057	35	Tanker	2009	260	205448890	OT4488

BENELUX WATERWAY VESSELS 2012

Vessel Name	Flag	IMO/ENI	LOA	TYPE	BUILT	GT	MMSI No	Callsign
DEUS MARIS	B			Cargo				
DEVELSTEIJN	NL	02103886	66	Cargo	1964	915	244660227	PG6289
DEVIANT	NL	03310475	85	Cargo	1963	1304	244710653	PI3361
DEVONIA	NL	02332651	110	Cargo	2010	2877	244730818	PC4578
DEVOTION	NL	06003854	135	Cargo	1999	5134	205492290	PE4922
DEVYANTA	NL	02326205	86	Cargo	2003	2219	244710151	PE3236
DEZI	NL	02326350	135	Cargo	2004	3333		
DHAMRA	B	9531038	31	Dredger			205555000	ORPM
DIABLO	B	02323362	110	Cargo	1998	3136	205393990	OT3939
DIADEMA	NL	02135835	86	Cargo	1970	1549		PE5112
DIADEMAR	NL	02310146	69	Cargo	1958	900	244660085	PI3151
DIALASA	B	06004231	80	Cargo	1972	1406	205340690	OT3406
DIAMANT	NL	02305635	63	Cargo	1935	654	244710992	PB9002
DIAMAR	D	02327108	110	Cargo	2005	2991		
DIAMOND	B	06004098	80	Cargo	1972	1351		
DIAN	NL	02326458	110	Cargo	1980	3852	244670754	PB9047
DIANE	NL	02333409	135	Tanker	2010	4295	244690847	PB7131
DIANITA	NL	02318528	79	Cargo	1962	1145	244700250	PD9609
DIANTHUS	B	06003885	135	Cargo		3995	244670466	OT3652
DIASPORA	NL	02205080	84	Cargo	1980	1437		PI2366
DIBO	NL	02204094	67	Tanker	1913	645		
DICO	NL	02005415	75	Cargo	1958	1008		
DIEGO	NL	02324418	80	Cargo	1958	1350		
DIELIS	NL	02317467	43	Workship	1984	297	244710914	PI3498
DIENA	NL	02323840	73	Cargo	1965	1052	244670094	PE2999
DIENI	NL	02325883	19	Tug (P)	2002			
DIEU DONNE	NL	02325183	105	Cargo	1969	1930	244670506	PE7541
DIEZE	NL	02103559	66	Cargo	1961	1120		
DIEZE HOPPER	NL	02325058	63	Cargo	2001	850	244660394	PE2938
DIFF	NL	02327262	135	Tanker	2005	4205	244690485	PD2530
DIJANNE	NL	02305084	80	Cargo	1931	1526	244670722	PD4185
DILIGENT	NL	02314193	73	Cargo	1963	1153	244650893	PD6607
DILIGENTIA	NL	03021271	64	Cargo	1961	755		
DILLINGEN	NL	08023093	19	Tug (P)				
DIMAR	NL	02899968	74	Tanker	1965	1381	244690604	PG9992
DINA	NL	02325325	110	Cargo	2002	2706	244700229	PF8980
DINA B	NL	03030068	42	Cargo	1913	386		
DINA JACOBA	NL	02104039	89	Cargo	1966	1935	244730192	PF2546
DINARA	NL	02333347	125	Tanker	2010	3515	244670923	PB5354
DINERO	NL	02322844	105	Cargo	1957	1998	244670094	PI4330
DINTEL	NL	03051179	30	Workship	1921	60		PI3778
DINTEL 2	NL	02313199	31	Tanker	1971	146		
DINTEL 3	NL	02005836	25	Tanker	1962	102		
DINTELMOND	NL	02312206	16	Tug	1913	6	244660673	PD8321
DINTELSTROOM	NL	02323039	80	Tanker	1992	1428	244630027	PG5305

37

BENELUX WATERWAY VESSELS 2012

Vessel Name	Flag	IMO/ENI	LOA	TYPE	BUILT	GT	MMSI No	Callsign
DIOMEDEA	NL	02324532	110	Cargo	2000	2435		
DIOS MEDIANTE	NL	02324466	110	Cargo	2000	2410	244710277	PH7853
DIRBON	NL	02311205	67	Cargo	1940	848		
DIRK	NL	02306617	28	Workship	1926	45		
DIRK SR	NL	02205109	108	Cargo	1980	3205	244740569	PI2454
DIRKJE BONNA	NL	02312927	70	Cargo	1961	853	244710558	PD8396
DIRK-ROMY	NL	02330161	135	Cargo	2008	4246	244740545	PE9244
DISCOVERY	NL	02312344	67	Cargo	1967	789	244660022	PD4850
DISCOVERY	NL	02327672	125	Tanker	2006	3492	244690330	PD3051
DISCOVERY	NL	02332430	110	Cargo	2009	3151	244650737	PB4164
DISCOVERY	B	06002831	76	Cargo		1046	205493290	OT4932
DISSIDENTIA	NL	02320299	110	Tanker	1991	2850	244700998	PF6910
DITA	NL	03270687	70	Cargo	1964	892		
DIVA	NL	02205123	110	Cargo	1981	2099	205292090	PD3350
DMS ALBATROSS	NL	9605347	32	Tug	2011		246805000	PCLK
DMS BEETLE	NL		14	Crewboat	2003			
DMS BLACKBIRD	NL	9524504	35	Tug	2008		246093000	PBOV
DMS BLUEBIRD	NL	9412191	26	Tug	2007		244791000	PHLH
DMS DUNNOCK	NL	9450268	30	Tug	2007	309	244811000	PHLJ
DMS EAGLE	NL	9372664	26	Tug	2006		246515000	PHFH
DMS FINCH	NL		16	Crewboat	2009	4		
DMS GLOBE	NL	9304904	26	Tug	2004		244009000	PFCQ
DMS HAMMERHEAD	NL		13	Tug	2011			
DMS HERON	NL	9569346	26	Tug	2011		246781969	PCJW
DMS KINGFISHER	NL	9548885	35	Tug	2009	610	245479000	PBSV
DMS MERLIN	NL	02720478	22	Tug	2004		245027000	PHBG
DMS NANDU	NL		26	Crewboat	2012			
DMS OSPREY	NL	9548897	35	Tug	2010		244821000	PBYG
DMS PELICAN	NL	9569322	23	Tug	2010			
DMS RAVEN	NL	02720176	22	Tug	2003			
DMS ROBIN	NL		16	Tug	2009			
DMS ROOK	NL	02327353	17	Tug	2009		246387000	PBPX
DMS SISKIN	NL	9563201	27	Tug	2011		246804000	PCLJ
DMS STARLING	NL	9414204	26	Tug	2006		246551000	PHGU
DN 53	B		14	Tug			205391000	ORWD
DN 54	B		17	Tug	1993		205514000	ORKZ
DN 61	B	06504023	14	Tug			205053000	OR1304
DN 72	B		17	Tug			205467000	ORNC
DOBBER	NL	03011804	19	Tanker	1964	44		PE2547
DOK	NL	02300572	62	Cargo	1923	817		PE6711
DOLFIJN	NL	02104362	17	Cargo	1900	19		PG2947
DOLFIJN	NL	02309963	57	Cargo	1957	628		PH8319
DOLFIJN	NL	02324337	86	Tanker	2000	1609	244670245	PC3309
DOLFIJN	NL	03110498	65	Cargo	1961	79	244700405	PF8930
DOMINGO	NL	02205234	105	Cargo	1982	2166	244700928	PB3471

BENELUX WATERWAY VESSELS 2012

Vessel Name	Flag	IMO/ENI	LOA	TYPE	BUILT	GT	MMSI No	Callsign
DOMINIQUE	NL	02328629	59	Tanker	1911	594		PD2933
DOMINO	NL	02325683	84	Cargo	2002	1800	244650928	PB4362
DOMMEL	NL	03011761	66	Cargo	1961	1196		
DOMMEL	B	06503066	27	Workship		351		
DOMPHOORN	NL	02324605	35	Cargo	1959	175	244700259	PI8632
DON BOSCO 2	NL	02203999	85	Cargo	1964	1481		PE3772
DONATA	NL	02313209	80	Cargo	1971	1140		
DONATA	NL	02323435	110	Cargo	1998	2665	244730899	PG5235
DONATEUR	NL		10	SAR			246157000	PDRB
DONGE	NL	02005160	21	Cargo	1949	41		PH3665
DONGEMOND	NL	02300435	21	Tanker	1925	70	244620328	PG3305
DONGESTROOM	NL	02318318	90	Tanker	1987	2101	246444016	PD4419
DONGESTROOM	B	06004178	46	Dredger			205373190	OT3731
DONNA	NL	02005832	80	Cargo	1961	1046	205214690	PF7764
DORADO	B	02301695	25	Tug (P)			205446890	OT4468
DORDRECHT	NL		13	Patrol			244090537	PF9553
DORINE	NL	02201493	37	Cargo	1931	244		PD2099
DORINE	NL	02309939	50	Cargo	1957	521		PH4218
DORINE	NL	02318708	80	Cargo	1958	1204	244710756	PE9764
DORINTA	NL	02311413	67	Cargo	1922	876	244700228	PH6807
DORNECK	B	06004125	110	Cargo	1998	2574		
DOROTHEA	NL	03170176	67	Cargo	1928	1062		PG5114
DORTSMAN	NL	02325324	135	Cargo	2002	5021	244710139	PF3706
DORTSMAN II	NL	02330155	135	Cargo	2008	5121	244660540	PF9895
DORUS	NL	02200005	40	Tanker	1925	320	244670399	PD9833
DORUS	NL	03310466	54	Cargo				
DORUS RIJKERS	NL		15	SAR	1997		245979000	PDBC
DOUWE HENDRIK	NL	02006796	75	Cargo	1970	1264		PE6551
DOUWINA	NL	02312142	67	Cargo	1940	901	205271690	PE8290
DOUWINA W	NL	02203868	43	Cargo	1962	410		PC5047
DRACO	NL		23	Pilot			246657000	PBXB
DRAGON	NL	02312636	67	Cargo	1961	1005	244660617	PD7838
DRAKAR	NL	02101204		Cargo	1902	141		
DRAKAR	NL	02322183	80	Cargo	1960	1064	244100307	PH5593
DREAMBOAT	B	06003470	85	Cargo	1999	1744		
DRECHTSTAD II	NL	02310976	80	Cargo	1961	1518	244730986	PD5768
DRECHTSTROOM	NL	02005840	42	Cargo	1930	406	244730179	PI2386
DRIE GEBROEDERS	B		50	Cargo			205214690	OT2146
DRIE GEBROEDERS	NL	03030849	50	Cargo	1930	849		
DRIE GEBROEDERS	NL	03140006	67	Cargo	1925	924		
DRIUWPOLLE	NL	02305324	33	Cargo	1932	177	244710910	PF9851
DROOGDOK III	NL	02323168	13	Tug	1947		244670544	PE6864
DROOMLAND	NL	02104480	55	Cargo	1956	672		PD2545
DRUTEN	NL	02009014	25	Tanker	1954	106		
DUALITY)	NL	02322223	95	Cargo	1983	2587	244690599	PD7150

BENELUX WATERWAY VESSELS 2012

Vessel Name	Flag	IMO/ENI	LOA	TYPE	BUILT	GT	MMSI No	Callsign
DUALITY 2)	NL		85	Cargo #				
DUANCIS	NL	02332192	135	Cargo	2009	5502	244650489	PB3655
DUBAIL	NL	02319333	54	Cargo	1926	682		
DUBAIL	B	06004312	80	Cargo	1957	1105	205475990	OT4759
DUC IN ALTUM	NL	02316175	73	Cargo	1975	1132	244660070	PH3126
DUC IN ALTUM	NL	02331380	135	Cargo	2009	3903	244630150	PE4990
DUCHESSE	NL	02321394	91	Tanker	1971	1227	244670236	PG2935
DULLAERT	NL		16	Patrol			245008000	PBWL
DULLAERT	NL	02313181	65	Cargo	1971	871	244710010	PD7460
DUNE	B	06003820	80	Cargo	1963	1453	205271690	OT2716
DUO	NL	02204027	20	Tug	1925			
DUO	NL	02310984	67	Cargo	1961	1043		
DUO	NL	02319102	35	Tanker	1930	145	244700480	PD2571
DUO	NL	03350173	42	Cargo	1934	334		PD7331
DUO	B	06001794	81	Cargo	1957	1119	205478290	OT4782
DUPLUS	NL	02323437	85	Cargo	1962	1885		PD9802
DURANCE	NL	02322731	80	Tanker	1956	998	244670123	PG2587
DURICHA	NL	02331474	135	Cargo	2009	5503		
DUSKY	NL	02301455	84	Cargo	1924	1452	244690047	PD3339
DUTCH PIONEER	NL	9229544	26	Tug	2001	108	244153000	PBBK
DUTCH POWER	NL	9547879	31	Tug	2009	254	246607000	PBTZ
DW ANTWERPEN	B		29	Tanker			205218590	OT2185
DW I	B		24	Tanker		96	205427190	OT4271
DW II	B	06503539	25	Tanker		118	205317690	OT3176
DW III	B		25	Tanker			205252290	OT2522
DYLAN	NL		110	Tanker	2010		244180242	PE5883
DYLAN	NL	02304831	50	Cargo	1930	514	244710380	PB8555
DYLAN	NL	03030022	50	Cargo	1926	500		
DYMPHNA	B	06001153	39	Cargo	1957	372	205210190	OT2101
DYNAMICA	NL	02324313	110	Cargo	1973	1482	244700265	PD4601
DYNAMIEK	NL	02305065	11	Tug	1931	3	244710227	PD3150
DYNAMO	NL	02004673	41	Dredger	1946	95	244730287	PH6704
EARLY BIRD	B	06003224	73	Cargo	1963	1029	205268090	OT2680
EBEN HAEZER	NL	02005799	61	Cargo	1961	751		
EBEN HAEZER	NL	02101466	38	Cargo	1910	350	244690138	PI2947
EBEN HAEZER	NL	02309842	39	Cargo	1957	351	244670605	PG2902
EBEN HAEZER	NL	02312114	80	Cargo	1926	1475		PD9776
EBEN HAEZER	NL	02324844	86	Cargo	2001	1656	244700827	PF2381
EBEN HAEZER	NL	02334564	110	Cargo	1974	2595	244650962	PD7641
EBEN HAEZER	NL	03220178	39	Cargo	1957	370	244690047	PF8142
EBEN-HAEZER	NL	02103336	86	Cargo	1958	1632	244660534	PF2381
ECCE HOMO	B	06001422	50	Cargo	1959	610	205408590	OT4085
ECHO	NL	02308703	26	Tug	1953	49	244700656	PE3683
ECHO	NL	232-71	16	Patrol	1971		244050952	PD2312
ECKHARD BURMESTER	LX	08043011	85	Tanker	1981	1292	253242366	LX2366

BENELUX WATERWAY VESSELS 2012

Vessel Name	Flag	IMO/ENI	LOA	TYPE	BUILT	GT	MMSI No	Callsign
ECLIPS	NL	02312483	57	Cargo	1958	668		
ECLIPS	NL	06004244	135	Cargo	2003	3504	244710519	PE9657
ECLIPTICA	NL	02306057	60	Cargo	1939	627		PD6327
ED RON	NL	02314995	80	Cargo	1954	1136	244670547	PD3653
EDELWEISS	NL	02325918	86	Tanker	2003	2149	244660616	PE6813
EDELWEISS	B	06002250	55	Cargo	1923	741		
EDISON	NL	03031170	50	Cargo	1939	471		
EDISON	B	06001169	39	Cargo	1964	356		
EDRA	B	06000704	50	Cargo		377	205428090	OT4280
EDUARD	B	06000662	39	Cargo	1965	371		
EDWARD	NL	02302080	40	Cargo	1925	247		PG7350
EDWIN	B	06003237	85	Cargo	1998	1600	205474790	OT4747
EEMLAND	NL	02005357	62	Cargo	1958	783	244700265	PF4614
EEMS	NL	02509164	20	Tug	1939		244615945	PD3870
EEMSHORN	NL	02009216	56	Cargo	1983	875		
EEMSHORN-B	NL	02304703	18	Tug	1929	21	244710354	PH2390
EEMSTEYN	NL	02318447	85	Cargo	1971	2782	244660221	PD8863
EEMSTROOM	NL	02320418	90	Tanker	1992	2127	244630019	PH7612
EENDRACHT	B			Tug				
EENDRACHT	NL	02005667	60	Cargo	1960	633	244670605	PI3089
EENDRACHT	NL	02006317	60	Cargo	1955	628	244710807	PD9171
EENDRACHT	NL	02103793	69	Cargo	1963	816		PD4719
EENDRACHT	NL	02303956	67	Cargo	1929	1038	244690645	PF398
EENDRACHT	NL	02309513	39	Cargo	1956	339		PG2875
EENDRACHT	NL	02325540	107	Cargo	1982	2961	244690253	PD3404
EENHOORN	NL	02325525	110	Tanker	2002	2850	244650993	PF6235
EERLAND 23	NL	02308960	24	Tug	1954	25	244660408	PF3610
EETRUJE	NL	02203787	73	Cargo	1961	1000		PD3668
EGALITE	NL	08023090	19	Tug (P)	1981			
EGBERTINE II	NL	02317463	78	Tanker	1925	875		
EGBERTUS THIRZA D	NL	02133056	62	Cargo	1964	843	244670738	PF3933
EGELANTIERSGRACHT	NL	03280194	60	Tanker	1965	564	244660261	PD9428
EGILODAN	NL	02332170	105	Cargo	2010	2303	244740564	PE7712
EIGER	NL	02324957	105	Cargo	2000	1960	244030666	PD8485
EILTANK 65	NL	02333925	110	Tanker	2010	2482		
EINSTEIN	NL	02324700	86	Tanker	2000	2056	244660393	PD4485
EIRINE	NL	02311589	62	Cargo	1963	762	244710519	PE5681
EL BARCO	B	06003413	65	Cargo	1965	962	205283290	OT2832
EL VERDUGO	B	06000722	50	Cargo	1961	620		
ELAN	NL	02303211	80	Cargo	1928	1335		
ELAN	NL	02404476	15	Tug (P)	1971	34	244670081	PE8546
ELAN	NL	04029370	105	Cargo	1974	2298		
ELANDSGRACHT	NL	02202750	47	Tanker	1915	358		
ELBE	NL	02321255	49	Tanker		541	244690988	PG3382
ELBINGERODE	CH	07001836	109	Tanker	1972	2156		

BENELUX WATERWAY VESSELS 2012

Vessel Name	Flag	IMO/ENI	LOA	TYPE	BUILT	GT	MMSI No	Callsign
EL-BLAJO	B	06003446	85	Cargo	1957	1381	205267690	OT2676
ELECTRA	NL	03020635	38	Cargo	1950	307		
ELEONORA	NL	02328937	110	Cargo	2007	3214	244650878	PD2056
ELGERIA	NL	02313453	84	Cargo	1905	1700	244690645	PH9266
ELIANE	B	07000538	67	Cargo	1958	908		
ELIN	B	06004159	110	Cargo	2005	3285		
ELINIC	NL	04005050	85	Tanker	1969	1455	244700766	PB3836
ELIONIE	NL	02326030	70	Cargo	2003	1000	244650852	PE9525
ELISABETH	NL	02102114	33	Cargo	1901	190	244660242	PF4668
ELISABETH	NL	02302997	50	Cargo	1926	545	244690127	PE2314
ELISABETH	NL	02311331	55	Cargo	1962	1331		
ELISABETH	NL	02318931	73	Cargo	1964	1149	244030666	PG9919
ELISABETH	NL	03030914	50	Cargo	1930	549	244670738	PD2495
ELISABETH	NL	03330090	33	Cargo	1910	203		
ELISABETH	NL	06002474	80	Cargo	1958	1110		
ELISABETH D	NL	03310499	61	Cargo	1964	768		
ELISABETH M I	NL	02327155	110	Cargo	1999	2831		PH2039
ELISABETHSTAD	B	06105062	135	Tanker	2010	6272	205491290	OT4912
ELISA-LOUIS	NL	02301637	51	Cargo	1927	536	244690130	PG3114
ELISE	NL	02306510	17	Patrol			244700634	PF2257
ELISE	NL	02316508	105	Tanker	1957	2035	244670409	PE6078
ELITHE	NL	02316296	86	Cargo	1957	1255	244710625	PH2076
ELIZ M	NL	02316720	80	Cargo	1961	1403		PI2434
ELIZABETH	NL	02006964	80	Cargo	1972	1148	244730581	PD4517
ELIZABETH	NL	02314590	50	Cargo	1960	432	244710930	PF9208
ELJA	NL	02001877	67	Cargo	1929	1027	244660786	PF3912
ELJA	NL	02301419	38	Cargo	1915	321		PH5074
ELJA	NL	02309690	39	Cargo	1956	372		
ELJA	NL	02310437	42	Cargo	1962	363	244730655	PE3788
ELJA	NL	02325012	110	Cargo	2001	2432		PE7137
ELJA	NL	03010859	42	Cargo	1892	243	244740092	PG3350
ELJA III	NL	02320359	67	Cargo	1962	850		PE7690
ELJA-V	NL	02330426	110	Cargo	2008	3094	244710626	PD9512
ELLA	NL	03170150	50	Cargo	1928	517	244740008	PF2519
ELLEN	NL	02325869	110	Tanker	2002	3153	244690989	PB7318
ELLY	NL	02104224	25	Tanker	1968	104		PD6703
ELLY	NL	02309272	39	Cargo	1955	354		
ELLY	NL	02313916	55	Cargo	1962	750	244690542	PD4450
ELLY	NL	02316526	67	Cargo	1947	800	244650999	PE6867
ELLY	NL	02326034	135	Cargo	2003	3483	244020707	PE8082
ELLY	B	06001176	67	Cargo		973	205499790	OT4997
ELLY	B	06003086	35	Tanker		220	205284990	OT2849
ELMA	NL	02328449	81	Tanker	2007	1667		
ELMA	B	06002629	80	Tanker	1930	1057		
ELMA	B	06504214	22	Tug (P)	1940	16		

Vessel Name	Flag	IMO/ENI	LOA	TYPE	BUILT	GT	MMSI No	Callsign
\multicolumn{9}{c}{BENELUX WATERWAY VESSELS 2012}

Vessel Name	Flag	IMO/ENI	LOA	TYPE	BUILT	GT	MMSI No	Callsign
ELMARE	NL	02332457	135	Cargo	2009	3876	244650731	PD8057
ELMARO	NL	06004158	110	Cargo	2006	3281	244730581	PD7531
ELOISE	NL	02328919	86	Tanker	2007	2365	244670102	PD5117
ELONA	B	01822954	67	Cargo	1954	907	205395990	OT3959
ELSBERT	NL	02322002	110	Cargo	1995	3001	244660521	PG8260
ELSINA	NL	02326505	135	Cargo	2004	3920	244660293	PE3720
ELSI-R	NL	02332320	110	Cargo	2011	3198	244740029	PD4464
ELTO	B	06002501	80	Tanker	1962	1320		
ELUNDA	NL	02329444	104	Cargo	2007	3146	244690982	PD3293
ELUNDA II	NL	02329290	86	Cargo #	2007	2786		
ELVEBA	B	06004191	100	Tanker	2006	3870		
ELWI	NL	02303410	75	Cargo	1928	1425		PD6956
ELWIL	NL	02303862	50	Cargo	1927	617	244660744	PI2195
EMBARGO	B		50	Cargo			205274690	OT2746
EMBATA	NL	02326331	70	Tanker	2003	896	244660423	PH2279
EMELI	NL	02313206	55	Cargo	1961	682	244670536	PD7451
EMENDO	NL	02326563	125	Tanker	2004	3388	244660879	PD3336
EMERALD	NL	02205056	85	Cargo	1980	1380	244710024	PD3537
EMERALDIS	NL	02318023	50	Tanker	1964	300		
EMERAUDE	B	02327608	76	Tanker	1956	1203	205349590	OT3495
EMERGO	NL	02005233	67	Cargo	1957	893		
EMILE	B	06004212	85	Tanker	2006	1374		
EMILE W	B			Cargo				
EMMA	NL	02203635	39	Tanker	1927	273		
EMMA	NL	02316064	105	Cargo	1980	2182	244690580	PF9433
EMMA	NL	04029430	85	Tanker	1986	1327		
EMMA	B	06004166	110	Tanker	2005	2997	205289790	OT2897
EMMA	LX	08043007	73	Cargo		784	253242381	LX2381
EMMANUEL	NL	03250130	81	Cargo	1929	1374	244690560	PF3142
EMMANUEL II	NL	02206730	15	Tug	1935		244690561	PE6607
EMPRESA	F	02313462	63	Cargo	1934	760	244730299	PE8583
EMPRESA	NL	02319741	86	Cargo	1963	1529	205415990	PI2877
EMRIJ	NL	02103020	67	Cargo	1954	888	244630858	PD8932
EMT 1	NL	02204194	39	Tanker	1950	294		
EMUNA	NL	02316050	80	Cargo	1949	1373	244660337	PH5469
EMWATIS	NL	02326332	70	Tanker	2004	896	244660419	PH3349
EN AVANT	NL	02004082	21	Cargo	1925	38	244700387	PD8201
EN AVANT	NL	03050595	16	Tug	1929	22	244700608	PD6639
EN AVANT 1	NL	9342102	26	Tug	2005		246375000	PHDP
EN AVANT 4	NL	02311302	26	Tug	1962	34	244670448	PF4784
EN AVANT 5	NL	9192313	21	Tug	1999		246106000	PEBE
EN AVANT 7	NL	02720007	22	Tug	1981		246131000	PBEB
EN AVANT 9	NL	02316099		Tug				
EN AVANT 12	NL	02315710	14	Tug	1979		244670026	PG3215
EN AVANT 21	NL	02104053	21	Tug	1950		244670025	PD3422

BENELUX WATERWAY VESSELS 2012

Vessel Name	Flag	IMO/ENI	LOA	TYPE	BUILT	GT	MMSI No	Callsign
EN AVANT 27	NL	02716736	25	Tug	1960		244933000	PC8772
EN AVANT 28	NL	02102370	20	Tug	1941		244670024	PD3425
EN AVANT 32	NL	03310511	17	Tug	1965		244670449	PD3769
EN AVANT III	NL	02311682	23	Tug	1963			
EN-AVANT	NL	02333599	86	Cargo	2010	1608		
ENAXOR	B	06003095	70	Cargo	1958	742	205343390	OT3433
ENDEAVOUR	NL		21	Pilot	1997	33	246137000	PDBJ
ENDEAVOUR	NL		60	Cargo			244010311	PH8702
ENDEAVOUR	NL	02317865	50	Dredger	1986	594		PE6716
ENDEAVOUR	NL	02321481	110	Cargo	1994	3044	244700059	PD2599
ENDEAVOUR	NL	02332059	110	Tanker	2009	2555	244660571	PB4789
ENDURANCE	NL	02311355	38	Dredger	1921	314		
ENERGIE	NL	02316199	62	Cargo	1964	794		PH5332
ENERGIE	NL	02324033	80	Cargo	1962	1408		PI3318
ENERGIE	NL	03031039	32	Cargo	1934	164		
ENERGIE	NL	03110564	44	Cargo	1964	606		PE3485
ENERGIE 8	NL	02314072	60	Tanker	1974	625		
ENERGIE X	NL	03150542	63	Cargo	1965	907	244700978	PF4618
ENERGY	NL	02323335	110	Tanker	1972	3250		
ENERGY 5	NL	02333260	110	Tanker	2010	3100	244730148	PB9147
ENGELINA	NL	02300229	50	Cargo	1926	5050		PF9702
ENGELINA	NL	02310131	70	Cargo	1958	1143		PD2489
ENGELINA II	NL	02318552	71	Cargo	1966	1015	21535557	PI9020
EN-GO II	NL	02205146	67	Cargo	1965	744	244700463	PD4555
ENILEHCIM	B	06001344	38	Cargo			205421390	OT4213
ENJA	NL	02315549	67	Cargo	1955	874	244670151	PF7386
ENJA-D	NL	02013751	67	Tanker	1929	757	244660367	PC5558
ENJOY	NL	02329914	110	Tanker	2008	2505	244660530	PD8720
ENSEMBLE	NL	02322909	110	Cargo	1997	2210	244620964	PF4210
ENSOR	B	8916310	23	Tug	2000		205172000	ORMU
ENTERPRISE	NL	02006915	86	Cargo	1925	1672	244730299	PH9571
ENTERPRISE	NL	02205071	110	Cargo	1980	2358		PE4250
ENTERPRISE	NL	02303230	35	Cargo	1911	162		PI5346
ENTERPRISE	NL	2851942	21	Pilot	1997		246154000	PDBL
ENTREPOT	NL	02312354	19	Tanker	1967	55		
EOS	NL	02305731	65	Cargo	1936	825		
EQUINOXE	NL	02309059	39	Cargo	1954	350		PG7792
ERAGON	NL	02317673	105	Cargo	1981	2230		
ERAGON	NL	02329232	110	Cargo	2007	3239	244670403	PE5189
ERAGON	B	06003435	80	Cargo		1542	205415990	OT4159
ERAN	RO	02104693	80	Cargo	1948	1143		PD7377
ERASMUSGRACHT	NL	03280195	60	Tanker	1965	567	244660259	PF2332
ERCULANO	NL	02313803	95	Cargo	1973	2000	244670534	PD4586
ERGON	B	02319324	100	Cargo	1957	2101	205444190	OT4441
ERIC	NL	02010386	18	Tug	1953	15	244700187	PH5504

44

BENELUX WATERWAY VESSELS 2012

Vessel Name	Flag	IMO/ENI	LOA	TYPE	BUILT	GT	MMSI No	Callsign
ERICA	NL	02332181	110	Cargo	2009	3336	244710152	PB4274
ERIK	NL	02205692	28	Tanker	1951	120	244730210	PF9573
ERIK V	NL	02321479	85	Cargo	1961	1255	244250908	PI3107
ERNA II	NL	02313786	77	Cargo	1958	1045	244710471	PD3611
ERNEST R	NL	02323831	86	Cargo	1966	1762	244700463	PG8105
ERONE	B	06002882	105	Cargo	1989	2462	205313190	OT3131
EROS	NL	02204422	62	Cargo	1939	567	244650940	PD9252
ERTEPELLER	NL	08060011	19	Tug (P)	1990		244690302	PB4343
ES EL	NL	02311460	19	Tanker	1963	41		PH8318
ESCALDA	B	02325664	80	Cargo	1973	1215		
ESCAPE	NL	02326988	125	Tanker	2005	3495	244690217	PH5238
ESGE II	NL	03350487	55	Cargo	1944	565		
ESMALIJN	NL	02334645	135	Cargo	2011	3950		
ESMERALDA	B			Cargo				
ESMI	B	06002297	65	Cargo	1924	622		
ESMIRALDA	NL			Tanker	2009			
ESPERANCE	NL		110	Cargo	2009			
ESPERANCE	NL	02205539	67	Cargo	1958	791	244650926	PE8225
ESPERANCE	NL	02311315	55	Cargo	1962	604	244730959	PF2760
ESPERANCE	NL	02320965	67	Cargo	1961	940	244730018	PD2506
ESPERANCE	NL	02322798	105	Cargo	1972	2092		
ESPERANTO	NL	02303835	31	Cargo	1928	217		PI2701
ESPERANTO	NL	02324538	110	Cargo	2000	3285		
ESPERANTO 3 }	NL	02331837	110	Cargo	2009	2917	244630717	PF2453
ESPERANTO 4 }	NL	02331685	73	Cargo #	2009	2203		
ESPERANTWO	NL	02329438	90	Cargo #	2007	2652		
ESPERANZ	NL	02119594	50	SAR			244690768	PD64243
ESPERANZA	NL	02311833	70	Cargo	1964	1038		
ESPERANZA	NL	02331473	110	Cargo	2009	3388		
ESPERO	B			Cargo				
ESPOIR	B	06000605	55	Cargo	1957	670		
ESQURUDE	B	06000149	95	Cargo	1964	1845		
ESSAI	NL	02312798	61	Cargo	1948	637	244670534	PH2180
ESSEX	NL	02008289	39	Cargo	1929	332	205327890	PG8150
ESTATE }	NL	02324818	110	Cargo	2001	3269		
ESTATE II }	NL	02324926	76	Cargo #	2001	2474		
ESTERO	NL	02006056	56	Cargo	1963	616	244690112	PH2453
ESTHER	NL		135	Tanker	2010	3777		
ESTHER	NL	02103203	71	Cargo	1956	1112	205505790	PD8981
ESTHER	NL	02305379	70	Cargo	1933	1039		
ESTHER	NL	02312207	64	Cargo	1966	739		
ESTRELLA	NL	02313735	70	Cargo	1973	918	244650971	PD8322
ESTRELLA	NL	02317726	80	Cargo	1964	1270	244100177	PD8133
ESTRELLA	NL	02333428	135	Tanker	2010	6305	244690859	PB7138
ETERNITY	LX	02333568	110	Tanker	2011	3136		

BENELUX WATERWAY VESSELS 2012

Vessel Name	Flag	IMO/ENI	LOA	TYPE	BUILT	GT	MMSI No	Callsign
EUNICE	NL	02319019	67	Cargo		998		PD4880
EUPLOIA	NL	02104363	55	Cargo	1965	653	244660338	PD7365
EUREKA	NL	02316454	80	Cargo	1965	1289	244710420	PD7234
EUREKA	NL	03011744	56	Cargo	1961	601	244660739	PF3954
EURO	B			Cargo				
EURO SERVICE	NL	02320668	26	Tanker	1992	126	244710522	PH9115
EURO SERVICE 2	NL	02320494	25	Tanker	1992	119	244710521	PH4567
EUROGAS	NL	02317114	44	Tanker	1983	451		PE5717
EURONAVI	B	02318488	110	Cargo	1988	3000	205450690	OT4SO6
EUROPA	NL	02315632	80	Cargo	1939	1307		
EUROPA	NL	02329222	110	Cargo	2007	3237	244615460	PE5159
EUROPEO 1	B	06503382	52	Tanker	1964	654	205248190	OT2481
EUROPEO 2	B	06503335	54	Tanker	1992	653	205456990	OT4569
EUROPEO 3	B	06503578	72	Tanker		1087	205327890	OT3278
EUROPOORT	NL	02133880	89	Tanker	1972	1845		
EUROPORTS	B	06105251	135	Cargo			205505790	OT5057
EUROSTAR	B	06105232	135	Tanker	2010	8556	205502390	OT5023
EVA 2	NL	03051356	55	Cargo	1955	520		PD4070
EVANTI }	NL	02327712	93	Cargo	2006	2736	244650905	PF5722
EVANTI II }	NL	02327661	79	Cargo	2006	2507		
EVELINE	NL	02324874	86	Cargo	2000	1675		PD2626
EVENTUS	D	04808590	110	Cargo			211511460	DH6603
EVERDINA	NL	02008219	86	Cargo	1981	1632	244690647	PD3909
EVERINGEN	NL	02315265	72	Cargo	1962	902	244650973	PE8311
EVIDENCE	NL	02333185	110	Tanker	2010	2511	244690981	PB6028
EVITA	NL	02322162	84	Tanker	1970	1385	244670882	PC4035
EVOLUTIE	NL	02307915	30	Cargo	1946	357		
EVOLUTIE	NL	02312266	70	Cargo	1966	831	244710692	PI6360
EWALD	B			Cargo				
EXAUDI	B	06000383	55	Cargo		665	205268890	OT2688
EXCELLENT	NL	02323250	55	Cargo	1961	662		
EXCELSIOR	NL	02309691	39	Cargo	1956	350	244710242	PD8896
EXCELSIOR	NL	02317979	47	Cargo	1924	371		
EXCELSIOR	NL	02328731	135	Cargo	2007	5149	244690926	PD2233
EXETER	NL	02307582	45	Cargo	1910	388		
EXODUS	NL	02314114	80	Cargo	1954	1163		
EXOTICA II	NL	03340034	48	Cargo	1922	415	244620567	PF2948
EXPANDED	NL	02314359	95	Cargo	1965	1627	244650782	PB4267
EXPANSIE	NL	02328022	84	Cargo	1929	1689	205153890	OT1538
EXPERIENCE	NL	02326210	135	Tanker	2003	4037	244620934	PD4473
EXPERIENCE (ex AQUA FILIA)	NL	02317339	80	Cargo	1959	1332	244700523	PB7953
EXPERTA	NL	02332716	135	Tanker	2010	3777	244660328	PB4608
EXPLORER	NL		21	Pilot			246151000	PDBK
EXPLORER	NL	02319346	105	Tanker	1981	2676	244630029	PI3228

Vessel Name	Flag	IMO/ENI	LOA	TYPE	BUILT	GT	MMSI No	Callsign
BENELUX WATERWAY VESSELS 2012								
EXPLOSIEF	NL	02331638	95	Cargo	2009	2658		PB6389
EXPLOSIEF II	NL	02332224	82	Cargo	2009	2525		
FACTOFOUR	NL	02330686	135	Cargo	2008	6438		
FACTOTUM	NL	02315974	84	Cargo	1969	1707		PH7817
FACTOTUM	NL	02325846	135	Cargo	2003	5208	244620963	PD2943
FACTOTUM	NL	03280191	50	Cargo	1916	499	244660694	PD4110
FADO	NL	02315180	50	Cargo	1942	441	244660276	PG9314
FADO	NL	06003786	55	Cargo	1954	541		
FAENZA	B	06000385	72	Cargo	1957	912	205206690	OT2066
FAHRENHEIT	NL	02314363	110	Tanker	1975	2851	244020037	PD4982
FAIRMOUNT ALPINE	NL	9344784	75	Tug	2006	3239	245164000	PBNA
FAIRMOUNT EXPEDITION	NL	9358943	75	Tug	2007	3239	245309000	PBNB
FAIRMOUNT GLACIER	NL	9344796	75	Tug	2006	3239	245355000	PBNC
FAIRMOUNT SHERPA	NL	9315563	75	Tug	2005	3239	245609000	PBNF
FAIRMOUNT SUMMIT	NL	9315575	75	Tug	2005	3239	245614000	PBNG
FAIRPAY IV	B	7803451	26	Tug	1978	180	246519096	OXMO
FAIRPLAY 3	NL	9365116	26	Tug	2007	308	244616000	PHKI
FAIRPLAY 21	NL	9148752	35	Tug	1998	496	244619000	PFBY
FAIRPLAY XIV	NL	9541708	25	Tug	2009		246517000	PBXM
FALAISE	NL	02315041	73	Cargo	1962	1022		PD6422
FALCON	NL	02133830	80	Cargo	1960	1056	244670147	PH4320
FALCON CREST	B	06002562	39	Tanker	1965	261	244700562	OT2099
FALKLAND	B	02316222	55	Cargo	1962	700		
FANDANGO	B	06000339	65	Cargo	1958	808	205265590	OT2655
FANTOOM	NL	02330490	110	Tanker	2008	3006		
FARADAY	NL	02321090	86	Tanker	1993	1508	244630005	PG3264
FARADAY	B	02325748	110	Cargo		2834	205388390	OT3883
FARBER	NL	02006940	86	Cargo	1925	1631	244710841	PE2668
FARMSUM	NL	02209380	80	Cargo	1972	1070	244700605	PD7224
FATA MORGANA	NL	02311636	70	Cargo	1963	873		
FATA MORGANA	NL	02332745	86	Cargo	2010	2055	244660061	PB4441
FATA MORGANA	NL	03030922	38	Cargo	1930	282	244180099	PI5572
FATIMA II	NL	02300824	71	Cargo	1926	1106	244670221	PG2975
FAUVE	NL	02312676	67	Cargo	1957	725		PI6955
FAVORIET	NL	02327490	86	Tanker	2006	2158	244670831	PD4913
FEBE	NL	02324476	86	Tanker	2000	1537	244660726	PD3677
FEHAR	NL	06003895	85	Cargo	1972	1691		
FELICIA	NL	02331667	86	Tanker	2009	1652		
FELICITAS	NL	02327706	135	Cargo	2006	5306	244670440	PD3814
FELICITAS	NL	02329082	98	Cargo	1928	2573		
FELIX	NL	02302261	80	Cargo	1926	1744	244670877	PD3246
FELIX	NL	02322603	105	Cargo	1977	2414	244710234	PG6780
FELLOWSHIP	NL	02331497	135	Tanker	2009	3766	244670441	PH3101
FELOEK	B	06001933	110	Cargo	1957	2992	205285590	OT2855
FENIX	NL	06004263	80	Cargo	1957	1074		

47

BENELUX WATERWAY VESSELS 2012

Vessel Name	Flag	IMO/ENI	LOA	TYPE	BUILT	GT	MMSI No	Callsign
FENNY I	NL	02326484	110	Cargo	1993	2766	244650883	PD2945
FERON	NL	02212902	80	Cargo	1955	1119	244710415	PD5650
FERONIA	NL	02204316	54	Cargo	1942	563		
FERONIA	NL	02317664	80	Cargo	1958	1504	244670843	PG6401
FERONIA	B	06003068	105	Tanker	1972	2320	205247790	OT2477
FEROX	NL	02312661	70	Cargo	1948	862	244700500	PF9521
FEROX	NL	02325836	63	Cargo	2003	806	244660397	PD2674
FEROX	NL	06003739	110	Cargo	1987	2348	244660602	PD2445
FERRAMENTA	NL	02324470	110	Cargo	2000	3123	244660046	PD3791
FERRO	NL	02324803	86	Cargo	2001	1654	244650788	PH9230
FESTINA	NL	02104875	67	Cargo	1962	720	244660519	PH8769
FESTINA LENTE	NL	02308855	40	Cargo	1909	325	244660851	PH6173
FESTINA LENTE	NL	02334347	38	Ferry	2011	60	244660808	PB4646
FESTINE VERE	NL	02323935	110	Cargo	1999	3255	244660964	PD2494
FIAT	NL	02102121	39	Cargo	1913	306	205203890	PD9550
FIAT VOLUNTAS	NL	02104021	86	Cargo	1954	1666		PH5126
FIAT VOLUNTAS	NL	02312279	90	Cargo	1966	955		
FIDATO	NL	02333123	135	Cargo	2010	3977	244670975	PB5970
FIDE DEO	NL	02326611	86	Cargo	2004	1688		
FIDELITAS	NL	02321015	95	Tanker			244660233	PG5451
FIDELITY	NL	02325163	110	Cargo	2001	2969	244650820	PH2248
FIDENTE	NL	02327351	105	Cargo	1989	2394	244060828	PD2254
FIDES	NL	02008273	80	Tanker	1956	1048		
FIDES	NL	02315443	63	Cargo	1961	797	244690053	PD4985
FIDES	NL	02331392	110	Cargo	2009	3275	244650105	PH7835
FIDUCIA	NL	02103627	60	Cargo	1962	700	244710732	PD7312
FIDUCIA	NL	02310690	80	Cargo	1960	1212	244660764	PF7192
FIDUCIA	NL	02314616	73	Cargo	1950	981		
FIDUCIA	NL	02326131	110	Cargo	2003	3148	244660046	PH8924
FIDUCIA	NL	02330534	110	Cargo	2008	3262	244740865	PE9682
FIDUCIA	NL	03310409	53	Cargo	1956	553	244700291	PD7904
FIDUCIE	NL	02316484	110	Cargo	1982	2844	244250233	PG6775
FIGARO	B	06001611	67	Cargo		921	205203890	OT2038
FIGHTER	NL	06003491	110	Cargo	1999	3103	244660313	PB4594
FIGHTER	B	7512454	42	Tug	1977	517	205021000	ORLG
FIJI	B	06502979	73	Tanker	1950	1036		
FILAGRAM	NL	02325024	67	Cargo	1959	704	244030033	PG2123
FILOS	NL	02303173	77	Cargo	1906	1395	244637391	PI7290
FINA 6	NL	03011352	17	Tanker	1930	31		
FINA 34	NL	03011605	18	Tanker	1956	42		
FINITOR	B	02375680	115	Tanker			205347390	OT3473
FINLAND	NL	02002606	22	Tug	1921		244730168	PE8113
FIONA S	NL	02138387	85	Cargo	1956	1335	244700263	PD7299
FITARIEK	NL	02331406	110	Cargo	2009	3189		
FIVEL	NL	02300065	64	Cargo	1922	820	205360390	PE5631

48

BENELUX WATERWAY VESSELS 2012

Vessel Name	Flag	IMO/ENI	LOA	TYPE	BUILT	GT	MMSI No	Callsign
FIWADO 1	NL	02319066	28	Tanker	1989	149	244010887	PH2598
FIWADO 2	NL	03011403	22	Tanker	1953	58		
FIWADO 3	NL	02006804	23	Tanker	1970	86	244670306	PF8645
FIWADO 4	NL	02312337	25	Tanker	1967	91	244670301	PF9642
FIWADO 5	NL	02309355	32	Tanker	1955	149	244010776	PH9627
FIWADO 6	NL	02311803	24	Tanker	1964	108	244670298	PD8740
FIWADO 7	D	02307600	23	Tanker	1950	86	244670317	PF8276
FIWADO 8	NL	02312712	28	Tanker	1968	130	244010803	PF7749
FIWADO 9	NL	02313306	25	Tanker	1972	98	244670305	PF9647
FIWADO 11	NL	02317427	24	Tanker	1984	131	244670316	PE9847
FIWADO 12	NL	02007693	24	Tanker	1952	130	244670315	PF5738
FIWADO 14	NL	02005951	25	Tanker	1963	149	244670304	PD8227
FIWADO 15	NL	02309985	30	Tanker	1957	149	244670307	PD9540
FIWADO 19	NL	02312116	31	Tanker	1965	151	244670300	PH6659
FIWADO 43	NL	03011964	29	Tanker	1969	131	244670299	PD4530
FIX 16	NL	03031000	38	Cargo	1932	215	244690415	PG2072
FIX 17	NL	02201647	39	Cargo	1934	202	244690414	PG5288
FIX 18	NL	03160006	38	Cargo	1924	231	244710357	PF8465
FIX 19	NL	02202093	39	Cargo	1907	322	244690412	PD4908
FIX 20	NL	05018730	16	Patrol			244710963	PB5030
FIXUT MARIS	NL	02324793	135	Cargo	2001	3502	244060924	PH5521
FLAMINGO	NL	02006019	67	Cargo	1963	839	244710506	PF6106
FLAMINGO	NL	02304042	32	Tanker	1925	179		
FLAMINGO	NL	02311244	57	Cargo	1962	699	244710900	PG7716
FLANDRE	NL	02318340	88	Cargo	1963	1740		
FLANDRIA	B	06000532	73	Cargo	1965	1103	205488190	OT4881
FLANDRIA #?	B	06503781	20	Tanker				
FLANDRIA 5	B	06503784	20	Tanker		60		
FLANDRIA 9	B	06503841		Tanker	1983			
FLAUMANDRUM	B	06001602	51	Cargo	1965	642	205489090	OT4890
FLAVA	NL	02103660	40	Tanker	1962	233	244740488	PH4989
FLAVA	NL	02321822	90	Tanker	1995	2244	244670159	PD7086
FLEUR }	NL	02332596	96	Cargo	2009	2516	244670223	PB4181
FLEUR II }	NL	02332594	77	Cargo #	2009	2233		
FLEVO	NL	02303180	38	Cargo	1915	316	244740528	PD9713
FLEVO TRANS	NL	04023150	22	Tug (P)	1939		244690690	PD7002
FLEVOTRANS	NL	02210941	85	Cargo	2002	1577	244700755	PD2787
FLINT	B	06003831	110	Cargo	2002	2217	205360390	OT3603
FLOAN	B			Cargo				
FLOR	B	06503266	39	Cargo			205407090	OT4070
FLORA	NL	03340157	55	Cargo	1960	576	244690154	PH3282
FLORA W	NL	02104733	85	Cargo	1973	1801	244710357	PG8107
FLORALIA	B	06105039	135	Cargo	2008	4232	205424690	OT4246
FLOREAT	B	06002666	95	Cargo	1912	2261	205268490	OT2684
FLORENTINA	B			Cargo				

Vessel Name	Flag	IMO/ENI	LOA	TYPE	BUILT	GT	MMSI No	Callsign
FLORIS	?	02005621	75	Tanker	1959	1074		
FLORO	NL	02300043	50	Cargo	1923	578	244670870	PG7855
FLUMAR	NL	02321998	24	Tug (P)	1955	30	244710579	PI9166
FLUMAR II	NL	02005899	20	Tug	1962	27		
FLUMAR III	NL	02313322	24	Tug	1971		244710577	PD2929
FLUMINA	B	06000213	39	Cargo			205226690	OT2266
FLUPKE	NL	02315165	15	Tug			244700315	PE6239
FLUVIUS	NL	02326743	110	Tanker	2004	2681	244660112	PH8951
FLUVIUS	B	06003748	75	Cargo	1962	1000	205363590	OT3635
FOCUS	NL	02331319	105	Cargo	2009	3054	244650964	PG5839
FOLLOW-ME	B	02311527	26	Tug	1963	215	205466590	OT4665
FOREL	NL	02314923	55	Cargo	1959	610	244690793	PF4199
FORENS	NL	02333436	135	Tanker	2010	3904	244690155	PB6215
FORENS II	NL	02327356	125	Tanker	2006	3273		PD3621
FORENSO	NL	02324437	135	Cargo	2000	1285	244650889	PB4349
FOREVER II	NL	02302775	120	Cargo			244620942	PH3361
FORMENTERA	NL	02324571	135	Cargo	2000	2801	244660577	PH2250
FORMOSA	NL	02331202	110	Cargo	2008	3229	244660463	PI2280
FORTISSIMO	NL	02328227	110	Cargo	2006	3232	244670540	PF2268
FORTUIJN	NL	02312937	69	Cargo	1939	719		
FORTUNA	NL	02310249	85	Cargo	1958	1420	244750446	PI3298
FORTUNA	NL	02312814	61	Cargo	1944	620	244180221	PD7356
FORTUNA	NL	02313540	63	Cargo	1972	793	244650952	PG2338
FORTUNA	NL	02317035	73	Cargo	1962	1101	244750389	PF9743
FORTUNA	NL	03030134	38	Cargo	1924	274		
FORTUNA	D	04400020	77	Cargo			211169470	DC7907
FORTUNA	NL	06001446	39	Cargo	1959	382		PF9253
FOSSA	NL	02315889	80	Cargo	1961	1169	244660009	PF6058
FOUJI-YAMA	B	06003212	39	Cargo	1961	363		
FOXTROT	NL	02316109	14	Tug	1980	13	244700657	PF9274
FRADY	B	06001752	51	Cargo	1954	634	205201090	OT2010
FRAMTIJD	NL	02304558	64	Cargo	1910	864	244660292	PH8621
FRANCA	NL	02321099	105	Cargo	1972	2164	244020087	PD3230
FRANCA	LX	08065007	39	Cargo			253242245	LX2245
FRANCINA	NL	02203954	63	Cargo	1963	785	244660535	PF9414
FRANCINA	NL	02300984	50	Cargo	1926	524		
FRANCISCA	NL	02332406	15	Dredger			244700518	PB4232
FRANCISCA	NL	03030023	58	Cargo	1926	654	244650912	PE4026
FRANK BURMESTER	LX	08043010	80	Tanker		1048	253242367	LX2367
FRANS	NL	02324486	59	Cargo	2000	870	244710446	PD9031
FRANS HOGEWIND	NL		10	SAR			246281000	PBGZ
FRANS NAEREBOUT	NL	8802674	44	Patrol			245387000	PBVM
FRANS VERKADE	NL		10	SAR			246124000	PC8269
FRANSISCA	NL	02103614	49	Tanker	1962	410	244710364	PC5164
FRANTO	NL	02328153	39	Cargo	1965	362	205288790	OT2887

BENELUX WATERWAY VESSELS 2012

Vessel Name	Flag	IMO/ENI	LOA	TYPE	BUILT	GT	MMSI No	Callsign
FRATERNITE	LX	08062002	24	Tug (P)	1939		253242387	LX2378
FREDERIKA	NL	02333904	110	Tanker	2010	3181	244710659	PB8767
FREEDOM	B	06105289	86	Cargo		1628	205506790	OT5067
FREEDOM	NL	9522336	15	Pilot			246548000	PBQI
FREGATE	B	06000725	80	Cargo	1943	929		
FREIENSTEIN	CH	02333677	135	Cargo	2010	4044	269057358	HE7358
FREJA	NL	06004075	56	Cargo	1962	625		
FREYJA	B	06003809	110	Cargo	1988	2208	205355290	OT3552
FRIENDSHIP	NL	02330121	135	Cargo	2008	6349	244650467	PB3600
FRIENDSHIP	NL	02332265	135	Cargo	2009	5205	244660825	PF9914
FRIESLAND	NL	03051615	73	Cargo	1962	848	244710597	PH6307
FRIESLAND	NL	2605322	29	Tug	1982	231	244041000	PEEL
FRISIA	NL	02325999	81	Tanker	2003	1710	244660499	PC5763
FRISIAN HOPPER	NL	02324497	63	Cargo	2000	848	244660395	PD3778
FRISIANA	B	9385893		Tug (P)			246602000	PCEQ
FRISIUS	B	06000401	97	Tanker	1975	2686		
FRISO	NL	02318398	23	Tug (P)	1965	68	244690660	PF2015
FRITSKE	NL	02315195	80	Cargo	1956	1091	244660529	PB4775
FRITZ	NL	02318929	67	Cargo	1943	882		
FRONTERA	NL	02326570	135	Cargo	2004	5889	244710971	PD7840
FRYSLAN	NL	02104419	55	Cargo	1958	810	244710612	PG7952
FUELTRANS	NL	02311420	50	Tanker	1962	430	244660577	PD4155
FUELTRANS 2	NL	02317310	73	Tanker	1962	1050	244660576	PD6787
FUELTRANS 3	NL	03170610	53	Tanker	1962	440	244660578	PD6742
FUELTRANS 4	NL	02007954	60	Tanker	1956	624	244660579	PD3827
FUELTRANS 5	NL	02306217	57	Tanker	1939	510	244660581	PD2065
FUELTRANS 6	NL	02327527	78	Tanker	1954	1122	244660582	PD2575
FUELTRANS 7	NL	06000279	82	Tanker	1957	1266	244700204	PB7614
FURIE	NL	02313158	50	Cargo	1957	503	244670925	PG3352
FURIE	NL	02715590	30	Tug (S)	1916		3472813	PG7605
FURKA	NL	02327014	98	Cargo	1983	2338		PE9776
FURORE	NL	03170633	50	Cargo	1953	642	244660689	PB4852
FURY (+OBI)	B	06503349	15	Tug	1928		205211190	OT2111
FUTURA	B	06004133	86	Cargo	2005	1832	205497190	OT4971
G GEZELLE (PILOT 3)	B		23	Pilot			205090000	ORDF
GAASPERLAND	NL	03053191	60	Cargo	1957	798	244700262	PF4615
GAEA	NL	04017870	85	Cargo	1973	1407		PD9233
GALA	B	03230224	82	Tanker	1955	419	244660580	OT2960
GALACTICA	NL	02328564	105	Cargo	2007	2252	244690806	PI3972
GALAHAD	B		68	Cargo		295	205232990	OT2329
GALAPAGOS	B	06003828	110	Tanker	2002	2994	205358090	OT3580
GALATEA	NL	02313783	62	Cargo	1937	628		PD5852
GALIA	NL		0	Tanker	2010			
GALILEO	NL	02323495	110	Tanker	1999	3548	244010955	PC4945
GALINA	NL	03160343	62	Dredger	1959	639		PC3606

BENELUX WATERWAY VESSELS 2012

Vessel Name	Flag	IMO/ENI	LOA	TYPE	BUILT	GT	MMSI No	Callsign
GALIYA	NL	02332409	110	Tanker	2010	2786	244660836	PB4924
GALYPSOS	B	06003053	80	Tanker		1252	205232190	OT2321
GAMBLER	NL	02333392	135	Cargo	2010	4043	244700375	PE6186
GAMMA	NL	02310292	57	Cargo	1958	653		PD7549
GAMMA	B	06002835	39	Tanker ©	1950	288	205236190	OT2361
GANDA	B	06003362	110	Cargo	1998	2857	205492290	OT4922
GANGES	B	06003802	95	Cargo	1958	2075	205353090	OT3530
GANZENDIEP	NL	02304288	67	Cargo	1929	881	244700403	PF8064
GANZEPOORT	NL	02324782	135	Cargo	2001	3487	244650101	PE5083
GANZESTAD	NL	02313033	89	Cargo	1970	1907	244650623	PB3963
GAR	NL	02508946	16	Tug	1921		244700343	PG2046
GAVIALIS + GAVIALIS II	NL	02325059	101	Cargo	2001	2953	244650397	PD4096
GAZELLE	NL	03170426	40	Cargo	1938	271		
GE AL	NL	02311403	58	Cargo	1963	650		
GEAN	NL	06501439	51	Cargo	1960	598	244620889	PF3704
GEBROEDERS LUDEN	NL		20	SAR			244589000	PE2027
GECA	NL	03290293	39	Cargo	1965	377	244670925	PH4769
GEERTJE	NL	02007108	73	Cargo	1959	952	244700398	PE6246
GEERTJE JANNEKE	NL	02316015	85	Cargo	1980	1686	244660389	PH7500
GEERTRUIDA MARIA	NL	02302370	50	Cargo	1913	482		
GEERTRUIDA VAN DER WEES	NL	02315599	22	Tug (P)	1979		244660204	PG2578
GEHAN B	NL	02203662	50	Tanker	1959	514		PE9471
GEINLAND	NL	02008168	63	Cargo	1957	796		PG4740
GEJA-S	NL	02322710	105	Cargo	1974	2200	244670957	PH5403
GELDERLAND	NL	02203816	67	Cargo	1962	990	244690244	PF4619
GEMINI	NL	02326510	110	Tanker	2004	2753	205392390	PH5650
GEMMA	NL	02312468	67	Cargo	1948	926	244690885	PD9588
GEMMA	NL	02325998	22	Tug (P)	1940		244710817	PG6788
GENDTIA	NL	02102538	70	Cargo	1950	868	244700893	PD3002
GENERAAL	NL	03050440	42	Cargo	1930	422		
GENERAL	NL	02319642	105	Cargo	1982	2887	244660859	PD4843
GENIUS }	NL	02205144	77	Cargo	1954	1087	244690121	PF7504
GENIUS II }	NL	02304063	67	Cargo #	1929	1010		
GENOVA	B	06003591	80	Tanker	1961	1223	205339890	OT3398
GENT	B	8409305	33	Tug	1985		205086000	ORLS
GENTLE	NL	02333184	110	Tanker	2010	3916	244670768	PB5687
GEO	NL	02310277	28	Tanker	1958	108		PH8551
GEO II	NL	02322886	30	Tanker	1997	149		PE3984
GEO III	NL	02324279	49	Tanker	1967	484		PD2035
GEO IV	NL	02318267	67	Tanker	1960	853	244710554	PG9552
GEO SOLUTION	NL		18	Pilot			245936000	PBOB
GEORGE-DIJKSTRA	NL		11	SAR			244248000	PBDV
GEORGES	B	06503485	48	Tanker	1957	422	205280090	OT2800
GEPKE	NL	02309670	17	Tug	1956		244700494	PI3765

52

BENELUX WATERWAY VESSELS 2012

Vessel Name	Flag	IMO/ENI	LOA	TYPE	BUILT	GT	MMSI No	Callsign
GERARD	NL	02209788	20	Dredger	2000	65	244730286	PD8094
GERARD ALBERT	NL	02322711	109	Cargo	1985	3014		PI3279
GERARDA	NL	02001644	33	Cargo	1937	163	244740536	PF4607
GERARD-ALBERT	NL	02324792	135	Cargo	2001	3743	244620889	PH3526
GERARD-JOSE	NL	02324802	86	Cargo	2001	1556	244700308	PE7026
GERARDUS	NL	02318545	86	Cargo	1958	1301	244700817	PD6998
GERARDUS	NL	02321202	60	Cargo	1963	702	244700398	PG8135
GERARDUS MAJELLA	NL	02103776	63	Cargo	1964	718	244700575	PD7707
GERCOR	NL	03031819	50	Cargo	1931	507	244020773	PF9645
GERDA	NL	02322260	53	Cargo	1935	500		
GERDA }	NL	02332584	110	Cargo	2010	3015	244670320	PI3924
GERDA II }	NL	02332691	86	Cargo #	2010	2798		
GERDIE T	NL	03290283	63	Cargo	1964	666	244670347	PG9717
GERJA	NL	02304430	50	Cargo	1929	512	244180237	PD9473
GERJA	NL	02322987	100	Cargo	1965	1727		
GERJA II	NL	02319835	80	Cargo	1927	1278	244710529	PE9100
GER-JAN }	NL	02331871	96	Cargo	2009	2516	244690442	PB6610
GER-JAN II }	NL	02332510	77	Cargo #	2009	2233		
GERLETA	NL	02104456	73	Cargo	1964	1137	205506190	PD4426
GERMAINE	B	06002138	50	Cargo	1958	589	205303090	OT3030
GERMATON	NL	02104893	75	Cargo	1973	1275	244660218	PA2467
GERNYA	B			Cargo				
GEROMA	NL	02006911	84	Cargo	1970	1369	244740201	PD6088
GEROME	B	02007427	15	Tug (P)	1943		205392390	OT3923
GERRIE D	NL	02320681	67	Cargo	1961	854	244690885	PF6811
GERRIT ADRIAAN	NL	02007430	24	Tanker	1975	137	203999405	OE2073
GERRIT B	NL	03041219	67	Cargo	1963	769	244660922	PD6835
GERRIT HENDRIK	NL	02006302	55	Cargo	1966	450		PF9012
GERRIT-JAN	NL	02312640	67	Cargo	1968	785	244650902	PD6981
GERRY	NL	02305295	80	Cargo	1931	1329		
GERSOM	NL	02103546	39	Cargo	1955	379		
GERSOM	NL	02304440	54	Cargo	1929	616	244690121	PD6187
GERSOM	B	06003762	80	Cargo	1948	1258	205269390	OT2693
GERTRUDA	NL	02315021	51	Cargo	1961	615	244700720	PD9346
GERWI	NL	03011315	36	Cargo	1900	168		
GEULSTROOM	NL	02316341	80	Tanker	1980	1113	244020773	PG5480
GEUZENVELD	NL	02006850	63	Cargo	1971	766		PG9023
GIBRALTAR	NL	02320312	110	Tanker	1992	2997	15652184	PD7113
GIESBERTHA	NL	02200182	62	Cargo	1908	824		
GIESSEN	NL	02325438	63	Cargo	2001	875	244700749	PE8888
GIESSENBURG	NL	02309949	50	Cargo	1957	512	244620980	PG2638
GIESSENMOND	NL	02006712	67	Cargo	1969	1000	244660229	PD9051
GIESSENSTROOM	NL	02323578	110	Tanker	1992	3200	244010675	PH7523
GIESSENSTROOM	NL	9411109	30	Tug	2006	309	246569000	PHIF
GIETA	NL	02300613	50	Cargo	1925	534		

BENELUX WATERWAY VESSELS 2012

Vessel Name	Flag	IMO/ENI	LOA	TYPE	BUILT	GT	MMSI No	Callsign
GIGANT	NL	02308649	54	Cargo	1907	661		PG4562
GINARD	B	06503344	39	Cargo		373	205446490	OT4464
GINGER	NL	9507063	33	Tug	2010	200	245932000	PBNZ
GIO-LEY	NL	02313449	57	Cargo	1956	700	244690742	PD2157
GIPSY	NL	02314589	70	Cargo	1959	888	244180237	PD8660
GIRONA	B	06001830	67	Cargo	1959	899	205506190	OT5061
GITANA	NL	02325826	105	Cargo	2003	2435	244700844	PH4771
GLADIATOR	B	02206382	110	Cargo	1993	3094	205393290	OT3932
GLAMONA	B	06000308	83	Tanker			205421290	OT4212
GLISSANDO	NL	02309788	110	Cargo	1956	2968	244660813	PF3964
GLORIA	NL	02008315	85	Cargo	1968	1299	211517330	DK5989
GOAD	NL	02101549	38	Cargo	1929	272		PH4055
GOBLIN	NL	02327627	135	Cargo	2006	3999	244700269	PD3907
GODEFRIEDA	NL	02329221	110	Cargo	2007	3225	244710663	PE5352
GODELIEVE	B	06002231	16	Tug (P)	1965	61		
GODETIA	B	06002731	55	Cargo			205504690	OT5046
GOEDE HOOP	NL	02103910	70	Cargo	1964	930	244750464	PD4580
GOEDE HOOP	NL	02321014	110	Cargo	1993	2667	244650790	PG2298
GOEDE VERWACHTING	NL	03050040	31	Cargo	1913	168	244750388	PD9070
GOJAPI	B	06003016	57	Cargo	1956	626	205504590	OT5045
GOLGOTHA	B			Cargo				
GOLIATH	NL		70	Dredger	2009		245829000	PBQE
GOLLWITZ	NL	02720510	30	Tug	1968		244700760	PE5948
GONDEL	NL	02328858	39	Cargo	1964	375		PD5450
GONDOLA	NL	06000968	39	Cargo	1965	387		
GOOILAND	NL	02203973	67	Cargo	1964	1000	244700953	PF4616
GOTCHA	B	06003884	110	Cargo	2003	2669	205258590	OT2585
GOTTARDO	NL	02326319	110	Cargo	1983	2771	244660514	PF2503
GOUDVIS	B	06105081	135	Cargo	2009	5540	205454090	OT4540
GOUDVIS II	B	06004002	110	Cargo	1995	3125	244670398	OT2532
GOUJE	NL	03030032	50	Cargo	1924	511		PF2564
GOUWE	NL	02319494	27	Dredger	1976	93		PH7006
GOUWESTROOM	NL	02719064	21	Tug	1998		246166000	PDGR
GOUWZEE	NL	02104592	65	Cargo	1958	950	244670681	PH9117
GOVERT	NL	03350480	45	Cargo	1963	303		
GOVERT-SR	NL	02331739	135	Cargo	2009	4028	244630683	PF4485
GOYA	D	02324166	86	Tanker	1971	1379		PD2707
GRA NET	NL	06000578	80	Cargo	1964	1210	244700359	PB8115
GRAAF VAN BYLANDT	NL	02322729	15	SAR			244700320	PH5136
GRAAFSTROOM	NL	02104915	108	Cargo	1974	3594	244690298	PD8873
GRACE DE DIEU	B	06004046	110	Cargo	1999	3010	205276490	OT2764
GRACE DE DIEU 1	B	06000480	62	Cargo	1963	749	205485990	OT4859
GRACILIS	NL	02309717	58	Tanker	1956	659		
GRACIOSA	B	06004096	110	Cargo	2000	2701	205463990	OT4639
GRADATIM	NL	02103623	73	Cargo	1962	1100	244650797	PD6376

BENELUX WATERWAY VESSELS 2012

Vessel Name	Flag	IMO/ENI	LOA	TYPE	BUILT	GT	MMSI No	Callsign
GRAMPER	NL	02313224	74	Cargo	1957	912	244020444	PD2347
GRANAT	B	06002254	84	Tanker	1988	1773	205496090	OT4960
GRATIAS	NL	02313455	86	Cargo	1969	1445	244670282	PD4294
GRATIAS	NL	02329233	110	Cargo	2007	3238	244670581	PG9326
GRATIAS	NL	03170582	55	Tanker	1962	566	244650747	PD2846
GRATO	NL	02334048	80	Cargo	2011	1697	244740742	PE2276
GRAVELAND	NL	02318351	85	Cargo	1988	1599	244670280	PD9180
GREBBE	NL	02103609	55	Cargo	1962	691	244700931	PH4363
GREENTANK 1	D	02330164	86	Tanker	2008	1626		
GREFO	NL	02204057	60	Cargo	1965	674	244700886	PD7675
GREFO III	NL	02006157	79	Cargo	1964	1076	244710663	PI8699
GREGORY	NL	02204998	80	Cargo	1973	1120	244650501	PD2307
GREGORY (B-06002929)	NL	02327696	80	Cargo	1952	1272	244660913	PD4722
GREMKO G	B	06105128	110	Cargo	2009	3263	205477290	OT4772
GRETA	NL	02306350	62	Cargo	1940	773	244670806	PG8360
GRETE-MARIE	D	02334028	86	Tanker	2010	1499	211525600	DF6521
GRETINA	NL	02207327	21	Tug (P)	1956		244670293	PH3699
GREVELINGEN	NL	02312534	69	Cargo	1961	706	244700190	PD9124
GREVELINGEN	NL	02330758	110	Cargo	2008	3259	244710011	PD6149
GREVELINGEN	NL	02333880	110	Tanker	2010	3508	244710157	PB4296
GRIENDUIL 9 - POTVIS	NL	03290059	33	Cargo	1931	121		
GRIETJE W	NL	03370017	37	Cargo	1953	132		PF7365
GRIGEE	NL		135	Cargo	2009			
GRINDELWALD	CH	07001731	109	Cargo KVB	2000	1969		
GRINZA I	NL	02311797	67	Cargo	1964	919		PF2588
GRINZA II	NL	03270678	67	Cargo	1964	998	244700354	PF2589
GRINZA III	NL	03270689	67	Cargo	1964	998	244700353	PF2590
GRINZA IV	NL	03270700	67	Cargo	1965	998	244700355	PF2591
GRINZA VI	NL	03270715	80	Cargo	1965	1156	244700358	PF2593
GRINZA VII	NL	03270719	80	Cargo	1966	1149	244700356	PF2594
GRINZA VIII	NL	02204112	67	Cargo	1966	998	244700359	PF2595
GROENENDAAL	NL	02332234	135	Tanker	2009	4521	244700131	PB3827
GROVAN	NL	02307092	80	Cargo	1944	1153		PD4398
GRUNO	NL	02309428	49	Cargo	1955	417		PG3191
GRUNO	D	05402820	18	Tug	1940		244690841	PD9333
GRUNO II	NL	02605554	16	Tug	1974	108	244882000	PELI
GRUNO III	NL	02310498	20	Tug	1959		244690886	PH3542
GRUNO IV	NL	9342669	22	Tug	2006		246502000	PHEK
GRUNO V	NL	6907171	30	Tug	1968		244485000	PHKN
GRUTTO	B		14	Tug			205030000	ORMK
GUATEMALA	B	06105178	82	Cargo	2010	1797	205488090	OT4880
GUEVARA	B	06003747	85	Cargo	1973	2350		
GULF BAVEX	NL	03160196	33	Tanker	1950	170	244670281	PG9155
GULF CHALLENGER	NL	02332255	78	Tanker	2009	1000	244650747	PB4178
GULF CROWN	NL	02326116	86	Tanker	2003	1745	244670282	PH2557

55

BENELUX WATERWAY VESSELS 2012

Vessel Name	Flag	IMO/ENI	LOA	TYPE	BUILT	GT	MMSI No	Callsign
GULF ESKIMO	NL	02009504	36	Tanker	1987	399	244630026	PD5024
GULF HARMONY	NL	02326283	86	Tanker	2003	1746	244670291	PE4514
GULF MAR	NL	02009092	32	Tanker	1985	230	244670292	PI3604
GULF MAX	NL	02332537	35	Tanker	2009	299	244650102	PB2709
GULF MERIT	NL	02205579	32	Tanker	1987	249	244700191	PD7423
GULF PRIDE	NL	02325753	86	Tanker	2002	1749	244670293	PD4357
GULF SECURITY	NL	02316681	68	Tanker	1963	871	244670279	PE8905
GULF SENATE	NL	02009091	32	Tanker	1985	230	244670283	PI3610
GULF SIGMA	NL	02009093	32	Tanker	1985	230	244670294	PI3609
GULF STREAM	NL	02326442	85	Tanker	2003	1749	244670290	PH2232
GULF STREAM	B	06003872	85	Cargo	1958	1581	205364690	OT3646
GULF SUPER DUTY	NL	02715821	45	Tanker	1959	481	244670284	PC3540
GULF WAY	NL	02000346	25	Tanker	1922	83	244690219	PI7259
GUNA	NL	02317044	80	Cargo	1926	1404	244670910	PD5082
GUNA	B	06003589	135	Cargo	2000	3489	205336090	OT3360
GUNDA	NL	06002894	110	Cargo	1989	2464	244650579	PD5259
GUPPY	B	06000157	80	Cargo	1962	1393	205248790	OT2487
GUSIMONDA	NL	02319481	86	Cargo	1962	1689	244700472	PE7072
GWENDOLINA	B	06002439	100	Cargo	1968	1757	205382190	OT3821
GWENN	B	06002819	110	Cargo	1972	3257	205351390	OT3153
HAAFTEN	NL		15	Workship			244710926	PB8932
HAAIBAAI	NL	02203585	42	Tanker	1957	335		PD2690
HADES	NL	02310426	68	Cargo	1959	849	244690443	PB6606
HALLEY	NL	02317646	85	Cargo	1956	1182	244650800	PE6879
HALLOWEEN	B	06003544	80	Cargo	1927	1401	205362290	OT3622
HAMARITHA	NL	02323494	86	Cargo	1980	1702	244700691	PF2437
HANNA	NL	02327503	110	Tanker	2005	3492	244630026	PD3640
HANNEKE	NL	02333597	86	Tanker	2010	1655	244700851	PB9705
HANNIBAL	B	06002468	55	Cargo	1961	622	205455590	OT4555
HANNIE	NL	02300007	67	Cargo	1926	953		PD3260
HANS NICO	NL	02331207	110	Tanker	2009	3016	244660483	PD5661
HANS PAUL	NL	02205531	36	Cargo	1986	183	244730484	PG8236
HANZESTAD	NL	02324806	86	Cargo	2001	1702	244660049	PF5551
HAPI	NL	02315426	86	Cargo	1979	1496	244660772	PD2179
HAPPINESS	NL	02315133	70	Cargo	1956	800		PH7323
HARERI	NL	02001528	24	Tanker	1910	83		
HARGEE II	NL	02103465	55	Cargo	1960	620		
HARINGVLIET	NL	02334123	110	Tanker	2010	3500	244730020	PB9023
HARJA	NL	02104388	67	Cargo	1960	1097	244710002	PD2336
HARJA	NL	02203963	57	Cargo	1957	606		
HARJA	NL	02304360	50	Cargo	1929	513	244290152	PF4170
HARJA	NL	02319006	110	Cargo	1978	2609	244690433	PD2336
HARM	NL	02312760	21	Tanker	1969	53	244740808	PF3526
HARM II	NL	02310073	17	Tanker	1957	36		
HARM RUTH	NL	02313138	57	Cargo	1955	606	244700910	PF4581

BENELUX WATERWAY VESSELS 2012

Vessel Name	Flag	IMO/ENI	LOA	TYPE	BUILT	GT	MMSI No	Callsign
HARMANNA	NL	03330262	34	Cargo	1940	252		PF9212
HARMONIE	NL	02008131	86	Cargo	1980	1499	244690219	PE5221
HARMONIE	LX	02300038	24	Tug	1926			
HARMONIE	NL	02325003	85	Cargo	2001	1406	244690033	PF7710
HARMONIE	LX	04802090	108	Tanker		2500	244660236	PE6894
HARMONIE	LX	08023080	21	Tug (P)	1929	17		
HARMONIE III	NL	02101439	24	Tug	1929	18	244690644	PD3099
HARRIER	NL	9524516	35	Tug	2009		246350000	PBPS
HARRY	NL	02315600	38	Cargo	1926	271		
HARTE AAS	NL	03011827	60	Cargo	1965	734	244750305	PD3987
HARTEL	NL		13	Patrol			244020929	PD6657
HARTELSTROOM	NL	02320298	90	Tanker	1992	2127	244020488	PF5607
HASARD	NL	02300159	70	Cargo	1925	1199		PE4345
HASTA LA VISTA	B	06003725	80	Cargo	1971	1361	205469090	OT4690
HAVEMO	NL	02312727	73	Cargo	1969	1005	244690067	PB3919
HAVENDIENST 2	NL		22	Patrol	1954		244710450	PD3742
HAVENSCHAP 1	NL		12	Patrol			244030187	PD7179
HAZARD	NL	02325891	110	Tanker	2003	2866	244690910	PG4290
HE -JO	NL	02316989	85	Cargo	1958	1181	244690173	PG8799
HEAN-S	NL	02205160	80	Cargo	1981	1331	244690144	PI3394
HEBBES	NL	02312509	70	Cargo	1929	989	244710578	PD3286
HEBO CAT 2	NL	02323710	19	APV			244060781	PE5951
HEBO CAT 3	NL		16	Patrol			244060779	PF6613
HEBO CAT 4	NL	02323709	42	APV	1974	190	244070905	PH9021
HEBO CAT 5	NL		20	APV			244030023	PD6604
HEBO CAT 7	NL	9606883	52	SPV	2012		245505000	PCNT
HECHT	NL	04801560	85	Cargo	1971	1575	211503210	DC3040
HECTOR	NL	02210031	37	Dredger	1966	315		PE4555
HEI DI	NL	03110190	42	Dredger	1931	306		PC5945
HEIDE E	NL	02310626	39	Cargo	1960	350	244660752	PH9593
HEIN JR	NL	02104162	22	Tug (P)	1943	20	244710693	PD6785
HEINRICH BURMESTER	LX	08043014	80	Tanker			253242368	LX2368
HE-JA	NL	02310177	39	Cargo	1958	343	244740726	PF4194
HEJEBA	B	06002818	81	Cargo	1965	1272	205357290	OT3572
HELENA	NL	02104525	65	Cargo	1946	971	244650759	PC5409
HELENA	NL	02300767	80	Cargo	1925	1268	244690918	PG4717
HELENA	NL	02304518		Cargo	1925	133		
HELENA	NL	02312202	24	Tanker	1966	100		PD3749
HELENA	NL	02321419	80	Tanker	1994	1128	244690366	PH3322
HELENA	NL	02329911	110	Cargo	2008	3910		
HELENA	NL	02330402	135	Cargo	2008	3910	244650759	PC5409
HELENA	NL	03170529	47	Cargo	1954	430		
HELENA	B	06002026	60	Tanker	1954	646		
HELENA ADRIAAN	NL	02104585	100	Cargo	1971	3134	244710038	PB8356
HELENA ARIEANNE	NL	02333510	135	Cargo	2010	4000	244710232	PB8477

57

BENELUX WATERWAY VESSELS 2012

Vessel Name	Flag	IMO/ENI	LOA	TYPE	BUILT	GT	MMSI No	Callsign
HELENA CORA	NL	02316320	73	Cargo	1981	1085	244010304	PE5226
HELENA JACOBA	NL	02329466	110	Cargo	2007	2991		PE5179
HELENA JOHANNA	NL	02313942	86	Cargo	1965	1528		PD2865
HELENA TINEKE	NL	02318506	85	Cargo	1961	1427	244650895	PF2633
HELENE	B		39	Cargo			205203690	OT2036
HELENUS V	NL	02309779	70	Cargo	1956	843		PE9064
HELGOLAND	NL	03310449	22	Cargo	1945	353		
HELIODOR	NL	02324109	86	Tanker	1999	1607	244700242	PD2367
HELIOS	NL	02304836	50	Cargo	1930	560	244700883	PI2546
HELIOS	NL	02311255	65	Cargo	1962	752	244690345	PD2087
HELLBOY (F)	B	06002080	80	Cargo	1965	1291	205368790	OT3687
HELLEVOET I	NL	02319785	50	Cargo	1941	271		
HEMAFRA	B	06000787	56	Cargo	1887	505		
HEMIKSEM	B	8409290	33	Tug	1985	323	205058000	ORLR
HENCOR	NL	02207596	80	Tanker	1972	1303	244670742	PG5527
HENDRICUS	NL	02313517	67	Cargo	1957	899	244700911	PG5715
HENDRIK	NL	02206944	17	Tug	1907	33		PH9791
HENDRIK	NL	02303943	54	Cargo	1909	570	244670871	H110D
HENDRIK	NL	02327149	55	Cargo	1961	670	244710507	PD2346
HENDRIK	NL	02332477	135	Cargo	2010	4007	244660213	PB4553
HENDRIK 3	NL	02009859	18	Tug (P)	1947		244690125	PF8981
HENDRIK 7	NL	02323331	19	Tug	1974	26	244690858	PB7137
HENDRIK SR	NL	02318576	25	Tanker	1988	147	244690475	PD5666
HENDRIK Z	NL	02310955	45	Cargo	1961	433	244620846	PE5884
HENDRIKA	NL	02317995	85	Cargo	1958	1140	244700958	PI2615
HENDRIKA	NL	02322332	16	Tug	1930	9		
HENDRIKA	NL	02326642	110	Cargo	2004	3164	244690527	PD7789
HENDRIKA	NL	03031403	29	Cargo	1931	121		PG9629
HENDRIKA S	NL	02328873	110	Cargo	2000	2704	244690173	PI2439
HENDY	NL	02303208	46	Cargo	1909	512		PD9607
HENJA	NL	02103401	67	Cargo	1900	862	244670818	PD4193
HENJA	NL	02301657	50	Cargo	1915	374		
HENJA	NL	02313659	80	Cargo	1953	1204	244700293	PD2269
HENJA	NL	02323504	80	Cargo	1986	1350	244710280	PG9062
HENJOR	NL	02103932	64	Cargo	1965	861	244700242	PI3071
HENMA	NL	02305125	50	Cargo	1905	516	244710431	PI2471
HENMAR	NL	02302396	80	Cargo	1925	1359	244710775	PG8362
HENMAR	NL	02322707	80	Cargo	1956	1093	244700660	PI3919
HENMAR	NL	03250165	36	Cargo	1931	211		PF7082
HENMAR	NL	03320237	50	Cargo	1906	532		PF8009
HENNIE III	NL	03110281	19	Cargo	1922	33		PI4974
HENNY	NL	03030845	30	Cargo	1930	135		PF7092
HENNY B	NL	02313778	80	Cargo	1953	1054		PF2539
HENNY II	NL	02303464	35	Cargo	1901	221		PI3782
HENREAN	NL	02324673	110	Cargo	2000	3250	244700161	PG6465

BENELUX WATERWAY VESSELS 2012

Vessel Name	Flag	IMO/ENI	LOA	TYPE	BUILT	GT	MMSI No	Callsign
HENRI	NL	03160316	68	Cargo	1955	1208	244700911	PH8736
HENRI R	NL	02325388	135	Cargo	2002	5097	244670494	PE8067
HENRIETTE	NL	02311729	75	Cargo	1964	1042	244740593	PF3926
HENRIETTE	NL	03170016	33	Cargo	1901	226		
HENSIE	NL	02309625	39	Cargo	1956	341	244660272	PD2162
HENWIE	NL	02304266	67	Cargo	1929	1032		PF7072
HERAN W.	NL	02321650	86	Cargo	1940	1306		
HERCULES	NL	02102097	20	Tug	1900		244700583	PF2194
HERCULES	NL	02309015	42	Cargo	1916	363		PD9788
HERCULES	NL	7612620	30	Tug	1977	256	245116000	PHRS
HERIK 41	NL	02317215	44	Cargo	1940	460	244710772	PD7116
HERMA	NL	02205776		Cargo	1930	301		
HERMAN S	NL	02309838	50	Cargo	1956	502		
HERMANN BURMESTER	LX	08043013	80	Tanker		1320	253242369	LX2369
HERMANNA	NL	02317242	25	Tug (P)	1962	39	244660172	PD4658
HERMES	B	06003318	67	Cargo	1955	601	205490990	OT4909
HERMINA	NL	02322856	80	Cargo	1971	1344	244670545	PE4895
HERMINA }	NL	02321854	110	Cargo KVB	1994	3009		PD6769
HERMINA I }	NL	02325261	77	Cargo #	2001	1513		
HEROS }	NL	02330687	104	Cargo KVB	2008	2450	244620846	PH2238
HEROS II }	NL	02329443	79	Cargo	2008	2015		
HET SOP	NL		16	Pilot			244986000	PBDW
HETTY	NL	03310083	33	Tanker	1923	147		PH3509
HEWI	NL	03170028	17	Tug	1908		244083584	PH3584
HEYST	B	06003251	63	Tanker		1360		
HILBER	NL	02313125	65	Cargo	1943	671	244710719	PI3634
HILDA	NL	02311642	22	Cargo	1963	55	244710706	PI3718
HILDA	NL	03260143	51	Tanker	1959	500	244710461	PH3091
HILDA MARIA	NL	02304994	44	Cargo	1910	309		
HILJO	NL	03310066	50	Cargo	1927	515	244700958	PF4476
HILLEGERSBERG	NL	02327025	110	Tanker	2005	3229	244670673	PD2664
HILLERS 1	NL	02314005	34	Tanker	1964	144		
HILLERS 2	NL	02314006	34	Tanker	1965	143	244670819	PE8663
HILLERS 4	NL	02323916	36	Tanker	1956	224	244650983	PE2971
HILLIE	NL	03051685	40	Tanker	1964	219	244730209	PH4106
HILMAR	NL	02318521	86	Cargo	1925	1500	244710036	PF3250
HINGRIE	NL	03320202	50	Cargo	1941	493		PF4477
HINTE	NL	02311201	70	Cargo	1962	1118		PI3863
HIROSHIMA	B		67	Cargo			205443290	OT4432
HIRUNDO	NL	02316137	55	Cargo	1964	717		
HKH PRINSES MAXIMA	NL	02325361	63	Cargo	2002	856		PD2794
HOEK VAN HOLLAND	NL	02103831	66	Tanker	1963	710	244670079	PD4784
HOEKSCHEWAARD	NL	02315268	75	Cargo	1978	1064	244660178	PB4536
HOLLAND	NL	02022675	57	Tug	1951		244879000	PESK
HOLLAND	NL	02718636	29	Tug	1992	220		

BENELUX WATERWAY VESSELS 2012

Vessel Name	Flag	IMO/ENI	LOA	TYPE	BUILT	GT	MMSI No	Callsign
HOLLAND	NL	03050677	51	Cargo	1939	579		PF6749
HOLLANDIA	NL	02330297	86	Tanker	2009	2322	244690316	PC9505
HOLLANDS DIEP	NL	02328985	110	Tanker	2007	2897	244630100	PE4563
HOLLANDS GLORIE	NL	02005747	50	Training	1961	509		PF8958
HOLLARE	NL	02324809	86	Cargo	2001	1580	244660198	PD5803
HONTE	NL	03290203	68	Cargo	1961	985	244660295	PE3217
HOOIMARKT I	NL	03011492	17	Tanker	1954	31		PI3237
HOOP	NL	02301676	49	Cargo	1905	537		
HOOP	NL	02325744	70	Cargo	2002	1010	244670106	PE4226
HOOP DOET LEVEN	NL	02005556	62	Cargo	1959	630		PI3296
HOOP OP WELVAART	NL	02301552	39	Cargo	1910	311		PF7230
HOOP OP ZEGEN	NL	02312498	80	Cargo	1963	1450	244700637	PC5104
HOOP OP ZEGEN	NL	06004134	80	Cargo	1965	1160	244700566	PC3598
HORIZON	NL	02317364	80	Cargo	1964	1328	244650983	PF9649
HORNBILL II	NL	02323263		Tanker	1997	61		
HORST FELIX	D	02317407	86	Cargo	1956	1643		PI3716
HORTENCE	B	06503219	47	Cargo	1909	540	205455990	OT4559
HORTENSIA	NL	02313376	80	Cargo	1963	1167		PF9087
HORTENSIA	B	06002850	58	Cargo	1960	653	205352790	OT3527
HORTENSIA 2	NL	02322133	82	Tanker	1971	1388	244700763	PD2567
HOUSTON	NL	02333236	110	Tanker	2010	4193	244630814	PB2035
HOUTLAND	B	06004274	110	Cargo	1989	3242	205382490	OT3824
HOUTMANSGRACHT 2	NL	02311063	55	Tanker	1961	440		PF2020
HUIBERT SR	NL	02322883	37	Dredger				
HUIG ROOK SR	NL	02314433	85	Cargo	1976	1600		
HULHUIZEN I	NL	02323314	25	Tanker	1951	101		
HUMANITE	LX		39	Cargo			253242247	LX2247
HUMAVIDI	B	06002447	67	Cargo	1952	859		
HUNZE	NL	02314166	80	Cargo	1961	1086	244670434	PG7447
HURRICANE	NL		18	SAR			244070351	PE2031
HURRICANE	B		47	Cargo			250413090	OT4130
HYADE	NL	02332076	110	Cargo	2009	3320	244650992	PB3647
HYDRA	NL	02007607	80	Cargo	1977	1495	244710827	PB8882
HYDRA 2	NL	02204363	80	Cargo	1971	1273	244660628	PE6969
HYDROPHILIDA	B	06002984	80	Tanker	1973	1284	205235590	OT2355
HYDROVAC 1	NL	02310443	22	Tanker	1959	54	244670106	PH2136
HYDROVAC 2	NL	02307576	23	Tanker	1950	63	244670105	PH2128
HYDROVAC 3	NL	02310786	31	Tanker	1960	149	244670107	PH2115
HYDROVAC 4	NL	02325541	25	Tanker	1956	91	244670108	PH2138
HYDROVAC 5	NL	02312723	28	Tanker	1969	144	244670109	PH3378
HYDROVAC 6	NL	02317190	80	Tanker	1954	1018		
HYDROVAC 6	NL	06000281	80	Tanker	1953	1138		
HYDROVAC 7	NL	03011972	76	Tanker #	1970	2579		PG7598
HYDROVAC 8	NL	05501990	103	Tanker #	1976	2549		
HYDROVAC 9	NL	03310413	80	Tanker	1958	1021	244670110	PD5951

BENELUX WATERWAY VESSELS 2012

Vessel Name	Flag	IMO/ENI	LOA	TYPE	BUILT	GT	MMSI No	Callsign
HYDROVAC 10	NL	02331802	35	Tanker	2009	293	244660967	PB3627
IBERIA	NL	02310381	23	Tug	1958	18	244620729	PF6465
IBIS II	NL	02201375	46	Dredger	1930	345		PD2194
IBIS III	NL	02208330	51	Dredger	1949	319	244710070	PF3634
IBIS IV	NL	02320193	40	Workship	1975	411	244710062	PF9944
IBIS V	NL	02315961	57	Dredger			244740925	PG9253
IBIZA	B	06003408	50	Cargo	1913	361	205272590	OT2725
IBSH 14	NL	02207771	61	Cargo	1977	733		PG8164
ICARIA	B	06003455	110	Cargo	1989	2509	205398990	OT3989
ICARUS	NL	02325626	86	Tanker	2002	2010	244690300	PF4093
ICHTHUS	NL	02104876	64	Tanker	1974	708	244660586	PC3190
IDA	NL	02312014	60	Cargo	1965	716	244670848	PD4444
IDEAAL	NL	02311277	39	Cargo	1962	357	244740153	PI3015
IDEAAL	NL	02318122	105	Cargo	1987	2156	244660425	PD5934
IDEAAL	NL	03350160	30	Cargo	1905	164		
IDUNA	NL	02101934	67	Cargo	1932	1046	244110333	PI8987
IDUNA	NL	02313310	57	Cargo	1959	652	244660559	PD4029
IDUNA	NL	02332765	135	Tanker	2010	6245	244670789	PB5723
IDUNA 2	NL	02326700	110	Tanker	2004	3156	244060858	PD4278
IEVOLI BLACK	NL	9439242	70	Tug (KW)			245860000	PBPD
IGNORAMUS	NL	02319130	67	Cargo	1954	876	244650921	PF2952
IJMEER	NL	02325374	36	Workship	2002			PD6313
IJSSEL	NL	02308299	34	Cargo	1907	278		
IJSSELDELTA	NL	02324230	61	Dredger	1999	898	244700254	PD3064
IJSSELMOND	NL	03170548	65	Cargo	1958	712	244730398	PF7542
IJSSELMONDE	NL	03310459	50	Tanker	1962	432	244730238	PE8924
IJSSELSTAD	NL	02324880	110	Cargo	2000	2677	244660951	PD3585
IJSSELSTROOM	NL	02323184	82	Tanker	1993	1225	244630028	PF7237
ILMA	NL	02311404	81	Cargo	1928	1205	244660693	PB7862
ILONA	NL	02301044	80	Cargo	1916	1335	244740131	PG8542
ILONA	NL	02324012	135	Cargo	1999	3781	244660443	PE2107
ILONA-G	NL	02329703	40	Dredger	1981		244730476	PD2389
ILSA	NL	02315780	70	Cargo	1963	930	244660741	PE7035
ILSE	B		27	Workship			205479790	OT4797
ILUSA	B	06000134	81	Cargo	1960	1500	205325190	OT3251
IMATRA	NL	02312216	65	Cargo	1966	840		PE6578
IMEDI	NL	02327593	77	Cargo	1944	1089	244650786	PD3652
IMEROS	NL	02327419	39	Cargo	1961	386	244660536	PH2701
IMKE	NL	03230279	50	Tanker	1957	434	244710617	PD6879
IMMACULATA	NL	02331206	135	Cargo	2009	4137	244660303	PE4698
IMMANUEL	NL	02311235	67	Cargo	1962	880		PD4979
IMMANUEL	NL	02331439	110	Cargo	2009	3225	244660002	PD8686
IMPALA	NL	03110571	80	Cargo	1963	1174	244020118	PH2357
IMPERIALE	B			Cargo				
IMPRESA	NL	02322112	110	Cargo	1995	3192	244690071	PD9573

BENELUX WATERWAY VESSELS 2012

Vessel Name	Flag	IMO/ENI	LOA	TYPE	BUILT	GT	MMSI No	Callsign
IMPROVAL	NL	02325934	110	Tanker	2003	2946		PF8662
IMPULS	NL	02006102	53	Tanker	1964	502	244660559	PD5778
IMPULS	NL	02325188	100	Cargo	2002	2754	244670805	PF6554
INA	NL	02004713	68	Tanker	1955	558	205223590	PI2956
INA	NL	02332218	105	Cargo	2009	3045	244660749	PF9312
INA	NL	02332254	135	Cargo	2009	4123	244650515	PD3714
INACHOS }	NL	02322913	95	Cargo KVB	1983	2575	244740864	PE2483
INACHOS II }	NL	02324814	77	Cargo #	1983	2193		
INARO + INARO II #	NL	02322911	109	Cargo KVB	1983	3041		PF8572
INCA	NL	02324513	19	Tug (P)	2000		244690110	PD4224
INCONSTANT	NL	02318495	85	Cargo	1988	1754	244690571	PD4511
INDEPENDENT }	NL	02322924	86	Cargo KVB	1994	2254	244650900	PD3055
INDEPENDENT II }	NL	02321900	86	Cargo #	1994	2508		
IN-DI	B	06503775	16	Tug	1930			
INDIGO	NL	02332081	135	Cargo	2009	4172	244650333	PB3264
INDIGO 2	NL	02327333	110	Cargo	2005	3010	244050411	PE4062
INDUCO	NL	02314398	85	Cargo	1962	1238	244700639	PH4466
INEKE	NL	02100659	50	Cargo	1925	510	244660823	PD3527
INFINITY	NL	02327439	110	Tanker	2006	3176	244660811	PE5480
INGE }	NL	02331067	95	Cargo KVB	2009	2770	244620910	PF5552
INGE II }	NL	02330600	88	Cargo #	2009	2817	244620911	PH2336
INGONA	NL	02306481	18	Tug	1941		244740438	PH8054
INGONA	NL	02320037	80	Cargo	1958	1099	244730314	PG3020
INGONA + INGONA II #	NL	02316588	110	MVE KVB	1981	644	244660536	PH3147
INGRID	NL	02323440	85	Tanker	1981	1354		PC3388
INGRID JUDITH	NL	02305177	31	Cargo	1931	118		PI9566
INGRID JUDITH II	NL	02315157	39	SPV	1965	272	244670387	PE4548
INGRIT	NL	02321110	85	Tanker	1958	1202	244210983	PG6774
INITIA	NL	02325641	135	Cargo	2002	3893	244660303	PF2448
INITIA	NL	02327354	85	Cargo	1994	1529	244700854	PH5647
INNOVATION }	NL	02328555	99	Cargo KVB	2007	2987	244670443	PE2782
INNOVATION II }	NL	02328556	86	Cargo #	2007	2786		
INNUENDO	NL	02328417	135	Cargo	2007	3863	244700206	PD2924
INO	NL	02007252	110	Cargo	1974	3107	244615307	PH4321
INSOMNIA	NL	02316002	55	Cargo	1961	652	244650822	PD9825
INSOMNIA	B	06002589	80	Cargo	1965	1332	244650129	OT2235
INSPE	NL	02301533	86	Cargo	1905	1528	244670487	PG9159
INSPE II	NL	02100095	85	Cargo	1923	1670	244670489	PI3136
INSPE IV	NL	03250021	86	Cargo	1925	1505	244690032	PI3137
INSULA	NL	02104689	135	Cargo	1973	3864		PG7561
INSULA	NL	03270595	63	Cargo	1961	512	244700635	PG3335
INTANTUM	NL	02328136	110	Cargo	1994	2700	244690376	PF7933
INTEGRITY	LX	02333728	110	Tanker	2010	3130	244740042	PE5480
INTENSITY	NL	02327002	110	Tanker	2009	2995	244660812	PD7112
INTERBALLAST II	NL	02203980	80	Cargo	1964	1184	244670686	PI8825

BENELUX WATERWAY VESSELS 2012

Vessel Name	Flag	IMO/ENI	LOA	TYPE	BUILT	GT	MMSI No	Callsign
INTERIM	NL	02310462	55	Cargo	1959	621	244650979	PD4832
INTERLUDE	NL	03150458	57	Cargo	1957	643		PI3678
INTERMEZZO	NL	02009196	33	Tanker	1952	138	244700789	PE4570
INTERMEZZO	NL	02313917	74	Cargo	1951	1098	244270367	PH9323
INTERMEZZO	NL	02329697	110	Tanker	2007	3204	244020684	PD2504
INTERNOS	NL	02307044	67	Cargo	1948	940	244010706	PH2363
INTERNOS	B	06002482	67	Cargo	1927	1031	205434590	OT4345
INVADO	NL	02317677	80	Cargo	1943	1198	244670874	PF2275
INVASION	NL	02325673	86	Tanker	2002	2001	244670358	PF6498
INVONTES	NL	02329010	110	Cargo	2007	3235	244660885	PD8987
INVOTIS	NL	02310799	55	Cargo	1960	249	244650129	PD2891
INVOTIS	NL	02313731	58	Cargo	1956	500		PH4585
INVOTIS II	NL	02326224	43	Cargo	2003	550	244100955	PF9206
INVOTIS III	NL	02329951	42	Dredger	2008	550	244615748	PD6242
INVOTIS IV	NL	02330183	42	Dredger	2008	550	244620542	PE3125
INVOTIS V	NL	02331573	42	Dredger	2009	550	244630439	PH9467
INVOTIS VI	NL	02333117	42	Dredger	2010	550	244670755	PB5668
INVOTIS VII	NL	02334352	42	Dredger	2011	550	244740814	PG7308
IONA	NL	03290193	81	Cargo	1961	1344	244670348	PD7213
IRBER	B	06000482	39	Cargo	1959	359		
IRBIS	NL	02318564	84	Cargo	1955	1493	244660492	PF8612
IREEN	NL	02332901	110	Tanker	2009	2780	244690376	PB6532
IRENE	NL	02101013	29	Cargo	1893	130		
IRENE	NL	03110440	37	Tanker	1958	248	244730277	PH2543
IRIS	NL	02104530	60	Cargo	1964	713	244700508	PB7947
IRIS	NL	02231835	24	Cargo			244710996	PB9008
IRIS	NL	02318127	67	Cargo	1966	1023	244010931	PD8258
IRIS	NL	02321204	105	Cargo	1993	2289	244710248	PE4742
IRIS	NL	02327263	85	Cargo	2005	1758		
IRIS	NL	02332983	86	Tanker	2009	1644	244670454	PB5340
IRIS	NL	03150446	67	Cargo	1953	704		PG4519
IRIS	NL	06000982	51	Cargo	1962	597	244630930	PB2353
IRIS	B	06000982	51	Cargo	1962	597		
IRMA	NL	02315085	67	Cargo	1961	846	244250643	PD8902
ISA	NL	9394038	30	Tug	2006		244571000	PISA
ISABEL	NL	06003651	105	Tanker	1973	2209	244700279	PB7708
ISABEL	NL	07001708	105	Tanker	1987	2531	244700279	PB7708
ISABELLA	NL	02330132	86	Tanker	2008	1700	244670122	PH6904
ISABELLE	NL	02329708	110	Cargo	2008	3273	244650844	PD3083
ISABELLE	B	06003398	57	Cargo		670	205286290	OT2862
ISABELLE	B	06105027	135	Cargo	2008	5500	205410590	OT4105
ISABELLE I }	B	06105250	93	Cargo KVB	2010	2591	205505490	OT5054
ISABELLE II }	B	02331851	79	Cargo #	2010	2391		
ISALA	NL	02324679	89	Cargo	1996	1665	244710337	PH4354
ISANDRA	NL	02316272	70	Cargo	1964	1000	244740408	PH9471

BENELUX WATERWAY VESSELS 2012

Vessel Name	Flag	IMO/ENI	LOA	TYPE	BUILT	GT	MMSI No	Callsign
ISARNO	B	06004205	110	Cargo	2001	2256	205374090	OT3740
ISELLA	B	02104433	85	Cargo	1970	1815	205395890	OT3958
ISELMAR	NL	02313923	73	Cargo	1967	1047	244660619	PI6811
ISIS	LX	02326469	19	Tug (P)	2004	55		
ISIS	NL	02332311	135	Cargo	2009	3915	244650521	PF3462
ISOLA	NL	03030718	44	Dredger	1908	372		PH3918
ISOLA BELLA	NL	02205701	86	Cargo	1961	1708	244710931	PF7612
ISOLA D'ISCHIA	B	06002920	85	Cargo	1971	1507	205248490	OT2484
ISTAR	NL	02005792	55	Tanker	1961	551	244660096	PD4937
ISTOROMI	NL	02326769	110	Tanker	2004	3143	244010591	PD2508
ITASCA	NL	06004193	86	Cargo	2006	1818	244660199	PH6382
ITC CHINOOK	NL	9510228	71	Tug (OS)	2009	2549	246618000	PBUR
ITC CYCLONE	NL	9433767	71	Tug (OS)	2009	2549	246617000	PBUQ
ITC MELTEMI	NL	9531624	26	Tug	2009	212	246589000	PBPR
ITC MISTRAL	NL	9453925	26	Tug	2007	212	244816000	PHLK
ITV 1	NL	02300509	50	Cargo	1923	497		
IVEN I }	NL	02332226	160	Cargo KVB	2009	1504	244010931	PD8521
IVEN II }	NL	02332227	80	Cargo #	2009	1732		
IVON-S }	NL	03110567	144	Cargo KVB	1964	946	244730251	PF2998
IVON-S II }	NL	02310814	68	Cargo #	1956	1002		
JAAP	NL	03230233	46	Cargo	1954	210		
JAAP	NL	03350508	74	Cargo	1965	1344	244710248	PE3957
JAAP WOUTER	NL	02320996	80	Cargo	1960	1406	244730262	PD6857
JABO	NL	02006209	86	Cargo	1943	1613	244700780	PE6723
JABO }	NL	02326565	100	Cargo KVB	2000	3946	244700604	PF9258
JABO I }	NL	02324247	81	Cargo #	2000	3271		
JACOB	NL	02328661	35	Tanker	2007	250	244690453	PE4074
JACOB F	NL	02311936	57	Cargo	1965	709	244670273	PF6140
JACOB SR	NL	02310833	37	Cargo	1961	289		
JACOB SR	NL	02312876	25	Tanker	1970	115	244690476	PF5522
JACOBA	NL	02003667	20	Tug (P)	1968		244660822	PC6013
JACOBA	NL	02312674	94	Cargo	1957	1789	244660619	PI7789
JACOBA	NL	02316204	86	Cargo	1959	1482	244690203	PI3784
JACOBA	NL	03051202	38	Cargo	1916	262		
JACOB-HESSEL	NL	02317814	105	Cargo	1971	1991	244690109	PE7122
JACOBUS	NL	02332043	135	Cargo	2009	5587	244650495	PB3668
JACOBUS SR	NL	02322706	110	Cargo	1996	2951	244670478	PB5366
JACOLIEN	NL	02324299	22	Tug (P)	1939		244710106	PB6434
JACOMIEN	NL	02310888	22	Tanker	1961	51		PG2204
JACOMINA	NL	02311883	69	Cargo	1965	948		PF8403
JACQUELINE	B		17	Survey			205035000	OT0350
JACQUELINE	NL	02212162	39	Tanker	2004	396	244730429	PH2155
JACQUELINE	NL	02307357	19	Tanker	1948	44		PH5024
JACQUELINE	NL	03220043	57	Cargo	1928	700		PD9873
JADE	NL	02326538	135	Tanker	2003	9007	244660627	PI4700

BENELUX WATERWAY VESSELS 2012

Vessel Name	Flag	IMO/ENI	LOA	TYPE	BUILT	GT	MMSI No	Callsign
JADI	NL	02315007	73	Cargo	1963	1036	244010591	PD6708
JADO	NL	02313522	67	Cargo	1944	833		PD4788
JAEL	NL	02321126	39	Cargo	1952	348	244700615	PD3373
JAGER	NL	02005433	40	Cargo	1958	320		PD4484
JAGER	NL	02311833	70	Cargo	1964	1038	244670333	PB4010
JAGER 3	NL	02006585	55	Cargo	1940	499		PD2851
JAGRIE	NL	02301763	50	Cargo	1927	525	244730408	PF4721
JAGUAR	B	06105021	110	Cargo		2906		
JAMA	NL	02310943	60	Cargo	1956	641		PG2589
JAMAICA	NL	02006792	25	Tug (P)	1969		244690771	PF9442
JAMAICA	NL	02317777	86	Cargo	1949	1355	244690576	PD8010
JAMAIS PENSE	NL	02309865	39	Cargo	1957	328		PH5129
JAMAIS PENSE	NL	03230355	40	Cargo	1960	359	244740544	PD8613
JAMAIS-PENSE	B	06004085	110	Cargo	2004	2879	205463390	OT4633
JAMBO	NL	02007984	73	Tanker	1958	999	244690046	PE2075
JAN	NL	02005404	48	Cargo	1958	473	244740168	PD5670
JAN B	NL	02008141	21	Tug	1927		244730737	PD4053
JAN BREYDEL	B	06003200	40	Cargo	1960	356		
JAN BREYDEL (PILOT 1)	B		23	Pilot			205088000	ORDD
JAN CORNELIS	NL	02300787	55	Cargo	1914	750		
JAN EN TITIA VISSER	NL		15	SAR			244624000	PFAF
JAN GERARD	NL	02319425	80	Cargo	1959	1201	244690026	PG4254
JAN LEENHEER	NL	6807591	25	Tug	1967	127	245569000	PDWU
JAN R	NL	02319767	27	Dredger	1954	240		PI3268
JAN S	NL	03150380	56	Cargo	1960	608	244700230	PF3583
JAN V	NL	06503207	50	Cargo	1960	590		
JAN VAN GENT	NL		25	Tender			244771000	PFAN
JAN VAN GENT	NL	02205424	44	Workship	1993		244199000	PI4058
JAN VAN GENT	NL	9201724	21	Patrol			244839000	PBVS
JAN VAN HASSELT SR	NL	02003581	21	Tug (P)	1953		244710165	PC5964
JAN VAN VOORST	NL	02316566	73	Cargo	1953	965	244710774	PH6634
JAN VENGELEN BURGSAR	NL		14	SAR			244787000	PFAA
JAN WILLEM	NL	03320083	14	Tug	1942		244730388	PG8293
JANA	NL	02326684	81	Tanker	2004	1319	244700116	PD3607
JANANJA	NL	03030836	38	Dredger	1929	190		PD3751
JANDI	NL	02102343	38	Dredger	1904	178	244740715	PF9685
JANIENKE	NL	02321989	86	Cargo	1972	1643	244650899	PF5822
JANINA	NL	03310509	57	Cargo	1964	665	244660088	PD7843
JANINE	NL	02313970	85	Cargo	1960	1360	244670125	PG6934
JANINE	NL	02315138	41	Cargo	1965	444		PD6939
JANITA	NL	02311193	67	Cargo	1940	898	244010391	PD4008
JANJA	NL	02318756	100	Cargo	1964	2036	244700597	PD8238
JANJO	NL	02314746	80	Cargo	1953	1076		PD7914
JANNA	NL	02103893	86	Cargo	1964	1499	244700239	PD7753
JANNA	NL	02312964	70	Cargo	1964	930	244660148	PF6669

BENELUX WATERWAY VESSELS 2012

Vessel Name	Flag	IMO/ENI	LOA	TYPE	BUILT	GT	MMSI No	Callsign
JANNA II	NL	03030602	28	Cargo	1923	120		PE7398
JANNA MARIA	NL	02007196	85	Cargo	1974	1708	244660696	PH3892
JANNA MARIA III	NL	02329656	135	Cargo	2008	4005	244730977	PD3999
JANNA-MARIA	NL	02204061	64	Cargo	1936	790	244700511	PD6666
JANNA-MARIA	NL	02328872	110	Cargo	2007	3256	244670344	PD2148
JANNELIEN	NL	02311351	86	Cargo	1962	1300	244730118	PD7772
JANNETJE	NL	02315191	70	Cargo	1958	789		
JANNETJE	NL	03030924	25	Cargo	1930	60		PD8739
JANNICK	NL	02333843	19	Tug (P)	2011		244740872	PG8175
JANNIE-B	NL	02316747	22	Tug	1955		244700863	PI9711
JANNIJ D	NL	02315431	68	Cargo	1955	750	244620538	PE2671
JANNY	NL	02306712	49	Cargo	1912	503	244700493	PF2062
JANNY	NL	02317491	27	Cargo	1965	148		PI3637
JANNY	NL	03030279	34	Dredger	1927	161		PI7761
JANNY + JANNY-M (54m)	NL	02313547	62	Cargo	1957	780	244620957	PH8914
JANTINA	NL	02303258	44	Cargo	1901	459	244690046	PF3896
JANTINE	NL	02313072	73	Cargo	1962	1100	244020386	PG5549
JANTINE	NL	03270600	58	Cargo	1961	609		PE8219
JANTJE	NL	02323374	85	Cargo	1972	1425	244710273	PD2583
JANUS	NL	02313908	59	Cargo	1935	621		PD6297
JANUS	NL	02323046	40	Cargo	1997	222		PI4841
JAPKE	NL	02310872	30	Tanker	1961	108		
JASMIJN	NL	02009348	86	Cargo	1958	1707	244660996	PH7849
JASMIJN	NL	02103852	55	Cargo	1964	614	244660796	PD9709
JASMIN	B	02311057	54	Cargo	1961	561	205507090	OT5070
JASNA-GORA	B	06002944	39	Cargo		390	205420490	OT4204
JASPER	NL	02311861	43	Tanker	1964	318		
JAVA	NL	02301861	34	Cargo	1927	201		
JAVA	B	06002914	85	Cargo	1987	1642		
JAWS	B	06003794	110	Cargo	1958	1834	205452890	OT4528
JEA-MA	B	06503360	21	Tug	1912	16	205496590	OT4965
JEAN	B		50	Cargo			205457190	OT4571
JEANINE	NL	02332323	135	Tanker	2009	6354	244650690	PB4090
JEANINE PARQUI	NL		18	SAR			246333000	PCAI
JEANNE	NL	03250214	15	Tug (P)	1946	14	244690358	PF7378
JEANNET	NL	02315701	85	Cargo	1979	1586	244730203	PH3275
JEANNETTE	NL	03290294	40	Cargo	1965	328		PE9314
JEANNY	NL	02312533	69	Cargo	1961	679		
JEANNY (IMO No 8135459)	NL	02204572	67	Cargo	1970	730	244719000	PEIE
JEANRI B	NL	02205378	44	Tanker	1962	362		PI2792
JEDDA 2	NL	02310639	19	Tanker	1960	40		
JE-JA	B	06503506	39	Tanker	1962	313	205341490	OT3414
JEL	NL	02314489	80	Cargo	1958	1095	244660858	PG2355
JELLE	NL	02007026	23	Tanker	1972	86	244690363	PH8141
JELMER	NL	02006160	86	Cargo	1964	1704	244700372	PH3566

Vessel Name	Flag	IMO/ENI	LOA	TYPE	BUILT	GT	MMSI No	Callsign
\<td colspan="9">BENELUX WATERWAY VESSELS 2012</td>								
JELMER	NL	02314440	75	Cargo	1925	1014		PG2119
JENERO	NL	02333618	135	Tanker	2010	4000	244710181	PB8443
JENNIE	NL	02309036	23	Tug	1954	25	244670845	PG5478
JENNIJ	NL	02102610	39	Cargo	1902	282		PD6253
JENNY	NL	02005898	20	Tug	1962	27	244700809	PE5930
JENNY	NL	02314700	39	Cargo	1965	380	244730118	PE8883
JENTINA V	NL	02317597	80	Cargo	1964	1350	244740606	PG3592
JE-PA	B	06001132	80	Cargo	1956	1351	205218990	OT2189
JERICHO	B	02304715	90	Cargo	1909	1916	205363390	OT3633
JERO	NL	02326738	135	Cargo	2006	3576	244660887	PD4498
JERO D	NL	03150425	57	Cargo	1964	712	244630183	PE3960
JEROM	NL	02001037	32	Cargo	1914	210		
JEROM	NL	02325583	14	Tug	1961		244670542	PF8730
JET	NL	06002974	0	Cargo	1956	634		PE3092
JETTA	NL		38	Cargo			244710763	PC2681
JETTA	NL	02005456	48	Cargo	1958	520	244730561	PD6663
JEWEL	B		39	Cargo			205257490	OT2574
JO-AN	NL	02317674	86	Cargo	1958	1651	244660831	PD2390
JOBA	NL	02317691	81	Cargo #	1958	1443		
JOBER	B	02330160	110	Cargo	2009	3263	205479090	OT4790
JOCO III	NL	02315203	14	Tug	1976		244740248	PG4446
JOCO IV	NL	02009267	14	Tug	1935		244660128	PE3310
JOCO V	NL	02322866	14	Tug	1996			
JOCO VI	NL	02329420	17	Tug	1979		244010747	PG5423
JODOCUS	NL		24	Cargo			244700790	PH6810
JOEL	NL	02311365	62	Cargo	1962	775	244710824	PE8891
JO-EL	NL	02312364	55	Cargo	1926	565	244690842	PF3005
JO-EL III	NL	02317981	80	Cargo	1953	1127	244690840	PE5011
JOELLE	NL	02005495	50	Cargo	1958	500		
JOELLE	NL	02326158	86	Cargo	2003	1909	244650829	PE3014
JOFFER JET	NL	02333354	85	Tanker	2010	1608	244690823	PB7097
JOHAN	NL	02301971	19	Tanker	1922	37		
JOHAN	NL	03250011	60	Cargo #	1925	788		
JOHAN	NL	03250283	63	Cargo	1962	734	244690132	PH5050
JOHAN EVERTSEN	NL	02315755	80	Cargo	1979	1480	244670873	PC8171
JOHANNA	NL	02002505	38	Cargo	1940	238		PG7843
JOHANNA	NL	02202902	37	Cargo	1907	296		
JOHANNA	NL	02307825	115	Tanker #	1951	3385		
JOHANNA	NL	02310889	19	Tanker	1961	40		PD6621
JOHANNA	NL	02317060	85	Cargo	1951	1216	244670160	PG2248
JOHANNA	NL	02320805	110	Tanker	1992	2557		PI9835
JOHANNA	NL	03170493	46	Cargo	1951	381	244620952	PB9219
JOHANNA }	NL	02328144	95	Cargo KVB	2006	2844	244690797	PC5127
JOHANNA 2 }	NL	02328248	77	Cargo #	2006	2426		
JOHANNA ADRIANA	NL	02103786	57	Cargo	1964	785	244690497	PI2997

BENELUX WATERWAY VESSELS 2012

Vessel Name	Flag	IMO/ENI	LOA	TYPE	BUILT	GT	MMSI No	Callsign
JOHANNA VAN DER WEES	NL	02309469	20	Tug	1956	26	244660196	PD7693
JOHANNA-C	NL	02203689	18	Tug	1921		244740646	PC3756
JOHANNA-H	B	06001461	110	Cargo	1959	2237	205468790	OT4687
JOHANNA-M	NL	02330574	110	Cargo	2009	3262	244670277	PE8319
JOHANNES	NL	02101397	54	Cargo	1929	604		
JOHANNES	NL	02323956	55	Cargo	1981	744	244740663	PF2954
JOHANNES	NL	03030882	32	Cargo	1930	164		PI9838
JOHANNES I	NL	02304971	42	Cargo	1930	307	244750082	PE5033
JOHANNES P	NL	02317165	95	Tanker	1975	1602	244700378	PI3816
JOHANNES SR	NL	02329502	135	Cargo	2008	4232	244690335	PE5760
JOHANNES-J	NL	02205819	21	Tug	1943	167	244710182	PD6048
JOHN	NL	02314001	80	Cargo	1972	1500	244660382	PD3444
JOHNNY	NL	02322134	82	Tanker	1973	1311	244700468	PF4841
JOJERIA	NL	02001852	50	Cargo	1911	383	244730561	PH2960
JOKE DIJKSTRA	NL		19	SAR			246514000	PHJD
JOLANDA	NL	02311499	17	Tanker	1963	36		PG3547
JOLANDA	NL	02313134	50	Cargo	1910	510		
JOLANDA	NL	02316563	77	Cargo	1952	1026	244670010	PD7054
JOLANDA	NL	02326117	110	Tanker	2003	2898	244710652	PE2253
JOLANDA	D	04401410	100	Cargo	1964	1750		
JOLANDA II	NL	02333747	110	Tanker	2010	2668	244660925	PB8517
JOLE	NL	02303729	54	Cargo	1928	580	244700598	PB8017
JOLIEN	NL	02327159	99	Cargo	1907	2000	244670987	PD4975
JOLINE }	NL	02329482	102	Cargo KVB	2007	2341	244660532	PD4377
JOLINE II }	NL	02329526	88	Cargo #	2007	2257		
JOLISE	NL	02319577	39	Cargo	1956	350	244070782	PD6155
JOLLES	NL	02315924	80	Cargo	1959	1165		PG6123
JOLLING	NL	02312448	67	Cargo	1935	910	244250763	PE8028
JOMA	NL	02317801	80	Cargo	1964	1389	244700065	PE3444
JOMA	NL	02325901	86	Cargo	2003	1688	24462095	PE7635
JOMA-B	NL	02315179	70	Cargo	1961	894	244740439	PD5205
JOMAJA	NL	03290299	58	Cargo	1965	632	244710460	PG8267
JONGERT	NL	02332400	110	Tanker	2010	2950	244690441	PB5338
JONI	B	02322724	85	Cargo	1996	1851	205318190	OT3181
JOOP	NL	02321106	12	Tug (P)	1976	23		
JOOP 1	NL	02323256	12	Tug (P)	1981	23	244700917	PH9265
JOOP SR	NL	02314402	67	Cargo	1956	1000	244750104	PF9798
JOOST KRUIJFF	NL	02301921	32	Tanker	1921	136	244670277	PD2358
JORANDA	B	06003473	85	Cargo	1973	1571	205339190	OT3391
JORDAN	NL	02325271	84	Cargo	1964	1287	246764776	PI5921
JORDY	NL	02318962	52	Tanker	1957	503		PH2527
JORDY M	NL	02329366	110	Cargo	2007	3277	244630718	PE3689
JORI JAN	NL	02324242	135	Cargo	1999	3556	244700697	PI3341
JORN	D	04014420	80	Cargo	1964	1191		
JOSEF W	NL	02314264	86	Cargo	1949	1462	244700451	PI3510

BENELUX WATERWAY VESSELS 2012

Vessel Name	Flag	IMO/ENI	LOA	TYPE	BUILT	GT	MMSI No	Callsign
JOSEPHINA	NL	02317358	80	Cargo	1946	1384	244670073	PI2753
JOSETTE	NL	02009700	86	Cargo	1963	1866	244730297	PB9359
JOSHUA	NL	02321823	86	Cargo #	1994	2447		
JOSMAR	B	06503048		Cargo				
JOVEANTE	NL	02325913	105	Cargo	1966	1759	244690634	PE7008
JOWI	NL	02330211	135	Cargo	2008	6050	244620628	PE9533
JOWINA	NL	02204636	86	Cargo	1974	1608	244700345	PD3268
JOY	B	06003429	15	Tug (P)	1963	72	205450990	OT4509
JOZINA	NL	02318773	80	Cargo	1963	1114	244700122	PF9682
JUAN DE NOVA	F	01823274	106	Cargo			227097480	FM4791
JUDI	NL	02314936	85	Cargo	1956	1313	244670447	PD5221
JUDITH	NL	02307399	25	Tanker	1949	69		
JULIA	D	02332840	86	Tanker		2010	1555	PB4648
JULIAN BRETT	NL			Cargo	2010			
JULIEN	NL	02311606	23	Tanker	1964	56		
JULIEN	NL	02320761	110	Cargo	1993	2821		
JULIENNE	B	06003750	82	Tanker	1993	1244	205300690	OT3006
JULISKA	NL	02309517	50	Cargo	1956	454	244700525	PB7955
JULISKA	NL	03250294	63	Cargo	1964	690	244660952	PG9180
JUMBO	NL	02509162	38	Workship			244045000	PC 880
JUMPER	NL			Cargo	2009			
JUN AI	NL	02102947	39	Cargo	1929	334		
JUNA	B	06105049	12	Tug (P)			205413290	OT4132
JUNIOR	NL	02204222	55	Tanker	1932	438	244700196	PD8810
JUNTOS	NL	03270701	70	Cargo	1965	926	244650811	PD2102
JUPITER	NL			Tanker				
JUPITER	NL	02319641	38	Cargo	1951	192		PF2376
JUPITER	D	04007960	80	Cargo		1059	211475510	DH9150
JURA	NL	02329407	135	Cargo	2007	5186	244070846	PH3533
JURALIS	NL	02300096	86	Cargo	1924	1994		
JURALIS	NL	02315161	82	Cargo	1954	1148	244670153	PF6195
JURBRI	NL	02131761	80	Cargo	1957	1250	244700722	PI2510
JUSTIN	NL	02328794	110	Cargo	1989	3306	244670495	PD2550
JUTTER	NL	02328826	86	Tanker	1993	1925	205487290	PD3795
KAAPSTAD	B	06004122	135	Tanker	2005	5782	205370590	OT3705
KABOUTER	NL	03290126	31	Cargo	1922	164		
KADANS	NL	02315050	39	Cargo	1960	373	244710054	PC5965
KADIMA	NL	02323333	70	Cargo	1998	990	244650969	PG5697
KAISERBERG	NL		64	Dredger			244700727	PH2609
KALAHARI	NL	02333812	110	Tanker	2011	4289	244700905	PB6242
KALIMERA	NL	02324942	110	Cargo	1988	2488		PB2410
KALISTI	NL	02311447	62	Cargo	1963	651	244690069	PD6735
KALITHEA	NL	02312457	86	Cargo	1959	1194	244660266	PE2424
KAMARO	NL			Cargo	2009			
KAMELEON	NL	02320698	80	Cargo	1956	1173		PF2132

BENELUX WATERWAY VESSELS 2012

Vessel Name	Flag	IMO/ENI	LOA	TYPE	BUILT	GT	MMSI No	Callsign
KAMINA	B	06003858	110	Cargo	2003	2698	205362390	OT3623
KAMPERZAND	NL	02317355	100	Cargo	1972	1950	244650947	PD4019
KANA	B			Cargo				
KANANGA	B	06001931	80	Cargo		1107	205483690	OT4836
KANSAS CITY	NL	02313828	86	Cargo	1955	1413		PG7246
KANTARA	NL	02322412	105	Cargo	1989	2689	244670667	PE2320
KAPITEINS HAZEWINKEL	NL		10	SAR			246123000	PDGT
KARA	B	06003850	21	Tug (P)	2002	87	205256290	OT2562
KARAB	NL	02316559	89	Cargo	1948	2390		
KARBOUW	NL	02326250	110	Tanker	2003	2934	244660086	PH7980
KAREL DOORMAN	NL	02318254	86	Cargo	1987	1773	244660333	PE 9402
KARIMA	NL	02315224	85	Cargo	1971	1514	244710112	PH3704
KARIN	NL	02314198	80	Tanker	1959	1110	244650811	PI6543
KARIN	B	06002725	85	Cargo	1972	1695	205436690	OT4366
KAROLA	NL	02322305	105	Cargo	1973	2930	244660066	
KARVEEL	B	06002256		Cargo				
KASBAH	NL	02326679	110	Cargo	1990	2508	244670502	PF6915
KATALIN	NL	02313016	60	Cargo	1957	630	244670039	PH8702
KATHAROS	NL	02205120	85	Cargo	1980	1525	244670396	PD4022
KATHY	NL	03050714	16	Tug (P)	1921	17	244700758	PH7832
KATRIN	NL	02317953	29	Cargo	1960	246		
KAY	NL	02200352	40	Cargo	1926	351	244050276	PG8735
KAYA	NL	02307879	39	Cargo	1952	317		
KAYAK I	B	06003100	39	Cargo			244020389	OT6058
KAYAK III	B	06503691	44	Tanker	1907	353		
KAYAK VI	B		47	Tanker			205295690	OT2956
KAYAK VII	B	02313106	66	Tanker	1970	706	205487290	OT4872
KEALE	B	06000843	80	Cargo	1954	1226	205251690	OT2516
KEDYS	B	06002750	67	Cargo			205214490	OT2144
KEES	NL	02304594	27	Tug (P)	1930	25	244615996	PF3472
KEIKO	NL	03170616	39	Cargo	1958	348	244670991	PE7576
KEIKO	B	06003983	110	Cargo	1969	2206	205261990	OT2619
KEIMPE	NL	02103571	60	Dredger	1961	851	244660921	PG4729
KEISTAD	NL	02311213	56	Cargo	1962	720	244690069	PH4861
KEIZERSGRACHT	NL	02205324	55	Tanker	1964	620	244700856	PD5693
KELLY	NL	02308087	70	Cargo #	1908	1068	244670332	PD4346
KELVIN	NL	02318017	86	Tanker	1987	2252	244020139	PE9417
KEMP 2	B	06504277	50	Cargo	1955	650		
KENAVO	B	06003956	86	Cargo	1971	1616	205436590	OT4365
KENDALL	B	06002148	39	Cargo		374	205210690	OT2106
KENO	B	06000149	95	Cargo	1964	1849		
KENORA	NL	02008197	86	Tanker	1980	1255	244660500	PG6584
KEPLER	NL	02317727	106	Tanker	1986	1655	244670343	PE3665
KERIZEL	NL	02315192	39	Cargo	1965	413	244250579	PH5460
KEVIN	NL	02313392	67	Cargo	1939	913		

BENELUX WATERWAY VESSELS 2012

Vessel Name	Flag	IMO/ENI	LOA	TYPE	BUILT	GT	MMSI No	Callsign
KEVIN	D	04020060	110	Cargo	1972	2184	211173200	DD4382
KEVIN	NL	06503801	22	Tug (P)	1947	26	244670032	PB5066
KIA-ORA	NL	02301944	93	Cargo	1927	1896	244700894	PB8234
KIBEN	NL	03311499	32	Tanker	1949	158		PG5713
KILIYA	NL	02329377	135	Cargo	2007	6396	244660449	PD5035
KILSTROOM	NL	02325856	105	Cargo	1985	2486	244020389	PI6912
KIM	NL	02310018	85	Cargo	1957	1338	244700799	PE4151
KIM ELYSE	NL	02312409	60	Cargo	1930	530	244690568	PD3847
KIM K	NL	9470181	20	Tug	2007		244923000	PHLW
KIMBERLEY	B	06003254	80	Tanker	1961	1138	205258890	OT2588
KINEVY	B	06001658	80	Cargo	1953	1111	205265790	OT2657
KIRSTEN	B	06003417	86	Cargo	1958	1427	205335190	OT3351
KIRSTEN I	NL			Cargo	2009			
KIRUNA	NL	02318369	110	MVE	1974	685	244660630	PG2632
KITA	NL	02307707	39	Cargo	1939	356		PC5216
KITTY ROOSMALE NEPVEU	NL		18	SAR			244974000	PBMA
KLA GRIE	NL	02316831	73	Cargo	1950	957		PG2172
KLAARTJE 1	NL	02316410	29	Tanker	1981	146		
KLAAS	NL	02333227	48	Dredger	2010		244740093	PB7001
KLAAS DE BOER	NL	02006004	59	Tanker	1963	627	244010330	PG9985
KLADI	NL	02313390	85	Cargo	1953	1225	244660631	PF3678
KLASARINA	NL	02325697	135	Cargo	2002	3494	244740347	PE6373
KLASIENA	NL	03350264	36	Dredger	1950	231	244740753	PE7952
KLAUWAARD	B	06002122	55	Cargo	1965	660	205506590	OT5065
KLAZIENA	NL	03050967	39	Cargo	1914	279		
KLAZINA	NL	03110142	54	Cargo	1929	668	244660212	PD3024
KMG	B	06003444	51	Cargo	1960	583		
KOBUS	NL	02303124	102	Cargo #	1928	2376		
KOERIER	NL	02005762	16	Tug	1961		244710711	PH2195
KOERIER	NL	02204778	63	Tanker	1964	603	244660377	PH6059
KOGO	B	06504092	13	Tug (P)	1959	58	205482090	OT4820
KOKHAAN	NL	02300970	30	Cargo	1925	155		
KON-TIKI	NL	02327007	85	Cargo	1980	1645	244700712	PB8109
KON-TIKI	B	06004104	80	Cargo	1962	1203	205475390	OT4753
KOOPHANDEL	NL	02204914	70	Cargo	1979	1156	205285890	PF5615
KOOPHANDEL 4	NL	02303751	28	Cargo	1911	108		
KOOPHANDEL I	NL	02310082	63	Cargo	1957	617	244700857	PC3557
KOOPHANDEL II	NL	02304216	44	Cargo	1929	363	244700800	PF9630
KOOPHANDEL III	NL	03270607	50	Cargo	1961	528	244700856	PD2290
KOOPHANDEL IV	NL	02318560	62	Cargo	1956	618	244690566	PD3935
KOOPMANS WELVAART	NL	02203174	21	Cargo	1905	38		
KOOPMANSDANK	NL		20	SAR			245420000	PFBU
KOOS VAN MESSEL	NL		20	SAR			245232000	PBGE
KORNELIS-JAN	NL	02310432	80	Cargo	1959	1175	244660942	PD6454
KORTENOORD	NL	02324710	70	Cargo	2000	999	244700987	PD7603

71

BENELUX WATERWAY VESSELS 2012

Vessel Name	Flag	IMO/ENI	LOA	TYPE	BUILT	GT	MMSI No	Callsign
KORUNDIS	NL	02318772	70	Tanker	1989	975	244670343	PD2683
KOSHER V	NL	02326090	55	Tanker	1925	596		
KOSTRA I	NL	03350024	41	Cargo	1921	269		
KOTANK 3	NL	02320288	110	Tanker	1992	2102	244660057	PG5578
KRAAIJENBERG	NL	02326112	32	Tug (P)	1971	167	244650678	PB4061
KRAANVOGEL	NL	02100522	41	Cargo	1927	274	244180247	PH4696
KRAANVOGEL	NL	02328356	86	Dredger	2006	1500	244650959	PD4460
KRABBEGEUL	NL	02325257	85	Cargo	2001	1674	244650920	PE7036
KRABBENKREEK	NL	02324672	86	Cargo	2000	1808	244670435	PG6932
KRAENFUGEL	NL	02304352	34	Cargo	1929	152		
KRAGGENBURG	NL	03051597	62	Cargo	1962	701		PE8753
KRAICHGAU I	NL	04701160	63	Cargo	1957	669		
KRAICHGAU II	D	04701150	86	Tanker	1965	2800	211554140	DA5402
KRAICHGAU 3	D	04608680	86	Cargo	1972	1416	211505460	DA5608
KRALINGEN	NL	02320887	85	Tanker	1993	1535	244700414	PF9089
KRAMMER	NL	02310678	86	Cargo	1960	2404	244660122	PD4565
KRANERWEERD	NL	02205114	80	Cargo	1981	1258	244660667	PE7086
KREEFT (IMO 8331209)	NL	02717141	50	Dredger	1984	430	244398000	PE2995
KRI-SIL	B	06000156	86	Cargo	1961	1459	205362490	OT3624
KRISTIN	NL	02004656	55	Tanker	1955	540		
KRONSTADT	NL	04805750	105	Cargo	1972	2010		
KROONLAND (+ BABYLAND)	B	06000665	80	Cargo			244700399	OT3465
KRUIER }	NL	02327353	95	Cargo KVB	2005	2834	244650953	PD5839
KRUIER I }	NL	02327407	86	Cargo #	2006			
KRUIJF 3	NL	02203250	18	Tanker	1931	25		
KRUISKADE	NL	02332329	110	Tanker	2009	3203	244670838	PB3864
KRVE 55	NL		14	Patrol	2000			PD2189
KRVE 58	NL		10	Tender			244630750	PH4562
KRVE 59	NL		10	Tender			244650597	PB3849
KRVE 60	NL		10	Tender			244700797	PB2807
KST 10	D	02312806	67	Cargo	1942	889	211509100	DJ4372
KUBE HOPPER	NL	02324554	63	Cargo	2000	914	205289990	PD3781
KYLE	NL	02319087	23	Tug (P)	1968	21	244660558	PD4072
KYLIAN	NL	02325182	59	Cargo	1957	650		PE4893
LA BLANCA	NL	02325827	135	Cargo	2003	4809	244740804	PD3139
LA CORUNA	B	01822422	56	Cargo	1965	642	205333490	OT3334
LA FOSCA	B	06002483	86	Cargo	1947	1257	205305590	OT3055
LA GUARDA	NL	03290298	67	Cargo	1965	803	244660898	PF2191
LA LIBERTE	NL	02316435	67	Cargo	1960	914		
LA LIBERTE	NL	06003954	110	Cargo	1988	2142	244700889	PC2206
LA LUNA	B	06003426	135	Cargo	1989	3355	205289990	OT2899
LA MATTANZA	B	02316051	85	Cargo	1957	1204	205320290	OT3202
LA MATTANZA	B	06004307	55	Cargo			205385590	OT3855
LA MONTANARA	NL	02322499	86	Cargo	1957	1199	244668565	PF6766

BENELUX WATERWAY VESSELS 2012

Vessel Name	Flag	IMO/ENI	LOA	TYPE	BUILT	GT	MMSI No	Callsign
LA NAUVE	NL	02309340	39	Cargo	1955	341		PE4437
LA NUCIA	B		55	Cargo	1948	693		
LA PAREJA	NL	02333389	110	Tanker	2010	3099	244690787	PB7034
LA PLATA	NL	03030242	80	Cargo	1926	453		
LA PRIMAVERA	NL	02325031	110	Cargo	2001	2677	244670393	PD3625
LA PROVENCE	NL	02318253	85	Cargo	1962	1255		PF3192
LA PROVIDENCE	NL	03150447	73	Cargo	1965	1007	244070736	PE4520
LA PURDENSIS	B	06000348	70	Cargo	1965	902	205363690	OT3636
LA VENIR	NL		40	Cargo #			244710158	PD5249
LA VIDA	NL	06002002	80	Cargo	1958	1441	244650572	PB3849
LABOR	NL	02101280	32	Cargo	1901	210		PF4669
LABOR VINCIT	NL	02002563	35	Cargo	1951	99		PD4512
LABOR W	NL	02319424	55	Cargo	1960	641		
LABORIEUX	NL	02327713	110	Cargo	2006	2482	244670842	PE8108.
LACHS	NL	02207362	48	Cargo	1957	600		PD4512
LADY ANNA	NL	02304150	67	Cargo	1929	839	244710388	PB7798
LADY INGE	NL	02318361	80	Cargo	1927	1648	205369190	PB8394
LADY J	NL	02132817	90	Cargo	1961	1706		PG3708
LADY JANE	NL	02309663	15	Cargo	1956	29		
LAETITIA	NL	02104272	55	Tanker	1968	524	244660104	PF2228
LAETITIA	NL	02316455	62	Cargo	1961	805	244690839	PD4744
LAGO	B	06000931	67	Cargo	1936	1128	205337190	OT3371
LAGUNA	NL	02007718	80	Cargo	1962	1137	244710667	PD7276
LAGUNA	NL	02328598	110	Cargo	2007	3200	244670618	PG2004
LAGUZ	B	06003519	110	Cargo	2000	2249		
LAHRINGEN	NL	02331526	110	Cargo	2009	3232	244660390	PB4664
LAILA-M	B	06003861	135	Cargo	2003	3461	205379300	OT3793
LAMANTIJN	NL	02328228	110	Cargo	2006	3210	244660012	PF6056
LAMBADA	B		80	Cargo			205431990	OT4319
LAMBADA	B	06003533	85	Cargo	1987	1610	205233390	OT2333
LAMBERT	NL	07001720	28	Tug	1930	36	244700165	PB7578
LAMMERT SR	NL	02331582	20	Workship	2010		244690785	
LANSINGH	NL	02329462	86	Cargo	2007	1801	244710366	PE7173
LANY + JOSHUA (02321823)	NL	02321774	86	Cargo	1994	2135	205214490	PE2477
LARA	NL	02314095	80	Cargo	1939	1197		
LARA	NL	02315999	108	Cargo	1980	2512	244690305	PH5932
LARGO	B	06004216	79	Cargo	1975	1100	205376490	OT3764
LASTAGE	NL	02315327	55	Cargo	1958	675	244690029	PF2486
LASTDRAGER II	NL	02305951	40	Cargo	1908	164		
LATONA	NL	02315923	85	Cargo	1980	1350	244670141	PH3335
LAUMA	NL	02327373	110	Cargo	2005	3251	244620990	PF2247
LAURA	NL	02312684	77	Cargo	1956	1078		PD3710
LAURANA	B	06003838	95	Tanker	1971	2024	205361290	OT3612
LAURENT + LAURENS #	NL	02318090	179	Cargo KVB	1987	3932	244660202	PE7936

BENELUX WATERWAY VESSELS 2012

Vessel Name	Flag	IMO/ENI	LOA	TYPE	BUILT	GT	MMSI No	Callsign
LAURENTIEN	NL	02330240	86	Tanker	2008	1708	244670101	PH4413
LAURMICK	B	06503501	52	Cargo		599	205321690	OT3216
LAUROSA	NL	02314060	86	Cargo	1959	2073	244730807	PF8071
LAUS DEO	NL	02323666	105	Cargo	1999	2420	244010114	PD2776
LAUSANNE	B	06000473		Cargo			205426890	OT4268
LAUWEN + CYBRA #	B	02323098	110	Cargo	1997	3108		
LAUWERSOOG	NL	02323377	27	Tanker	1999	199	205383090	PD3717
LAUWERSZEE	NL	02605666	59	Cargo	1990	752		
LAUWRENCE	NL	03050837	25	Tanker	1933	131		
LAUWRENS SR	NL	02312208	75	Cargo	1966	874	244670954	PG2350
LAVA	NL	02307144	86	Cargo	1944	1244	244700188	PH7276
LAVANDA	B	06003875	55	Cargo	1964	733	205369190	OT3691
LAVERNA	NL	02313363	81	Cargo	1926	1384		
LAZIO	NL		110	Tanker	2009			
LAZIO	NL	02326621	110	Tanker	2004	2998	244750081	PH9671
LE TEMPS	B	06003751	73	Cargo			205349190	OT3491
LEAMAR	NL	03030501	57	Cargo	1908	701	244650865	PG5949
LEAN	NL	02332321	110	Cargo	2009	3232	244660651	PB3997
LEANDER	NL	02208053	13	Tug	1961		244730446	PB9533
LEANDRE	NL	02316917	39	Cargo	1969	371	244730925	PH2757
LEANKE	NL	02002004	17	Tug	1946		244730426	PH6063
LECHAIM	NL	02325758	105	Cargo	1989	2415	244670618	PF5797
LE-CRI	NL	06503878	14	Tug	1978		244660672	PC4276
LEENDERT	NL	02007411	53	Dredger	1975	550		PD9584
LEENDERT	NL	02007730	50	Tanker	1956	438	244690750	PH2843
LEENDERT	NL	02311705	54	Cargo	1957	535		
LEENDERT	NL	02312438	73	Cargo	1967	968	244700170	PI2907
LEENDERT ANDREAS	NL	03310539	52	Cargo	1966	428		
LEENDERT ANGELINA	NL	02322281	86	Cargo	1939	1700	244650909	PD4454
LEENDERT G	NL	03170681	77	Cargo	1964	1035		PD3903
LEENDERT N	NL	02313742	76	Cargo	1953	999	244670366	PH4958
LEENDERT SR	NL	02310183	44	Cargo	1925	297	244660235	PF7302
LEENDERT SR }	NL	02331755	99	Cargo KVB	2009	2912	244650451	PB3560
LEENDERT SR II }	NL	02332158	86	Cargo #	2009	2749		
LEEUW	NL	06001912	73	Cargo	1966	1075	205267090	PB4437
LEGATO	NL	02317171	86	Cargo	1964	1524	244710422	PF6923
LEHAR	NL	05117500	85	Cargo	2000	1800	244670257	PD6957
LEHO 1	NL	02324414	85	Cargo	1957	1184	244710366	PF9604
LEHO 2	NL	02314212	84	Cargo	1959	1300	244620902	PH9686
LEHO 3	NL	02314419	80	Cargo	1960	1150	244690306	PD3522
LEHO 4	NL	02315185	77	Cargo	1957	1000	244690305	PF7435
LEIDSEGRACHT	NL	02312117	53	Tanker	1965	464	244660312	PF2334
LEK	NL		15	Patrol			244100557	PI7639
LEKSTROOM	NL	02103395	17	Tug	1906	7	244660674	PF4229
LEKSTROOM	NL	02310078	55	Cargo	1957	561		PD7370

BENELUX WATERWAY VESSELS 2012

Vessel Name	Flag	IMO/ENI	LOA	TYPE	BUILT	GT	MMSI No	Callsign
LEKSTROOM I	NL	02309529	21	Tug	1956	18	244660566	PD2744
LEKSTROOM II	NL	02300756	17	Tug	1887			
LEKSTROOM IV	NL	02307866	18	Tug	1946	54	244660567	PD7664
LEKSTROOM V	NL	02005103	20	Tug	1956	27	244660568	PD7665
LELI	NL	03310498	80	Cargo	1964	1170	244670846	PD2143
LELIEGRACHT	NL	02312290	60	Tanker	1966	566	244700748	PF2335
LEMARNA	NL	02326107	73	Cargo	1962	1127		
LEMARNA	NL	02326108	73	Cargo	1963	1103		
LEMARNA II	NL	03230027	67	Cargo #	1928	1000		
LEMSTERLAND	NL	02104155	52	Dredger	1927	454	244730483	PD3050
LENA	NL	02303903	36	Dredger	1927	264	244730414	PE6142
LENA	NL	02306282	27	Cargo	1922	126		PH3069
LENA	NL	02311548	85	Cargo	1926	1260	244730336	PD5406
LENNIE	NL	02201583	34	Cargo	1932	236		
LENNY	NL	03030652	28	Cargo	1922	97		
LENY	NL	02321170	85	Tanker	1991	2008	244650855	PG6744
LENY	NL	03021295	57	Cargo	1962	672	244710371	PF3102
LEO	B	06004036	77	Cargo	1957	1027	205383090	OT3830
LEO DETERMAN	NL	02327367	37	Tanker	2005	280	244660938	PD3435
LEON	NL	02333386	86	Cargo	2010	1620	244700756	PH5219
LEONARDUS	NL	02100641	98	Cargo	1912	2304		PI2432
LEONARDUS	NL	02332403	110	Tanker	2009	2555	246453992	PB4020
LEONORE	NL	02333003	86	Tanker	2010	1644	244670103	PB5108
LEONORE	NL	06000559	72	Cargo	1965	912	244620870	PG9070
LEONORE	NL	06003834	39	Cargo	1957	361	205206690	PE2066
LEOPOLDSTAD	CH	06105061	135	Tanker	2010	6273	269057360	HE7360
L'ESCAUT	NL	02005949	40	Tanker	1963	265		PF6853
L'ESCAUT II	NL	02104854	50	Tanker ©	1974	502	244700621	PF2343
L'ESPOIR	NL	02315545	39	Cargo	1957	350		
LETITIA	NL	02315901	105	Cargo	1980	2020	244670366	PG8802
LETS GO	B	06003600	55	Cargo	1963	610	205267090	OT2670
LEVANT	NL	02304897	77	Cargo	1930	1241	244710422	PG5553
LEVANTE	NL	02318593	86	Cargo	1958	2060	244010773	PF3820
LEVI	NL	02204512	57	Cargo	1953	660	244730503	PB9609
LEXUS HOPPER	NL	02310150	51	Cargo	1958	530		
LEYLA	NL	02321732	110	Cargo	1994	2755	244660312	PG4268
LIA	NL	02205076	67	Cargo	1949	839	244660778	PH2088
LIAN	NL	02309899	60	Cargo	1957	607	244620848	PD3877
LIANCO	B	02328394	19	Tug (P)	2007		205382690	OT3826
LIANNE	B	06105280	110	Cargo	2011	3160	205506690	OT5066
LIBEL	NL	02318130	81	Cargo	1964	1235	244750073	PE7959
LIBELLE	NL	02008259	105	Cargo	1981	2256	244650855	PG5214
LIBERO	NL	02231440	135	Cargo	2009	4187	244700551	PB3540
LIBERTAS	NL	02321454	110	Cargo	1994	2991	244660341	PI9834
LIBERTAS	LX	08023110	100	Tanker	1987	2895	253242357	LX2357

BENELUX WATERWAY VESSELS 2012

Vessel Name	Flag	IMO/ENI	LOA	TYPE	BUILT	GT	MMSI No	Callsign
LIBERTE	NL	02309924	57	Cargo	1957	607	244700743	PG7702
LIBERTE	NL	02316777	16	Tug	1946	7		PD4085
LIBERTE	NL	03051704	55	Cargo	1965	609	244690171	PH3278
LIBERTE	LX	06000270	23	Tug (P)	1974	48	253242276	LX2276
LIBERTE	NL	08023091	23	Tug (P)			244690320	PE3581
LIBERTY	B	02313901	67	Cargo			205435490	OT4354
LIBRA	NL	02205533	46	Workship	1926	248	244710254	PD2593
LIBRA	NL	03110515	55	Cargo	1961	626	244660068	PF6564
LIBRA	B	06001369	55	Cargo	1959	699	205209890	OT2098
LIBURNA	NL	02317586	86	Tanker	1948	1392	244660082	PH5649
LICENTIA	NL	02318073	80	Cargo	1983	1398	244660771	PG8168
LIDA	NL	02311090	50	Tanker	1961	413	244700380	PG7358
LIDI	NL	03220165	39	Cargo	1956	392	244750209	PF6577
LIDWINA	NL	02313387	69	Cargo	1942	909		
LIDWINA	NL	02319471	75	Cargo	1961	1102	244700861	PD7340
LIEJO	NL	02311842	67	Cargo	1955	800	244660884	PD8759
LIEKE	NL	02303073	80	Cargo	1928	1253	244690371	PI4128
LIESBETH	NL	02317663	51	Cargo	1963	519		
LIEVEN GEVAERT	B	9120140	30	Tug	1995	40	205177000	ORKH
LIGA	B	06105045	135	Cargo	2008	3729	205477390	OT4773
LIGURIA	NL	02324023	105	Tanker	1971	3086	244700621	PE3060
LIJNBAANSGRACHT	NL	02312269	60	Tanker	1966	566	244660265	PD9429
LILIAN	NL	02204919	30	Tanker	1957	141	244730278	PF9222
LIMBO	NL	02308058	90	Cargo	1940	1599	244710237	PE6943
LIMENAS	NL	02326620	85	Cargo	1988	1692	244710795	PH8804
LINCY	B	06000725	80	Cargo	1943	1126	205316790	OT3167
LINDA	NL	02309403	65	Cargo	1955	707	244042582	PD2582
LINDA	NL	02317057	80	Tanker	1957	1238		
LINDA	NL	02325330	110	Cargo	2001	2982	244690643	PE8320
LINDANJA	NL	02203987	65	Cargo	1964	804	244710758	PI7121
LINDE	LX	02325400	110	Tanker	1993	3234	244660279	PH4537
LINDENGRACHT	NL	02325743	70	Tanker	2002	901	244660260	PF2328
LINDOS }	NL	02328633	104	Cargo KVB	2007	3132	244620848	PD6494
LINDOS II }	NL	02328554	86	Cargo #	2007	2786		
LINEKE	NL	02315842	106	Cargo	1980	2312	244740695	PC7888
LINGE	NL	02312023	70	Cargo	1965	835		PH3520
LINGE	NL	02319338	35	Dredger	1990	91		PD2073
LINGE	F	02322951	85	Tanker	1970	1602		
LINGE	NL	03340007	63	Cargo	1927	731		PD4993
LINGEPOORT	NL	03011795	90	Tanker	1964	1540	244650910	PD7625
LINGESTROOM	NL	02311864	50	Tanker	1964	426		
LINGESTROOM	NL	02717082	18	Tug	1984		244315000	PFPR
LINJAD	B	06004256	110	Cargo	1994	2499	205382990	OT3829
LINKO	NL	02319722	67	Cargo	1958	916	244660718	PI9009
LINQUENDA	NL	02101179	40	Cargo	1928	350		PF9317

BENELUX WATERWAY VESSELS 2012

Vessel Name	Flag	IMO/ENI	LOA	TYPE	BUILT	GT	MMSI No	Callsign
LINQUENDA	NL	02202602	41	Cargo	1916	335		PF7482
LINQUENDA	NL	02306472	39	Cargo	1941	218		
LINQUENDA	NL	02309895	55	Cargo	1957	632	244710019	PD8858
LINQUENDA	NL	02320092	86	Cargo	1967	1613	244700835	PG2444
LINQUENDA	NL	02324965	39	Cargo	1943	344		
LINQUENDA	NL	02325045	110	Cargo	2001	2504	244020803	PF6991
LINQUENDA	NL	02325649	110	Cargo	2002	2894	244660068	PH4742
LINQUENDA	NL	02326196	86	Cargo	2003	1916	244730716	PD2199
LINQUENDA	NL	03010951	40	Cargo	1948	246		PI3458
LINQUENDA	NL	03160341	67	Cargo	1958	831		PF4654
LINQUENDA	NL	06003832	100	Cargo	1988	2122		
LINQULIEN	NL	02315692	85	Cargo	1979	1348	244690978	PD2941
LINSI	NL	03290188	68	Cargo	1960	947	244650941	PC3123
LINUS	NL	02308122	111	Cargo	1912	3168	244700908	PI9004
LIOBA	NL	02205503	105	Cargo	1986	2127	244670747	PD5590
LION	NL	02307042	67	Cargo	1948	910		
LION	NL	02322338	100	Cargo	1955	2121		PD3772
LION D'OR	NL	02201346	47	Cargo	1930	446		
LIS	NL	02000305	50	Cargo	1926	506	244700543	PI6091
LIS	NL	02010158	40	Cargo	1930	323		
LIS	NL	02200516	39	Cargo	1927	330		PE8508
LIS	NL	02302056	38	Cargo	1891	297		
LISA	NL		110	Tanker	2010			
LISA	NL	02315091	80	Cargo	1925	1300	244730201	PB9216
LISA BRIT	NL	02320432	55	Tanker	1960	610	244730346	PG6195
LISIDECO	NL	02015930	29	Tanker	1958	124	244730826	PD2170
LI-TORE	B	06001929	17	Tug (P)			205326190	OT3261
LITTORELLA	NL	02315269	70	Tanker	1951	750		
LIVARDA	NL	02321893	85	Cargo	1963	1448	244750026	PH4285
LIZA	NL	02304495	80	Cargo	1929	1359	244740128	PD4092
LIZZY	NL	02104644	65	Tanker	1972	1517	244740700	PB2557
LLOYDKADE	NL	02320519	110	Tanker	1992	2494	244670820	PD4468
LOANA-CALISTA	B	06004225	85	Cargo	1947	1281	205376890	OT3768
LODO	NL	02312976	62	Cargo	1963	741	244660300	PE9246
LODO II	NL	03310479	57	Cargo	1958	660		PE4701
LOGICA	NL	02231122	39	Cargo	1962	360	244670272	PH7035
LOMA	B	06000525	39	Cargo		380	205411390	OT4113
LOMA	B	06001738	55	Cargo			205472590	OT4725
LOMA	B	06105059	110	Cargo		2500	205426390	OT4263
LONDON	NL	7402453	75	Tug	1975	2687	244099000	PCBI
LONGTANK-17	NL		149	Tanker			244070323	PA2016
LOODSBOOT 1	B		59	Pilot			205107000	ORBA
LOODSBOOT 6	B	8424886	55	Pilot			205109000	ORBF
LOODSBOOT 7	B	8424927	52	Pilot			205110000	ORBG
LORCA	NL	02326628	62	Cargo	1957	719		

Vessel Name	Flag	IMO/ENI	LOA	TYPE	BUILT	GT	MMSI No	Callsign
\multicolumn{9}{	c	}{BENELUX WATERWAY VESSELS 2012}

Vessel Name	Flag	IMO/ENI	LOA	TYPE	BUILT	GT	MMSI No	Callsign
LORCA	B	06000310	73	Cargo	1965	1191		
LORCA	B	06004016	85	Cargo	1965	1407	205255690	OT2556
LORELEY	NL	02312069	57	Cargo	1965	625	244670392	PD5087
LORENA	NL	02321038	110	Cargo	1993	3050	244670194	PF8350
LORENTZ	NL	02323469	110	Tanker	1998	3548	244010731	PC4944
LORENZO	B	06503547	18	Tug			205220390	OT2203
LORRAINE	LX	08023092	19	Tug (P)	1993	65	253242281	FD2281
LOTUS	NL	02100657	70	Cargo	1924	1043		PF4065
LOTUS	NL	02306256	20	Tug	1928	24	244660562	PD5029
LOUIS	B	06004211	85	Tanker	2006	1683	205378390	OT3783
LOUISA	NL	02301032	73	Cargo	1897	905		PG7847
LOUISA	NL	02313142	57	Cargo	1954	606	244710650	PF7763
LOUISA	B	06004081	67	Cargo	1958	910		
LOUISE VAN DER WEES	NL	02006875	25	Tug	1971		244509000	PDGW
LOURDES	B	06002789	95	Cargo	1980	2013	205304090	OT3040
LOURENS SR	NL	02205025	85	Cargo	1980	1781	244700423	PF5285
LOURINA	NL	02324290	95	Cargo	2000	2051		
LOVE BOAT	B	06004180	110	Cargo	2006	2941	205386190	OT3861
LOVE STORY	B	02324193	110	Cargo	2000	3006	244650839	PB4313
LOVE STORY	B	06002845	110	Cargo	1955	2789	205459490	OT4594
LRG GAS 70	D	04008250	85	Tanker	1958	1286	211493410	DC7991
LRG GAS 73	D	04008280	85	Tanker	1958	1170	211493420	DA5313
LRG GAS 75	D	04008300	106	Tanker	1970	1484	211493440	DA5315
LRG GAS 76	D	04008310	85	Tanker	1970	1445	211493450	DA 5316
LRG GAS 77	D	04008620	80	Tanker	1942	788	211493480	DC3745
LRG GAS 78	D	04008330	80	Tanker	1942	743		
LRG GAS 79	D	04008460	106	Tanker	1971	1915	211493510	DC7995
LRG GAS 80	D	04008450	106	Tanker	1971	1936	211493520	DC3670
LRG GAS 81	D	04009260	107	Tanker	1971	1794	211493530	DC7992
LRG GAS 82	D	05501770	110	Tanker	1987	1354	211493550	DC7993
LRG GAS 83	D	05110880	110	Tanker	1988	1399	211493560	DC7994
LRG GAS 84	D	04033410	110	Tanker	1998	1363	211493570	DC2715
LRG GAS 85	D	04802210	110	Tanker	2003	1740	211515210	DC2329
LRG GAS 86	NL	04805450	110	Tanker	2006	1857	211515220	DH5109
LRG GAS 87	D	02331363	110	Tanker	2008	1849	211510550	DB5083
LRG GAS 88	D	02334167	95	Tanker	2011	1452	211547100	DH6981
LRG GAS 89	D		95	Tanker			211549500	DJ4937
LUBMARINE UNIVERSAL	NL	02104014	57	Tanker	1966	565	244670088	PH8654
LUCAS F	NL	03110488	50	Cargo	1961	529	244615711	PC9970
LUCIE	NL	03270698	50	Cargo	1965	543	244750143	PD3757
LUCIE	B	06001048	38	Cargo			205357090	OT3570
LUCIENNE-D	NL	02320898	85	Cargo	1993	1678	244700908	PI2083
LUCIFER	NL	04022230	80	Cargo	1943	1156	244690487	PB6670
LUCINDA	NL	03110538	73	Cargo	1962	1015	244660277	PF7791
LUCTOR	NL	02103440	34	Cargo	1939	346	244486000	PFQN

BENELUX WATERWAY VESSELS 2012

Vessel Name	Flag	IMO/ENI	LOA	TYPE	BUILT	GT	MMSI No	Callsign
LUCTOR	NL	02205143	85	Cargo	1981	1563	244710094	PH3506
LUCTOR	NL	02304245	44	Cargo	1909	386		PF8765
LUCTOR	NL	02310423	63	Cargo	1959	754		
LUCTOR	NL	02316433	72	Cargo	1962	962	244670603	PF2983
LUDIVINE	B	06000943	51	Cargo	1962	578	205334690	OT3346
LUDOVIC	B	06002958	55	Cargo	1965	660	205411890	OT4118
LUDOVICA	NL	02204064	80	Cargo	1965	1150	244710798	PD2854
LUDOVICA	B	06000591	80	Cargo	1930	1303	205200490	OT2004
LUDOVICA	B	06001772	67	Cargo	1922	1011		
LUDOVICUS	NL	03310542	70	Cargo	1966	924		PB6771
LUG	B	06002653	51	Cargo	1957	544	205472490	OT4724
LUKAS	NL	02205683	75	Tanker	1989	813	244660899	PG5279
LUKKELIE	NL	02307369	86	Cargo	1949	1323	244740702	PD9505
LUMARA	NL	02318286	105	Cargo	1987	2157	205292690	PI2476
LUMINA	NL	02314074	80	Cargo	1961	1149	244710537	PE4268
LUNA	NL		110	Tanker	2011			
LURONA	NL	02207080	86	Cargo	1995	1421	244670857	PF9451
LUSITANIA	D	04005670	80	Cargo	1960	1069	211483790	DH3083
LUSITANIA	B	06504083	50	Tanker ©	1908	397		
LUSTRATIO	NL	02309684	50	Cargo	1956	450	244750014	PD5577
LUTIN	NL	02332529	135	Cargo	2009	4403	244700986	PB3534
LUXOR	B	06000034	80	Cargo		1081	205279790	OT2797
LYAEMER	NL	02315184	110	Cargo	1959	2230	244700660	PD3582
LYAEMER	NL	02319053	110	Cargo	1989	2562	205277990	PD7117
LYDIA	NL	02313057	70	Cargo	1959	835	244060788	PF4461
LYDIA	NL	02313791	80	Cargo	1967	1263	244670127	PD5765
LYDIA +	B	06503611	90	Cargo			205328790	OT3287
LYDIA D	NL	9582752	31	Tug	2010		246196000	PCNI
LYDIOS	NL	02103397	55	Cargo	1914	621		PI3926
LYRA	NL	02316079	95	Cargo	1980	2551		PD3875
M.N.O. ANNA	NL	02209228	68	Cargo	1981	1077		
M.N.O. EVA	NL	03051317	51	Dredger	1955	382		
M.P.R. 1	NL	9586409	26	Tug	2010	254	246713000	PCBX
M.P.R. 2	NL	9593256	26	Tug	2010	254	246130000	PBQL
M.P.R. 3	NL	9611539	32	Tug	2011		246172000	PCKT
M.P.R. 4	NL	9616477	22	Tug	2011		246478000	PBZR
M5	B		67	Dredger			205280190	OT2801
M6	B		67	Dredger			205280390	OT2803
MA BAKER	NL	02329240	110	Tanker	2008	3040	244660412	PH7597
MA LONDA	NL	03021301	59	Cargo	1961	563	244010613	PD8953
MA LONDA 2	NL	02006640	55	Cargo	1968	589		
MAAIKE	NL	02104727	86	Cargo	1973	1580	244700831	PE8185
MAAIKE	NL	02311272	19	Tanker	1962	40	244710437	PF2677
MAARTEN	NL	02321241	37	Cargo	1955	223		PE4551
MAARTEN TROMP	NL	02318228	85	Cargo	1987	1754	244660332	PH7280

BENELUX WATERWAY VESSELS 2012

Vessel Name	Flag	IMO/ENI	LOA	TYPE	BUILT	GT	MMSI No	Callsign
MAARTJE	NL	02313624	80	Cargo	1949	1101		PF3086
MAAS	NL		13	Patrol	1971		244090337	PE 3746
MAAS	NL	02103868	57	Tanker	1964	602	244670087	PD8609
MAAS	NL	02311448	17	Tanker	1962	36		PD5546
MAAS 5	NL	02304508	40	Dredger	1929	304		
MAASPLUS	NL	02309054	28	Tanker	1954	98	244690408	PE7029
MAASSTAD	NL	02204530	65	Cargo	1973	604	244700467	PI3588
MAASSTROOM	NL	02318013	11	Tug	1957		244710798	PE8199
MAASSTROOM 7	NL	02308423	26	Tug (P)	1952	45	244670671	PG2080
MAASSTROOM 8	NL	02308614	26	Tug (P)	1953	45	244670670	PG4611
MAASSTROOM 9	NL	02309894	28	Tug (P)	1957	45	244670669	PG7609
MAASSTROOM 11	NL	02312443	22	Tug (P)	1940	15	244670668	PH6467
MAASVALLEI	NL	02332304	135	Cargo	2009	3935	244650631	PB3980
MAC GYVER	B		38	Cargo			205292690	OT2926
MACKO	NL	02205122	110	Cargo	1981	2138		PI2571
MACOMA	NL	02320378	102	Cargo	1970	3099	244615897	PE3230
MACTE-ANIMO	B	02318778	73	Cargo	1965	1125	205413790	OT4137
MACUMBA	B	06000707	38	Cargo			205311890	OT3118
MADEGRO SR	NL	02316170	70	Cargo	1980	908	244700986	PG7981
MADISON	B		77	Cargo			205277990	OT2779
MADJOE	NL	02312967	67	Cargo	1970	844	244750310	PD5632
MADJOE	NL	03250066	67	Cargo	1927	852	244090565	PF2128
MADRIGALE	NL	02307580	39	Cargo	1950	315	244730531	PF4181
MAGA	NL	02324500	84	Tanker	1972	1752		PI2315
MAGDA	B	06001795	80	Cargo	1957	1168	205381390	OT3813
MAGDELENA	NL	02328609	110	Cargo	1999	2217	244660877	PH7542
MAGELLAAN	B	06000227	104	Cargo	1976	2141		
MAGIC	NL	02324784	135	Cargo	2001	2843	244010081	PE8100
MAGRI	NL	03150258	47	Workship	1944	422	244660249	PF2435
MAIN I	NL	02312374	20	Tanker	1967	58	244700199	PF3900
MAIN II	NL	02326518	26	Tanker	2005	149	244700200	PH5716
MAIN III	NL	02326519	26	Tanker	2004	149	244700201	PH5717
MAIN IV	NL	02326520	26	Tanker	2005	152	244700193	PH5721
MAIN IX	NL	02332478	35	Tanker	2010	299	244701644	PB4835
MAIN V	NL	02327365	26	Tanker	2006	155	244700198	PD3723
MAIN VI	NL	02327366	26	Tanker	2006	155	244700207	PD3697
MAIN VII	NL	02318334	67	Tanker	1964	971	244100223	PC225
MAIN VIII	NL	02332689	34	Tanker	2009	299	244650746	PB4177
MAIN X	NL	02312345	22	Tanker	1967	62	244700323	PF8873
MAIN XI	NL	02313163	26	Tanker	1962	113	244670835	PG4515
MAIN XII	NL	02312488	20	Tanker	1967	56	244700195	PD5431
MAIN XIII	NL	02103715	18	Tanker	1963	47	244700197	PD5429
MAIN XIV	NL	02318800	27	Tanker	1925	112		
MAIN XV	NL	02312009	19	Tanker	1965	57		
MAINPLUS	NL	04029910	28	Tanker	1956	125		

BENELUX WATERWAY VESSELS 2012								
Vessel Name	Flag	IMO/ENI	LOA	TYPE	BUILT	GT	MMSI No	Callsign
MAIROW	NL	04803480	110	Tanker	1972	3766		PI2057
MAITREYA	NL	02311921	39	Cargo	1964	372		PC5319
MAJA	NL	02312382	60	Cargo	1967	750		PD8898
MAJA II	NL	02308222	39	Cargo	1913	312		
MAJESTIC	NL	02326488	105	Tanker	1972	1927	244740642	PC4036
MAJOFRA	NL	03170155	50	Cargo	1913	503	244690062	PG6148
MAJORCA	NL	02316797	105	Cargo	1963	2321	244670271	PE7658
MAKIMBO	B	06000148	100	Cargo	1974	2095		
MALDEN	B	06002503	80	Cargo	1965	1214	205303690	OT3036
MALEKE	B	06002342	80	Cargo			205425790	OT4257
MALTA	NL	02317081	65	Cargo	1964	839	244700043	PI3291
MANHATTAN	B	06000288	80	Cargo	1924	1314	205203590	OT2035
MANON	NL	02315695	80	Cargo	1957	1118		
MANOU	B	06003599	80	Cargo			205239390	OT2393
MANOUK	NL	02326370	110	Tanker	2004	3056	244670068	PH3308
MANOUK II	NL	02330289	110	Tanker	2008	2954	244670070	PE6947
MANOUK III	NL	02332572	110	Tanker	2010	2780	244670069	PD4119
MANTA	NL	02321611	85	Cargo	1971	1510	244670145	PD2122
MANTHA NIQUE	NL	06002978	50	Cargo	1923	426		
MANTHANIQUE-S	NL	02313915	55	Cargo	1957	648	244700818	PD8426
MANUELA	NL	02100547	80	Cargo	1925	1509	244660804	PG3330
MANUELA	NL	02318590	70	Cargo	1963	1512	244620955	PG4379
MANUS	NL	02332487	110	Tanker	2009	2706	205302690	PD2962
MAR GRIETHE	NL	03110624	67	Cargo	1966	820		
MAR MON	NL	03320138	50	Cargo	1958	527	244660174	PG7961
MARACAIBO	B	06000635	39	Cargo			205328990	OT3289
MARAJO	NL	02325828	135	Cargo	2003	5407	244100223	PE4376
MARANTA + MARANTA II	NL	02322959	177	Cargo KVB	1997	2379	244650982	PH5227
MARANTO	NL	02005874	55	Cargo	1962	536		PD5050
MARC	B	06003629	39	Tanker #		535		
MARCARI	B	06003869	80	Cargo	1995	1500	205363990	OT3639
MARCEL	NL	02305073	50	Cargo	1931	524	244700602	PE6856
MARCHIENA	NL	02315209	85	Tanker	1963	1332	244670835	PD3343
MARCO	NL	02301337	47	Cargo	1907	403	244690825	PD8695
MARCO	NL	02312315	70	Cargo	1966	850		
MARCO	NL	02313969	80	Cargo	1971	1410	244660976	PF9849
MARCO POLO	B	02327327	135	Cargo	2005	3889	205387990	OT3879
MARCONA	NL	02323042	109	Cargo	1980	2854	244700400	PI3632
MARCONI	NL	02012834	16	Tug	1946		244660850	PH7395
MARCONI	NL	02104789	105	Tanker	1973	1875	244740698	PD7793
MARDI	NL	02103175	39	Cargo	1956	378		PG9625
MAREA	NL	02331459	135	Cargo	2009	5168	244650874	PB4297
MARGARET ANN	NL	02103821	86	Cargo	1964	1248	244670609	PG8169
MARGARETHA	NL	02311152	75	Cargo	1962	1089		PH4660
MARGARETHE	NL	02314510	80	Cargo	1969	1250	244700645	PH5981

BENELUX WATERWAY VESSELS 2012

Vessel Name	Flag	IMO/ENI	LOA	TYPE	BUILT	GT	MMSI No	Callsign
MARGAUX	NL	02320544	106	Tanker	1992	2290	244730975	PD5569
MARGRETA	NL	02328697	135	Cargo	2007	4800	244630402	PD5829
MARGUERITE	B	06003752	80	Tanker	1959	1171	205348290	OT3482
MARIA	NL	02008169	80	Cargo	1980	1290	244710110	PE3151
MARIA	NL	02302342	90	Cargo	1927	2021	244660997	PD9821
MARIA	NL	02319708	105	Cargo	1991	2842	244650796	PH8222
MARIA	NL	02324937	39	Cargo	1928	338		
MARIA	NL	03110014	39	Cargo	1907	256		
MARIA	B	06001786	67	Cargo	1927	1011		
MARIA CATHARINA	NL	02313396	80	Cargo	1924	1124	244690517	PD4395
MARIA CORNELIA	NL	02103960	70	Cargo	1965	917	244730883	PF5539
MARIA D	NL	02331496	135	Cargo	2009	6000	244630606	PI4393
MARIA HELENA	NL	02318779	84	Cargo	1970	1815		
MARIA JEANET	NL	02315557	110	Cargo	1980	2482	244700376	PI8064
MARIA S	NL	02312273	75	Cargo	1966	926	244010665	PD2434
MARIA-GEERTRUIDA	B		55	Cargo			205471390	OT4713
MARIAN	NL	02318657	63	Cargo	1989	782		
MARIAN	NL	03250050	50	Cargo	1927	509	244690063	PF7533
MARIANNA	B	02008283	74	Cargo	1955	1100	205302690	OT3026
MARIANNE	NL	02101974	32	Cargo	1900	238		
MARIANNE H	NL	02314998	80	Cargo	1955	1111	244710092	PD4647
MARIANNE M	NL	02104297	55	Cargo	1964	700		
MARIE JOSE	NL	03101866	60	Tanker	1966	721		
MARIE LOUISE	NL	02326780	125	Tanker	2004	3467	244620953	PD2417
MARIE PIERRE	B	06001280	55	Cargo	1965	663		
MARIEKE	NL	03250149	60	Cargo	1930	802		PG7070
MARIEKE	B	06003289	50	Cargo		715		
MARIELLE	NL	02321716	85	Cargo	1973	1398	244660354	PB4629
MARIJKE	NL	02327242	55	Cargo	1955	620		PD2681
MARILENE	NL	02332484	86	Tanker	2009	1652	244650475	PB3624
MARILENKA	NL	02329473	110	Cargo	2007	2900	244620712	PE5219
MARIN	NL	02310104	55	Cargo	1957	627		PH3502
MARINA	NL		110	Tanker	2009		244740268	
MARINA	NL	02207460	86	Cargo	1981	1662	244690825	PI3530
MARINA	NL	02303392	100	Cargo	1926	1977	244740688	PI8185
MARINA	NL	02314869	57	Cargo	1962	675		PD9123
MARINA	NL	02315116	110	Tanker	1973	2222	244700295	PE7081
MARINA	NL	02326502	110	Cargo	2004	3188	244690638	PH2626
MARINA	LX	08040008	83	Tanker		1091	253242396	LX2396
MARINA LEONA	NL	02315738	73	Cargo	1995	1152	244670352	PE6385
MARINE SERVICE 1	NL	02318508	67	Cargo	1957	750	244700537	PD8666
MARINER	NL	02006343	18	Tanker	1954	33		PC3191
MARINIER	NL	02317798	109	Cargo	1986	3178		
MARINIER I	NL	02328194	77	Cargo #	1978	1991		
MARINO	NL	02314127	110	Cargo	1975	2592	244660331	PB4609

82

BENELUX WATERWAY VESSELS 2012

Vessel Name	Flag	IMO/ENI	LOA	TYPE	BUILT	GT	MMSI No	Callsign
MARINUS	NL	02312458	52	Cargo	1968	503	244710695	PD9781
MARINUS H	NL	03230172	55	Cargo	1952	637	244710069	PE9738
MARINUS.SR	NL	02322627	86	Cargo	1996	1398	205202790	PF3046
MARION	NL	03110501	86	Cargo	1961	1806	244660063	PI3084
MARION	NL	03220212	68	Cargo	1960	925	244615823	PE5795
MARIPOSA	NL	02330239	110	Cargo	2008	3271	244620284	PF4079
MARISA	NL	02323291	85	Tanker	1971	1942	244730698	PG5112
MARISDY	NL	02318480	110	Cargo	1988	2191	244700513	PH8861
MARISE	B	06002508	100	Cargo	1986	2257	205267890	OT2678
MARISKA	NL	02203953	73	Cargo	1963	971		PD2867
MARISKA	NL	02332789	110	Tanker	2010	3250	244700185	PB7603
MARIS-STELLA	NL	02304731	67	Cargo	1930	777	244660311	PE3233
MARITIEM	NL	02206367	86	Cargo	1993	1644	244630685	PD2371
MARITIEM	NL	02307782	63	Dredger	1951	800	244730181	PF9983
MARJA	NL	03310521	58	Cargo	1965	681	244730925	PE6931
MARJA-B	NL	02311195	76	Cargo	1941	1053	244660807	PF2786
MARJAN	NL	02300425	67	Cargo	1924	898		PD5771
MARJAN	NL	02312849	85	Cargo	1929	1558	244740188	PD7413
MARJAN	NL	02318259	55	Cargo	1969	502	244620979	PF9193
MARJAN	NL	03030569	32	Cargo	1928	235		PG5773
MARJAN	NL	03110132	54	Cargo	1929	604		PI7178
MARJO	NL			Cargo	2009			
MARJO	NL	02313728	73	Cargo	1947	955		PE6581
MARJO R	NL	02321973	105	Cargo	1995	2327		
MARJOLEIN	NL	02318651	80	Cargo	1953	1071	244660805	PF8335
MARJON	NL			Tanker	2011		244740566	PD9662
MARJON	NL	02333727	110	Tanker	2010	3241		
MARJO-R	NL	02321973	105	Cargo	1995	2327	244660189	PC5318
MARK	NL	7811604	52	Cargo	1978	250	245212000	PFVO
MARKAB	NL	7605691	59	Pilot	1978	800	244949000	PFVA
MARKSTROOM	NL	02320297	110	Tanker	1992	2664	244020463	PF3861
MARKUS 3	NL	02311545	20	Tanker	1963	48		PD7049
MARLA	NL	02329063	79	Cargo	1944	1158	244670663	PD2030
MARLA }	NL	02324035	72	Cargo #	1999	1248		PD4948
MARLA DUO }	NL	02325700	105	Cargo	1999	1967	244660201	PD2166
MARLEA	NL	02318116	80	Cargo	1970	1000	244650864	PC8199
MARLESRI	NL	02314227	80	Cargo	1949	1250	244710421	PD2871
MARLIE	NL	03051661	49	Cargo	1964	464		PD2350
MARLIE I	NL	02317624	39	Cargo	1954	364		
MARLIJN	NL	02104491	67	Cargo	1930	1035	244660472	PD3915
MARLIN	B	06003084	67	Cargo	1943	850		
MARMARA	NL	02334311	110	Tanker	2011	2535	244740961	PD2098
MARMEA	NL	02300813	50	Cargo	1924	519	244710566	PC5947
MARO	NL	02318694	80	Cargo	1965	1208	244670491	PI8260
MARPIE	NL	02310363	30	Tanker	1958	149	244740685	PF7380

83

BENELUX WATERWAY VESSELS 2012

Vessel Name	Flag	IMO/ENI	LOA	TYPE	BUILT	GT	MMSI No	Callsign
MARPOL 14	NL	03310492	75	Tanker	1963	950	244660598	PG340
MARTCILINO	B	02327585	110	Cargo	2006	2910	205466990	OT4669
MARTE MEO	NL	02328709	135	Cargo	2007	3901	244650908	PD8359
MARTENS 6	NL	02311546	20	Tank(APV)	1963	48	244620836	PG7251
MARTENS 8	NL	02312435	23	Tank(APV)	1967	72	244620837	PF9109
MARTENS 9	NL	02322413	31	Tank(APV)	1959	146	244620834	PI5077
MARTENS 10	NL	02319670	105	Tanker	1963	2043	244010352	PF7390
MARTENS 12	NL	03310495	55	Tanker	1964	595	244670175	PG5188
MARTIE	NL	02325291	63	Cargo	2001	849	244730281	PE9650
MARTIJN B	NL	02006279	60	Cargo	1956	639	244690567	PF7603
MARTIN	NL	02311630	86	Cargo	1928	1277	244710603	PI6642
MARTINA	NL	02009369	70	Cargo	1987	1297	244740273	PG4301
MARTINA	NL	02009612	30	Tanker	1956	156	244700764	PD6764
MARTINA	NL	02300258	80	Cargo	1925	1151	244690603	PF7798
MARTINA	NL	02314561	86	Cargo	1958	1584	244250751	PH8381
MARTINA 2	NL	02324623	35	Tanker	1965	161	244700833	PC6342
MARTINIQUE	NL	02327460	110	Cargo	2006	3080	244710225	PD2934
MARTINIQUE	B	02327680	85	Cargo			205223190	OT2231
MARTINUS SR	NL	02312984	86	Cargo	1966	1445		PI3960
MARVIK	B	06002032	51	Tanker	1966	414	205450490	OT4504
MARY	B	06001946	39	Cargo	1966	354		
MASABI	NL	02322087	80	Cargo	1971	1331	244670229	PH3789
MASORA	NL	02324479	110	Cargo	2000	2438	244660699	PD3133
MATADOR	NL	02324491	12	Tug (P)	1980		244670579	PD3303
MATHEUS	NL	02316872	80	Cargo	1970	1500		
MATHEUS	NL	03110592	67	Cargo	1930	1082	244690172	PD6069
MATHIJS	NL	02314168	86	Cargo	1958	1505	244650860	PI3743
MATHILDE	NL	02325341	86	Cargo	1955	1849	244710896	PF7371
MATRA	NL	03040144	20	Cargo	1927	46		PD7256
MATRICARIA	NL	02329999	19	Tug (P)	1971		244670408	PD4216
MATRICO I	NL	02327267	125	Tanker	2005	3350	244660518	PD3062
MATRIX	NL	02332571	135	Tanker	2009	4642	244650664	PB4041
MATTHINGE	NL	02333789	86	Cargo	2010	2131	244710739	PB8813
MATTHIOLA	B	02321631	86	Cargo	1994	1638	205202790	OT2027
MAUD	B	06503897	16	Tug			205239090	OT2390
MAUNA KEA	B	06001850	67	Cargo	1952	1280	205321090	OT3210
MAURICE	B	02008390	22	Tug (P)			205393790	OT3937
MAX PLANCK	NL	02320322	110	Tanker	1992	2476	244650836	PF6866
MAXIMA	NL	02325735	100	Tanker	2002	6745	244670098	PD2925
MAXMAI	B	06002810	67	Cargo	1957	856	205502190	OT5021
MAXWELL	NL	02321911	86	Tanker	1995	2029	244630141	PF2603
MAYENNE	NL	02310326	53	Cargo	1958	511	244700316	PB7756
MAZZEL	NL	02103573	39	Cargo	1961	360	244250578	PI2912
MEA VOTA	NL	02316150	86	Cargo	1980	2315	244740590	PE5426
MEANDER	NL		9	SAR			244690006	PC8671

BENELUX WATERWAY VESSELS 2012

Vessel Name	Flag	IMO/ENI	LOA	TYPE	BUILT	GT	MMSI No	Callsign
MEANDER	NL	02327207	110	Cargo	2005	3233		PD3074
MEANDER	NL	9394026	29	Tug	2006		246547000	PHGQ
MEANDRO	NL	02316287	85	Cargo	1966	1288	244660807	PD3380
MEARE	NL	06004130	100	Cargo	1974	3758	244670533	PF9485
MEDEA	NL	02103587	39	Cargo	1930	336		PG3820
MEDEDINGER	NL	02206633	85	Cargo	1994	1655		PE5872
MEDEDINGER	NL	02313902	73	Cargo	1963	1099	244670047	PE5916
MEDIATION	NL	02327485	86	Cargo	1988	2494		
MEDIATION II	NL	02327486	86	Cargo #	1988	2715		
MEDIO	NL	03220174	39	Cargo	1932	295		
MEDUSA	B	06004189	86	Cargo	2006	1170	205309590	OT3095
MEERMIN III	NL	8433966	13	Survey			244858000	PFXN
MEETJESLAND	B	06000196	73	Cargo	1961	1038	205307990	OT3079
MEETVAART.SPEURDER	NL		16	Pilot			244730063	PE5204
MEGAN	NL	02326940	86	Tanker	2005	2180	244660565	PI2579
MEGEN	NL		44	Ferry			244710805	PE2863
MEGGY	NL	02307190	80	Cargo	1948	1177	244700774	PI4878
MEGKALA V	NL	02325500	42	Cargo	1928	319		
MEHARI	NL	8433497	16	Tug	1969	33	245211000	PFOO
MEJANA	NL	02325825	135	Cargo	2003	4846	244660297	PE8826
MEJONI	NL	02313542	67	Cargo	1938	904	244660548	PD9195
MEJORA	NL	02333571	135	Tanker	2009	4290	244650537	PB3759
MELANIE	NL	02009253	97	Tanker	1972	1820		PH4415
MELANIE + MELANIE H	B	02323957	172	Cargo			205335890	OT3358
MELAROCE	NL	02328984	80	Cargo	1971	1539		PD5649
MELBOURNE	NL	02333687	110	Tanker	2010	4209	244700689	PB8098
MELINA	B	06000307	39	Cargo	1965	351	205294790	OT2947
MELISSA	B			Tug				
MELISSA	RO	02307670	80	Cargo	1923	1287	264162530	YP2530
MELODIE +	B	06504142	81	Cargo #			205328790	OT3287
MELVIN	NL	02315713	67	Cargo	1961	903	244020779	PF6971
MEMENTO	NL	02313451	63	Cargo	1965	750	244670382	PH5442
MENCINI	B			Cargo				
MENKAR	NL	7605689	59	Pilot	1977	800	244955000	PFYC
MENORAH	NL	02313874	63	Cargo	1942	659	244660909	PD3509
MENRANDA	NL	02204655	80	Cargo	1959	1059	244670579	PD2037
MENTOR	B	06004207	86	Cargo	1968	1433	205349690	OT3496
MERAL	NL	02329487	80	Cargo		1492	244670474	PE4088
MERAL	NL	06000458	80	Cargo	1925	1491		
MERCATOR	NL	02104517	82	Cargo	1953	1450	244660727	PH4838
MERCATOR	NL	02319601	57	Tanker	1954	651	244650834	PD4911
MERCATOR	NL	02331643	110	Tanker	2009	3224	244690333	PB2978
MERCATOR	B	06003568	110	Cargo	1994	2797	205322790	OT3227
MERCUR	NL	02324787	86	Cargo	2002	1452	244660441	PE4495
MERCURIUS AMSTERDAM	NL	02327429	86	Cargo	2005	2150	244620511	PF2007

85

BENELUX WATERWAY VESSELS 2012

Vessel Name	Flag	IMO/ENI	LOA	TYPE	BUILT	GT	MMSI No	Callsign
MERCURY	NL		21	Pilot			244274000	PCDD
MERCURY	NL	02324334	86	Tanker	2000	1606	244660404	PD2334
MERCUUR	NL	8432974	41	SPV	1956	432	244167000	PEDP
MERDEKA	NL	02103428	39	Cargo	1960	347		
MERDEKA	NL	02332654	135	Cargo	2009	3696	244710387	PB4431
MERDOK	B	06003993	42	Cargo	1955	459	205483990	OT4839
MER-GREEN	NL	02334510	85	Cargo	2011	1499	244740148	PD9245
MERGUS	NL	02205047	85	Cargo	1980	1317	244620619	PG2744
MERRIMACK	B	06003008	81	Cargo	1909	1510	205214990	OT2149
MERUADA	NL	02326908	110	Cargo	2005	3210	244710035	PH8938
MERWE	NL	02316874	85	Cargo	1967	1457	244690640	PD6017
MERWEDE	NL	02006094	55	Cargo	1903	500		
MERWEDE	NL	02006321	55	Cargo	1967	617	244700393	PI5254
MERWEDE	NL	02309434	95	Cargo	1955	2839		
MERWEDE 7	NL	03230075	45	Cargo	1921	318	244660044	PF3129
MERWEDE 18	NL	02103944	67	Cargo	1965	955	244660920	PE8308
MERWEDIJK	NL	02204258	67	Cargo	1969	995	244660228	PD9050
MERWELAND	NL	02318379	79	Cargo	1957	1087	244670533	PE3660
MERWEMOND	NL	02327682	35	Dredger	2006	96	244670375	PD4104
MERWESTAD	NL	02203991	69	Cargo	1964	787		
MERWESTROOM	NL	02100156	50	Cargo	1926	527		
MERWESTROOM	NL	02310911	63	Cargo	1961	771		PI7226
META MARIA	NL	02316153	85	Cargo	1980	1704	244700365	PF5090
METAALHANDEL 33	NL	02317952	29	Cargo	1962	252		
METAALHANDEL 34	NL	02317951	29	Cargo	1960	254		
METANOIA	NL	02315217	80	Cargo	1958	1168	244180471	PD3411
METEOOR	NL	02331298	86	Cargo	2008	1840	244670500	PH5362
METROPOLIS	B	06105155	135	Cargo	2009	5155	244670227	PB6076
MEZZOFORTE	NL	02318901	110	Tanker	1989	2611	244700374	PG8014
MI AMORE	NL	02314884	80	Cargo	1957	1100	244650981	PD2763
MI ANNA	NL	02322889	95	Cargo	1970	1700	244620507	PD2524
MI BARCO	NL	02327313	50	Cargo	1964	610	244690729	PD2748
MI VERA	NL	02316370	80	Cargo	1929	1216		
MICANTO	NL	02321949	80	Cargo	1973	1273	244660856	PI6896
MICHAEL	NL	02203053	41	Cargo	1926	300		PE3509
MICHAEL	NL	02333120	23	Workship	2011		2333120	PE4817
MICHAELANGELO	NL	02329759	135	Cargo	2008	3921	244700312	PD2483
MICHAELANGELO	D	04803900	110	Tanker	2002	2996		PE5997
MICHELLE	NL		110	Tanker	2010			
MICHIEL	B		49	Cargo			205313790	OT3137
MICHIEL DE RUYTER	NL	02318928	86	Cargo	1989	1739	244730335	PD3249
MIDDELBURG	NL	02315127	73	Cargo	1965	1151		PD6101
MIDLIFE C(RISIS)	NL	02210258	80	Cargo	1974	1720	244700781	PD8963
MIDWAY	NL	02332444	110	Tanker	2009	4123	244650593	PB3887
MIJN VERLANGEN	NL	02309937	62	Cargo	1957	651	244670384	PE6781

BENELUX WATERWAY VESSELS 2012

Vessel Name	Flag	IMO/ENI	LOA	TYPE	BUILT	GT	MMSI No	Callsign
MIJ'N ZORG	NL	02304599	56	Cargo	1929	546		PG3937
MIKE	B	06002867	76	Cargo	1950	941	205416590	OT4165
MIKEMO	B	06000956	71	Cargo	1959	986	205481590	OT4815
MIKIDA	NL	06002397	19	Tug (P)	1996	66	244670573	PI8666
MILAGRO	NL	02332057	86	Cargo	2009	1686	244650291	PB3161
MILAGRO	NL	02332452	110	Cargo	2009	3071	244660716	PD4230
MILAGROS	B	06001872	55	Cargo	1962	681		
MILAN	NL	02333247	105	Cargo	2010	2608	244690075	PI4219
MILANO	NL	02323297	95	Cargo	1998	2649	244690903	PE6424
MILANO II	NL	02326447	90	Cargo #	2003	3037		
MILLA	NL	06003493	19	Tug (P)	1967	84		
MILLENIUM	NL	02332799	105	Cargo	2010	2982	244660351	PB4627
MILLENNIUM 2	NL	02332800	80	Cargo	2010	2335	244660353	PB4628
MIMOSA	NL	02203919	35	Cargo	1929	219		
MINERVA	B	06001355	39	Cargo	1959	378	205271490	OT2714
MINI	NL	03051536	39	Cargo	1961	369	244710185	PF2769
MINSTREEL	NL	02302051	67	Cargo	1925	834	205275190	PF5393
MINTAKA	NL	02005652	67	Cargo	1960	820	244710594	PD2581
MIRA	NL	02006771	82	Cargo	1970	1320	244620446	PB2328
MIRA	NL	02316080	95	Cargo	1980	2551		PD3879
MIRA CETI	NL	02005138	55	Cargo	1957	563	244620402	PF5669
MIRA CURA	NL	02313723	73	Cargo	1962	1100	244740555	PF9705
MIRA FERRAMENTA	NL	02104659	55	Cargo	1962	682	244700603	PB4122
MIRA JOWISARO	NL	02301630	67	Cargo	1926	1021		PG5802
MIRA QUEST	NL	03011730	60	Cargo	1960	654	244710507	PE7498
MIRA SANRO	NL	02324003	80	Cargo	1961	610	244670132	PH2760
MIRA SERENA	NL	04805780	85	Cargo	1973	2300	244100854	PD3985
MIRA VITA	NL	02319740	84	Cargo	1958	1168		PF3000
MIRA-AXIOMA	NL	02301995	80	Cargo	1929	1254	253242227	LX2227
MIRA-CETI	B	06003753	73	Cargo	1967	1067	205202690	OT2026
MIRAGE	NL	02316197	80	Tanker	1981	1043	244650842	PB4314
MIRAGE	NL	02325357	86	Cargo	2001	2094	244660742	PE5697
MIRANDA	NL	02306327	62	Cargo	1939	703	244670227	PH5839
MIRANDA	B	06001016	53	Cargo				
MIREVITO	NL	02324050	86	Tanker	1999	1489	244660318	PD2321
MIRFAK	NL		9	Tender			244650644	PE5857
MIRFAK	NL	7605677	59	Pilot	1977	800	244950000	PFZY
MIRO	NL	02302981	29	Tanker	1922	134		
MIRYANA	NL	02321599	105	Cargo	1994	2801	244110172	PE9054
MISANDO	NL	02320937	85	Cargo	1961	1303	244740924	PH7759
MISKA	NL	02716850	80	Cargo	1974	1280	246355000	PDOC
MISONDA	NL	02317439	74	Cargo	1957	921		
MISSION	NL	02327502	135	Cargo	2006	3873	244670421	PD3390
MISSOURI	B	02325275	110	Cargo	1915	2552	205387390	OT3873
MISTRAL	NL	02004273	18	Tug	1923	20	244700629	PD2588

BENELUX WATERWAY VESSELS 2012

Vessel Name	Flag	IMO/ENI	LOA	TYPE	BUILT	GT	MMSI No	Callsign
MISTRAL	B	06003560	54	Tanker	1956	476	205323590	OT3235
MISTRAL	B	06003843	80	Cargo	1974	1646	244700232	PE6248
MISTRAL	B	06004299	110	Cargo	2007	2837	205467990	OT4679
MITCHELL	NL	06003537	110	Cargo	1972	3051	244690295	PF2545
MIXAGE	NL	02322108	105	Cargo	1980	2143	244090359	PD8420
MKHOF	NL		9	SAR			245179000	PFWO
MNO ANNA	NL	8009741	67	Dredger	1981	1077	244620272	PF3851
MNO ZEEZAND	NL	9196278	82	Dredger	1999	2132	244430000	PCHT
MOA	NL	02204040	75	Cargo	1913	1044	244250702	PD5701
MOANA	NL	02104730	70	Cargo	1957	937	244700442	PF3309
MOBER	NL	02315311	39	Cargo	1960	361	244670620	PD5207
MOBI	NL	02313333	26	Tanker	1972	111	244710071	PD9767
MOBIL SERVICE 39	NL	02312641	30	Tanker	1968	94	244670011	PI2844
MOBY 3	NL	03011829	19	Tanker	1965	46		
MODENA	NL	02330436	110	Cargo	2008	3094	244670573	PD2213
MODESTA	NL	02310707	86	Cargo	1926	1665		PI3904
MOKUM	NL	02313959	85	Cargo	1957	1303	244700001	PF2511
MON DESIR	NL	02008583	57	Cargo	1956	549		
MON DESIR	NL	02205284	16	Tug	1938	4	244710047	PH7532
MON DESIR	NL	02329683	135	Cargo	2008	5518		
MON DESIR	NL	02330279	86	Cargo	1992	1854	244690075	PD4271
MON DESIR	NL	03150386	40	Cargo	1941	360		
MONACO	NL	02324786	110	Cargo	2002	3144		PD3939
MONDEO	NL	02328092	110	Cargo	2006	3208		PD4853
MON-DESIR	NL	02333376	86	Cargo	2010	2250	244010411	PD3545
MONDIAL	NL	02325440	90	Cargo	1981	1850	244730894	PI9877
MONICO	NL	02318869	70	Cargo	1989	1086	244690836	PE4711
MONIKA	B	06003625	70	Cargo	1930	1198	205370890	OT3408
MONITOR	B	06003815	85	Cargo	1915	1381	205275190	OT2751
MON-REVE	NL	02318784	72	Cargo	1954	1000	244690651	PD7438
MONS	B	06002881	25	Tug (P)			205402790	OT4027
MONSIJANA	NL	03310456	55	Cargo	1962	575		PH9784
MONTANA	NL	02325248	109	Cargo	2001	2660	244690697	PF8808
MONTANA	B	06003345	49	Cargo	1960	431		
MONTANA	B	06105279	121	Tanker	2010	4315	205505990	OT5059
MONTANA II	NL	02318763	76	Cargo #	1988	2473		PD4080
MONTANARA	NL	02331045	110	Cargo	2008	3208	244630764	PF4698
MONTIGNAC	NL	02325590	105	Cargo	1969	1768	244700913	PG7830
MONTIS 10	NL	02318002	36	Workship	1931		244690791	PI9327
MONTREAL	NL	02333685	110	Tanker	2010	4209	244700690	PB8099
MONZA	NL	02100373	95	Cargo	1926	2381	244700510	PD6530
MONZA	NL	02317453	73	Workship	1959	1109		
MOONLIGHT	NL	02332261	135	Cargo	2009	5196	244650739	PB4168
MOREA (IMO No 9205204)	B	06002042	15	Tug (P)			205441690	OT4416
MORENA	B	06001551	67	Cargo	1963	932	205203490	OT2034

88

Vessel Name	Flag	IMO/ENI	LOA	TYPE	BUILT	GT	MMSI No	Callsign
MORENA-P	B	06002433	72	Cargo	1956	1087	205425090	OT4250
MORGENSTER	NL	02009812	73	Cargo	1963	1000	244660019	PF6304
MORGENSTER	NL	02332614	86	Cargo	2010	2250	244750031	PB2088
MORGENSTER	NL	03230209	45	Cargo	1950	317		
MORGENSTOND	NL	02208738	70	Cargo	1970	1030	244730848	PH5349
MORGENSTOND	NL	02316710	39	Cargo	1950	361	244670580	PH5311
MORGENSTOND	NL	03340118	58	Cargo	1927	631	244065017	PD6667
MORRA	NL	02102360	22	Tug	1946			
MORRA	NL	02205923	19	Tug	1972	26	244660847	PD9599
MOSCOVA	F	02312016	63	Cargo	1965	750		
MOSELLA	NL	02327455	85	Cargo	1971	1670	244750650	PD2676
MOSELPLUS	D	04401040	25	Tanker	1951	101	211521290	DA5166
MOSHULU	NL	02310726	39	Cargo	1938	356	244620028	PE3311
MOSKITIA	B	06003514	105	Cargo	1979	1999	205311590	OT3115
MOVENTE	NL	02204613	65	Cargo	1957	706		
MOVER 1	NL	02319820	22	Tug (P)	1961	15	244690297	PH5261
MOVER 2	NL	02323672	16	Tug (P)	1983	137	244690295	PC5247
MOVER 3	NL	02323673	16	Tug (P)	1983		244690296	PD3044
MOVER 4	NL	02328956	20	Tug (P)	1957		244090359	PD7730
MOXA	B	06003826	70	Cargo	1958	882	205220190	OT2201
MOZART	B	06002230	61	Tanker	1958	1292		
MRB 7(ALBRECHT RODENBACH)	B		17	Pilot			205313000	ORDQ
MRB 8	B		17	Pilot			205314000	ORDR
MSC MAAS	NL	02323207	110	Cargo	1997	3041	244620965	PI3011
MSC POOLSTER	B	06003772	110	Cargo	2001	3101	205464990	OT4649
MTS VISCOUNT	NL		33	Tug	1977	369	245221000	PCDZ
MUG	NL	02312030	22	Tanker	1965	120		PE3758
MUGUET	NL	06004084	86	Cargo	2004	1794	123456789	PE3783
MULTRASKIMMER	NL	02311700	26	Tanker	1963	77		
MULTRATUG 2	B	06003572	18	Tug	1939	9	205207290	OT2072
MULTRATUG 3	NL	9537408	28	Tug	2010		246653000	PBOZ
MULTRATUG 4	MT	02717350	25	Tug	1959		246654000	PBWY
MULTRATUG 5	UK	9350161	33	Tug	1963		235058304	2AAV9
MULTRATUG 6	NL	02718971	33	Tug	1970	276	245205000	PCDX
MULTRATUG 8	LZ		29	Tug	1970		207352000	LZQR
MULTRATUG 9	NL	02719567	26	Tug	1973	54	246462000	PDBX
MULTRATUG 10	NL	7232638	29	Tug	1972		244122000	PEDA
MULTRATUG 11	NL	7232626	30	Tug	1973		244230000	PFBB
MULTRATUG 12	NL	02005785	29	Tug	1961	112	244710050	PD6349
MULTRATUG 15	NL	02005889	28	Tug	1962	31	244710049	PH2246
MULTRATUG 17	NL	9481752	36	Tug	2006	499	245555000	PHPV
MULTRATUG 18	NL	9492880	36	Tug	2009	499	246566000	PBRY
MUREEN	NL	02324785	135	Cargo	2001	3925	244660108	PF7454
MURENE	NL	02310999	52	Cargo	1938	530		

BENELUX WATERWAY VESSELS 2012

Vessel Name	Flag	IMO/ENI	LOA	TYPE	BUILT	GT	MMSI No	Callsign
MURENE	NL	02326759	85	Cargo	1988	1627	244690985	PH4239
MURETTO	NL	02314854	63	Cargo	1948	521		PG9489
MURO	NL	02327244	86	Cargo	1997	1720	244660100	PF7938
MUSCARI	NL	02317356	52	Cargo	1964	563		
MUSCARI	B	06002271	67	Cargo		1123	205339590	OT3395
MUSTANG	NL	02313701	71	Cargo	1951	976	244750212	PD2693
MUSTANG	B	06000497	80	Cargo	1975	1380	205391590	OT3915
MUTATIE	NL	02319205	110	Cargo	1969	3236	244690429	PC2373
MY DREAM	NL	02207585	77	Cargo	1957	1083		PD2801
MY WAY	NL	02326216	110	Tanker	2004	4249		
MY WAY	NL	02329893	135	Tanker	2006	6034	244710736	PE7812
MY WAY	D	04809660	110	Tanker	2011	2667		
MYOS	NL	02313682	55	Cargo	1961	683	244670844	PH4617
MYOSOTIS	NL	02325082	70	Cargo	2001	1027	244010082	PD6418
MYRIAM	NL	02333752	122	Tanker	2010	4910	244700326	PE7779
MYSTIC	NL	02306277	67	Cargo	1936	999		
MYSTIQUE	NL	03260142	66	Cargo	1959	778	244670777	PB5699
MYZAKO	B	06105028	110	Cargo	2008	3282	205433390	OT4333
NAARDEN	NL		47	Military			244670914	PF9495
NACHTWACHT	NL	02317402	67	Tanker	1959	945		PI6004
NADA	B	06003981	14	Tug (P)	1978	127	205258090	OT2580
NADEDOS	NL	03220218	39	Cargo	1951	363	244620982	PD4702
NADIA	NL	02305151	64	Cargo	1920	746	244670009	PF2126
NADIA	RO	02322373	80	Cargo	1958	1067		PG7343
NADIA-T	B			Cargo			205507790	OT5077
NADORIAS	NL	02331393	110	Cargo	2009	3275	244660004	PB3010
NADUAH	NL	02333018	110	Tanker	2010	2810	244670231	PB5510
NAGASAKI	B	06001138	51	Cargo	1965	592		
NAIROBI	B	02328749	110	Cargo	2007	3237	205424990	OT4249
NAJADE	NL	02100664	61	Cargo	1927	686		
NAJADE	NL	02329140	135	Cargo	2007	4138	244670378	PE4205
NAJADE	B	06503302	39	Cargo		369		
NAMASTE	B	02318625	85	Cargo			205401690	OT4016
NANCY	NL	02003738	15	Tug	1974		244690465	PG8499
NANDO	NL	02310399	50	Tanker	1958	379		
NAOMI E	NL	9147605	23	Workship	1996	154	244515000	PGFM
NAOMIE	NL	02310563	57	Cargo	1958	659		
NAPOLEON	NL	06002673	55	Cargo	1962	558	244670560	PD7525
NARVIK	NL	02328708	135	Cargo	2007	3935	244710959	PG3816
NASSAUKADE	NL	02331740	110	Tanker	2009	3160	244690281	PB3070
NATAL	NL	02313945	90	Cargo	1964	1586	244690103	PE3001
NATASHA-N	B	06002636	85	Cargo	1969	1740	205415890	OT4158
NATHALIE	B	06004065	52	Tanker			205245990	OT2459
NAT-MAR	LZ	02304582	80	Cargo	1932	1372		
NATRONA	NL	02315118	85	Tanker	1977	1499	244660097	PE4614

BENELUX WATERWAY VESSELS 2012

Vessel Name	Flag	IMO/ENI	LOA	TYPE	BUILT	GT	MMSI No	Callsign
NAUSICA	B	06002602	47	Cargo			205225590	OT2255
NAUTA	NL	02001873	67	Cargo	1930	1013	244250539	PE7598
NAUTICA	NL	02316157	104	Cargo	1980	2110	244710161	PB8428
NAUTICA	NL	02320324	84	Cargo	1962	1217	244660360	PI3018
NAUTICA	B	06502983	39	Cargo			205500090	OT5000
NAUTICTRANS	NL	02318927	110	Cargo	1989	3395	244660400	PE5956
NAUTIEK	B	06002080	80	Cargo	1965	1291	205204390	OT2043
NAUTIEK	B	06003823	95	Cargo	1972	1971		
NAUTILUS	NL	02311038	25	Tanker	1961	73		
NAUTILUS	B	06004203	73	Cargo	1964	1051	205408090	OT4080
NAUTRANS	NL	06004246	80	Cargo	1964	1185	244710312	PB4473
NAVALO	B	06002511	81	Cargo		1251	205445290	OT4452
NAVARE	NL	02204023	65	Cargo	1954	694	244660960	PG2366
NAVATA	NL	02204532	67	Cargo	1959	765	244690957	PD7195
NAVEX	NL	02316721	86	Cargo	1962	1516	244740930	PE3784
NAVICELLA	NL	02314914	73	Cargo	1965	1134	244700665	PD4267
NAVICULA	NL	02315347	67	Cargo	1958	902	244650640	PH2740
NAVIGATIE	NL	02315676	90	Cargo	1979	1377	244710331	PG4655
NAVIGATIE	NL	02333760	134	Cargo	2010	4000	244710186	PB4341
NAVIRA (LX)	B	08060021	135	Tanker			205369890	OT3698
NAVITAS	NL	02103655	45	Dredger	1963	396	244710068	PD2387
NAVITAS	NL	02205069	86	Cargo	1980	1629	244660910	PG7571
NAVITAS	NL	02328781	135	Cargo	2007	5002	244630916	PD6157
NAWATRANS IX	D	04802060	80	Cargo	1959	1260		
NAWATRANS II	D		80	Cargo		1058		
NAWATRANS III	D	04001760	80	Cargo	1955	1149	211514230	
NAWATRANS IV	D	04003930	80	Cargo	1941	1134	211514220	DA7869
NAWATRANS V	D	04005500	80	Cargo	1948	1145		
NAWATRANS VI	D	04401601	80	Cargo	1921	1303	211514200	DA7153
NAWATRANS VII	D		86	Cargo				
NAWATRANS VIII	D	04401640	86	Cargo	1960	1152	211182150	
NAXOS	B	06001763	80	Cargo		1139	205352490	OT3524
NEBRASKA	B		70	Cargo		902	205459190	OT4591
NECKARTAL	NL	02324996	76	Cargo	1890	1090		PD2325
NECTA	B	06002261	39	Cargo	1943	339	205433190	OT4331
NECTON	B	06105021	85	Tanker	2010	1637	205500190	OT5001
NEDERWAARD	NL	02205838	55	Cargo	1962	538	205208490	PG4539
NEERLANDIA	NL	03250304	19	Tanker	1964	55	244710436	PD2617
NEHALENNIA (+ RIETJE #)	B	06503679	47	Cargo			205122090	OT1220
NEJO	NL	02321724	80	Cargo	1960	1081	244670986	PD5530
NELLEKE	NL	02316265	70	Cargo	1981	937	244630428	PE3826
NELLIE	NL	02315776	67	Cargo	1943	873	244670736	PG7808
NELLIE	NL	02325204	38	Tanker	2001	350	244660891	PE8126
NELLIE	NL	03240078	22	Tug (P)	1948	62	244670009	PD2822
NELLY	NL	02310196	57	Cargo	1958	703		

BENELUX WATERWAY VESSELS 2012

Vessel Name	Flag	IMO/ENI	LOA	TYPE	BUILT	GT	MMSI No	Callsign
NELLY	P	02314263	79	Cargo	1925	1104		PH3749
NELLY	NL	03021389	63	Cargo	1964	816	244730988	PD2612
NELLY V	NL	02313629	67	Cargo	1958	919	244670231	PE6249
NELSON	NL	02318287	110	Tanker	1987	3172	244700524	PD6421
NEMA	NL	02205288	67	Cargo	1927	1057	244700959	PH9444
NEMO	B			Tanker				
NENUPHAR	NL	03051617	47	Cargo	1962	406		PD7611
NEO INTENTO	NL	03310517	50	Cargo	1965	528		PD2598
NEOPHYTE	B	06004035	72	Cargo	1961	990	205460590	OT4605
NEPTUN 2	NL	03150567	29	Tanker	1997	150	244700144	PE3626
NEPTUN 44	NL	03011969	23	Tanker	1970	94	244700145	PD8598
NEPTUNE	NL	02315656	67	Cargo	1966	901		PG2964
NEPTUNUS	NL	02317095	62	Cargo	1983	767	244060777	PG7725
NEREUS	NL	02310009	21	Tug	1957	35	244700824	PF9181
NERODIA	NL	02333811	135	Tanker	2010	3508	244700794	PB8178
NERVIER	B	06002871	80	Cargo	1995	1500	205310490	OT3104
NESCIO	NL	02004795	57	Cargo	1956	624	244030175	PI2396
NESSE	NL	02314695	65	Cargo	1962	727	244650816	PE4730
NESSELANDE	NL	02316766	86	Tanker	1964	1360	244630560	PD9415
NESSIE	F	02312496	65	Cargo	1956	700	244740103	PD7131
NEUTRAAL	NL	02311056	73	Cargo	1961	1101	244740721	PB4430
NEVARO	NL	02316719	80	Cargo	1961	1379	244700995	PF7355
NEW PETRA	NL	02312010	31	Cargo	1965	396		
NEW VISTA	NL	02314288	80	Cargo	1947	1136		PI2932
NEW YORK	B	06105170	125	Tanker	2009	4299	205479890	OT4798
NEW YORK CITY	B	02322286	105	Cargo	1995	2305	205404790	OT4074
NEWTON	NL	02324882	86	Tanker	2000	2055	244660700	PD2678
NEXUS	NL	02312168	85	Cargo	1965	1397	244710508	PF3262
NIAGARA	NL	02318324	67	Cargo	1957	917		PG4989
NIALA	NL	02329698	110	Cargo	2008	3212	244030401	PH7162
NICKY	NL	02333131	86	Tanker	2010	1600	244670038	PB6531
NICOLAIJE	NL	02315792	59	Tanker ©	1957	625	244730014	PD8408
NICOLE	B	02332972	81	Cargo	2010	2007	205488390	OT4883
NIDDAPLUS	NL	04607500	25	Tanker	1994	203		
NIELS	NL	03320460	22	Tug (P)	1930		205286190	PG4345
NIET ZONDER GOD	NL	02302873	50	Tanker	1915	499		PE4378
NIEUW HOORN	NL	02204217	80	Cargo	1968	893	244730478	PD9414
NIEUWE DIEP	NL	8900799	38	Patrol	1990		244579000	PBYC
NIEUWE VAART	NL	02329287	16	Tug	1948	9	244710754	PF4066
NIGER	NL	03250038	47	Cargo	1927	384		
NIJMEGEN	NL	02321692	29	Tanker	1956	125	244740507	PI8877
NIJVERHEID	NL	02004545	86	Cargo	1955	1500	205411190	PD9605
NIKKI	NL	02333477	86	Tanker	2010	1793	244700721	PB8117
NIKO	NL	03160344	62	Cargo	1958	645	244710969	PF3153
NIKOLAAS WIJSENBEEK	NL		9	SAR			246601000	PBTS

BENELUX WATERWAY VESSELS 2012

Vessel Name	Flag	IMO/ENI	LOA	TYPE	BUILT	GT	MMSI No	Callsign
NIKY	NL	02303189	50	Cargo	1928	518	244740859	PG8038
NIKYRA	NL	02203891	55	Dredger	1963	636	244700120	PB7520
NIL DESPERANDUM	NL	02204988	85	Tanker	1979	1159	244740783	PD2270
NIMAR V	NL	02312914	50	Cargo	1913	541		
NIMITZ	B	06003723	63	Cargo		794	205294590	OT2945
NINA	NL	02316640	85	Tanker	1972	1814	244740645	PH4578
NIREAS	NL	02316748	55	Cargo	1958	676	244690107	PH8857
NIRVANA	B	06004055	110	Cargo	1998	2665	205406890	OT4068
NITRICO II	NL	02005973	68	Tanker	1963	735	244660094	PE5803
NIVOMA	NL	02314749	80	Cargo	1963	1210	205292590	PG8434
NIVOMA	NL	02325620	70	Cargo	2002	1097	244700909	PC2356
NIVOMA	NL	02330576	135	Cargo	2008	3906	244650802	PD2421
NIVOMA	NL	03170656	55	Cargo	1964	516	244700909	PC2356
NIVOMA	NL	03270593	62	Cargo	1961	734	244690031	PE2469
NJORD	B		47	Cargo			205208490	OT2084
NJORD	NL	02317902	15	Tug (P)	1962	24	244700448	PE5971
NJORD	NL	02333237	110	Tanker	2010	4220	244630797	PB2033
NO LIMIT	NL	02326544	110	Cargo	2004	3494	244620268	PI2203
NOCHT	NL	02326861	110	Cargo	2005	3248	244670053	PE9276
NOEL	NL	02314225	15	Tug (P)	1970	35	244700373	PG3256
NOMAD	NL		10	SAR			244831000	PBCV
NOMADE	NL	02312500	80	Cargo	1957	1171	244730751	PI3823
NOMADE	NL	02312902	60	Cargo	1958	654	244690979	PI3340
NOMADE 2	NL	02309526	51	Cargo	1956	513	244615915	PD8935
NOMADIS	NL	02205586	85	Cargo	1981	1441	244670740	PH9715
NOMADIS	B	06003366	80	Cargo	1958	1143		
NOMADISCH }	NL	02323635	93	Cargo KVB	1998	2665	244690462	PC5306
NOMADISCH II }	NL	02323636	79	Cargo	1998	2434		
NOMADISCH III	NL	02333357	110	Tanker	2009	3150	244700253	PB7696
NOMADOS	NL	02203863	60	Cargo	1962	654	244670589	PH8745
NOOIT VOLMAAKT	NL	02303968	57	Cargo	1924	591	244620983	PD8672
NOOIT VOLMAAKT	NL	02326586	86	Cargo	2004	2217	244670749	PG7147
NOOIT VOLMAAKT	NL	03011430	27	Cargo	1914	44		PE4116
NOOITGEDACHT	NL	02006266	57	Cargo	1965	684	244690706	PG3288
NOOITGEDACHT	NL	02319501	63	Cargo	1954	650	244650575	PD2613
NOOITGEDACHT 2	NL	02200981	42	Cargo	1923	300	244060777	PG6575
NOORD	NL	02308318	18	Tug	1949	6	244700540	PD2472
NOORD	NL	02312524	54	Dredger	1968	5545		PD8732
NOORD NEDERLAND	NL	02325765	49	Ferry	2002		244296000	PE4429
NOORDCLIF	NL	02316577	67	Cargo	1959	1000		PE7550
NOORDENDIEP	NL	02006841	82	Cargo	1971	1534	244660522	
NOORDENWIND	NL	02315871	80	Cargo	1957	1103	244690472	PE7192
NOORDENWIND	NL	02327653	110	Tanker	2006	3257	244620958	PD2888
NOORDEREILAND	NL	03270717	60	Tanker	1966	665	244670444	PB5333
NOORDERHOOFD	NL	02324736	79	Tanker	1959	1227		PI5022

BENELUX WATERWAY VESSELS 2012

Vessel Name	Flag	IMO/ENI	LOA	TYPE	BUILT	GT	MMSI No	Callsign
NOORDERKROON	NL	02204062	70	Cargo	1966	1000	244630297	PH5271
NOORDERLICHT	NL	02204489	80	Cargo	1954	1105	244180329	PF6804
NOORDERLICHT	NL	02310849	70	Cargo	1961	1010	244660809	PH5919
NOORDERZON	NL	02317437	67	Cargo	1960	893	244630560	PI3773
NOORDKAAP	NL	02322257	110	Cargo	1995	2700	205203990	PG3165
NOORDKAAP	NL	02326527	110	Tanker	2003	4221	244730268	PE4728
NOORDPOOL	NL	02309787	23	Tug	1956	26	244730386	PC3755
NOORDPOOL	NL	02326516	110	Tanker	2004	4249	244740078	PH5775
NOORDSTAD	NL	03110579	67	Cargo	1964	824	244750086	PF2010
NOORDSTER	NL		22	Cargo	1906	112		
NOORDSTER	NL	02331876	135	Tanker	2009	6310	244740453	PB3071
NOORDSTER	NL	03050302	36	Cargo	1924	271		
NOORDSTER	NL	03170125	45	Cargo	1914	442		
NOORDSTER	NL	03170599	63	Cargo	1962	728	244650841	PD6531
NOORDSTER II	NL	02312037	69	Cargo	1965	850	244650845	PF5266
NOORDSTROOM	NL	02102537	38	Cargo	1914	296		
NOORDZEE	NL	02326933	110	Tanker	2005	4200		PI2718
NOORDZEE	B	06105187	130	Tanker	2010	4241	205501290	OT5012
NOORMAN	NL	02306174	16	Tug	1939	6	244710309	PI4068
NOORMAN	NL	03150206	37	Cargo	1851	32		
NOORTJE	NL	02301509	80	Cargo	1924	1344		PG6973
NOORTSTROOM	NL	02326315	105	Cargo	1994	2006	244020589	PD2176
NORALY	NL	06003460	86	Cargo	1999	1495		PI7555
NORD	B	06503256	51	Tanker		463	205286190	OT2861
NORDICA	B	02322245	110	Cargo	1995	2500	205482190	OT4576
NORDISK	NL	02305692	30	Cargo	1907	172		PD3093
NORDSTERN	B	06004012	110	Tanker			205411190	OT4111
NORDWAND	NL	02326710	73	Cargo	2000	1258		PH3127
NORMA	NL	02311748	53	Cargo	1956	532	244730753	PF2959
NORMA }	NL	02328681	107	Cargo KVB	2007	3247	244710238	PD3173
NORMA II }	NL	02329245	73	Cargo	2007	2254		
NORNE	NL	9612806	34	Tug	2011	440	245460000	PCJR
NOROY	B	06002995	39	Cargo		380	205302990	OT3324
NORTE	NL	02315898	102	Tanker	1977	1083	244660416	PG3954
NORTH CAROLINA	NL	02332196	125	Tanker	2009	3504	244730049	PB3237
NORTH TRANS	NL	02104524	17	Tug (P)	1971	33	244650814	PE5082
NORWELLA	NL	06002235	33	Tug (P)	1956	54	244700684	PH8478
NOSTRA NAVE	NL	02313007	62	Cargo	1964	817	244660512	PD5899
NOUMEA	B	06001243	39	Cargo		550	205457890	OT4578
NOVA	NL	02323289	134	Cargo	1998	5175	244660493	PG3821
NOVA CURA	NL	02203584	55	Cargo	1959	380		PF9838
NOVA CURA	NL	03150191	51	Cargo	1936	500		PI3890
NOVA CURA	NL	06000584	39	Cargo	1957	617	244670752	PF5706
NOVA CURA	B	06002722	47	Cargo			205292590	OT2925
NOVA K	NL	9352365	30	Tug	2005		246301000	PHCR

| \multicolumn{8}{c}{BENELUX WATERWAY VESSELS 2012} |
Vessel Name	Flag	IMO/ENI	LOA	TYPE	BUILT	GT	MMSI No	Callsign
NOVA SCOTIA	B	06002000	59	Cargo	1934	622		
NOVA SPES	NL	02312362	67	Cargo	1959	901		PD2736
NOVA VENTURE	NL	02011928	60	Dredger	1994	908	244710294	PH6308
NOVALIS	NL	02309423	56	Cargo	1955	680	244740242	PD8733
NOVALIS	NL	02323817	86	Cargo	1999	1754	244620268	PD9791
NOVALIS	NL	02327101	110	Tanker	2005	2349	205240290	PF9176
NOVAMENTE	NL	02325032	66	Dredger	2001	998	244690979	PE4772
NOVAMENTE	NL	02327130	135	Tanker	2005	4188	244670658	PC4621
NOVARE	NL	02323981	86	Cargo	1998	1817	244670693	PH4812
NOVATEUR	B	06004121	80	Cargo	1954	1231	205461590	OT4615
NOVATIE	NL	02005140	51	Cargo	1957	605	244750045	PD7568
NOVATIE	NL	02327217	110	Cargo	2006	3244	244700384	PC2193
NOVITAS	NL	02332183	110	Cargo	2009	3227	244690719	PF3638
NOVUM	NL	02329409	86	Tanker	2007	1540	244670589	PD2363
NOVUM	NL	02330689	135	Cargo	2008	4585	244620839	PG9608
NUEVA VIDA	B	06002893	110	Cargo	1986	2808	205288890	OT2888
NULLI CEDO	NL	02312238	105	Cargo	1928	2630	244710425	PI3024
NYASSA	B	06003341	13	Tug (P)	1980	67	205413990	OT4139
OASE	NL	02325536	85	Cargo	2002	1800	244710631	PD2453
OASE	NL	02332936	125	Tanker	2010	3338	244670538	PB5419
OBDURO	NL	02101776	81	Cargo	1930	1233	244660809	PF8952
OBI	B	06002249	80	Cargo	1930	1297		
OCEAN	NL	02332734	125	Tanker	2010	3551	244670588	PI2425
OCEANIC	B		39	Cargo			205203990	OT2039
OCEANIC	B	06003770	110	Tanker	1980	1978	244690469	PH2576
OCEANUS	NL	9639969	33	Tug	2011		246365000	PCHG
OCTOPUS	NL		12	APV			244620380	PF3787
OCTOPUS	NL	02203736	58	Cargo	1961	712	244650689	PH5777
OCTOPUS	NL	02204579	71	Cargo	1974	1107	244670226	PD9362
OCTOPUS	NL	02325791	85	Cargo	1922	1594	244650841	PI2368
ODEON	NL	02326629	110	Cargo	1996	2301	244700411	PB7864
ODEON	LX	02332317	105	Cargo	2009	2604	244700411	PB7864
ODESSA	LX	02332590	85	Tanker	2009	2037	244710899	PB3913
ODESSA	B	06003729	20	Tug (P)	2001	29	205394790	OT3947
ODIN	NL	9572824	30	Tug	2010	220	245307000	PCCQ
ODINA	NL	02319190	86	Tanker	1963	1737	244750008	PE3530
ODISEG	NL	02332309	135	Cargo	2010	3918	244660432	PB4685
ODONATA	NL	02205030	80	Cargo	1980	1187	244670927	PG2350
ODORATA	NL	02103382	83	Tanker	1959	999	244690525	PH2300
ODRA	B	06000325	81	Cargo	1915	1370	205233090	OT2330
ODYSSEA	B	06003965	67	Cargo			205302990	OT3029
ODYSSEUS	NL			Tanker				
ODYSSEUS	NL		24	Cargo			244710278	PF7830
ODYSSEUS	NL	06001712	57	Cargo	1957	551	205317390	OT3173
OERAL	NL	02304847	80	Cargo	1930	1587	244700796	PD3928

BENELUX WATERWAY VESSELS 2012

Vessel Name	Flag	IMO/ENI	LOA	TYPE	BUILT	GT	MMSI No	Callsign
OERD (IMO 9269673)	NL	02607136	73	Ferry	2003	1543	244710742	PE7941
OILSERVICE	NL	02312579	20	Tanker	1968	63		
OKINAWA	B	06004152	80	Cargo		1124	205400790	OT4007
OKLAHOMA	B	06003450	85	Cargo			205451790	OT4517
OKUPOROS	NL	02317827	70	Tanker	1962	860	244030043	PD7173
OLA	NL	02307833	67	Cargo	1941	863	244670296	PH9206
OLAKO	B	02315285	80	Cargo	1954	1251	205425290	OT4252
OLEANDER	NL	02327017	105	Cargo	2005	2837	205201690	PF8921
OLESIA }	NL	02325908	96	Cargo KVB	2003	4266	244700070	PE3624
OLESIA (2) }	NL	02325909	86	Cargo #	2003	3879		
OLI-CHRIS	B	06004224	80	Cargo	1960	1098	205381790	OT3817
OLIE SERVICE	NL	02316925	38	Tanker	1941	186	244670161	PI7065
OLIE SERVICE 1	NL	03011807	23	Tanker	1964	54	244670162	PD9796
OLIE SERVICE 2	NL	02311157	26	Tanker	1962	67	244670163	PI7074
OLIE SERVICE 3	NL	02311581	28	Tanker	1963	179	244670164	PD3092
OLIESERVICE 4	NL	02312990	23	Tanker	1970	92	244670165	PF9653
OLIEVINKER II	B	06003358	47	Tanker	1992	225	205240290	OT2402
OLIEVINKER III	B	06003717	35	Tanker	2001	288	205350490	OT3504
OLIEVINKER IV	B	06003805	75	Tanker	2002	1017	205356690	OT3566
OLIVIER	NL	02311811	43	Tanker	1964	325		PD7099
OLST	NL		47	Dredger			244620928	PD2862
OLY	NL	02309836	23	Tanker	1957	57		
OLYMPIC	NL	02326828	110	Tanker	2005	3157	244690078	PH5961
OMEGA	B	02313452	50	Tanker	1959	541	244210606	PG3662
OMEGA	NL	02326785	86	Tanker	2004	1980	244670733	PH2342
OMERTA	B	02326796	108	Cargo	1985	3032	205391390	OT3913
ONDERNEMING	NL	02103747	50	Cargo	1963	453		PE7317
ONDERNEMING	NL	02307464	43	Dredger	1927	321		
ONDERNEMING	NL	02310648	63	Cargo	1960	780		PH6598
ONDERNEMING	NL	02313223	70	Tanker	1940	687	244650787	PH3848
ONDERNEMING	NL	02325981	135	Cargo	2003	3972	244670395	PD2586
ONDERNEMING	NL	02330445	86	Cargo	2009	2030	244650827	PB4009
ONDERNEMING IV	NL	02327341	135	Cargo	2005	4131	244660175	PE7379
ONDIN	B			Cargo				
ONDINE	NL	02006411	67	Cargo	1962	996	205438790	PD2896
ONERA	NL	02311000	55	Cargo	1961	700	244710425	PI3677
ONTARIO	NL	03310450	47	Cargo	1961	433		
OOSTENDE XI	B		20	Survey			205040000	ORVI
OOSTENWIND	NL	02204873	39	Cargo	1962	365		PF9574
OOSTENWIND	NL	02332230	110	Cargo		3350	244730878	PB2920
OOSTERDOK	NL	02313927	67	Cargo	1957	1377	244710095	PD6238
OOSTERSCHELDE	NL	02103453	67	Cargo	1960	914	244660919	PF3753
OOSTERSCHELDE	NL	02103607	86	Cargo	1962	3172	244090050	PD4568
OOSTZEE	NL	06003472	100	Tanker	1998	3382	244740052	PH4671
OOSTZEE	LX	06105206	130	Tanker	2009	4241	205502790	OT5027

BENELUX WATERWAY VESSELS 2012

Vessel Name	Flag	IMO/ENI	LOA	TYPE	BUILT	GT	MMSI No	Callsign
OPHIR	NL	02328856	110	Cargo	1999	3108	244070386	PE9487
OPTIMIST	NL	02313541	39	Cargo	1965	361	244660291	PF2918
OPTIMIST JR	NL	02326429	55	Cargo	2005	742		
OPTIMIST SR	NL	02317323	55	Cargo	1961	742	244740580	PC4882
ORA ET LABORA	NL	02312633	80	Cargo	1936	1350	244660790	PD3324
ORA ET LABORA	NL	02326959	110	Cargo	2005	3251	244660570	PD2485
ORANDA	NL	03237261	105	Cargo	2005	2257	244650835	PD7495
ORANJE NASSAU	NL	02327060	110	Tanker	2005	3448	244660159	PI2748
ORANJE NASSAU	NL	02329041	110	Cargo	2007	3362	244020530	PD2953
ORANJE NASSAU II	NL	02331002	110	Tanker	2008	4283	244620876	PF7783
ORANJE NASSAU III	NL	02330728	110	Tanker	2008	3462	205227990	PE8536
ORCA	NL	02317821	39	Cargo	1961	374	244710241	PE6342
ORCA	B	06002616	73	Cargo	1964	1061	205306390	OT3063
ORCA	LX	06004279	19	Tug (P)	1971	51	205474290	OT4742
ORCHILA	RO	02328738	80	Cargo	1962	1195		PD4302
ORCHILA	NL	02332415	135	Cargo	2009	5082	244700340	PB4141
ORGANZA	B	06000191	85	Cargo	1964	1505	205512890	OT5128
ORIANA	NL	02330688	135	Cargo	2008	5570	244670027	PE7848
ORIDA	B	06002876	17	Tug (P)		35	205505090	OT5050
ORINOCO	B	06105132	82	Tanker	2009	1792	205500990	OT5009
ORION	NL		23	Pilot			246658000	PBXC
ORION	NL	02204063	72	Cargo	1966	1018		PG8124
ORION	NL	02307660	72	Cargo	1928	1006	244740943	PH7929
ORION	NL	02309290	17	Tug (P)	1955	8	244740335	PH6385
ORION	NL	02318675	110	Cargo	1988	3215	244670296	PD4183
ORION	NL	02323311	15	Tug (P)	1961	43	244660105	PG8439
ORION	NL	02323311	15	Tug (P)	1961		244710550	PH2801
ORION	NL	02324636	80	Tanker	1936	1217		
ORION	NL	02326048	62	Cargo	1977	1392		PE8724
ORION	SB	02328693	108	Tanker	1940	880		
ORION	NL	03051652	62	Cargo	1963	720	244700858	PD5961
ORION	NL	03310516	55	Cargo	1964	614	244750074	PH2330
ORION	B	06001971	73	Cargo			205453490	OT4534
ORION 4	NL	02312312	40	Tanker	1942	209	244660729	PH2485
ORION II	NL	02308525	36	Cargo	1930	231	244740553	PH9701
ORISSA	B	06000136	67	Cargo			205201690	OT2016
ORKA	NL	02006897	86	Cargo	1971	1597	244700244	PI3207
ORKA	NL	02300516	16	Tender			244700070	PF7885
ORLANDO	NL	02314920	82	Cargo	1956	1043	244670959	PF6430
ORTELIUS	B	06004218	109	Cargo	1988	2794	205375790	OT3757
ORTYGIA	NL	02319000	110	Cargo	1976	2604	205501390	PH4250
OSAR	NL	02104608	80	Cargo	1956	1056	244020362	PD5831
OSDORP	NL	02006851	64	Cargo	1970	734		PG9003
OSIRIS	NL	02318730	110	Cargo	1989	2540	244670423	PD2955
OSIRIS	B	06002921	17	Tug (P)	1989	87	205263390	OT2633

BENELUX WATERWAY VESSELS 2012

Vessel Name	Flag	IMO/ENI	LOA	TYPE	BUILT	GT	MMSI No	Callsign
OSIVA	B	02315705	75	Cargo	1958	1000	205438790	OT4387
OSTARA	NL	02205099	86	Cargo	1980	1504		
OSTARA	B	06000499	65	Cargo			205269190	OT2691
OSTREA	NL	02304217	45	Cargo	1929	377	244090050	PD7834
OSTREA	NL	02317441	86	Cargo	1958	1392	244700040	PI2591
OTD ALPHA	NL	02329682	110	Tanker	2008	2780	244670734	PD2471
OTHELLO	NL		110	Tanker	2011	4000		
OTHENE	NL	02323386	105	Cargo	1973	2672	244650918	PD7564
OTTER	NL	02331441	86	Tanker	2009	1599	244630393	PB2678
OTTO	NL	02104699	19	Tug (P)	1973	57	244710042	PD 5558
OURAGANO	B	06002701	67	Cargo			205260790	OT2607
OVERIJSSEL	NL	02313979	76	Cargo	1957	1057	244690665	PF3998
OXBOW	B	06004314	55	Cargo	1959	537	205377690	OT3776
OXFORD	B	06105018	135	Cargo	2007	5186	205288990	OT2889
OZON 1	NL	02311605	19	Tanker	1963	49		
P 44	NL		82	Patrol			244418000	PBHP
P 49	NL		27	Patrol			245796000	PBKJ
P 58	NL		19	Patrol			245659000	PFDB
P 86	NL		25	Patrol			244615812	PE4290
P W L	NL	02012907	11	Tug	1963		244690669	PH6793
PA2 (Amsterdam 2)	NL		15	Patrol			244670377	PE7000
PA4 ATHENA (A'dam 4)	NL	02333682	19	Patrol			244690186	PB6264
PA8 HEPHAISTOS (A'dam 8)	NL		28	Patrol			244660538	PD4684
PACEAS	NL	02320020	110	Tanker	1991	2453	244650835	PE8070
PACIFIC	B	06003867	105	Tanker	1987	2420	205364990	OT3649
PADOVA	B	06001695	50	Cargo		604	205476990	OT4769
PADUA	NL	03310043	50	Cargo	1927	532		PG2360
PAFOS	NL	02325638	109	Tanker	1984	3705	244670146	PF4255
PAGADDER	B		12	Workship			205354890	OT3548
PAGADDER	B	06003900	36	Tanker			205367990	OT3679
PAGANINI	B	06105035	110	Cargo	2009	3119	205430790	OT4307
PALADIN	NL	02321258	85	Tanker	1971	1465	244020530	PI3039
PALANDIEL	B	02334508	110	Tanker	2011	2870	244740941	PB4346
PALLAS	B	06004160	110	Tanker	1978	2996	205371790	OT3717
PALLIETER	B	06002331	48	Cargo	1928		205227990	OT2279
PALMERAS	NL	02314183	73	Cargo	1954	1179		PF9203
PALMGRACHT	NL	02005856	40	Tanker ©	1962	254	244660263	PF2336
PAMELA	NL	02332041	86	Tanker	2009	1689	244700016	PB7345
PAMOJA	NL	02325637	86	Cargo	2002	1653	244700340	PD3824
PAMPUS	NL		12	Patrol			244690572	PB3424
PANAMA	B	06001134	67	Cargo			205468990	OT4689
PANAMAX	NL	02326867	110	Tanker	2005	4207	244620933	PD4202
PANDA	NL	02315011	70	Cargo	1955	802	2053912	PF9067
PANDA	B	06002762	51	Cargo			205340390	OT3403

BENELUX WATERWAY VESSELS 2012								
Vessel Name	Flag	IMO/ENI	LOA	TYPE	BUILT	GT	MMSI No	Callsign
PANDORA	NL	02317993	85	Cargo	1969	1715	244730595	PF9092
PANORAMA	NL	02312809	72	Cargo	1956	783	244010762	PD2838
PANTA RHEI	NL	02304774	80	Cargo	1930	1500		PF2251
PANTA RHEI	NL	02309485	39	Cargo	1956	342		
PANTA RHEI	NL	02312644	67	Cargo	1968	813		PD7107
PANTA RHEI	NL	02330533	110	Cargo	2008	3201	244650989	PF4164
PANTA RHEI	NL	02331448	110	Cargo	2011	3009	244740053	PD5287
PANTERA	NL	02311082	90	Tanker	1961	1455		PF6016
PAPILLON	NL	02300002	81	Cargo	1926	1259	244700985	PH5423
PAPILLON	NL	02332449	135	Cargo	2009	4115	244700428	PB4254
PARAAT	NL	02001498	65	Cargo	1932	832	205417590	PD7562
PARADOX	NL	02324692	110	Cargo	2000	3025	244650832	PH8327
PARAGUAY	B		38	Cargo			205452990	OT4529
PARANA	NL	03170106	39	Cargo	1927	307		PD7785
PARANA	B	06004306	110	Cargo	2007	3200	205386390	OT3863
PARCIFAL	NL	02324574	86	Cargo	2000	1500	244690970	PF3263
PARCIVAL	NL	02323869	45	Cargo	1998	579		PC3324
PAREATIS	B	06000749	39	Cargo	1961	175		
PARFORCE	NL	02319696	80	Cargo	1974	1670	244670967	PD2177
PARIS }	NL	02331765	97	Cargo KVB	2009	2837	244620493	PF5035
PARIS II }	NL	02330233	76	Cargo #	2009	2301		
PARKKADE	NL	02325055	110	Tanker	2001	2420	244670235	PD6341
PAROLA	B	06002181	53	Cargo	1936	505	205305490	OT3054
PARSIFAL	B	06000629	73	Cargo	1967	1059	205308190	OT3081
PARTIZAN	NL	02314080	80	Cargo	1954	1167		PG2588
PARTNER	D	02325307	105	Tanker	1974	1969	211517220	DK5881
PARTOUT-POURTOUT	B		39	Cargo			205501390	OT5013
PASAR	NL	02326075	100	Tanker	1972	1667		
PASCAL	NL	02319238	86	Tanker	1980	21700	244700276	PI5944
PASCAL 2	NL	02309306	23	Tug	1954			
PASCAL-V	B	06003766	57	Tanker	1961	470	205345790	OT3457
PASHA	NL	02317732	30	Tug (P)	1964		244650808	PE4348
PASSAAT	NL	02312191	62	Cargo	1966	756	244700231	PD2810
PASSAAT	F	02316790	120	Tanker			227088120	FM3785
PASSAGE	NL	02319749	80	Cargo	1930	1706	244700951	PD2393
PASSANT	NL	02331381	110	Cargo	2009	3360	244730843	PD7763
PASSANT	NL	06003769	80	Cargo	1958	1143	244660503	PB4744
PASTEUR	NL	02318153	110	Tanker	1987	2164	244020409	PE9033
PATMAR Z	B	06002821	50	Cargo	1944	551	205444790	OT4447
PATMOS	B	06002218	110	Tanker	1987	2995	205492690	OT4926
PATRIA	NL	02204298	70	Cargo	1970	1144		PG3192
PATRIA	NL	02305226	50	Cargo	1930	500	244710546	PD6487
PATRIA	NL	02311597	50	Cargo	1963	532	244700040	PF4699
PATRIA Y8760	NL	02312744	44	Tanker	1999	220	244700029	PAEW
PATRICIA	NL	02331524	110	Tanker	2009	3186	244670773	PH6576

BENELUX WATERWAY VESSELS 2012

Vessel Name	Flag	IMO/ENI	LOA	TYPE	BUILT	GT	MMSI No	Callsign
PATRICIA	B	06503449	39	Cargo	1939	357		
PATRICIA-V	B	06002106	85	Tanker	1957	1271	205255790	OT2557
PATRICK	NL	03340017	50	Cargo	1923	510		PD8674
PATRISCIA II	NL	03236436	77	Cargo #	2003	2958		
PATRISICA	NL	02327221	110	Cargo	1994	2811	244010573	PD9447
PATTY	B	06002565	86	Cargo	1959	1149	205446190	OT4461
PAT-VERO	B	06002382	80	Cargo	1988	1363	205327590	OT3275
PAUL DELVAUX	B	02330241	110	Cargo	2008	3251	205347890	OT3478
PAULA F	NL	03031615	61	Cargo	1957	699	244700683	PH7604
PAULINA	NL	02306337	67	Cargo	1940	691	244740757	PE5432
PAULINA	B	06004300	110	Tanker	1974	3611		PE5298
PAULINE	NL	02319078	105	Cargo	1971	2006	244730460	PF5510
PAULINE-ANETTE	NL	02324800	86	Cargo	2001	1719	244710246	PD4274
PAX	NL	02301917	37	Cargo	1927	339	244700119	PG6177
PAX	NL	02302139	31	Cargo	1926	253		
PAX	NL	02311121	80	Cargo	1962	1133		PH3893
PAX	NL	02314630	73	Cargo	1948	951	244700864	PE6105
PAX MEA	B	06001391	74	Cargo	1952	987		
PAXI	B	06002707	105	Cargo	1972	2506	205287690	OT2876
PAY	B			Cargo				
PEALKO	NL	02330440	110	Cargo	2008	3211	244620321	PF4532
PECARO	NL	02333203	110	Cargo	2010	3304	244690168	PB6199
PECUNIA	B	06105006	135	Cargo	2007	3919	205391290	OT3912
PEDRO	B	06000291	39	Cargo		357		
PEGASUS	B	06003657	110	Tanker	1999	2434	205346790	OT3467
PEILBOOT 1	B		15	Patrol			205112490	OT1124
PELGRIM	NL	02327384	85	Cargo	1989	1700	244650403	PH9389
PELIKAAN	NL	02321390	80	Cargo	1994	1508	244710214	PD3859
PELIKAAN	NL	06002530	67	Cargo	1964	1015		
PELSERT	NL	02329908	86	Cargo	2008	1654	244670458	PD5383
PENNSYLVANIA	NL	06502853	25	Tanker	1962	133		
PENNSYLVANIA II	B		28	Tanker			205417590	OT4175
PERFECT 5	NL	03190038	26	Tanker	1924	28		
PERFECT 7	NL	02315499	18	Tug (P)	1979		244700557	PE5137
PERGO	NL	02101333	80	Cargo	1928	1353	205393090	PF4967
PERISAAB	B		100	Tanker			205401790	OR4017
PEROLI	NL	02314434	80	Cargo	1926	1600	244670199	PH5933
PERSEUS	NL	9367114	25	Pilot			246390000	PHDI
PETER	NL		135	Cargo	2010			
PETER	NL	02308599	41	Workship	1953	114		PG6189
PETER	NL	02317300	34	Tanker	1966	390	244070184	PI9190
PETER	B	06002820	49	Cargo			205213690	OT2136
PETER JAEGERS	D	02333261	86	Tanker	2010	1626	211536330	DH2516
PETRA	NL	02310457	92	Cargo	1959	2605	244650978	PD3485
PETRA	NL	02317069	73	Cargo	1963	1174		PI2516

Vessel Name	Flag	IMO/ENI	LOA	TYPE	BUILT	GT	MMSI No	Callsign
BENELUX WATERWAY VESSELS 2012								
PETRA XIII	NL	02312121	19	Tanker	1965	56	244730827	PI3454
PETRAN	NL	02332322	135	Cargo	2010	5002	244660317	PB4112
PETRAQ	NL	02324783	135	Cargo	2001	3991	244670258	PH4058
PETRONELLA	NL	02005867	60	Cargo	1962	840	244700276	PG6499
PETRUS	NL	02316286	96	Cargo	1930	2302		PF5692
PHANTOM	B	06003290	80	Tanker	1954	1420	205304190	OT3041
PHAROS	NL	02320451	110	Cargo	1992	3121	244620788	PG6007
PHIANSARO	NL	02327523	80	Cargo	1956	1175	244660028	PH5342
PHILADELPHIA	B	06001921	85	Cargo	1971	1594	205347990	OT3479
PHILIPSKERCKE	NL	02327685	86	Cargo	2006	2340	244650144	PD3330
PHILOS	NL	02324477	110	Cargo	2000	2916	244670773	PI7598
PHILOS	NL	02332857	110	Tanker	2010	4211	244650794	PB4284
PHILOS DYO	NL	02322643	76	Cargo #	1996	2376		
PHOENIX	NL	02315403	20	Tug (P)	1974	46	244690303	PD2901
PHOENIX	NL	02329747	80	Tanker	2007	1098	244660827	PE3080
PHOENIX 3	B	02302985	90	Cargo #	1908	1828	244710526	PB8659
PI JA	NL	03270610	60	Cargo	1962	638	244700559	PD4182
PIA	NL	02318695	80	Cargo	1925	1483	244660798	PD3029
PIA	NL	03170672	58	Cargo	1964	654	244700457	PD7004
PICARDIE	B	06002997	80	Tanker	1956	1331	205291090	OT2910
PICARO	NL	02319008	39	Cargo	1964	358	244660950	PI3169
PIERRE	B	06503110	39	Cargo		365	205290490	OT2904
PIET HEIN	NL	02204033	86	Tanker	1965	1485	244700361	PD8292
PIET HEIN	NL	02314008	80	Cargo	1970	1385	244710246	PF2133
PIETER	NL	02006193	29	Workship	1965	105	244740125	PC5041
PIETER	NL	02333326	25	Workship	2010		244710020	PB8073
PIETER COECKE (see note 1)	B	9031193	33	Dredger	1992	591	205099000	ORWI
PIETER DECONINCK (PILOT 2)	B		23	Pilot			205089000	ORDE
PIETER DINA	NL	02004040	17	Cargo	1922	40		
PIETER HUBERT	NL	02103632	72	Dredger	1962	1308	244710846	PH8245
PIETER P.RUBENS (PILOT 4)	B		23	Pilot			205251390	OT2513
PIETER SR	NL	02324902	110	Cargo	2001	2854	244650806	PD4518
PIETER.L	NL	02311885	21	Tug	1964		244710708	PD4244
PIKKOLO	NL	03170541	54	Cargo	1956	652	244680139	PF9544
PIONEER	NL		21	Pilot			245711000	PCGX
PIONIER	NL	03051640	49	Cargo	1963	450	244690795	PD7674
PIRAAT	NL	02208663	61	Cargo	1965	689	244700200	PD7128
PIRAAT	B	06002785	50	Tanker	1961	644	205400890	OT4008
PIRANA	NL	03280009	55	Cargo	1926	600	244750047	PG8145
PIZ ALBANA	CH	07001822	86	Tanker	1991	1604		
PIZ ALBRIS	CH	07001823	86	Tanker	1990	1606		
PIZ AMALIA	CH	07001824	86	Tanker	1992	1601		
PIZ ANNAPURNA	D	04029290	85	Tanker	1987	1412		

BENELUX WATERWAY VESSELS 2012

Vessel Name	Flag	IMO/ENI	LOA	TYPE	BUILT	GT	MMSI No	Callsign
PIZ ARINA	NL	02317847	85	Tanker	1986	1778		
PIZ AUBRIG	CH	05107550	80	Tanker	1981	1262		
PIZ BERNINA	D	04804240	110	Tanker	1964	2043		
PIZ BEVER	D	04801160	86	Tanker	2004	1560		
PIZ BIANCO	CH	07001801	110	Tanker	1973	2892		
PIZ BOVAL	D	04801150	85	Tanker	1971	1595		
PIZ BUIN	D	04503160	80	Tanker	1958	1225		
PIZ CAMBRENA	CH	07001488	110	Tanker	1986	2695		
PIZ CASTOR	NL	02104023	70	Tanker	1966	1180		
PIZ DANIEL JR	NL	02326325	85	Tanker	1973	1366		PD2653
PIZ EVEREST	CH	02326324	101	Tanker	1973	1556		
PIZ EVEREST	D	04029050	85	Tanker	1987	1229		
PIZ GLORIA	CH	07001708	105	Tanker	1987	2531		
PIZ JULIER	CH	07001456	110	Tanker	1985	2532		
PIZ K2	CH	07001827	67	Tanker	2000	1048		
PIZ KESCH	D	04802900	110	Tanker	1970	2489		
PIZ KESCH	CH	07001843	99	Tanker	1972	2109		
PIZ LA MARGNA	CH	04801290	110	Tanker	1983	2820		
PIZ LANGUARD	CH	07001713	110	Tanker	1988	3069		
PIZ LOGAN	CH	07001829	86	Tanker	1985	1335		
PIZ LOHTSE	CH	07001845	85	Tanker	1974	1410		
PIZ MANDALA	D	04400300	67	Tanker	1970	966		
PIZ PALU	NL	02333722	110	Tanker	2010	2645		
PIZ PALU	CH	07001708	105	Tanker	1987	2531		
PIZ PERFORMANCE	NL	02331296	85	Tanker	2008	2603	244630043	PE9486
PIZ PILATUS	CH	07001814	85	Tanker	1958	1298	269057245	HE7245
PIZ PINTO	NL	02312462	70	Tanker	1958	1037		PE8112
PIZ SHKHARA	NL	02327534	80	Tanker	1981	1262	244650906	PD3617
PIZ SIDLEY	D	04400310	67	Tanker	1970	1054		
PIZ STANLEY	D	04029430	85	Tanker	1987	1326		
PIZ TERRI	CH	06002619	110	Tanker	1992	2684		
PIZ TRIKORA	D	05108260	80	Tanker	1982	1273		
PIZ VARUNA	CH	04801910	110	Tanker	1980	2735		
PLAY BOY	B	02314037	85	Cargo		1418	205202090	OT2020
PLAYA GOLF	NL	02315827	67	Cargo	1954	724		
PLEVIER	NL	03170627	39	Cargo	1937	357		PE4518
PLOEGER	NL	02007092	67	Cargo	1957	884	244740764	PD8779
POLARIS	NL	02315834	73	Cargo	1961	1026	244690856	PH3601
POLARIS	NL	02317896	85	Cargo	1954	1285		
POLARIS	NL	02319310	65	Dredger	1950	111	244620994	PG9092
POLARIS	NL	06003455	110	Cargo	1989	2509	244750210	PD3787
POLLUX	NL	02718374	27	Tug	1963	186	246152000	PGUE
POLSKA	B	06002661	77	Cargo	1958	1030	205228890	OT2288
PONENTE	NL	02104800	95	Cargo	1974	1959	244670458	PF9678
PONTIAC	NL	02320416	100	Cargo	1974	1955	244660959	PG3117

BENELUX WATERWAY VESSELS 2012

Vessel Name	Flag	IMO/ENI	LOA	TYPE	BUILT	GT	MMSI No	Callsign
PONTONNIER	NL	02326681	35	Workshop	2004	55	244670401	PD3410
POOLSTER	NL	02205595	75	Cargo	1980	1100	244700933	PD5228
POOLSTER	NL	02718246	20	Patrol			244130026	PC3337
POOLSTER	NL	03110593	55	Dredger	1964	612	244710707	PD2826
POR-DIOS	B	02313744	85	Cargo			205393090	OT3930
PORRENA	B	06000063	55	Tanker		617	205436190	OT4361
PORT 1	NL	02311419	50	Tanker	1962	413		PI6060
PORT 2	NL	02315312	64	Tanker	1963	675	244710485	PE6098
PORT 4	NL	02322053	80	Tanker	1989	1496	244660018	PH4006
PORT ELISABETH	NL		110	Tanker	2010			
PORTEUR	RO	02319396	86	Cargo	1957	1195		
PORTO BELLO	B	02328753	110	Cargo	2007	3225	205413390	OT4133
PORTOFINO	NL	08000048	86	Cargo	1949	1420	244660806	PC3150
POSEIDON	NL	02307658	67	Cargo	1931	1060	244700042	PG6182
POSEIDON	NL	03170638	39	Cargo	1938	350	244700649	PF6874
POSEIDON	NL	03350285	25	Workshop	1900	115	244700124	PH9643
POSEIDON	B	06003745	110	Tanker	2000	2512	205351390	OT3513
POSSIDI	NL	02322717	110	Cargo	1989	2500	244690396	PE8810
POSTSLOOT	NL	03170233	28	Cargo	1922	154	244670349	PG3628
POTVIS	B			Cargo				
POUWEL S	NL	02331345	110	Tanker	2009	2917	244670171	PD4615
POZNAN	B	06003734	85	Cargo	1970	1337	205357990	OT3579
PRAXEAS	B	06004140	80	Cargo		1280		
PRESAGIO	B	02327617	110	Cargo	2006	3202	205441490	OT4414
PRESENT	NL	02310120	80	Cargo	1957	1217	244630391	PD3635
PRESTIGE	B	06105034	134	Cargo	2008	3960	205414190	OT4141
PRESTO	NL	02314004	57	Cargo	1957	700	244030575	PD2539
PRESTO	NL	02329392	110	Cargo	2008	3294	244650985	PF4246
PRESTO (IMO 9195626)	B	06003896	83	Cargo	2003	2700	205365700	OT3657
PRIDE OF FAIAL	NL	02332399	110	Tanker	2010	2882	244630829	PB2097
PRIMA	B	06002787	50	Cargo		611	205445090	OT4450
PRIMAIR	NL	02205685	110	Cargo	1989	2802	244650975	PI3635
PRIMAIR	NL	02316965	67	Tanker	1958	858	244740490	PC5273
PRIMAS	NL	03340004	47	Cargo	1925	521		
PRIMAZEE	B	02314207	109	Tanker	1975	3084		PF4642
PRIMO	NL	02313841	86	Cargo	1958	1582	244660136	PR7316
PRIMO INITIO	NL	02313925	86	Cargo	1939	1604		PD3604
PRIMULA	B		51	Military			205212000	ORGP
PRIMUS	NL		32	Cargo(HB)			244690975	PE6577
PRINCESS	NL	02325046	86	Cargo	2001	1815	244660214	PE6347
PRINS 1	NL	02509038	65	Dredger	1969	791	245139000	PG8110
PRINS 2	NL	02717808	65	Cargo	1969	976	244710061	PG8125
PRINS 3	NL	02717809	65	Cargo	1969	976	244700457	PI9202
PRINS 4	NL	02720535	54	Workshop	1976	658	245798000	PE6816
PRINS VAN ORANJE	NL	02311215	60	Cargo	1962	673	244670213	PE3430

BENELUX WATERWAY VESSELS 2012

Vessel Name	Flag	IMO/ENI	LOA	TYPE	BUILT	GT	MMSI No	Callsign
PRINSENGRACHT	NL	02311999	53	Tanker	1965	484	244620991	PF2337
PRINSENLAND	NL	02318320	70	Tanker	1988	941	244660210	PG7711
PRINSENLAND	NL	02326049	86	Cargo	1998	8666	244690730	PE2984
PRINSENSTAD	NL	02104266	70	Cargo	1967	861	244700466	PI3592
PRINSES AMALIA	NL	02328190	30	Training	2007	388		
PRINSES BEATRIX	NL	02005698	54	Training	1960	65	244710864	PD2061
PRINSES CHRISTINA	NL	02005966	54	Training	1962	59	244710865	PD2134
PRINSES MARGRIET	NL		15	SAR			244653000	PGVG
PRINSES MARGRIET	NL	02203600	54	Dredger	1958	500	244750037	PE2690
PRINSES MAXIMA	NL	02328191	56	Training	2007	600	244130293	PD4876
PRINSLANDER	NL	02307805	29	Tanker	1951	91		PB3706
PRISA	NL	02212395	110	Cargo	2005	2912	244620938	PF2122
PRISCILLA	NL	02311068	39	Tanker	1961	299		PD9988
PRIVILEGE }	NL	02323654	96	Cargo KVB	1998	2553	244690471	PD6559
PRIVILEGE II }	NL	02327216	76	Cargo #	2005	2400		
PRO ET CONTRA	NL	02201434	28	Cargo	1930	116		
PRO RATA	NL	02313212	55	Cargo	1961	726	244650906	PF9242
PRO RATA	NL	02325851	85	Cargo	2003	1896	244710417	PD5194
PRO VERITATE	B	06000239	80	Cargo	1967	1173	205300190	OT3001
PRO-CONTRA	NL	06003465	95	Cargo	1964	1770	244690714	PH6438
PROCYON	NL	02330272	110	Tanker	2008	3191	244620087	PE9152
PRODIGIO	NL	02312868	70	Cargo	1957	880	244690955	PG3180
PROFILER	NL	02330361	9	Patrol			355635000	PF5848
PROGRES	NL	02304393	80	Cargo	1927	1304		
PROGRESS	NL	02322193	86	Cargo	1995	1685	244690849	PG8622
PROMESSA	NL	02332450	135	Cargo	2009	3995	244650760	PB4198
PROMINENT	NL	02324504	86	Cargo	2000	1830	244700109	PD4675
PROMOTION	NL	02332837	135	Tanker	2009	8661	244660052	PB4433
PRONTO	NL	02330403	110	Cargo	2008	3070	244650016	PB2540
PROSERPINA	NL	02006208	61	Tanker	1965	557	244660095	PD2701
PROSPERO	NL	02004574	43	Cargo (HB)	1954	164	244710373	PE4377
PROTECTOR	NL	02320434	20	Tug	1927	28	244660171	PD4651
PROTEUS	B	06004066	110	Tanker	2004	3485	205237290	OT2372
PROVIDENCE	NL	02330726	135	Cargo	2008	4467	244690301	PD5119
PROVIDENTIA	NL	02304578	67	Cargo	1929	852	244660306	PI5543
PROVIDENTIA	NL	02312687	80	Cargo	1960	1083	244700143	PE7634
PROVIDER	NL		14	SAR			205562000	ORPN
PROVIDER	NL		110	Tanker	2011			
PROVOCATIO	NL	02007596	80	Cargo	1926	1200	244690949	PB7268
PROVOCATIO	NL	03110605	85	Cargo	1965	1499	244690579	PB7268
PROVOLARE	NL	02314859	67	Cargo	1961	837	244660853	PD6385
PRUDENTIA	NL	02310202	70	Cargo	1958	901	244690432	PB4900
PUCK	NL	03021336	55	Cargo	1963	610	244750416	PF2156
PURA VIDA	B	06004135	85	Cargo		1325	205416690	OT4166
PYTHON	B	06001707	80	Cargo		692	205378790	OT3787

BENELUX WATERWAY VESSELS 2012

Vessel Name	Flag	IMO/ENI	LOA	TYPE	BUILT	GT	MMSI No	Callsign
QUADRANS I	NL	02331646	110	Tanker	2009	3233	244650228	PB3004
QUADRANS II	NL	02331647	110	Tanker	2009	3221	244650607	PB3932
QUADRANS III	NL	02332887	110	Tanker	2010	2780	244670745	PB5661
QUADRANT	NL	02316838	86	Cargo	1953	2028		PI3185
QUARTA	NL	02203776	60	Cargo	1961	776	244670587	PF2518
QUARTO	NL	02304187	67	Cargo	1929	900		
QUDAJO	NL	02318973	109	Cargo	1989	2147	244670665	PI7001
QUEBEC	NL	02333686	110	Tanker	2010	4000	244700688	PB8097
QUEEROY	B	06105007	110	Cargo	2007	3279	205383490	OT3834
QUENYA	B	06105080	135	Cargo	2009	3960	205454490	OT4544
QUERIDA	B		80	Cargo			205293490	OT2934
QUESTE	NL	02333061	135	Tanker	2010	4294	244670564	PB5462
QUID NOVI	B	06003258	50	Cargo	1962	580		
QUINTO	NL	02324438	110	Cargo	2000	2866	244660843	PI7697
QUI-VIVE	NL	02318561	105	Cargo	1957	1780	244660953	PH3877
QUO VADIS	NL	02001868	50	Cargo	1928	531	244620477	PH5607
QUO VADIS	NL	02309702	55	Cargo	1956	500	244660014	PF3072
QUO VADIS	NL	02310651	60	Cargo	1960	613	244700118	PI2776
QUO VADIS	NL	02312901	39	Cargo	1961	355	244660915	PE2029
QUO VADIS	NL	02322010	80	Cargo	1995	1493	244100621	PG8731
QUOS EGO	NL	03270652	62	Cargo	1963	816		
QUO-VADIS	NL	03260110	55	Cargo	1956	621	244710061	PB8364
R3	B		13	SAR			205907400	OS9074
RAAF	NL	02315026	40	Cargo	1950	412		
RAAF	NL	03051712	39	Cargo	1965	358		PI9022
RAAMGRACHT	NL	02312384	60	Tanker	1967	582	244660210	PF2338
RACHELLI	NL	03030037	39	Cargo	1924	260		
RAFFAEL	NL	02326925	110	Tanker	1996	2823	244670753	PH6146
RAINBOW	NL	02204871	85	Cargo	1951	1176	244690045	PH5984
RAINBOW	NL	02328483	110	Tanker	2007	2997	244660621	PD3321
RAINBOW I	NL		110	Tanker	2009			
RAM	NL	02302798	18	Tug	1909			PF8613
RAM	NL	02318589	22	Tug (P)	1943	23	244690471	PG3471
RAM	NL	02329944	57	Dredger	1900	452		
RAMBLER	NL	02104609	85	Cargo	1952	1250	244710395	PC5325
RAPIDE	NL	02318511	70	Cargo	1988	1145	244700245	PF6603
RAPIDE	NL	02330413	81	Cargo	2009	1779	244620920	PH5425
RAPIDO LANZA	B	06003351	74	Cargo	1937	929	205206390	OT2063
RAPITARD	NL	02331137	135	Cargo	2009	4215	244010489	PH3774
RAPSODY	NL	02331475	135	Cargo	2009	3902	244670228	PD4685
RASTA }	B	06105227	96	Cargo KVB	2010	2839	205501090	OT5010
RASTA I }	B	06105228	77	Cargo #	2010	2423		
RAVEL	B	02331481	86	Tanker			205452690	OT4526
RAVEL	B	06502979	86	Tanker	1950			
RAVELIJN	NL	02314002	80	Cargo	1972	1231	244730448	PD9754

BENELUX WATERWAY VESSELS 2012

Vessel Name	Flag	IMO/ENI	LOA	TYPE	BUILT	GT	MMSI No	Callsign
RAVELINGEN	B		18	Pilot			205598000	ORBP
RAVI	NL	02324086	110	Cargo	1999	2902	244660107	PF9866
RAYON	NL	02315254	55	Cargo	1960	653	244700904	PF2223
RAYPA	B	06004280	80	Cargo	1964	1082	205470990	OT4709
READINESS	NL	02205117	86	Cargo	1981	1500	244660702	PD8811
READY	NL	02321407	85	Cargo	1964	1449	244690637	PF4610
READY 2 GO	NL	02315042	73	Cargo	1963	978	244250866	PF6830
REALE	NL	02321674	39	Cargo	1930	347		
REALENGRACHT	NL	02312491	60	Cargo	1967	581	244010791	PF2339
REALITE	LX	08023114	29	Tug (P)	1930		253242302	LX2302
REAN	B	04033880	105	Cargo		2028		
REAN-L	NL	02331021	110	Cargo	2008	3204	244740730	PG8740
REBEL	B	06105090	110	Cargo	2009	3198	205461490	OT4614
RECTE SPERO	NL	02316625	73	Cargo	1963	1126	244130292	PD6645
RED BULL	F	01822997	73	Cargo			226001090	FM6215
RED DRAGON	B	06003104	105	Cargo		2278	205251090	OT2510
REDBAD	NL	02316085	42	Dredger	1965	542		
REDEBOOT 8	B		17	Pilot			205314000	ORDR
REDOUTABLE	B	04012060	79	Tanker	1963	1222	205395690	OT3956
REGALO	NL	02203641	50	Cargo	1958	511	244690579	PD8165
REGENBOOG	NL	02311827	86	Cargo	1964	1974	244710302	PD3311
REGGE	NL	02103687	57	Tanker	1962	609		PD8610
REGGEPLUS	NL		35	Tanker	2010	300		
REGGEPLUS	NL	02328488	35	Tanker	2007	260	244690454	PB6633
REGGESTROOM	NL	02320419	90	Tanker	1992	2127	244630015	PH9649
REGINA	NL	02304790	41	Cargo	1901	287		PG2702
REGINA COELI	B	06503307	39	Cargo		350	205424490	OT4244
REGULIERSGRACHT	NL	02312401	60	Tanker	1967	666	244660257	PD9427
REGULUS	NL		24	Patrol	1976		245171000	PBWU
REGULUS	NL	02313256	67	Cargo	1955	954		PD4882
REHOBOTH	NL	02304615	45	Cargo	1925	401		PE3898
REHOBOTH	NL	02316259	67	Cargo	1959	855		PG7876
REHOBOTH	NL	02320017	86	Cargo	1926	1700	244660901	PF3631
REHOBOTH	NL	02331616	135	Cargo	2009	3901	244660299	PD4729
REHOBOTH II	NL	02334054	110	Cargo	2011	3237	244730973	PD2285
REIGER	B		22	Crewboat	1966		205043000	ORMN
REIGER	NL	02312874	60	Cargo	1901	1115		
REIMERSWAAL	NL	02321119	110	Tanker	1993	2532	244690863	PG2032
REIMERSWAAL	NL	03270709	79	Cargo	1965	1379	244690914	PH4222
REINA	NL	02313467	61	Cargo	1938	680	244670158	PD4301
REINIE	NL			Tanker	2011			
REINMAR	NL	02315707	80	Cargo	1957	1165	205229890	PH9127
REINOD 1	NL	02323701	15	Tug	1962		244690318	PD5777
REINOD 4	NL	02322101	15	Tug	1964			
REINOD 5	NL	02323702	15	Tug	1962		244710581	PD4816

BENELUX WATERWAY VESSELS 2012

Vessel Name	Flag	IMO/ENI	LOA	TYPE	BUILT	GT	MMSI No	Callsign
REINOD 6	NL	02323703	15	Tug	1962		244010219	PF5299
REINOD 9	NL	02006505	12	Tug (P)	1981		244710582	PH5617
REINOD 10	NL	02323715	6	Tug	1976			
REINOD 12	NL	02323713	22	Tug (P)	1984			
REINOD 14	NL	02313270	28	Tug (P)	1929	49	244710584	PB7557
REINOD 15	NL	02311711	70	Cargo	1963	939	244020916	PG4340
REINPLUS	NL	04401000	30	Tanker	1955	133		
RE-INTRADE	NL	02310327	110	Cargo	1958	1963	244700465	PE7051
REIZIGER	NL	02318619	80	Cargo	1962	1150	244700394	PD3097
RELAX	NL	02007784	67	Cargo	1957	821		
RELAX	NL	02325288	80	Cargo	1961	1086	244660604	PE6629
REMAR 4	NL	02321076	21	Tanker	1974	77	244250468	PD3882
REMAR 5	NL	02327567	23	Tanker	1950	86	244010604	PF7426
REMBRANDT	NL	04033050	110	Tanker	1995	2634	211549530	DK5512
REMI	NL	02008073	74	Cargo	1979	1209	244750163	PE9814
REMI	NL	02311470	70	Cargo	1957	940		
REMI	NL	03021052	31	Cargo	1942	211		PD9116
REMINKE	NL	02325931	86	Cargo	2003	1925	244670528	PH8859
REMONSI	NL	03051729	60	Cargo	1966	675		PB4130
RENATA	NL	02104306	62	Cargo	1964	762	244650976	PD4490
RENATA	NL	02318798	110	Cargo	2007	3208	244670521	PD4356
RENATA	B	06000211	85	Cargo	1964	1273	205265490	OT2654
RENE	NL	02102518	54	Cargo	1950	587		PF4289
RENE 19	B	06002533	83	Tanker	1990	976	205423290	OT4232
RENJO	NL	02325345	108	Cargo	1972	3217	244690736	PF3368
RENO	NL	02205947	10	Tug	1949		244690536	PH3875
RENOIR	NL	02326915	110	Tanker	1996	2808	244620901	PH6529
RENOVA	NL	03170589	63	Cargo	1961	750	244700470	PD2221
RENOVACCIO	B	06002540		Cargo				
RENOVATIE	NL	02329390	135	Cargo	2007	5540	244100272	PH4732
RENS	NL	02333241	8	Workship	2009			PB8462
RENSKE	NL	02318652	80	Cargo	1955	1115	244630541	PF8338
REPOS AILLEURS	NL	03270622	70	Cargo	1962	856	244760405	PD4705
RES	NL	02311398	55	Cargo	1962	618	244700350	PB5503
RES NOVA	NL	02200447	24	Cargo (PS)	1895		244700241	PH9474
RES NOVA	NL	02200839	59	Cargo	1898	700		
RES NOVA	NL	02203683	50	Cargo	1959	523	244650180	PF6857
RES NOVA	NL	02309544	34	Cargo	1955	204		
RES NOVA	NL	02310743	62	Cargo			244615207	PF7433
RES NOVA	NL	02313758	65	Cargo	1964	758	244670228	PE3919
RES NOVA	NL	03030771	40	Cargo	1929	417		
RESIDENCE	NL	02311479	70	Cargo	1963	1007	244690350	PI3411
RESOLUTO	NL	03310489	57	Cargo	1956	530	244670933	PG3312
RESTART	NL	02103725	86	Cargo	1963	1650	244750095	PE8075
RETRIEVER	NL	8106991	54	Tug	1982		246576000	PBQN

BENELUX WATERWAY VESSELS 2012

Vessel Name	Flag	IMO/ENI	LOA	TYPE	BUILT	GT	MMSI No	Callsign
REVE 3	NL	02311156	22	Tanker	1962			
REVENU	NL	02323412	15	Tug	1961		244670072	PH6545
REVENU	NL	03030043	50	Cargo	1925	511		PF6729
REVISIO	NL	06002827	110	Cargo	1995	2763	244750185	PF3392
REX	B	02302163	67	Cargo	1924	915		
REX RHENI	NL	02006298	73	Cargo	1966	1052	244670218	PF3154
REXALDA	NL	02331860	86	Cargo	2008	1563		PI2802
REYNOLDS	B	06000246	95	Cargo	1912	2480	205347790	OT3477
REZOVAR	NL	02331877	110	Tanker	2009	2581	244690521	PE9524
RHEINE	NL	02318346	18	Tug (P)	1954	15	244670557	PD5698
RHEINSTEIN	NL	02205171	86	Cargo	1982	1519	205314990	PD4288
RHEINTAL	D	04807050	110	Tanker	2009	2711	211454200	DD5599
RHENUS HANNAU	NL	02326109	95	Cargo KVB	2003	2765	244670501	PB5378
RHENUS HANNAU II	NL	02326260	76	Cargo #	2003	2665		
RHODY	B	06004015	122	Tanker	2004	4037	244660475	PG5334
RHOEN III	D	06003626	110	Tanker	2000		211511970	DG5540
RHONE	NL	02314550	80	Cargo	1919	1349		
RIA	B		80	Cargo			205303590	OT3035
RIA	NL	02100489	37	Cargo	1924	242	244670937	PD2002
RIA	NL	02101052	33	Cargo	1913	127		
RIAD	NL	02332354	110	Tanker	2009	2799	244710284	PB4264
RIALTO	NL	02104653	84	Cargo	1968	1287	205497390	PH5370
RIAN	NL	03290208	62	Cargo	1962	800	244740939	PF8308
RICHARD SR	NL	02306675	28	Tanker	1910	106		PE6444
RICHARD V	NL	02316105	83	Cargo	1925	1155	244010791	PG5421
RICK	NL	02008018	75	Dredger	1964	1394	244660021	PE7640
RICKUS	NL	03051482	47	Cargo	1964	356		PH4783
RICKY-M	NL	06004149	81	Tanker	2004	1784	244690375	PF4271
RIJN	NL	02320162	17	Tug (P)	1977		244660409	PF2305
RIJNKADE	NL	02324804	86	Cargo	2002	1702	244670260	PH2581
RIJNLAND	NL	02312098	70	Cargo	1965	1035	244700264	PH4505
RIJNLAND	NL	03360060	26	Cargo	1926	109		PG6830
RIJNLAND 6	NL	02305225	67	Cargo	1931	832		
RIJNPLUS	NL	02312471	26	Tanker	1967	103	244690410	PH3997
RIJNSTROOM	NL	03031214	32	Workship	1934	110		
RIJNSTROOM	NL	03170574	57	Cargo	1929	613		
RIJNSTROOM	NL	06504177	32	Dredger			244730471	PB9561
RIJNSTROOM	NL	8133617	19	Cargo	1995	78	245069000	PHFU
RIJO	NL	02320377		Cargo	1944	413		
RI-JO	B	06000903	39	Cargo	1963	640	205211790	OT2117
RI-JOS	NL	02717545	44	Dredger	1963		244650703	PB4118
RIMAR	NL	02311867	39	Cargo	1964	372	244060915	PF5072
RIMAR 1	NL	02310257	13	Tug	1958	5	244620617	PD5409
RINA	NL	02305714	50	Cargo	1936	531	244750154	PD9423
RINA	NL	02319178	77	Cargo	1966	1017		

BENELUX WATERWAY VESSELS 2012

Vessel Name	Flag	IMO/ENI	LOA	TYPE	BUILT	GT	MMSI No	Callsign
RINA	NL	02333775	110	Tanker	2010	2668	244710656	PB4795
RINA	NL	03020022	55	Cargo	1924	595		
RINI	NL	02300701	45	Cargo	1906	393		
RIO	NL	02312900	63	Cargo	1964	803	244660737	PF2631
RIO	NL	03170553	60	Cargo	1958	604	244710980	PH8983
RIO GRANDE	NL	02313021	70	Cargo	1970	1010	244670938	PD3639
RIO I	NL	02323611	86	Cargo	1998	1748	244670608	PI3945
RIO NEGRO	B	06000161	86	Cargo	1963	1349		
RIO Y MAR	NL	02325492	60	Cargo	1973	783	244630753	PD5761
RIO Y MAR	B	06002240	80	Tanker		1094	205498490	OT4984
RIO-4	NL	02322938	67	Cargo	1967	933	244670717	PD5206
RIOPSE	B	06001410	33	Cargo			205501990	OT5019
RIO-TEJO	B	06002741	23	Tug (P)	1956		205325590	OT3255
RISICO	NL	02204029	70	Cargo	1965	1075	244710956	PD9943
RISICO	NL	02304639	55	Cargo	1930	690	244740552	PD6936
RISICO	NL	02304911	40	Cargo	1913	350	244730994	PE4823
RISICO	NL	02308922	30	Cargo	1920	144		
RISICO	NL	02311577	67	Cargo	1963	898		PH6222
RISICO	NL	02319316	85	Tanker	1991	1599	244670158	PI7833
RISICO	NL	03150184	28	Cargo	1934	103		
RISKY	B	06001792	80	Cargo	1966	1506	205482490	OT4824
RISQUE	B	06001387	39	Cargo	1965	388	205229890	OT2298
RITA DEL CASCIA	B	06001492	80	Cargo	1958	1530	205204390	OT2043
RITRABO	NL	02325385	110	Cargo	1959	2828	244660683	PC4625
RIVA	NL	02333491	110	Tanker	2010	2505	244670267	PB6482
RIVAL	NL	02010142	63	Cargo	1958	603	244700593	PG5670
RIVAL	NL	02101555	67	Cargo	1929	941		
RIVAL	NL	02103980	70	Cargo	1965	998	244700465	PH8249
RIVAL	NL	02306586	39	Cargo	1925	271		PD4961
RIVAL	NL	02324043	75	Cargo	1999	1102	244660230	PG4157
RIVAL	NL	02325225	110	Cargo	2001	3038	244700624	PF8848
RIVAL	NL	03150036	64	Cargo	1927	776	244750392	PD9738
RIVER	NL	02331458	125	Tanker	2009	3704	244660622	PI6652
RIVER DANCE }	NL	02331553	96	Cargo KVB	2009	3839	244660005	PD4809
RIVER DANCE (2) }	NL	02331771	76	Cargo #	2009	2423		
RIVER KWAI	D	04808550	110	Tanker	2010	2653	211504980	DC5020
RIVER PRIDE	NL	02323544	86	Tanker	1998	1507	244700830	PC4767
RIVER SIDE	NL	02332398	135	Cargo	2009	3900	244650873	PB 4337
ROB	NL	02104830	15	Workship			244710848	PF3636
ROBBENZAND	NL	02204895	85	Cargo	1978	1323	244710037	PF7926
ROBERT	NL	03170391	50	Cargo	1932	570		
ROBERT H	NL	03110125	52	Cargo	1928	528		
ROBERT-DAVID	LX	08023094	19	Tug (P)	1993	65	253242282	FX2282
ROBIA	B	06002531	56	Cargo			205402990	OT4029
ROBIN	NL	04029290	85	Tanker	1987	1412		

BENELUX WATERWAY VESSELS 2012								
Vessel Name	Flag	IMO/ENI	LOA	TYPE	BUILT	GT	MMSI No	Callsign
ROBINE	NL	06004283	39	Cargo	1954	342	244700034	PD7582
ROBINSON	NL	02305030	80	Cargo	1931	1370	244700744	PI3947
ROBLA	B	06002456	80	Cargo			205431590	OT4315
ROBUST	B		15	Tug	1963		205480790	OT4807
ROCK	B	06000309	80	Cargo	1954	1108	205212990	OT2129
RODEUR	NL	02005843	55	Cargo	1957	670	244670692	PG7708
RODIE	NL	03031300	17	Tug	1948	15	244690997	PI2711
RODORT 7	NL	02310502	50	Tanker	1959	418	244660788	PD4742
RODORT 8	NL	02315694	67	Tanker	1960	724	244690659	PH3919
RODORT 9	NL	02006477	48	Tanker	1967	378	244690660	PE9408
ROEK	NL	02101735	20	Tug	1930		244710585	PG4204
ROELAND	B		30	SPV			205340990	OT3409
ROELANDA	NL	02331628	135	Cargo	2009	3901	244670389	PD2793
ROELIE	NL	02100621	50	Cargo	1925	510	244700704	PB6077
ROELOF SR	NL	02324207	110	Cargo	1975	2600	244660801	PH9916
ROELOFFINA	NL	02010538	80	Cargo	1943	1186	244670003	PF6297
ROGER	B	06000872	39	Cargo		337		
ROJA	NL	03030300	60	Cargo	1910	800		PF6781
ROJANA	NL	02328907	86	Tanker	2007	1681	244710074	PE5190
ROJAS	NL	02333567	110	Tanker	2010	3123	244670237	PB8229
ROLAND VIII	NL	02509193	63	Cargo	1968	597		PH6261
ROLETA	NL	02317904	39	Cargo	1952	342	205496490	PE7299
ROLINA	NL	02309711	52	Cargo	1956	515		PG4703
ROMA	NL	02001211	52	Cargo	1930	492	244615716	PD4036
RO-MA	B	06003028	80	Cargo	1966	1248	205268590	OT2685
ROMAN }	NL	02327616	110	Cargo KVB	1998	3072	244730605	PH6508
ROMANA II }	NL	02324578	77	Cargo #	1994	2403		
ROMANCE	NL	02316830	86	Cargo	1956	1506	244180270	PH9216
ROMANI	NL	02324807	86	Cargo	2002	1702	244630945	PG7521
ROMANIA-G	B	06003490	105	Cargo	1971	1951	205314990	OT3149
ROMARO	NL	03150047	58	Cargo	1927	706	244740734	PF4284
ROME	NL	02310485	86	Tanker	1959	2007	244660185	PF4909
ROMERA	NL	02326627	135	Cargo	2004	3787	244670522	PG7914
ROMI	NL	03220188	50	Cargo	1913	505		
ROMY	B	06002187	78	Cargo	1948	1251	205509090	OT5090
RONALD	NL	02104250	23	Tug (P)	1941	16	244670034	PB5068
RONARIS	NL	02323862	80	Cargo	1959	1131	244700485	PE3771
RONITA	B	06503389	39	Cargo		348	205497390	OT4973
RONNIE W	NL	03250306	85	Dredger	1964	1977	244650603	PD5941
RONNY	P	02311390	55	Cargo	1962	546		
RONNY-O	B	02326433	110	Cargo	2004	3210	205484290	OT4842
ROOS	NL	06003217	55	Cargo		295	244710797	PB8845
RORIJ	NL	03011466	30	Tanker	1954	99	244690844	PI4445
RORIKA	B	06000503	64	Cargo	1948	767	205118790	OT1187
ROSA	B		96	Tanker			205265990	OT2659

BENELUX WATERWAY VESSELS 2012

Vessel Name	Flag	IMO/ENI	LOA	TYPE	BUILT	GT	MMSI No	Callsign
ROSA	B	06003292	16	Tug (P)	1979	45	205265990	OT2659
ROSALINDE	NL	03310453	55	Cargo	1961	602	244700701	PD5280
ROSANNE	NL	02331119	110	Cargo	2009	3154	244630153	PE5621
ROSARIUM	B	06105033	135	Cargo			205203463	OT3463
ROSEMI	NL	03051692	39	Cargo	1964	365	244630701	PH5972
ROSETTE	NL	02326171	110	Tanker	2003	2898	244710600	PD2815
ROSETTE II	NL	02331926	110	Tanker	2009	2909	244630753	PI8725
ROSIS	NL	03170623	60	Tanker	1962	672	244670342	PF6402
ROSSINI	B	06105201	110	Tanker	2009	3200	205490890	OT4908
ROTERODAMI	NL	03170604	70	Cargo	1962	815	244650586	PB3879
ROTTERDAM	NL	02103874	66	Tanker	1964	694		PD4659
ROTTERDAM	B	08000156	58	Tanker	1997	920	205372190	OT3721
ROTTERDAM	NL	7402439	75	Tug	1975	2708	246146000	PHPO
ROTTERDAM	NL	8609888	44	Patrol			244353000	PBXG
ROTTERDAM 17	NL	02310238	28	Tanker	1958	96	244740635	PH7023
ROTTERDAM 30	NL	02332315	14	Tug (P)	2009		244700148	PB3562
ROTTUM	NL	02205477	58	Ferry	1985		244710743	PD2840
ROUZAND EXPRESS	NL	03230230	48	Cargo	1955	382	244730318	PD3789
RO-VER	NL	02333736	110	Tanker	2010	2847	244710226	PB8472
ROXANA	NL	02203903	39	Cargo	1928	355	244660794	PF9813
ROXANNA	NL	02324280	110	Cargo	1999	2595	244670267	PG8089
ROXY }	B	06004257	96	Cargo KVB	2006	2833	244670515	PD2281
ROXY II }	B			Cargo #				PC8000
ROYAAL	NL	02319015	100	Cargo	1971	3080	244700710	PB7275
ROZALINDE	NL	02326622	110	Tanker	2004	3498	244620961	PH5366
ROZENGRACHT	NL	02312415	66	Tanker	1967	701	244660264	PF2340
RP AMSTERDAM	NL	02318608	110	Tanker	1972	2888	244090632	PF5909
RP ANTWERPEN	CH	02326258	110	Tanker	2004	3517	269057261	HE7261
RP BASEL	CH	07001748	109	Tanker	1985	3042	269057161	HE7161
RP BRUGGE	CH	02333621	125	Tanker	2010	4150	269057378	HE7378
RP GENT	CH	02332952	125	Tanker	2009		269057368	HE7368
RPA 1	NL		21	Patrol	2002		244100063	PD3601
RPA 2	NL	03150739	21	Patrol	2002		244090901	PD5954
RPA 3	NL		18	Patrol	1995		244070156	PD5102
RPA 5	NL		8	Patrol			244620470	PF6717
RPA 10 (IMO 9239563)	NL	02325586	29	Patrol	2002	54	244050426	PF2945
RPA 11 (IMO 9239587)	NL		29	Patrol	2002	54	244100055	PE8307
RPA 12 (IMO 9239551)	NL	02325535	29	Patrol	2002	52	244050469	PE6168
RPA 13	NL	02325603	29	Patrol	2002		244070288	PF2224
RPA 14 (IMO 8306412)	NL	02509355	30	Patrol	1985		244070903	PE6822
RPA 15 (IMO 8224339)	NL	02309354	30	Patrol	1985		245209000	PBWV
RPA 16 (IMO 9251834)	NL		29	Patrol	2002		244757000	PBHM
RPA 20	NL	02332207	24	Patrol	1963		244060879	PD5114
RPA 22	NL	02332208	25	Patrol	1960		244060875	PD5055
RPA 23	NL	02332209	23	Patrol	1962			PD5057

BENELUX WATERWAY VESSELS 2012

Vessel Name	Flag	IMO/ENI	LOA	TYPE	BUILT	GT	MMSI No	Callsign
RPA 24	NL		24	Patrol	1961		244060815	PD5056
RT EDUARD	MT	9489948	32	Tug	2009		249487000	9HTJ9
RT INNOVATION	NL	9190054	32	Tug	1999		245548000	PIAB
RT MAGIC	NL	9190066	32	Tug	1999		245464000	PHBR
RT MARGO	MT	9376220	32	Tug	2008		256876000	9HEL9
RT PETER	NL	9474917	32	Tug	2009		249490000	9HTK9
RT PIONEER	NL	9190614	32	Tug	1999		245586000	PIAC
RT SPIRIT	NL	9190829	32	Tug	1999		245685000	PIAE
RT ZOE	NL	9333888	28	Tug	2006		215942000	9HFY8
RUBEN	NL	02324502	19	Tug (P)	2000		244710262	PG2398
RUBENS	NL	02326794	110	Tanker	1995	2631		PH5309
RUBICON	NL	02326695	50	Cargo	1964	514	244130282	PE7854
RUBICON	NL	02328821	105	Cargo	2007	2204	244690895	PC5094
RUBICON	B	06003236	84	Cargo	1975	1600	205301190	OT3011
RUBIS	NL	02103183	69	Tanker	1958	728	244660160	PF4518
RUBISHIP IX	RO	02304408	80	Cargo #	1929	1335		PH7728
RUBISHIP XII	BG	02305427	86	Cargo	1901	1801	207072325	
RUDIS	NL	03011366	25	Tanker	1900	68	244740491	PG2301
RUDOLF DEYMANN	B	04803760	110	Tanker		2768	205366390	OT3663
RUMANDY	B	06003476	80	Cargo	1975	1252	205426490	OT4264
RUNAMARA	NL	02312650	63	Cargo	1955	620	244710204	PD7825
RUNNER	NL		9	SAR			244700673	PB6128
RUNNER	NL	02011689	13	Tug	1969	6	244700673	PB6128
RUNNER	RK	02307813	80	Tanker	1951	1349		
RU-SAN	B	06002856	63	Cargo	1949	799	205434190	OT4341
RUSTENBURG	NL	02312110	60	Cargo	1965	697		PD2490
RUSTICA	NL	02204647	80	Cargo	1958	1053	244615424	PI2366
RV 160	NL		20	Patrol			246223000	PHBV
RV 161	NL		20	Patrol			246562000	PBEY
RV 162	NL	5453926	20	Patrol			246561000	PBDT
RV 169	NL		16	Patrol			244862000	PBZU
RV 180	NL	9483413	34	Patrol			246563000	PBFJ
RWS 16	NL		15	Patrol	1982		244130275	PH7799
RWS 17	NL		15	Patrol	1982		244070492	PH7801
RWS 18	NL		15	Patrol	1982		244030470	PI3038
RWS 20	NL		19	Patrol			244620209	PF3395
RWS 21	NL		19	Patrol	1998		244620905	PH4836
RWS 22	NL		21	Patrol				
RWS 23	NL		23	Patrol			244630031	PH6776
RWS 24	NL		19	Patrol	1997		244075000	PBOC
RWS 25	NL		23	Patrol			244630323	PG9621
RWS 26	NL			Patrol				
RWS 27	NL		19	Patrol			244048278	PD8278
RWS 30	NL		18	Patrol	1975		244020181	
RWS 33	NL		18	Patrol	1979		244060676	

| BENELUX WATERWAY VESSELS 2012 ||||||||
Vessel Name	Flag	IMO/ENI	LOA	TYPE	BUILT	GT	MMSI No	Callsign
RWS 36	NL		15	Patrol	1983			
RWS 37	NL		15	Patrol	1984			
RWS 38	NL		15	Patrol	1984			
RWS 39	NL		15	Patrol	1985			
RWS 42	NL		15	Patrol	1985			
RWS 43	NL		20	Patrol	2006		24407618	PD6568
RWS 44	NL		20	Patrol			244050878	PH4610
RWS 54	NL			Patrol				
RWS 57	NL		15	Patrol	1982			
RWS 58	NL		18	Patrol	1996			
RWS 59	NL		19	Patrol	1999	100		
RWS 60	NL			Patrol				
RWS 70	NL	9479175	24	Patrol	2008	67	246310000	PBPN
RWS 71	NL	9479113	24	Patrol	2009	67	245207000	PBQX
RWS 72	NL	9479187	24	Patrol		67	245784000	PBID
RWS 73	NL	9479199	24	Patrol		67	246581000	PBKS
RWS 74	NL	9479266	24	Patrol	2010	67	246582000	PBSI
RWS 75	NL	9479125	24	Patrol		67	246583000	PBSJ
RWS 76	NL	9479278	24	Patrol		67	246584000	PBSK
RWS 77	NL	9479280	24	Patrol	2010	67	246585000	PBSL
RWS 78	NL	9479137	24	Patrol		67	246586000	PH4943
RWS 79	NL	9479292	24	Patrol	2011	67	246587000	PH4954
RWS 88	NL		18	Patrol	1998		244650398	PD8317
SA WAS DEE	NL	02103818	66	Cargo	1964	1037		PB3592
SAARPLUS	NL	04400990	26	Tanker	1933	108	211654345	
SABA	NL		110	Tanker	2011	3200		
SABINE	B	06503946	16	Tug (P)		18		
SABRINA	B	06003901	90	Cargo	1958	2066	205456790	OT4567
SACRAMENTO	B			Cargo				
SADILE	NL	03260133	60	Cargo	1958	636	244730498	PG9705
SAEFTINGE	NL	02007987	75	Cargo	1979	1505		
SAEFTINGE	NL	02315206	82	Cargo	1957	1076	244700744	PG9312
SAFFIRA	NL	02319765	86	Tanker	1971	1495	244710843	PC5252
SAFINI	NL	02304625	50	Cargo	1930	499	244690535	PG4582
SAFIRA	NL	03290297	70	Cargo	1965	876	244750380	PD7551
SAFIRIS	NL	02313452	50	Tanker	1959	541		
SAGITTA	NL	02306351	55	Cargo	1940	568	244660788	PD9293
SAGITTARIUS	NL	02329036	110	Cargo	1999	2465	244660900	PC5944
SAGRADA	NL	02104768	67	Tanker	1957	780	244670915	PE4573
SAGRES	B	06003658	85	Cargo	1967	1259	205280690	OT2806
SAILING HOME	NL	02312897	64	Tanker	1964	596	244670389	PE5820
SAILING HOME	NL	02330264	135	Cargo	2008	5008	244690650	PC5284
SAILLANT	NL	02100867	80	Cargo	1927	1438		
SAINT BENOIT	B	06002667	67	Cargo			205248890	OT2488
SAJEBA	NL	02326607	81	Tanker	2004	1667	244670003	PH8746

BENELUX WATERWAY VESSELS 2012

Vessel Name	Flag	IMO/ENI	LOA	TYPE	BUILT	GT	MMSI No	Callsign
SAKETA	B	06004091	80	Cargo	1966	1258	205437990	OT4379
SALAMANCA	NL	02316451	86	Cargo	1958	2090	244670043	PH5782
SALAMANDER	NL	03218972	77	Cargo	1959	1031	244690837	PG3498
SALEM	NL	03170297	43	Cargo	1908	331	244615117	PH7968
SALIRE	NL	02203956	80	Cargo	1963	1100	244650035	PE6052
SALLAND	NL	02100620	50	Cargo	1925	518		
SALLAND	NL	03050831	20	Tug	1914		244620033	PE7071
SALLY	NL	02322526	105	Tanker	1973	2229	244650571	PC5477
SALMON	BZ	02717549	93	Tanker	1987	1606		
SALO	NL	02325336	50	Cargo	1907	502		
SALTO	B	02316261	73	Cargo	1962	981	205496490	OT4964
SALTY DOG	NL	02300786	80	Cargo	1925	1330		
SALUTE	NL	02325047	135	Cargo	2001	5208	244620962	PD6291
SALUTE	NL	04029050	85	Tanker	1985	1229	244660496	PD3866
SALVA	NL	02313808	110	Cargo	1973	4000	244630251	PD9114
SALVE	NL	02316228	86	Cargo	1931	1504	205311190	PE6227
SALVÉ	NL	02318352	84	Cargo	1987	1704	244670076	PH6506
SAM	NL	02312088	40	Cargo	1935	348		PE8265
SAM	NL	02332042	86	Tanker	2010	1689	244710164	PB4345
SAM	NL	03250247	36	Cargo	1906	210		PD3694
SAM	B	06004010	84	Tanker		1543	205293390	OT2933
SAM SAM	NL	02318533	63	Cargo	1988	851	244710598	PB7704
SAMAR	NL	07001845	85	Tanker	1974	1409	244660684	PB3696
SAMARA	NL	02319100	80	Cargo	1964	1192	244660015	PG5245
SAMARKAND	B	06004095	80	Cargo	1961	1265	205258490	OT2584
SAMARY	NL	02328677	135	Cargo	2007	5149	244660583	PI2256
SAMOA	B	06003735	55	Cargo	1964	733	205348390	OT3483
SAMOJEDSKAJA	NL	02324558	39	Cargo	1957	391	244710833	PD3659
SAMOREUS	B	06002803	63	Cargo	1963	803	205427790	OT4277
SAMSA	NL	03170558	39	Cargo	1959	316		PE4118
SAMUDERA	NL	03021112	47	Cargo	1956	405		
SAN ANTONIO	NL	02316016	55	Cargo	1961	701	244710492	PF2571
SAN ANTONIO	NL	03110096	50	Cargo	1927	518		
SAN FRANCISCO	NL	02104001	64	Cargo	1930	755		
SAN REMO	NL	02321703	80	Cargo	1954	1137		
SANCT WILLIAM	NL	02302989	52	Cargo	1897	600		PD6721
SANCTA MARIA	NL	02104547	62	Cargo	1955	825		PH5049
SANDER	NL	02309869	60	Cargo	1956	633	244700499	PH4670
SANDER	NL	03031584	24	Tanker	1928	57		
SANDEROS	B	06000588	80	Cargo		1293	205269290	OT2692
SANDRA	NL	02308974	16	Tug	1954		244690667	PF6398
SANDRA	B	06001379	50	Cargo	1927	517	205401590	OT4015
SANDRA-F	NL	02323527	27	Tug (P)	1957		244690966	PC3401
SANDRIA	NL	02317340	80	Cargo	1974	1499	244650958	PD2679
SANDRIA 2	NL	02317712	85	Cargo #	1958	1544		

BENELUX WATERWAY VESSELS 2012

Vessel Name	Flag	IMO/ENI	LOA	TYPE	BUILT	GT	MMSI No	Callsign
SANITAS	NL	02317635	86	Cargo	1958	2022	244690140	PI8645
SANJO	NL	02319032	90	Cargo	1956	1484		
SANKARA	B	06004753	86	Cargo	2006	1335		
SANNE	NL	02328900	81	Tanker	2007	1441	244660438	PD9471
SANNE H	NL	03290214	43	Cargo	1962	442	244620904	PC6197
SANNE MARIJE	NL	02311150	55	Cargo	1962	587		PB5332
SANNE SOPHIA II	NL	03170302	32	Cargo	1902	135	244030628	PH4050
SAN-REMO	B	02327133	135	Cargo	2005	3999	205432790	OT4327
SAN-REMO	B	06004055	110	Cargo		2655		
SANSTOARM	NL	02005828	61	Cargo	1961	724	244700802	PD7355
SANSTREAM	NL	02103855	56	Cargo	1964	556	205366580	PF8098
SANTA MARIA	NL	03320213	47	Workship	1915	417		PF2572
SANTA MARIA	B	06002457	110	Cargo	1990	3836	205483790	OT4837
SANTA PONSA	B	06105012	110	Cargo	2007	3282	205388290	OT3882
SANTA RITA	B	06000365	50	Cargo	1961	599	205504390	OT5043
SANTANA	NL	02322533	105	Cargo	1974	2519	244740519	PF3341
SANTANA	B	03030240	50	Cargo	1927	522		
SANTIAGO	NL	02103104	80	Cargo	1955	1093		PD9318
SANTINA	NL	02324478	110	Cargo	2000	2828	244670576	PD9234
SANTORINI	B	06003909	105	Cargo	1987	2421	205369390	OT3693
SANTOS	NL	06002901	80	Tanker	1959	1203	244660998	PB5033
SAO ANTONIO	NL	02103050	50	Cargo	1927	400		PD8243
SAO-MAI	B	06003967	68	Cargo		887	205204690	OT2046
SAONA	B			Cargo			205983990	OT9839
SAPHIR	B	06001627	84	Cargo	1977	1563		
SAPPHIRE	B	06003830	90	Tanker			205355990	OT3559
SARAH	B	06001291	38	Cargo		507	205359590	OT3595
SARCELLE	NL	02317944	110	Cargo	1987	2563	244710252	PH4430
SARDANA	NL	02327316	85	Tanker	2005	1600	244700234	PD3557
SARDON IX	NL	03270707	60	Cargo	1965	725	244690150	PB6204
SARINA	NL	02331460	135	Cargo	2009	5208	244630697	PI7374
SARO	NL	02310489	85	Cargo	1959	1265	244700719	PI9538
SAROMAJA	NL	02316667	80	Tanker	1958	1152	244710204	PD7910
SARON	NL	02331138	135	Cargo	2009	4202	244620207	PF3362
SARON K	NL	02104805	80	Cargo	1972	1228	244730465	PF6331
SATANAS	B	06002837	51	Cargo	1963	668	205207190	OT2071
SATURA	NL	02313817	80	Cargo	1959	1062	244700141	PF9978
SATURNUS	NL	03031181	42	Cargo	1924	327		
SATURNUS	NL	06003903	86	Cargo	1954	1347	244710467	PG6199
SATURNUS	NL	7719052	26	Tug	1978	296	246604000	PBTV
SAVANNA II	NL	02320353	22	Tug (P)	1974	69	244650924	PD4254
SAVANNA III	NL	02718408	22	Tug (P)	1974	69	244670369	PD5090
SAVANNA IV	NL	02320354	22	Tug (P)	1974	69	244650925	PI2659
SAVIO	B	06004037	110	Cargo	2004	2567	205218190	OT2181
SAVIRO	NL	06002371	110	Cargo	1989	2800	244100854	PF8334

BENELUX WATERWAY VESSELS 2012

Vessel Name	Flag	IMO/ENI	LOA	TYPE	BUILT	GT	MMSI No	Callsign
SAWADI	NL	02315954	73	Cargo	1980	1124	244700261	PD8741
SAYONARA	NL	02331472	135	Cargo	2009	3946	244690204	PC5305
SAYONARA	B	06001789	85	Cargo	1962	1468	205304790	OT3047
SCALDIS	NL		15	Patrol			246048000	PC6320
SCALDIS	NL	02318173	17	Tug (P)	1982	15	244660775	PD5774
SCALDIS	NL	02322862	86	Cargo	1997	1566	244740167	PE7245
SCALDIS	B	06001168	39	Cargo			205446290	OT4462
SCALDIS III	NL	02204014	41	Dredger	1964	53	244060818	PI3923
SCALETTA	NL	02332648	110	Tanker	2009	3637	244650571	PF6212
SCAPA	B	06000072	95	Cargo	1973	2405	205291190	OT2911
SCARABEE	B	06002121	80	Tanker	1958	1210	205282590	OT2825
SCHAUENBURG	NL	02318642	110	Cargo	1948	2087	205395590	PF8813
SCHELDE	B		39	Tanker		813	205311190	OT3111
SCHELDE	NL	02103710	86	Dredger		3004		PD4569
SCHELDE	NL	02323466		Cargo	1931	247		
SCHELDE	NL	03350168	26	Tanker	1933	112		PF6980
SCHELDEMOND I	NL	02333432	33	Dredger	2010	129	244690015	PB6045
SCHELDEOORD	NL	02204345	90	Cargo	1971	2700		
SCHELDESTROOM	NL	02316274	84	Cargo	1981	1401	244700452	PE5556
SCHEUR	NL	02317011	34	Tanker	1961	175	244710705	PE2448
SCHEVENINGEN	NL	02312217	19	Tug	1924		244700565	PD7010
SCHIEHOPPER	NL	02324671	63	Cargo	2000	848	244670512	PE2399
SCHIEPLUS	NL	02333063	35	Tanker	2009	300	244690411	PB4611
SCHIPPERSGRACHT	NL	02315154	50	Tanker	1977	431	244620992	PF7143
SCHOKLAND	NL	03051379	77	Cargo	1956	335	244690668	PH6333
SCHOONENBURG	NL	03110536	72	Cargo	1962	1000	244660684	PD7499
SCHORPIOEN	NL	02318997	77	Cargo #	1989	1811		
SCHORPIOEN	NL	02716843	35	Workship	1982	402	245735000	PE2428
SCHUITENGAT	NL	8900804	39	Patrol	1990		244652000	PBYE
SCOPUS	NL	02328649	110	Cargo	2007	1906	244620939	PD2868
SCORPIO	NL	02313926	80	Cargo	1940	1257		PG7238
SCORPIO	NL	03051448	49	Cargo	1958	464	244630052	PD3638
SCORPIO	B	06002859	53	Cargo	1956	561	205240390	OT2403
SCORPION	NL	02204682	80	Cargo	1975	1302	244660563	PE6640
SCRAPHUNTER	B	06003579	78	Cargo	1956	1109	244700677	PB8085
SD HARK	NL		32	Tug	2008			
SD JACOBA (IMO 9174567)	NL	02719310	30	Tug	1998		244216000	PIAM
SD MARS	NL			Tug	2009		235067374	2BME6
SEA ALFA	NL	9466271	30	Tug	2008		245168000	PHSA
SEA BRAVO	NL	9487029	32	Tug	2009	250	244468000	PHSB
SEA DELTA	NL	9295646	26	Tug	2004		244550000	PHJY
SEA EAGLE	NL	02716488	14	Tug	1981			
SEA ECHO	NL	9444663	23	Tug	2007		244905000	PHLP
SEA FOXTROT	NL	9605449	32	Tug	2011		244184000	PHSF
SEA GOLF	NL	9405382	27	Tug	2006		246590000	PBSS

BENELUX WATERWAY VESSELS 2012

Vessel Name	Flag	IMO/ENI	LOA	TYPE	BUILT	GT	MMSI No	Callsign
SEA VIEW	NL	02302529	50	Cargo	1924	562	244730073	PI2994
SEAN	NL	02011466	14	Tug	1960		244690466	PI3320
SEBA	NL	02321471	80	Tanker	1993	919	244660359	PD4656
SEBASTIEN	B	06002659	39	Cargo	1955	351	205366590	OT3665
SECUNDA	NL	02006366	70	Cargo	1966	891		PE5616
SECUNDA	NL	02103606	39	Cargo	1962	370	244690135	PD7424
SECURITAS	NL	02313847	85	Cargo	1969	1414	244050003	PD4761
SEINPOST	NL	02331835	110	Cargo	2009	3343	244670576	PB5477
SELAUMI	B	02311539	70	Cargo	1963	1001	205392090	OT3920
SELINA	NL	02316647	110	Cargo	1930	3421	244750124	PF4783
SELINA	NL	03051709	67	Dredger	1965	972	244710762	PH6344
SELODIE	B	06003816	79	Cargo		1188	205367590	OT3675
SEMADAR	B	06003213	73	Cargo	1961	1091	205468490	OT4684
SEMPACHERSEE	NL	02318399	86	Cargo	1961	1223	244660376	PE4103
SEMPER	NL	02310164	23	Tug	1958	28	244700174	PD4305
SEMPER FI	B	06003780	62	Cargo		681	205500790	OT5007
SEMPER FIDELIS	NL	04033850	62	Cargo	1957	551		
SEMPER SPERA	NL	02308607	47	Cargo	1891	365	244700719	PE3033
SEMPER SPERA	NL	03021480	74	Cargo	1965	1062	244750145	PF2626
SENSATION	NL	02326239	135	Cargo	2003	5008	244650988	PD2705
SENSATION	NL	02331962	135	Tanker	2009	5995	244630816	PG5367
SENTIDO	NL	03051602	39	Cargo	1962	371	244670310	PB2953
SENTO	NL	02329923	110	Cargo	2008	3314	244030516	PD3117
SEOLTO	NL			Cargo	2010			
SEOLTO	NL	02304119	67	Cargo	1929	1146	244730903	PF4422
SEOLTO	NL	03021446	55	Cargo	1964	635	244750247	PE5694
SEOLTO	NL	03170545	56	Cargo	1957	628		
SEOLTO B	NL	03051329	47	Cargo	1955	439	244730979	PE8639
SEQUANA	NL	02319546	105	Cargo	1973	1880	244660513	PG4016
SEQUENS	NL	06002415	85	Cargo	1945	1445	244690065	PD6282
SERANO	NL	02331756	110	Tanker	2009	4269	201460738	PI4381
SERDON	NL	02320108	86	Tanker	1992	1601	244660715	PH6072
SERENA	NL	02322492	105	Cargo	1973	2634	244690598	PD3309
SERENITAS }	NL	02321586	95	Tanker	1994	2188	244660240	PD5723
SERENITAS II }	NL	02321595	85	Tanker #	1994	2114	244660247	PD5725
SERFRA	NL	02313520	67	Cargo	1947	840	244660315	PF7497
SEROMA	NL	02305166	50	Cargo	1931	493	244670193	PD4997
SERVICE 3	NL	02320394	30	Tanker	1992	149	244670181	PI6454
SERVICE 4	NL	02321902	30	Tanker	1994	150	244670182	PI4937
SERVICE 5	NL	02007145	23	Tanker	1972	83	244670183	PG7795
SERVITUS	NL	03350491	67	Cargo	1928	835	244660145	PE4447
SERVUS	NL	02332610	135	Tanker	2009	4520	244660401	PB4667
SEVILLE	B	06002884	51	Cargo	1963	640	205470790	OT4707
SHADOW	NL	02008430	20	Tug (P)	1981	113	244670385	PF2307
SHAKIRA	NL	02326367	86	Tanker	2004	2001	244660842	PD2010

BENELUX WATERWAY VESSELS 2012

Vessel Name	Flag	IMO/ENI	LOA	TYPE	BUILT	GT	MMSI No	Callsign
SHALIMAR	NL	02328482	110	Cargo	2007	3007	244660830	PD4710
SHALOM	NL	03170648	63	Cargo	1963	837	244660787	PC4328
SHAMAL	B	06004247	106	Tanker	2007	1738	205382790	OT3827
SHAMROCK	NL	02310507	80	Cargo	1959	1363	244690342	PG2371
SHAMROCK	NL	02332364	105	Cargo	2010	2730	244660893	PB4964
SHAMROCK	NL	03030267	50	Cargo	1927	514		
SHAMROCK	NL	03160340	67	Cargo	1957	864		
SHELBY	B	02326864	110	Cargo	2005	3248	205395590	OT3955
SHELINDO	B	06002714	39	Cargo		366		
SHELLFISH	NL	02308980	33	Cargo	1930	187	245873000	PF5233
SHENANDOAH	D	04800300	80	Cargo	1981	1258	205283090	OT2830
SHERDENTRAX	NL	02314855	67	Cargo	1956	752		
SHIVA	NL	02309606	39	Cargo	1956	311	244730950	PC9075
SHOALWAY	CY	9556337	90	Dredger	2010	4082	212115000	5BYP2
SIALIRNO	B	06004232	82	Cargo	1959	1439	205378190	OT3781
SIAM	NL	02325465	41	Tanker	1965	317	244690668	PC3572
SIANTO	NL	02327236	135	Cargo	2005	3734	244660663	PI9308
SIBEANKO	NL	03270638	55	Tanker	1962	565	244690784	PD8711
SIBILLA	NL	02311069	67	Tanker	1961	810	244710015	PI2839
SI-CA	NL	03310465	55	Cargo	1962	605	244650712	PD2610
SIEGE	NL		15	Patrol			246221000	PBZF
SIEMENTA	NL	02312844	63	Cargo	1949	764		PD2042
SIEMENTA II	NL	02313719	73	Cargo	1939	1101	244650963	PD7966
SIENTJE	NL	03310439	39	Cargo	1960	362	205340190	PD8623
SIER	NL	02206010	73	Ferry	1995		244710741	PG6257
SIERRA	NL	02331394	135	Cargo	2009	3945	244630131	PD7892
SIETSKE	NL			Cargo	2010			
SIETSKELINA	NL	02306120	39	Cargo	1933	351		
SIGNUM	B	06105079	110	Cargo	2009	3248	205447090	OT4470
SIGUENZA	B	06003252	85	Cargo	1948	1304	205355890	OT3558
SIJTJE	NL	02310743	62	Cargo	1961	700	244615207	PF7433
SIKKIM	B	06000137	67	Cargo	1961	1064	205226590	OT2265
SILAS	NL	03110479	50	Cargo	1961	500	244700600	PF2443
SILENCE	NL	03290216	39	Dredger	1962	363	26016450	PB8380
SILENCIO	NL	06002985	85	Cargo	1954	1400	244660163	PD3813
SILKE	NL	02313329	55	Cargo	1960	660	244660643	PB4833
SILMAY	B	06002684	50	Cargo			205298090	OT2980
SILVAN	NL	02322216	50	Cargo	1962	624		
SILVARIA	NL	02204694	73	Tanker	1956	1094	244690519	PF3904
SILVER	NL	02332206	105	Cargo	2009	2303	244660615	PB4007
SIMBA	B	06002119	67	Cargo		1055	205247390	OT2473
SIMCHA	NL	02329886	110	Cargo	2008	3212		PE7688
SIMNAV NAVIGATOR	NL		10	SAR			244660654	PB4836
SIMON M	NL	02313965	55	Cargo	1953	606	244700801	PG5082
SIMON STEVIN	NL		36	Patrol	2011			

BENELUX WATERWAY VESSELS 2012

Vessel Name	Flag	IMO/ENI	LOA	TYPE	BUILT	GT	MMSI No	Callsign
SIMSON	NL		65	Dredger	2009		245688000	PBBO
SIMSON	NL	02509327	30	Tug	1993		245285000	PHHN
SIMUL PROFECTI	NL	02314894	80	Cargo	1957	1110	244700709	PD9517
SINBAD	NL	02317462	90	Cargo	1915	2018		
SINGA	NL	02317703	110	Cargo	1986	3204	205289590	PE7373
SINGAPORE	NL	8213964	75	Tug	1984	1985	244526000	PHHB
SINJOOR	B	06003315	65	Tanker	1948	449	205481990	OT4819
SINJOOR 1	B	06105131	73	Dredger			205113290	OT1132
SINULIA	NL	02311518	70	Cargo	1908	869		
SIPISTO	NL	06002899	110	Cargo	1981	2278	244067026	PF7026
SIRIUS	NL		135	Tanker	2010			
SIRIUS	NL	02304298	16	Tug	1929			
SIRIUS	NL	02321238	108	Cargo	1982	2985	244730740	PE3559
SIRIUS	NL	02324329	105	Tanker	1999	2274	244030715	PD5672
SIRIUS	NL	03110622	22	Tug (P)	1966	25	244051000	PE4661
SIRIUS	B	06001817	62	Cargo	1956	752	205275890	OT2758
SIRIUS	NL	7700180	26	Tug	1977	189	246538000	PBRW
SISSY	NL	02318451	85	Cargo	1988	1740	244700936	PD8851
SJANIE	NL	02315126	73	Cargo	1965	1150	244690073	PD5992
SJEF	NL	02319243	105	Cargo	1955	1837	244710547	PG6949
SJORS B	NL	02312834	63	Tanker	1957	750	244690249	PD4666
SJOUWER	NL	02324546	42	Workship	1955	209	244700876	PB8222
SJOUWER	NL	02328262	33	Dredger		451		
SJOUWER }	NL	02332229	104	Cargo KVB	2009	3189	244650954	PB3835
SJOUWER I }	NL	02332228	86	Cargo #	2009	2796		
SKIPPY	NL	02318225	39	Cargo	1956	390		
SKUGGA	NL		110	Tanker	2010	3600		
SKYLINE	B	06105024	110	Cargo	2008	3224	205345090	OT3450
SLAMAT	NL	02203744	50	Cargo	1960	526	205374290	PD3936
SLOTERMEER	NL	02006846	63	Cargo	1970	766		
SMAL AGT III	NL	02312419	78	Cargo	1935	1082		PE6522
SMALSTRANS	NL	02324577	108	Cargo	1994	2980	244710268	PD905
SMALSTRANS 4	NL	02315095	80	Cargo	1961	1086	244670430	PH6696
SMARAGD	NL		86	Tanker	2010	1400		
SMARAGD	NL	02305246	80	Cargo	1930	1398	244690900	PD2805
SMARAGD	LX	06002672	100	Tanker	1992	2497	244670196	PB5147
SMART BARGE	NL	02330036	86	Cargo	2008	2013	244660391	PB4665
SMIT BEVER	NL	02718550	23	Tug	1995	197	246307000	PDBS
SMIT BISON	NL	9345518	25	Tug (P)	2006	230	246528000	PF2454
SMIT BRONCO	NL	02720747	25	Tug	2006	230	246526000	PHFS
SMIT FINLAND	NL	02315627	28	Tug	1979	196	245079000	PH2169
SMIT JAPAN	NL	02717424	29	Tug	1986	236	245082000	PHOQ
SMIT RUSLAND	NL	02715717	29	Tug	1979	548	245087000	PH2179
SMIT TIGER	NL	9454888	32	Tug	2009		205565000	ORPO
SMIT WAALHAVEN 1	NL	02104762	30	Workship		12	244700126	PE4530

Vessel Name	Flag	IMO/ENI	LOA	TYPE	BUILT	GT	MMSI No	Callsign
				BENELUX WATERWAY VESSELS 2012				
SMIT WAALHAVEN 2	NL	02103445	10	Tug	1926		244615774	PD7880
SMIT WAALHAVEN 3	NL	02316629	20	Workship	1932	69	244700127	PE8454
SMIT WAALHAVEN 4	NL	02319872	35	Workship	1952	253	244700123	PD9721
SMIT WAALHAVEN 7	NL	02320284	28	Workship	1954	106	244700125	PG3718
SMIT ZWEDEN	NL	02715506	28	Tug	1978	194	245089000	PH2128
SMITWIJS TYPHOON	NL	02008381	48	Tug (P)	1976	995	244615188	PD2082
SMOOKY	NL	02006187	70	Cargo	1956	898	244740327	PE8195
SNEP	B	06503880	12	Tug	1926	4	205450190	OT4501
SO LONG	NL	02318672	39	Cargo	1964	384		PF8939
SOCANDUS }	NL			Cargo KVB	2010			
SOCANDUS II }	NL			Cargo #	2010			
SOCIETAS	NL	02315489	85	Cargo	1979	1600	244660001	PE9945
SOLA GRATIA	NL	02301535	50	Cargo	1927	526	244730059	PI2696
SOLANO	NL	02329301	106	Tanker	2007	1738	244700256	PD9524
SOLARE	NL	02331449	110	Cargo	2011	3203	244730547	PB9719
SOLENT	NL	02327193	50	Cargo	1963	526	244670970	PD2505
SOLIST	NL	02310262	80	Cargo	1958	1154	244750083	PH5163
SOLITAIR	NL	06004039	105	Cargo	1994	2380	244710651	PB4751
SOLLER	NL	02313227	39	Cargo	1971	300		
SOLUTION	NL	02331511	110	Tanker	2009	4269	244630115	PD5820
SOLVERE	NL	02321494	67	Cargo	1960	894		PD7416
SOMBRA	NL	02327110	110	Tanker	2005	3323	244010511	PI3490
SOMME	NL	06000690	39	Tanker	1962	324		
SOMNIUM	NL	02320518	110	Tanker	1992	2758	244670048	PH8650
SOMTRANS II	B	06002378	105	Tanker	1989	2446	205312490	OT3124
SOMTRANS III	B	06002430	110	Tanker	1984	2987		
SOMTRANS IV	B	06003069	110	Tanker	1994	2408	205340190	OT3401
SOMTRANS IX	B	06003661	110	Tanker	1999	2250	205348990	OT3489
SOMTRANS V	B	06003660	86	Tanker	1999	1606	205238190	OT2381
SOMTRANS VI	LX	08058002	110	Tanker			253242206	LX2206
SOMTRANS VII	LX	08058001	110	Tanker			253242210	LX2210
SOMTRANS VIII	LX	08023148	109	Tanker			253242204	LX2204
SOMTRANS X	B	06003948	135	Tanker			205369090	OT3690
SOMTRANS XI	B	06004073	135	Tanker	2004	5970	205458300	OT4583
SOMTRANS XII	NL	02327440	135	Tanker	2006	6610	244660657	PD3420
SOMTRANS XIII	NL	02327684	135	Tanker	2006	6610	244650711	PD7027
SOMTRANS XIV	NL	02327532	135	Tanker	2006	5823	244660655	PD4622
SOMTRANS XIX	B	06002389	110	Tanker	1971	2492	205401390	OT4013
SOMTRANS XV	NL	02332252	110	Tanker	2009	2632	244650709	PD2156
SOMTRANS XVI	NL	02332526	110	Tanker	2010	2580	244650868	PD2077
SOMTRANS XVII	NL	02325250	110	Tanker	2001	3546	244060298	PD4609
SOMTRANS XVIII	NL	02328172	110	Tanker	2006	3212	244660834	PD2187
SOMTRANS XX	NL	02333399	135	Tanker	2010	4000	244700714	PB8110
SOMTRANS XXI	LX	02333400	135	Tanker	2010	4000	244700786	PB8166
SOMTRANS XXII	LX	02332063	86	Tanker	2009	1703	244650777	PB3043

BENELUX WATERWAY VESSELS 2012

Vessel Name	Flag	IMO/ENI	LOA	TYPE	BUILT	GT	MMSI No	Callsign
SOMTRANS XXIII	NL	02322573	86	Tanker	2010	1605	244010898	PB3475
SOMTRANS XXIV	NL	02334082	110	Tanker	2011	3130	244740396	PF4130
SOMTRANS XXV	NL	02333652	135	Tanker	2010	7500	244650960	PB4387
SOMTRANS XXVI	NL	02333653	135	Tanker	2010	8001	244710230	PB8470
SOMTRANS XXVII	NL	02328704	110	Tanker	2007	3200	244690353	PD5022
SONIA	B	06004229	86	Tanker ©	2007	1667	205377190	OT3771
SONNY	B	06105043	100	Cargo	2008	3008	205414790	OT4147
SONORA	NL	02334060	110	Tanker	2011	3100	244730016	PB9020
SOPHIA	NL	02325926	110	Tanker	2003	2998	244660720	PE8286
SOPHIA	NL	03021307	57	Cargo	1962	666	244700709	PG2595
SOPRANO	D	02327609	109	Tanker	1987	3499	211557540	DA7932
SORAYA	NL	02103266	85	Cargo	1957	1421		
SOUTH CAROLINA	NL	02332197	125	Tanker	2009	3504	244650323	PB3236
SOVEREIGN	NL	02327379	135	Tanker	2005	5552	244620954	PD 4054
SOWNENT	NL	02329364	110	Cargo	2007	3277	244660194	PG7888
SPAARNMUIDEN	NL	03250290	67	Cargo	1963	874	244020116	PF5684
SPARTIVENTO	NL	02320586	80	Cargo	1927	1298		PE4599
SPARTIVENTO	B	06002634	50	Cargo	1962	557		
SPAUWER	NL	02329231	105	Cargo	1974	2574		PE7826
SPECHT	NL	02333472	86	Tanker	2010	1533	244650132	PB2789
SPEED	B	06003624	80	Cargo	1955	1122	205332390	OT3323
SPEEDY	NL	03330007	50	Cargo	1916	506	244740414	PD8667
SPEELMAN	NL	02332441	135	Tanker	1916	506	244660067	PH6149
SPERA	NL	02007667	80	Cargo	1942	1208	244730022	PF4495
SPERA	NL	02318157	75	Cargo	1957	1047		PF6945
SPERANTA	NL	06002945	69	Cargo	1958	935		
SPERANTA 1	RO	02312906	70	Cargo	1949	917	264162627	YP2627
SPERANTA 2	RO	02207585	77	Cargo			264162628	YP2628
SPERANTA 3	RO		70	Cargo			264162629	YP2629
SPERANZA	NL	02204518	70	Cargo	1962	1011	244700580	PD4703
SPERANZA	NL	02315048	80	Cargo	1977	1342	244670710	PI2976
SPERANZA	NL	03110480	42	Cargo #	1961	318	244730058	PD3835
SPERANZA	B	03110508	70	Cargo		826	205305190	OT3051
SPERANZA	NL	03170643	50	Cargo	1963	512		
SPERANZA }	NL	02327288	79	Cargo #	2005	2299	244700765	PD8150
SPERANZA II }	NL	02327252	92	Cargo KVB	2005	2505	244700568	PG6921
SPERATE	NL	02314623	85	Cargo	1966	1150	244730713	PD5432
SPERAVIT	NL	02323921	66	Cargo	1965	850		PC5941
SPERO	NL	02102908	50	Cargo	1908	521		
SPERWER	NL	02103923	39	Cargo	1965	329	244710268	PF4812
SPERWER	B	06503879	16	Cargo	1955	13	205374290	OT3742
SPES	NL	02202516	12	Tug	1949	1		PD9010
SPES	NL	02203799	50	Cargo	1962	508	244700447	PF2163
SPES	NL	02306799	17	Tug	1946		244690853	PD2544
SPES	NL	02312077	50	Cargo	1965	565	244730202	PF7032

BENELUX WATERWAY VESSELS 2012

Vessel Name	Flag	IMO/ENI	LOA	TYPE	BUILT	GT	MMSI No	Callsign
SPES	NL	02315173	39	Cargo	1969	398	244700096	PF8354
SPES	NL	02320563	16	Tug (P)	1966	13	244700539	PG8769
SPES II	NL	02305134	22	Tug	1930	19	244730059	PH3119
SPES ET FELICITAS	NL	02303249	38	Cargo	1923	224		PE5462
SPES ET FIDES	NL	03290296	50	Cargo	1965	456	244660646	PF2162
SPES MEA	NL	03021267	64	Cargo	1960	885	244670048	PD3191
SPES MEA	B	06002172	50	Cargo	1962	614	205221990	OT2219
SPES NOSTRA	NL	03010463	48	Cargo	1907	412		
SPES NOSTRA	NL	03280180	56	Cargo	1923	633	244630530	PI6782
SPES NOVA	NL	02103580	58	Cargo	1961	642	244660039	PI3999
SPES SALUTIS	NL	02320291	90	Cargo	1912	2711	244660698	PG3729
SPES SALUTIS	NL	02324052	82	Tanker	1999	1529	244660587	PG4501
SPES SALUTIS	NL	02325564	110	Cargo	2002	3006	244670089	PG3501
SPES SALUTIS	NL	03021447	55	Cargo	1969	600	244740040	PC5311
SPES SECUNDA	NL	02203623	50	Cargo	1958	498	244710697	PF9332
SPES SECUNDA	NL	02303863	37	Cargo	1928	203		
SPES VERA	NL	02325284	86	Cargo	2001	1653	244660139	PD3750
SPES VERA	NL	03110010	50	Cargo	1923	477		PD5005
SPES-SALUTIS	NL	02205001	90	Cargo	1979	1626	244010525	PE3558
SPICA	NL	03290269	40	Cargo	1964	346	205504090	PG6601
SPIDO II	NL	02307298	55	Tanker	1924	430	244730246	PI3317
SPIEGELGRACHT	NL	02315151	50	Tanker	1977	500	244010898	PF6732
SPITSBERGEN	NL	02310239	23	Tug	1958	26	244730890	PD7857
SPLENDID	NL	02331217	135	Cargo	2008	3831	244620903	PH4704
SPLENDOR	B	02319012	110	Cargo	1989	2600	205391690	OT3916
SPN-09	B		28	Patrol			205469000	ORBL
SPN-14	B	06105257	21	Patrol			205387490	OT3874
SPN-15	B		15	Patrol			205387670	OT3876
SPONTAAN	NL	02100099	80	Cargo	1925	1268	244660440	PE2940
SPRANKY	NL	02319615	80	Cargo	1955	1078	244670988	PF3383
SPRINGER	NL	02205138	80	Cargo	1981	1568	205414290	PE4389
ST ANNASTRAND	B	8915471	31	Tug	1991	249	205057000	ORKG
ST ANTONIUS }	NL	02332899	107	Cargo KVB	2010	2854		PB5142
ST ANTONIUS II }	NL	02332893	93	Cargo #	2010	2481		
ST GOAR	B	06001117	55	Cargo			205224090	OT2240
ST JEAN BOSCO	B	06000851	66	Tanker	1961	625	205246390	OT2463
ST JUST	B	06000625	85	Cargo			205232890	OT2328
ST LOUIS	B	01822636	80	Cargo		1425	205218690	OT2186
ST MARIA	NL	02205129	105	Cargo	1981	2142	244690857	PB7136
ST MARIA 1	NL	02304211	80	Cargo	1929	1318		PD7156
ST RITA	B	06004305	110	Tanker	2006	2991	205385090	OT3850
ST. ANTONIUS	NL	02316990	36	Ferry			244650974	PC3508
STABIEL	B			Cargo				
STAD HATTEM	NL	02312637	67	Cargo	1961	915		PH8585
STAD NIJKERK 1	NL	03250249	54	Cargo	1956	514	244700503	PG2356

BENELUX WATERWAY VESSELS 2012

Vessel Name	Flag	IMO/ENI	LOA	TYPE	BUILT	GT	MMSI No	Callsign
STAD STAVOREN	NL	02325270	80	Tanker	1989	1428	244660968	PB4996
STADT OLDENBURG	NL	02316348	80	Tanker	1959	1373		PI3729
STANFRIES X	NL	02300566	36	Cargo	1912	165		PD8199
STANLEYSTAD	B	06004169	135	Tanker	2005	5900	205372490	OT3724
STAPPER	NL	02103080	39	Cargo	1955	334		PG7379
STAR	B		40	Cargo			205314190	OT3141
STAR BLENDER	B	06002941	65	Tanker			205438890	OT4388
STARK	NL	02324699	95	Cargo	1978	2475	244660599	PE6309
STARK	NL	02326637	55	Cargo	1958	687		
STARUM	NL	02328467	47	Tanker	1957	353	244750076	PD4683
STATENSTAD	NL	02103941	85	Cargo	1965	1457	244700115	PE4208
STATUS QUO	NL	02307661	56	Cargo	1926	540		
STATUS QUO II	NL	02006742	54	Cargo	1969	617		
STAVORDIA	NL	02332427	86	Tanker	2009	2049	244670725	PB2538
STAVRIA	NL	02103735	70	Tanker	1963	887	244660965	PE3182
STE MARIE	B			Cargo				
STE RITA	B	06000786	36	Cargo	1911	348		
STEENBOK	NL	02315961	57	Workship	1967	452	244620192	PF3085
STEINDAMM	B	06001709	85	Tanker			205307600	OT3076
STELLA DUCE	NL	02312715	55	Cargo	1955	672		PH3871
STELLA MARIS	NL	02329365	110	Cargo	2007	2402	244615022	PF7297
STELVIO	B	06503550	80	Cargo	1949	998		
STENTOR	NL	02330052	110	Cargo	2008	3338	244670428	PD6804
STERKEN DRIES	B		14	SAR			205429090	OS4290
STERN	NL			Cargo	2008			
STERN	NL	02311609	67	Cargo	1922	927	244670259	PI3790
STERN	NL	02316524	67	Tanker	1959	900		PD6389
STERN	NL	02606017	25	Workship	1993	218	244710918	PG8511
STERN	NL	03031076	40	Cargo	1936	301		
STERN (A963)	B	7925285	50	Military			205636110	ORGR
STEUR	NL	02313004	71	Cargo	1951	895	244730590	PE5576
STEVEN ROOS	NL	02319056	39	Cargo	1962	360	244730592	PI2699
STEWEN	B	06003855	79	Cargo				
STIRO	NL	02315076	100	Cargo	1973	2092	244740933	PD5817
STITCH HOPPER	NL	02325518	63	Cargo	2002	725		
STOLT BASEL	NL	02320163	110	Tanker	1992	2733	244660645	PC4158
STOLT EMDEN	NL	02328878	80	Tanker	1980	1387	244670859	PB5818
STOLT FILIA	NL	02332827	110	Tanker	2010	3250	244700202	PB7611
STOLT FLORENCE	NL	02333731	110	Tanker	2010	3250	205385890	PB9581
STOLT HAMBURG	NL	02318416	85	Tanker	1988	1283	244670858	PE5491
STOLT KOLN	NL	02328879	86	Tanker	1969	1701	244670860	PB5819
STOLT LAUSANNE	NL	02326327	110	Tanker	1992	2966	244630145	PD2972
STOLT MAAS	NL	02320281	86	Tanker	1992	2095	244660644	PF4033
STOLT MADRID	NL	02326328	102	Tanker	1973	1560	244690356	PD2641
STOLT MAIN	NL	02320282	86	Tanker	1992	2139	244660648	PF3162

BENELUX WATERWAY VESSELS 2012

Vessel Name	Flag	IMO/ENI	LOA	TYPE	BUILT	GT	MMSI No	Callsign
STOLT MOSEL	NL	02320501	86	Tanker	1992	2133	244660647	PG9668
STOLT NECKAR	NL	02320524	86	Tanker	1992	2095	244670129	PG9662
STOLT RHINE	NL	02334730	110	Tanker	2010	3250	244740787	PD6620
STOLT TEXAS	NL	02325714	110	Tanker	2002	3425	244660158	PD3241
STOLT VARIANTE	NL	02326074	86	Tanker	2003	2000	244650942	PF6688
STOLT WAAL	NL	02320830	86	Tanker	1992	2095	244660649	PI4188
STOLT WIEN	NL	02326330	109	Tanker	1973	2157		PD2426
STORM	NL	02328729	86	Tanker	2007	1673		PD5074
STORMMEEUW	NL	9257292	34	Patrol			244306000	PBHO
STORMVOGEL	NL	02103604	73	Cargo	1962	1114		PE3002
STORMVOGEL	NL	02315795	70	Cargo	1980	999	244670594	PD3817
STORMVOGEL	NL	03031801	67	Cargo	1961	807	244650867	PG8674
STORMVOGEL	NL	03250224	38	Cargo	1923	248		PD3535
STRAHLOMATIC III	NL	02305952	39	Tanker	1914	83		PF7953
STRANGER	NL	02311526	67	Cargo	1963	838		PG4311
STRATON	B	06000639	100	Cargo	1957	1510	205266790	OT2667
STRELITZIA	B	06004237	85	Cargo	1980	1504	205378890	OT3788
STRICK	NL	01822501	65	Cargo		859	244710427	PB2696
STRIJD	NL	02303557	33	Cargo	1915	186		
STROOM I	NL			Tanker	2011			
STROOMBOOT	NL		19	Cargo	2010	18		
STUDIUM	NL	02312124	65	Cargo	1965	805	205365190	PI3479
STURGEON	NL	02717550	93	Tanker	1988	1227		
SUBITO	NL	02317285	100	Cargo	1975	2179	244670909	PI2985
SUCCES	NL	02005658	60	Cargo	1960	669		PD2262
SUCCES	NL	03031227	39	Cargo	1913	302		
SUCCES III	NL	02313320	45	Tanker	1944	400		
SULOMARO	NL	02325484	110	Cargo	2002	2903	244690099	PD5289
SUMUS UMBRA	NL	03320236	23	Tug (P)	1925	16	244700653	PD4245
SUNISHA	NL	02314125	86	Cargo	1962	1637	205423690	PD4924
SUNNY	B	06001989	38	Cargo	1951	362		
SUNRISE	B	06002291	51	Cargo	1964	634		
SUNSHINE	B	06002779	55	Cargo		663	205484990	OT4849
SUNSTAR	NL	02326282	105	Cargo	2004	2399	244700836	PH3377
SUO TEMPORE	NL	06503203	39	Cargo	1963	366		
SUOMI	B	06004307	55	Cargo	1964	717		
SUPERMAC	B	06503868	30	Tanker			205355190	OT3551
SUPPLIER	NL			Tanker	2011			
SURVEYOR 1	NL		19	Patrol			244010723	PC4699
SURVEYOR 2	NL		19	Patrol	2007		244010724	PD4713
SUSANNA	NL	02100730	80	Cargo	1927	1350		PG9164
SUSANNA	NL	03110486	58	Cargo	1961	657	244670143	PD6166
SUSTENTO	NL	02332260	135	Cargo	2009	5557	244650089	PG8361
SUSTINEBO	NL	02312181	70	Cargo	1966	960	244660225	PE3780
SUZANNA	NL	02200314	30	Cargo	1923	202		

BENELUX WATERWAY VESSELS 2012

Vessel Name	Flag	IMO/ENI	LOA	TYPE	BUILT	GT	MMSI No	Callsign
SUZANNA	NL	02304222	50	Cargo	1925	522		PE5851
SUZANNA	NL	02327484	86	Cargo	1965	1403		PF3889
SUZETTE	NL	02101637	67	Cargo	1930	1042		
SUZY	B	06000353	100	Cargo	1975	3152		
SVEN	NL	02312894	76	Cargo	1970	1126	205276090	PG2954
SVERO	B	02204470	63	Cargo	1949	758		
SVEZIA	NL	8521141		Tug	1988	245	246416000	PHAK
SVITZER MARKEN	NL	9292890	27	Tug	2005	380	245385000	PHCI
SVITZER MEDEMBLIK	NL	9292905	27	Tug	2005	380	246007000	PBEI
SVITZER MUIDEN	NL	9292888	30	Tug	2004	395	246115000	PBGX
SWIEBERTJE	NL	02311749	67	Cargo	1952	969	244700474	PD4449
SWIND	LX	02314304	15	Tug (P)	1970	36	244630907	PD7715
SWING	NL	06002591	55	Cargo	1961	671	244730984	PD2150
SYLDO	B	06503072	79	Cargo			205414290	OT4142
SYLMA	NL	02103516	39	Cargo	1936	364		
SYLVANA + SYLVANA II	LX	02328416	110	Cargo	2008	3137	244620414	PF5831
SYLVIA	B	06001490	73	Cargo	1966	1159	205505390	OT5O53
SYMPATHIE	NL	02312165	57	Cargo	1958	663		
SYMPATHIE	NL	02319971	86	Cargo	1954	1648	244660340	PD2703
SYMPHAROSA	NL	02317043	73	Cargo	1963	803	244650872	PB4336
SYMPHONY	CH	02330751	110	Tanker	2008	2540	244700705	PF9619
SYNERGY	NL	02334023	110	Tanker	2010	2890	244700236	PB7672
SYNTHESE 1	NL	02325952	86	Tanker	1998	2004	244650812	PD7160
SYNTHESE 2	NL	02324596	86	Tanker	2000	2009	244666666	PD4135
SYNTHESE 3	NL	02007268	98	Tanker	1968	1706	244660048	PH8236
SYNTHESE 4	NL	02326647	98	Tanker	1972	1707	244660047	PD5964
SYNTHESE 10	NL	02324548	86	Tanker	2000	2001	244030857	PD3704
SYNTHESE 11	NL	02326029	82	Tanker	2003	1622	244650813	PE8184
SYNTHESE 12	B	06004234	86	Tanker	2006	2035	205378590	OT3785
SYNTHESE 14	NL	02328808	86	Tanker	2006	2036	244660099	PD3329
SYNTHESE 15	NL	02329557	85	Tanker	2007	1740	244010701	PD8961
SYNTHESE 16	NL	02334334	85	Tanker	2011	1635	244690311	PC8097
SYNTHESE 20	NL	02326922	86	Tanker	2005	2024	244660310	PH3497
SYRACUSA	NL	02330126	110	Cargo	2008	3237	244615899	PE6779
SYRACUSE	B	01823263	85	Cargo	1961	1131	205392990	OT3929
T SONNEPAERD	NL	02308874	39	Cargo	1953	353	244670428	PF6697
T.C.W. II	NL	02006061	19	Tanker	1963	41		
TABEEL	NL	02315270	60	Cargo	1957	743	244730590	PF2371
TABEEL 2	NL	02306125	67	Cargo	1939	930	244730592	PD3765
TABERNA	NL	06002299	105	Cargo	1988	2998	244660427	PI2846
TABIGHA	B	06004264	80	Cargo			205383790	OT3837
TABITHA	NL	02316852	26	Tanker	1927	79		
TABOR	B	06503097	67	Cargo	1946	1019		
TABULA RASA	NL	02314600	73	Cargo	1930	1036	244690677	PG2607
TABULARA	NL	02304793	38	Cargo	1930	345		PC4526

BENELUX WATERWAY VESSELS 2012

Vessel Name	Flag	IMO/ENI	LOA	TYPE	BUILT	GT	MMSI No	Callsign
TADORNA	NL	02315870	55	Cargo	1965	759	244690827	PI7564
TADORNA	B	06004255	109	Tanker	1958	2069	205385890	OT3858
TAHITI	B	06004064	80	Cargo	1941	1172	205295890	OT2958
T'AI SHANG	NL	02325838	110	Cargo	2003	2530		
TALINA	NL	02312304	70	Cargo	1967	996		
TALING	NL	02332074	135	Cargo	2009	4005	244650721	PB4138
TAMARA	NL	02203791	84	Cargo	1961	1460	244670572	PH7953
TAMARA	NL	02313994	73	Cargo	1950	975	244670129	PE6934
TAMARIN	B	06105008	110	Cargo	2007	3208	205388690	OT3886
TAMARIS	B	06004226	105	Cargo	1973	2159	205377890	OT3778
TAMARIVA	NL	02324933	86	Tanker	2000	1506	244660017	PD8769
TAMPICO	B		67	Cargo			205365190	OT3651
TANCAR	NL	02006909	78	Cargo	1924	1292	244620172	PE3769
TANJA DEYMANN I	D	02333403	84	Tanker	2010	1644		
TANJA DEYMANN II	D	02333404	81	Tanker #	2010	1615		
TANYA	B	06003622	100	Cargo		2121		
TANZANITE	B	06004034	110	Cargo	2004	2192	205335490	OT3354
TAORMINA	B	06004131	135	Cargo	2005	3566	205372590	OT3725
TAPUIT III	NL	02313292	76	Tanker #	1971	2499		
TARA	NL	02303829	67	Cargo	1928	873	244700641	PE7339
TARAWA	NL	02324569		Cargo	1940	771		
TARGET	NL	02314961	63	Cargo	1939	717	244740375	PF9818
TARIUS	NL	02311813	25	Tanker	1964	117	244660789	PG4242
TARKA	NL	02311358	80	Cargo	1929	1320	244060113	PH6429
TARKA 3	NL	9563213	27	Tug	2010	39	245404000	PBYL
TARKANA	B	06003569	80	Cargo	1959	1024		
TARO	B	06003785	110	Cargo	2002	2704	205354790	OT3547
TARRAGONA	B	06003477	83	Cargo	1961	1509	205277090	OT2770
TARSIS	B	06004050	85	Tanker	2004	1468	205442290	OT4422
TARTAAN	B	06002128	85	Cargo	1964	1307		
TATIANA	B	06105199	86	Cargo	2010	1826	205499990	OT4999
TAUNUS	NL	03350436	80	Cargo	1958	1099	205433090	PB7812
TAURUS	NL	02310212	52	Cargo	1958	560		
TAURUS	NL	02321996	75	Cargo	1969	1683		
TAZ }	B	02324719	110	Cargo KVB	2010	3948		
TAZ II }	B		80	Cargo #	2010	2927		
TB 2	NL	02321933	12	Tug			244730493	PB9592
TCHANTCHES 2	B	06002494	14	Tug (P)	1963		205276090	OT2760
TELSTAR	NL	02327021	110	Tanker	2004	2997	244690528	PD6025
TELSTAR	NL	8521127	27	Tug	1987	245	245462000	PCEN
TEMPEST	NL	7515377	48	Tug	1976	1368	244628000	PHXV
TEMPEST	NL	9424754	100	Tanker	2008		244285000	PHOT
TEMPO PASSATO	NL	02317658	70	Cargo	1963	1010	244660013	PD6477
TEMPORE	NL	02104010	74	Cargo	1966	993	244690133	PG9910
TEMPORE	NL	02203638	60	Cargo	1958	818		PD2053

BENELUX WATERWAY VESSELS 2012

Vessel Name	Flag	IMO/ENI	LOA	TYPE	BUILT	GT	MMSI No	Callsign
TEMPOREEL	NL	02317469	85	Cargo	1965	1507	244700705	PD8770
TEMPTATION	NL	02330727	135	Cargo	2008	6770	244620781	PG5183
TENAX	NL	02311269	62	Cargo	1962	750	244110011	PD9154
TENAX	NL	02331968	86	Cargo	2009	1844	244670414	PC6944
TENAX	NL	03150181	59	Cargo	1933	647		
TENDER	NL	02312540	16	Tender			244690030	PD2798
TENDER 1	NL	8134039	41	Pilot			244084000	PHXT
TENNESSEE	B	06004251	110	Cargo	1982	2322	227075560	FM4652
TER STREEP	B		50	Patrol			205112000	ORDJ
TERNEUZEN	B	8915469	32	Tug	1991	249	205063000	ORMT
TERRA	NL	02204013	84	Tanker	1964	1125		PB4008
TERRA	NL	02316246	110	MVE	1981	1065	244660287	PI3407
TERRA MARIS	NL	02325675	110	Cargo	2002	2800	244710149	PD6913
TERRA NOVA	NL	03021324	57	Cargo	1963	688	244700895	PI3832
TERRA NOVA	NL	03030781	50	Cargo	1929	431	244250193	PH8031
TERSCHELLING	NL	8802662	44	Patrol			245384000	PBVC
TERSCHELLINGER BANK	NL	02210291	56	Ferry	1964	240	244710180	PB3515
TERTIO	NL	02314850	55	Cargo	1948	549	244710770	PI6653
TERVANT 134	B	06004067	86	Cargo	1959	1467	205247890	OT2478
TERZO	NL	02330163	86	Tanker	2008	1627	244700896	PC2397
TESCO	NL	02314729	80	Cargo	1953	1120	244690277	PD8980
TESCO 3	NL	02317589	84	Cargo	1908	1798	244690278	PD3060
TESCO 4	NL	03051342	38	Cargo	1955	353	244690276	PB6438
TESCO 6	NL	02103197	39	Cargo	1956	351	244630837	PB2119
TESCO II	NL	02314917	67	Cargo	1953	913	244690288	PD9208
TESKELLY	B	06004816	110	Cargo	2005	3007	205463190	OT4631
TESSA	NL	02313289	79	Tanker	1956	1112	244700879	PD2538
TESSA	NL	02323389	86	Cargo	1923	1222	244010701	PD3022
TESSA W	NL	02718397	19	Tug	1982		245154000	PHNC
TETJE APOLONIA	NL	02301860	29	Cargo (HB)			244690419	PI8804
TETRUMA	NL	03011983	22	Tanker	1962	47		PI3664
TETRUMA 2	NL	03320228	28	Tanker	1900	113		PH6757
TETRUMA 3	NL	03010870	38	Tanker	1949	205	244620849	PI3533
TEUNIS	NL	02327598	19	Tug (P)	2002	91	244010770	PD3211
TEUNTJE S	NL	02314495	67	Cargo	1958	824	244660310	PI3551
TEXAS	B	06004033	110	Tanker	2004	4165	205008600	OT2365
TEXEL	NL	03110406	24	Tanker	1955	124		PG3238
TEXELBANK	NL	02718286	28	Tug	1992		245907000	PHXY
THAILAND	B	06000391	39	Cargo			205281890	OT2818
THALASSA	NL	02203902	60	Cargo	1963	635	244110348	PC 8244
THALASSA	NL	02316808	67	Cargo	1957	874	244740072	PI3133
THALASSA	B	06004082	110	Cargo	2004	3100	205302590	OT3025
THALASSINI	B	06105019	110	Cargo	2007	3257	205391190	OT3911
THALES	F	02328247	110	Cargo	2007	3440	227782840	FM4371
THALIA	NL	02328065	110	Cargo	1990	3110	244660544	PE8059

127

BENELUX WATERWAY VESSELS 2012

Vessel Name	Flag	IMO/ENI	LOA	TYPE	BUILT	GT	MMSI No	Callsign
THALYS	B	02328551	135	Tanker	2007	7011	205457590	OT4575
THAMESBANK (IMO 9060704)	NL	02718315	31	Tug	1992	321	245906000	PHYE
THARSIS	NL	9240732	80	Cargo	2003	1850	246091000	PBLC
THE WAVE	NL	02313086	80	Cargo	1941	1100	244660305	PD9558
THEA	NL	02102850	67	Cargo	1925	1036	244700829	PG4631
THE-AN I	NL	02311446	63	Cargo	1963	762	244750056	PD4877
THE-AN II	NL	02005325	50	Cargo	1957	483	244750057	PG8396
THE-AN IV	NL	02005217	50	Cargo	1957	524	244750058	PE9162
THE-AN V	NL	02004984	50	Cargo	1956	520	244750060	PE7236
THE-AN VI	NL	02310599	50	Cargo	1959	500	244750061	PF7716
THE-AN VII	NL	02005320	50	Cargo	1957	524	244750062	PI9107
THEION	NL	02320649	67	Tanker	1941	831	244660090	PE2054
THEKLA	NL	04025040	67	Cargo	1922	738		
THEO	NL	02310179	19	Tug	1957	19	244700811	PD6417
THEODELA	B	06003767	110	Cargo	2001	2693	205271390	OT2713
THEODELA	B	06004087	110	Tanker	2004	2992	205415190	OT4151
THEODELA C	B	06105032	110	Tanker	2008	2992	205420690	OT4206
THEODOOR	NL	04012100	80	Tanker	1973	1274	244710801	PB8848
THEODOR FRANS	NL	03350029	42	Cargo	1921	261		
THEODORA	NL	02331245	85	Tanker	2009	1598	244690908	PH2207
THEODORA	NL	03150171	67	Cargo	1931	1127	244650691	PH2029
THEODORA W	NL	02312490	57	Cargo	1956	550		PD2388
THEODORUS	NL		42	Pilot			244700862	PC5942
THEODORUS	NL	02008886	59	Dredger	1984	743	244710448	PH6402
THEODORUS	NL	03270676	42	Cargo	1960	304	244700862	PC5942
THEODORUS-JOHAN	NL	02327472	105	Tanker	2006	2426		PD3768
THERA	NL	02333291	30	Tug (P)	2010	188	244700581	PB3810
THERESIA	NL	02309490	50	Cargo	1916	510	244710023	PD9388
THERESIA	NL	03110611	85	Cargo	1965	1506	244730945	PD4233
THETIS	NL	03101637	67	Cargo	1957	901	244670001	PD2108
THIBO	B	02207738	12	Tug (P)	1981		244670654	OT3119
THIJS	NL	02203478	17	Tug	1956		244710140	PI2383
THINFUELLA	NL	02312339	84	Tanker	1966	1568		
THIRA	NL	02317665	76	Cargo	1961	1046	244740301	PI4817
THOMAS	NL	02330149	55	Workship	2008	460	244730964	PF2143
THOR	B	06004249	80	Cargo	1955	1161		
THOR	B	06504047	17	Tug (P)	1965		205255590	OT2555
THRASOS	NL	07001631	110	Tanker	1992	2717	244700169	PB7582
THREANT	NL	02330640	110	Cargo	2008	3650	244620670	PH5704
THRESHER	NL	02721298	100	Tanker	2007	1814	246295000	PHGW
THUREDREGT	NL	02006223	75	Cargo	1965	1405	244670361	PD2337
THUVINE	NL	02316446	70	Cargo	1954	851	244670334	PH3190
TIAMO	NL	02317735	105	Cargo	1973	2308	244130211	PH4113
TIARIBA I }	NL	02322718	95	Cargo KVB	1969	1634	244660554	PF9121

BENELUX WATERWAY VESSELS 2012

Vessel Name	Flag	IMO/ENI	LOA	TYPE	BUILT	GT	MMSI No	Callsign
TIARIBA II }	NL	02304670	80	Cargo #	1923	1368		
TIBERIAS	B	06004292	105	Cargo	2007	2433	205385190	OT3851
TIBLETS	NL	03170594	67	Cargo	1961	747	246940216	PB7562
TIDA KIRA	NL	02313732	58	Cargo	1955	512	205123457	PF2865
TIEMEN	NL	02208314	36	Workship	1998	194		PC3124
TIESTO	B	02325505	110	Cargo	2002	2826	205395090	OT3950
TIGRIS	B	06004170	111	Cargo	1994	2728	205230990	OT2309
TIJL	B	06003549	110	Cargo	1963	2053		
TILLE	NL		15	Patrol			244070418	PF3370
TIM	NL	02332991	110	Tanker	2010	2991	244670074	PB4331
TIMBO	NL	02204780	73	Cargo	1954	1158		PC8471
TIME	NL	02605351	76	Cargo	1973	1170	245549000	PFXD
TIMMERBAK 10	NL	02315303	43	Dredger	1931	154	244710256	PF5198
TINA	5N	04801850	95	Tanker	1970	1915		
TIPI	NL	02104000	59	Cargo	1965	687		PH8404
TIRANO	NL	02316063	67	Cargo	1964	862	244130280	PH4265
TITAN	B		105	Cargo			205433090	OT4330
TITAN	B		50	Dredger			205493090	OT4930
TITAN	NL	02318288	110	MVE	1981	650	244650884	PD4074
TITAN	NL	02326528	110	Tanker	2004	4221	244010716	PD3273
TITANIA	NL	02311601	57	Cargo	1953	530	244639932	PF3218
TIVANO	B	06003430	57	Cargo	1971	638	205287090	OT2870
TJALRU	NL	02318792	75	Cargo	1955	1041	244660897	PG4399
TJERK-HIDDE	NL	02207834	21	Tug	1956		244660711	PD5034
TJOOLDER	B	06003329	51	Cargo	1963	597	205431690	OT4316
TJORVEN	B	06003650	63	Cargo	1964	716	205245590	OT2455
TNB 1	NL	02309102	42	Tanker	1954	293	244700189	PD6435
TNB 2	NL	02312239	43	Tanker	1966	234	244670278	PF3124
TOBA	NL	02333754	30	Tug (P)	2010		244650012	PB8013
TOKATA	NL	02318780	86	Cargo	1963	1500	244690108	PE3560
TOLERANTIE	NL	02328308	110	Tanker	2006	3000	244670697	PD4482
TOM BURMESTER	LX	04808570	86	Tanker	2010	1680	211509480	DJ4349
TOMMYCOR	NL	02005579	39	Cargo	1951	355	244180144	PD7341
TONNY	NL	03170613	50	Cargo	1962	560	244670313	PI2850
TOPAZ	NL	02331263	135	Tanker	2009	6330	244630353	PH4260
TORA-ZO	B	06000336	81	Cargo		1105	205435790	OT4357
TORDERA	NL	02316133	80	Cargo	1958	1190		PD2356
TORDINO	NL	02308370	46	Cargo	1922	419	244690132	PD3726
TORENVALK	NL	02322824	105	Cargo	1996	2327	244660031	PD6670
TORMENTA	NL	06003768	86	Cargo	2002	1699	244700816	PB8183
TORNADO	NL		10	SAR			244730754	PG4664
TORNADO	NL	02309678	55	Cargo	1956	572	244710731	PC5920
TORNADO	B	06003482	80	Cargo	1957	1297	205345890	OT3458
TORNADO	B	06004303	57	Cargo	1957	722		
TORONTO	B	06003619	110	Cargo	1972	3040	205341390	OT3413

BENELUX WATERWAY VESSELS 2012

Vessel Name	Flag	IMO/ENI	LOA	TYPE	BUILT	GT	MMSI No	Callsign
TOROS	NL	03310503	77	Cargo	1956	1092	244660305	PE9963
TORRENT	NL	02317584	86	Cargo	1958	1699	244660033	PF5386
TORTUGA	B	06004022	105	Cargo	2004	2152	205477990	OT4779
TOSCA	B	06000762	38	Cargo			205487990	OT4879
TOSSA	NL	02321654	126	Cargo	1994	3548	244730044	PB3635
TOUAREG	B		39	Cargo			205409990	OT4099
TOURMALINE	NL	02317386	80	Tanker	1956	1134		PI6484
TOURMALINE	LX	02333290	110	Tanker	2010	4224	244700498	PB7936
TRAFUCO 4	B	06503495	50	Tanker			205361390	OT3613
TRAFUCO 5	B	06503037	47	Tanker		418	205469190	OT4691
TRAMONTANE	NL	02005290	55	Tanker	1957	528	244660092	PD5903
TRAMONTANE	B	03170576	62	Cargo	1961	700		
TRAMP	NL	03021263	63	Cargo	1960	805	244030641	PI6404
TRANSFERIUM	NL	02332771	96	Cargo	2009	2200	244630169	PE7525
TRANSIENT	NL	02325427	85	Cargo	1988	1690	244700224	PI3278
TRANSIT	NL	02317449	84	Cargo	1973	1252	244100875	PG7434
TRANSITO	NL	03170631	60	Cargo	1963	610		PD2349
TRANSITORIUS	NL	02208830	67	Cargo	1967	1034		PC5457
TRANSPORT	NL	06002074	110	Tanker	1974	3896		
TRANSVAAL	NL	03290212	39	Cargo	1961	358		PE8048
TRAVELER	NL	02103547	39	Cargo	1961	348	244650946	PD2484
TRAVERSEE	NL	02318350	86	Cargo	1959	1300	244620981	PE9490
TRAVIATA	NL	02313920	98	Cargo	1967	2640	244660032	PE5534
TRAWANT	NL	02201586	38	Cargo	1933	226	244670898	PE3304
TREASURY	NL	02322917	109	Tanker	1973	2200	244660896	PF2722
TRIADE	NL	02311901	39	Cargo	1950	307		
TRIADE	NL	03150167	39	Cargo	1931	334	244710220	PI9828
TRIANGLE	NL	02324285	110	Cargo	1999	3363	244710133	PD6521
TRICKSTER	B	06001864	80	Cargo	1965	1392	205261990	OT2919
TRICO I	NL	06503032	47	Cargo	1928	420		PB6455
TRICOLORE	NL	02326973	125	Tanker	2005	3384	244660745	PE4926
TRIMAX	NL	02332180	110	Tanker	2009	2499	244630980	PB2448
TRINITAS	NL	02317649	85	Cargo	1923	1523	244670249	PE4451
TRINTEL	NL	02204378	67	Cargo	1944	929		
TRINTEL	NL	03209833	67	Cargo	1956	909	244180274	PF4433
TRIO	NL	02007032	60	Cargo	1957	764		
TRIO	NL	02102944	31	Cargo	1949	201		
TRIO	NL	02309112	66	Cargo	1954	750		PH2998
TRIO	NL	02318983	60	Cargo	1989	870		
TRIPANG	NL	02306154	50	Cargo	1913	546	244670956	PH3265
TRIPOLI (IMO 9540546)	B	06105023	110	Cargo	2008	5524	205394390	OT3943
TRISTAN	NL	02334081	135	Tanker	2011	5160	244710903	PB8923
TRISULCA	NL	02322831	85	Tanker	1997	1502	244670156	PI3538
TRITON	NL	02303846	38	Cargo	1912	306	244710911	PD6728
TRIVOR	NL	02329173	110	Tanker	2007	3092	244010774	PD3318

BENELUX WATERWAY VESSELS 2012

Vessel Name	Flag	IMO/ENI	LOA	TYPE	BUILT	GT	MMSI No	Callsign
TROLEK	NL	02100931	23	Tanker	1925	79	244030717	PE9197
TROUBADOR	NL	02333556	135	Cargo	2010	3959	244700770	PB8154
TRUDIE	NL	02315305	75	Cargo	1958	861	244750043	PE9379
TRUON	NL	02312388	70	Cargo	1967	1022	244660682	PI3284
TRUUS B	NL	02304123	67	Cargo	1929	911		
TRYJOCO	NL	02305023	70	Cargo	1908	1004		
TRYTON	NL		7	SAR			244110462	PG6390
TSJECH	B	06003575		Cargo			205261790	OT2617
TSUNAMI	B	06000495	39	Cargo	1963	373	205324290	OT3242
TTS I	NL	02315892	70	Tanker	1956	744		PD2468
TUBANTIA	NL	03150432	70	Cargo	1959	691	244750093	PC2409
TUIMELAAR	NL	02312660	17	Tug	1968		244690831	PB7112
TUIMELAAR	NL	02324250	86	Cargo	1975	1903	244710378	PD3178
TULLEMANS I	NL	03011832	23	Tanker	1965	57	244740634	PD3015
TULLEMANS IV	NL	02311336	22	Tanker	1962	78	244740637	PG3035
TULLEMANS V	NL	02006089	23	Tanker	1964	61	244740636	PG3004
TUNAS }	NL	02318479	80	Cargo	1957	1073	244660016	PD5127
TUNAS II }	NL	02102574	67	Cargo #	1930	1009	244700462	
TUNICA	B	06003806	80	Cargo	1957	1078	205206490	OT2064
TURBULENT	NL	02313512	77	Cargo	1961	1019	244650995	PE6349
TURQUOISE	NL			Tanker	2009			
TURQUOISE	B	02104462	20	Tug (P)	1927	21		
TURQUOISE	LX	02327358	110	Tanker	2005	4300	244010042	PD5109
TURR ISTVAN	NL	02302085	67	Cargo #	1927	900		
TWAITE	NL	02717957	106	Tanker	1991	1997	244922000	PC9563
TWEE GEBROEDERS	NL	02302440	39	Dredger	1927	218	244660541	PF4288
TWILLIS	NL	03310474	105	Cargo	1963	1916		PD2109
TWIN	NL	02324051	38	Cargo #	1952	390		
TWINS	B	06002280	67	Cargo	1930	999		
TWIRRING	NL	02313103	85	Cargo	1929	1765	244670748	PF7190
TWISTER	NL	02008615	86	Tanker	1962	1497	244730642	PH2320
TWISTER	NL	02316458	86	Cargo	1957	1605		
TWISTER	NL	9507594	100	Tanker	2010	2300	245881000	PB7058
TWISTER II	NL	02304294	78	Cargo	1929	1323		
TYCHA	NL	02319356	70	Cargo	1955	1000	244670016	PE4196
TYCHO	NL	02204458	85	Cargo	1968	1293	244030952	PG3776
TYCHO	NL	02207509	80	Cargo	1944	1040	244740980	PH5876
TYDA KYRA	NL	02329503	135	Cargo	2008	4202	244020823	PD4740
TYFOON	NL	03260140	28	Tug	1958		244700606	PI7208
TYPHOON	NL	03270544	79	Tanker	1959	988	244630033	PD2565
TYPHOON	NL	9507582	96	Tanker	2010	1927	245889000	PB5077
TYRO	NL	02008214	70	Cargo	1980	1106	244630224	PI6255
ULF	NL	03030467	30	Cargo	1940	120		
ULTIMO	F	02315703	80	Cargo	1980	1302	226001960	FM2328
ULY	NL		11	SAR			244100267	PBJQ

131

BENELUX WATERWAY VESSELS 2012

Vessel Name	Flag	IMO/ENI	LOA	TYPE	BUILT	GT	MMSI No	Callsign
UNDINE	NL	02104379	56	Cargo	1963	627	244650242	PD5932
UNDINE 2	NL	02316097	63	Cargo	1962	786	244615725	PD4814
UNDINE II	NL	03030343	50	Cargo	1927	517	244740750	PF6988
UNICA	NL	03170637	57	Cargo	1963	604		PF3789
UNICUM	NL	03051665	50	Cargo	1964	450	244690129	PH9897
UNION	NL	03031748	67	Cargo	1959	784	244700181	PH6305
UNION 1	NL	02203560	42	Cargo	1957	351		PG5601
UNION 11	B	9120190	30	Tug	1997	398	205233000	ORKQ
UNION 2	NL	02319806	80	Cargo	1958	1160	244660447	PE8029
UNION 5	NL	9034975	31	Tug	1992	290	205065000	OROU
UNION 6	NL	9034987	31	Tug	1993	288	205348000	OROV
UNION 7	NL	9120164	30	Tug	1996	398	205188000	ORKU
UNION 8	NL	9120176	30	Tug	1997	398	205193018	ORKE
UNION AMBER	B	9365130	25	Tug	2007	311	205474000	ORNJ
UNION BOXER	B	9537537	41	Tug	2010	900	205575000	ORPS
UNION CORAL	B	9314260	33	Tug	2004	450	205414000	OROB
UNION DIAMOND	B	9220548	36	Tug	2001	497	205349000	ORLK
UNION EAGLE	B	9406441	28	Tug	2010	497	205300000	ORPR
UNION EMERALD	B	9314296	33	Tug	2005	450	205417000	OROE
UNION GRIZZLY	B	9397121	32	Tug	2007	476	205483000	OROL
UNION HAWK	B	9406439	28	Tug	2009	497	205234000	ORPQ
UNION JADE	B	9365142	25	Tug	2007	311	205475000	ORNK
UNION KOALA	B	9502714	32	Tug	2009	479	205546000	ORPF
UNION KODIAK	B	9397119	32	Tug	2007	473	205484000	OROK
UNION MANTA	B	9261487	76	Tug	2003	3164	205340000	ORKJ
UNION ONYX	B	9406415	33	Tug	2008	497	205530000	OROY
UNION PANDA	B	9502697	32	Tug	2009	479	205545000	ORPE
UNION PEARL	B	9314272	33	Tug	2005	497	205415000	OROC
UNION RUBY	B	9314284	33	Tug	2005	450	205416000	OROB
UNION TOPAZ	B	9406427	33	Tug	2008	497	205536000	ORPA
UNION WARRIOR	B	9537513	40	Tug	2009	900	205558000	ORPI
UNION WRESTLER	B	9537549	41	Tug	2010	900	205586000	ORPZ
UNION X	NL	02334485	110	Tanker	2011	1304	244750252	PE2013
UNION XI	NL	02328692	95	Tanker	1974	988	244660569	PD5010
UNION XII	NL	02330152	110	Tanker	2008	1776	244620944	PD2138
UNION XIII	NL	02328693	108	Tanker	1940	880	244660844	PD5011
UNIQUESHIP	NL	02326170	110	Cargo	2003	2945	244660545	PD2730
UNITAS	NL	02005800	57	Cargo	1961	509		PD3006
UNITAS	NL	02324875	80	Cargo	2000	1020	244750070	PG2326
UNITAS	NL	03110131	56	Cargo	1915	600	244710480	PF3762
UNITAS	NL	03211458	55	Cargo	1963	698		
UNITAS }	NL	02321516	102	Cargo KVB	1972	1807	244700280	PB7709
UNITAS II }	NL	02301886	77	Cargo #	1975	1971		
UNITED	NL	02328894	135	Cargo	2007	5517		PE4565
URANIE	B	06001151	67	Cargo	1945	906		

BENELUX WATERWAY VESSELS 2012

Vessel Name	Flag	IMO/ENI	LOA	TYPE	BUILT	GT	MMSI No	Callsign
URGENTIA	NL	02332401	110	Tanker	2010	2922	244670188	PB5073
URSA MONTANA }	NL	02332359	105	Cargo KVB	2009	5453	244650863	PB4335
URSA MONTANA II }	NL	02332358	95	Cargo #	2009	4935		
USHUAIA	LX	02329107	110	Cargo	2010	2728	244660962	PB4993
UTOPIA	NL	02104216	22	Tug (P)		21	244660799	PE3433
UTOPIA XL	NL	02014916	40	Cargo	1971	359	244630068	PC4800
V 64	NL		17	Patrol	1978			PC5233
V 87	NL	02014440	24	Patrol	1976		244260995	PC5320
VAARWEL	NL	03110471	60	Cargo	1960	611	205412690	PH7702
VAAR-WEL	NL	02318189	90	Cargo	1987	1818	244670985	PD3038
VA-BANQUE	NL	02326535	135	Tanker	2004	6356	244650997	PH5653
VADASZ	NL	02325351	110	Cargo	1973	1945	244660593	PD2465
VAGANT	NL	03340019	50	Cargo	1927	521	244700471	PG8764
VAGARI	NL	02323034	108	Cargo	1965	3312	244700907	PF4316
VAGARI	NL	03160382	67	Cargo	1965	915	244700735	PE9644
VAGARI	NL	03170671	49	Cargo	1962	467	244750201	PH4674
VAGEBOND	NL	02203589	39	Cargo	1957	380	244670269	PD9109
VAGEBOND	NL	02330203	135	Cargo	2008	5207	244620320	PD2480
VAGEBOND	NL	03310527	85	Cargo	1965	1435	244690470	PE3786
VAGRANT	NL	02314078	80	Cargo	1970	1221	244700553	PH5091
VAGUE	NL	02004657	39	Cargo	1953	342		
VAKENA	B	04017610	85	Cargo		1478	205489490	OT4894
VALBURG	NL	02333617	85	Tanker	2010	1525	244710352	PB8531
VALE	NL	02317891	85	Cargo	1970	1633	244660465	PE6964
VALENCIA	NL	02001415	108	Tanker	1974	2845	244650404	PB3427
VALENCIA	B	02315156	110	Cargo	1959	2874	205266690	OT2666
VALENCIA	NL	02316135	85	Cargo	1972	1743	244620937	PD2667
VALENCIA	NL	02327380	110	Tanker	2005	4221	244020144	PD3152
VALENTIJN	NL		11	SAR			246069000	PIDM
VALENTIN	NL	02323926	43	Tanker	1935	646		PD3504
VALETA 2	NL	02005137	18	Tanker	1956	34		PH3751
VALIENTE	D	02333982	110	Tanker	2010	2907	211530930	DC4548
VALINTA	NL	02328420	110	Cargo	2007	3237	244710866	PD2399
VALK	NL	02000971	23	Tug (P)	1928		244670338	PF7702
VALK II	NL	02005295	38	Workship	1935	187		PD3034
VALKENBURG	NL	02314181	95	Tanker	1958	1505	244710880	PD4856
VALKYRIE	NL	02311035	67	Cargo	1961	959	244710370	PD2996
VALLESIA	NL	02323461	121	Tanker	1955	3772	244690901	PH9320
VALLETTA	NL	02005596	75	Tanker	1959	1062		PG7177
VALPARAISO	NL	02327099	80	Tanker	1971	1584	205422290	PD2090
VALSINNI	NL	02331636	110	Tanker	2009	3176	244690991	PH8616
VALVERDE	NL	02325170	80	Tanker	1959	1199	244690807	PE3275
VALZEINAS	NL	02317564	74	Cargo	1957	919	244710737	PE9844
VAMI	B	06502959	80	Cargo	1912	1271	205484390	OT4843
VAN UDEN 17	NL	02310506	82	Cargo	1959	1194		PH6677

BENELUX WATERWAY VESSELS 2012

Vessel Name	Flag	IMO/ENI	LOA	TYPE	BUILT	GT	MMSI No	Callsign
VANCOUVER	NL	02327359	110	Tanker	2006	4250	244020876	PD3162
VANGUARD	B	06000520	39	Cargo	1960	350	205343890	OT3438
VANITAS	NL	02204076	70	Cargo	1966	913	244660428	PF6632
VANITAS	NL	02330709	40	Workship	2008			PE8083
VANORA	NL	02327501	70	Tanker	2006	1377	244670357	PD3574
VANQUISH	NL	02332795	110	Tanker	2010	3527	244660114	PB4489
VANTAGE	NL	02327521	134	Cargo	2006	3940	244660626	PG7782
VANTAGE	NL	02332792	110	Tanker	2009	3557	244710083	PB4488
VAR	NL	02315803	85	Tanker	1958	1310	244660081	PG9787
VARIANT	NL	02311159	63	Cargo	1962	710	244700055	PD4412
VARIANT	NL	02324791	135	Cargo	2001	3952	244700275	PD2493
VARIATIE	NL	02005274	58	Cargo	1957	559		PG2511
VARIATIE	NL	02005907	62	Cargo	1962	752		PD3342
VARIATIE	NL	02307438	86	Cargo	1949	1600	244660126	PC6873
VARIATIE	NL	02325194	80	Cargo	2001	1304	244740554	PE4677
VARIATIE	NL	03040604	38	Cargo	1926	265	244710534	PG8233
VARIUS	NL	02311307	60	Cargo	1962	763		PI9032
VARNE	NL	02300186		Cargo	1925	30		PI3285
VARNE 3	NL	02305384	28	Cargo	1922	104	244710465	PC2198
VASCO DA GAMA	NL	02330262	98	Cargo #	1930	2037	244620818	PG8977
VAYA CON DIOS	NL	02321028	110	Cargo	1993	2826	244710378	PF9857
VB 1	NL		10	Tug	1982	17		PF9608
VB 2	NL		10	Tug			244630792	PF9609
VB 4	NL		12	Tug			244690790	PD4097
VB 6	NL	02104883		Tug				PD4879
VB 7	NL	02315448	10	Tug	1983	16		PF9611
VB 10	NL	02318958	19	Dredger	1989	65	244750450	PG4234
VEBO AQUA	NL	02328626	30	Tanker	1953	290		PC5822
VECHT	NL	02204071	85	Tanker	1965	1290	244660592	PI5325
VECHT	NL	02307098	23	Workship	1914	84		PD4390
VECHT	NL	02307461	32	Cargo	1924	158	244710915	PD3205
VECHT	NL	02324805	86	Cargo	2002	1714	244710321	PF8396
VECHTLAND	NL	02318395	85	Cargo	1981	2262	244690805	PD2560
VECHTSTROOM	NL	02314717	15	Tug	1979	25		PI9299
VECTARE	NL	02318852	85	Cargo	1972	1471	244660454	PF9576
VECTOR	NL	02331015	110	Cargo	2008	4201	244620640	PD1234
VECTORIUS	NL	02330050	110	Cargo	2008	3322	244620665	PF9318
VECTURA	NL	02311970	63	Cargo	1965	872	244660701	PI2983
VECTURA	NL	02326446	81	Cargo	2004	1489	244690958	PH9999
VECTURA	NL	02328705	110	Tanker	2007	3000	244700788	PI6917
VECTURA	NL	02331454	110	Cargo	2009	3251	244620959	PD3108
VEENDAM	NL	02327026	86	Tanker	2005	1917	244700842	PD2313
VEENINGEN	NL	02332021	110	Tanker	2009	4237	244630651	PI5937
VEENTRANS	NL	02205452	81	Cargo	1985	1999		
VEERHAVEN II (NARWAL)	NL	02316303	40	Tug (P)	1981		244620943	PG8465

134

BENELUX WATERWAY VESSELS 2012

Vessel Name	Flag	IMO/ENI	LOA	TYPE	BUILT	GT	MMSI No	Callsign
VEERHAVEN III (WATERBUFFEL)	NL	02314567	40	Tug (P)	1976	219		
VEERHAVEN IV (ALLIGATOR)	NL	02316363	40	Tug (P)	1981	210	244620944	PG8575
VEERHAVEN IX (DOLFIJN)	NL	02323833	40	Tug (P)	1998		244620946	PC5205
VEERHAVEN V (ZEELEEUW)	NL	02316506	40	Tug (P)	1981	208	244630113	PI3056
VEERHAVEN VI (BISON)	NL	02317080	24	Tug (P)	1983	53	244730153	PI3060
VEERHAVEN VII (WALRUS)	NL	02319631	40	Tug (P)	1990	166	244010253	PI3032
VEERHAVEN VIII (NIJLPAARD)	NL	02322865	40	Tug (P)	1997		244620945	PD6801
VEERHAVEN X (ORCA)	NL	02329273	40	Tug (P)	2007		244620947	PD5996
VEERHAVEN XI (IJSBEER)	NL	02333095	40	Tug (P)	2009		244690451	PB4348
VEERHAVEN XII	NL	02318925	13	Crewboat	1960	5		
VEERMAN	NL	02329919	110	Tanker	2008	3220	244615886	PC4674
VEGHEL	NL	02104556	100	Tanker	1972	2260	244660640	PG3716
VEKABORG I	NL	02332866	110	Tanker	2011	3610	244730961	PC9462
VELDEN	NL	02324450	35	Tanker	1999	208	244660595	PD2791
VELOCITY	NL	02326634	125	Tanker	2005	3400	244710904	PD6013
VELSERTUNNEL	NL	02006181	55	Cargo	1964	580		PF3962
VENEZIA	NL	02322505	80	Cargo	1964	1272		PD5112
VENEZIA	B	02330162	135	Cargo	2008	4332	205412690	OT4126
VENEZUELA	B	06001526	85	Cargo	1964	1166	205407790	OT4077
VENI	NL	02332483	110	Tanker	2009	3204	244620782	PB3778
VENLO	NL	02204009	86	Tanker	1964	1310	244670786	PI5326
VENTJAGER	NL	02103954	59	Cargo	1965	497	244250844	PD7119
VENTO	NL	02312794	72	Cargo	1949	936	244010542	PD7685
VENTRANS 2	B	02333127	110	Tanker	2009	2558	244295790	PB2957
VENTURA	B	06002676	62	Cargo	1958	619	205389826	OT3898
VENTURE	NL	02315395	62	Cargo	1957	677	244700735	PG3148
VENTURE	NL	02317172	40	Dredger	1982	704		PI2410
VENUS	NL	02311732	57	Cargo	1964	672	244660724	PF4630
VERA	NL	02104810	109	Cargo	1974	1452	244660542	PI3906
VERA	NL	02302721	80	Cargo	1916	1412	244670676	PD7170
VERA CRUZ }	B	06004001	110	Cargo KVB	2004	2476	205295490	OT2954
VERA CRUZ II }	NL		62	Cargo #	2004			
VERANDERING	NL	02309071	80	Cargo	1954	998	244650957	PC5237
VERANO	D	02328969	110	Tanker	2007	2634	211514040	DK5935
VERBO VI	NL	02311967	45	Tanker	1965	342	244670180	PD9190
VERDI	B	06105175	85	Tanker	2010	1706	205466490	OT4664
VERDO III	NL	02308661	34	Cargo	1912	209		
VERENA	NL	02322410	81	Cargo	1927	1273		PI6431
VERITAS	NL	02317734	110	Cargo	1986	3010	244620937	PI2337
VERITAS	NL	04804560	110	Cargo	1998	2889		
VERITAS 3	NL	02006787	23	Tanker	1969	86	244710866	PF9463
VERONA	NL	02324819	110	Cargo	2000	2989	244700399	PD8100

BENELUX WATERWAY VESSELS 2012

Vessel Name	Flag	IMO/ENI	LOA	TYPE	BUILT	GT	MMSI No	Callsign
VERONICA	NL	03051700	63	Cargo	1965	733		
VERONIEKE	NL	02328245	110	Cargo	2007	2507	244670666	PE9024
VERONIQUE	NL	02313518	75	Cargo	1956	1042	244670167	PB5007
VERONIQUE }	NL	02324750	110	Cargo	2000	2821	244670044	PD4463
VERONIQUE II }	NL	02323261	77	Cargo #	1989	2033		PG9533
VERRAZANO	B	06003800	19	Tug (P)	2000	67	205360290	OT3602
VERSO	B	02328475	110	Cargo	2007	3234	205422290	OT4222
VERSUS	B	06004185	110	Cargo	2005	3256	205372990	OT3729
VERTROUWEN	NL	02007381	85	Cargo	1975	1472	244690224	PF6238
VERTROUWEN	NL	02104357	73	Cargo	1947	946	244737000	PD3831
VERTROUWEN	NL	02302850	57	Cargo	1925	616	244650890	PD5908
VERTROUWEN	NL	02312975	52	Cargo	1959	619	244650945	PF9631
VERTROUWEN	NL	02315170	73	Cargo	1952	935	244670130	PE6829
VERTROUWEN	NL	02321032	48	Dredger		325	244737000	PEUY
VERTROUWEN	NL	02322902	110	Cargo	1980	2704	244670683	PG3240
VERTROUWEN	NL	02605588	48	Dredger	1968	407	244737000	PE2818
VERTROUWEN	NL	03330043	42	Cargo	1928	266		PF4188
VERVANTI	NL	02316823	79	Cargo	1949	1146	244660692	PD4560
VERWACHTING	NL	02311065	55	Cargo	1961	628	244710773	PB6040
VERWISSELING	NL	03150052	39	Cargo	1910	300	244690794	PI3415
VESTA	B	06002054	80	Tanker	1960	1430	205474190	OT4741
VESTLAND	5N	02314410	86	Tanker	1957	1415	244660596	PF5412
VEWI	B	06000577	39	Cargo		379		
VIA VAI	NL	02327564	110	Tanker	2006	2356	244670899	PD3365
VIALIS	NL	03150421	90	Tanker	1964	1500	244690992	PB7319
VIATOR	NL	02320484	85	Cargo	1962	1169	244660379	PE3733
VIATOR	NL	03051580	49	Cargo	1964	466		PF4389
VICI	NL	02332462	110	Tanker	2009	2918	244650545	PB3779
VICTORIA	NL	02327269	70	Tanker	2006	1376	244670356	PF2129
VICTORIE	NL	02205599	67	Cargo	1955	918	244750328	PG6833
VICTORIE	F	02318592	80	Cargo	1959	1254		
VICTROL II	B	06503464	40	Cargo		221		
VICTROL 10	B	06105078	66	Tanker	2009	1356	205465690	OT4656
VICTUS	NL	02317612	80	Cargo	1970	1216	244690245	PE3180
VICTUS	NL	02328255	105	Cargo	2006	2414	244660781	PD4738
VIDI	NL	02331965	109	Cargo	2009	2917	244630431	PH9152
VIERVERLATEN	NL	02312267	64	Tanker	1953	656	244660594	PD6374
VIERWALDSTATTERSEE	CH	06002943	110	Tanker	1972	2509	269056211	HE6211
VIGILA	NL	02330242	135	Cargo	2008	5000	244620698	PD4825
VIGILA	NL	03110521	67	Cargo	1962	791	244700221	PF9152
VIGILANT	NL	9533969	30	Tug	2009	309	245568000	PBRV
VIGILATE	NL	02328387	135	Cargo	2007	3763	244690564	PD3428
VIGILATE ET ORATE	NL	02323842	86	Cargo	1964	1661	244210547	PD3932
VIGILIA	NL	02330200	135	Cargo	2008	3939	244650638	PD3118
VIGILIA II	NL	02326212	135	Cargo	2003	3935	244650636	PB3990

BENELUX WATERWAY VESSELS 2012

Vessel Name	Flag	IMO/ENI	LOA	TYPE	BUILT	GT	MMSI No	Callsign
VIGO	B	06002166	69	Tanker	1971	1366	205439590	OT4395
VIJZELGRACHT	NL	02005963	60	Tanker	1963	450	244660262	PS2341
VIKING	NL	02000146	61	Dredger	1916	725	244660245	PH6483
VIKING	NL	02100381	39	Cargo	1904	286	244710844	PE3519
VIKING	NL	02103526	27	Tug (P)	1929	21		
VIKING	F	02104715	51	Cargo	1930	500		
VIKING	NL	02203927	50	Dredger	1963	482		
VIKING	NL	02302636	102	Cargo	1928	2000	244660543	PD9498
VIKING	NL	02306326	31	Tanker	1939	172		PF6981
VIKING	NL	02309477	85	Tanker	1956	1553	244690163	PF8114
VIKING	NL	02311622	55	Cargo	1963	620	244730477	PD2939
VIKING	NL	02325951	110	Cargo	2003	3027	244710872	PD7744
VIKING	NL	9431903	31	Tug	2008	332	245039000	PIHD
VIKING DRAKAR	NL	02330635	86	Tanker	2008	1508	244710874	PE9253
VIKING.KARVE	NL	02327296	81	Tanker	2005	1564	244630657	PD3066
VILARDO	B	06105040	110	Cargo	2008	2632	205394490	OT3944
VILSTEREN	NL			Tanker	2009	4200		
VILSTEREN	NL	02312369	86	Tanker	9167	1498		
VILVOORDE	5N	02325035	101	Tanker	1973	3799		
VINCENT	NL	02312277	63	Cargo	1966	866	244730873	PD2614
VINCITA	NL	03290288	39	Cargo	1965	370	244670946	PF2969
VINKEL	NL	02204036	75	Tanker	1965	1017	244660595	PE7383
VINOTRA 10	NL	02333565	135	Tanker	2011	11750	244730150	PB9148
VIOD 2	NL	02201522	39	Cargo	1931	309	244660819	PD7788
VIOLA	NL	02301967	34	Cargo (HB)	1904	187	244700386	PC9239
VIOLENTO	NL	02312214	59	Tanker	1966	562	244660862	PI6124
VIONA	NL	02309189	33	Tanker	1955	148		
VIOS	NL	02304535	50	Cargo	1930	525		PI2375
VIOS	NL	02306163	50	Cargo	1924	579	244670786	PF7420
VIOS	NL	02312916	63	Cargo	1970	726	244690646	PD6044
VIOS	NL	02315427	57	Cargo	1954	728	244690748	PF6679
VIOS	NL	02319460	82	Cargo	1957	1182		PF8518
VIOS	NL	02324796	110	Cargo	2002	3160		PE3833
VIOS 1	NL	02304178	50	Cargo	1929	544		
VIPER	NL	06003516	110	Cargo	1987	2300	244670340	PI2437
VIRA	NL	02316826	77	Tanker	1962	1082	244700482	PH7711
VIRAGE	NL	02314027	86	Cargo	1971	1598	244690956	PD4817
VIRAGE	NL	02331724	110	Tanker	2009	3179	244690994	PE9204
VIRAYA	NL	02333199	135	Tanker	2010	4290	244690482	PB6664
VISAREND	NL	9226841	43	Patrol			245844000	PBDO
VISIOEN	NL	02327270	110	Tanker	2005	2992	244740307	PE5314
VISTA-BONITA	NL	06002994	86	Cargo	1997	1782	244690976	PF5619
VITA DURA	B	06003286	110	Cargo	1998	3169	205303490	OT3034
VITA NOVA	NL	02307663	39	Cargo	1940	318		PB4207
VITA NOVA	NL	02331793	135	Cargo	2009	3768		

137

BENELUX WATERWAY VESSELS 2012

Vessel Name	Flag	IMO/ENI	LOA	TYPE	BUILT	GT	MMSI No	Callsign
VITADOR	B	06004233	85	Cargo	1972	1250	205378090	OT3780
VITALIS	NL	02304749	100	Cargo	1930	2233	244690183	PG8569
VITALIS	NL	02330760	110	Cargo	2008	3225	244670044	PF9650
VITALITE	NL	02325411	30	Tug (P)	1930	30	244660234	PH3625
VITE	NL	03290217	39	Cargo	1962	375	244630893	PG8443
VITESSE	NL	02325601	110	Cargo	2002	3103	244670220	PF5705
VITESSE	NL	02331645	110	Cargo	2009	3154	244670268	PH3269
VITO	NL	02103967	63	Cargo	1965	752	244690811	PD7724
VIVACE	NL	02202248	44	Cargo	1915	321		
VIVALDI	B	02330236	85	Tanker	2008	1672	205446590	OT4465
VLAANDEREN	B	06002294	74	Cargo	1951	962	205457290	OT4572
VLAARDINGEN	NL			Tanker	2009			
VLAARDINGEN (IMO 936856)	NL	02327378	135	Tanker	2005	6213	244660639	PD3559
VLAKE	NL	02326336	110	Tanker	2004	4123	244660638	PH5520
VLB-1	NL	02009283	36	Workship			244650888	PI2442
VLB-2	NL	02326238	13	Tug	2003	28	244650885	PD2197
VLB-6	NL	02324549	20	Patrol	1998		244650887	PI9523
VLB-7	NL	02324495	13	Tug	1999		244650886	PD2825
VLIELAND	NL	02313724	110	Cargo	1959	2455	244180624	PE3110
VLIELAND	NL	02317390	100	Tanker	1985	2936	244660818	PE8106
VLIESTOLMA F	NL	8819034	40	SAR			244964009	PBH*
VLIESTROOM	NL	02715198	15	Tug	1969		244690141	PD3175
VLIESTROOM	NL	8802650	39	Patrol			244964000	PBWM
VLISSINGEN	NL	02325911	135	Tanker	2003	9264	244660815	PE7597
VLIST	NL	02004536	60	Tanker	1954	550	244660840	PG5151
VLUG	NL	02203318	14	Tug	1934		244700823	PI2226
VOERENDAAL	NL	02332442	110	Tanker	2009	4237	244650611	PB3936
VOGELZAND	NL	03170337	67	Cargo	1929	879	244700294	PF2980
VOGUE	NL	02324120	110	Cargo	1999	2765	244620940	PD7040
VOJA	NL	02330327	81	Tanker	2008	1500	244670002	PD3299
VOLANTE	NL	02331723	110	Tanker	2008	3180	244670246	PE9614
VOLENDAM	NL	02330828	86	Tanker	2008	1961	244620740	PF9901
VOLHARDING	NL		12	Patrol			244730906	PE6884
VOLHARDING	NL	02000703	37	Cargo	1926	317		
VOLHARDING	NL	02006286	47	Cargo	1947	406		
VOLHARDING	NL	02014618	19	Tug (S)	1909	5		
VOLHARDING	NL	02201474	31	Cargo (P)	1930	144	244710013	PC2698
VOLHARDING	NL	02304411	42	Cargo	1929	341		
VOLHARDING	NL	02307233	60	Cargo	1931	625	244740374	PG8938
VOLHARDING	NL	02315693	85	Cargo	1979	1546	244710560	PD4749
VOLHARDING	NL	02323163	110	Cargo	1997	2758	244210547	PH3098
VOLHARDING	NL	03140003	33	Cargo	1922	221		
VOLHARDING 1	NL	02008245	85	Tanker	1971	1366	244710868	PD6633
VOLHARDING 2	NL	02012508	67	Tanker	1996	800	244710869	PD8707

138

BENELUX WATERWAY VESSELS 2012

Vessel Name	Flag	IMO/ENI	LOA	TYPE	BUILT	GT	MMSI No	Callsign
VOLHARDING 2	NL	02302265	28	Cargo	1927	135		
VOLHARDING 3	NL	02008510	85	Tanker	1972	1385	244710870	PH 8798
VOLHARDING 4	NL	02012764	67	Tanker	1996	778	244660611	PF9694
VOLHARDING 5	NL	02014061	110	Tanker	2000	2103	244700227	PD6736
VOLHARDING 6	NL	02204560	85	Tanker	1973	1400		
VOLHARDING 7	NL	02015882	86	Tanker	2005	1953	244710879	PD2032
VOLHARDING 8	NL	02014120	70	Tanker	1999	1053	244710873	PD2576
VOLHARDING 9	NL	02205698	85	Tanker	1973	1450	244710874	PH2810
VOLHARDING 10	NL	02317338	60	Tanker	1955	548	244710875	PI4872
VOLHARDING 11	NL	02205890	73	Tanker	1981	1033	244710876	PI7942
VOLHARDING 12	NL	02321475	77	Tanker			244710878	PD8831
VOLHARDING 14	NL	02016203	110	Tanker	2006	2645	244660908	PD3308
VOLHARDING 15	NL	02314462	67	Tanker	1962	688	244710882	PG4246
VOLKERAK	NL	02322617	55	Cargo	1996	808		PF4597
VOLONTA	NL	02321697	110	Cargo	1994	2467	244660255	PD8027
VOLTA	NL	02314149	85	Tanker	1974	1403	244700805	PD5332
VOLTA	NL	02316573	24	Workship	1981	34	244010197	PD7637
VOLTERRA	NL	02330212	135	Tanker	2008	6230	244620196	PF3175
VOLUNTAS	NL	02323421	95	Tanker	1997	2156	244660238	PH9542
VOLUNTAS II	NL	02323422	70	Tanker	1997	2076	244660246	PH9523
VON.HUMBOLDT	NL	02322846	110	Tanker	1996	3550	244660392	PE2537
VOORBURG	NL	02326275	55	Tanker	2003	658	244660819	PE3410
VOORSCHOTEN	NL	02317262	70	Tanker #	1984	1624	24471877	PD 4818
VOORWARTS	NL	02303603	43	Cargo	1928	331		PD5556
VOPAK MERCATOR	NL	02328674	95	Tanker	1972	1461		
VORCHTEN	RO	02311699	43	Tanker	1963	327		
VORSTENBOSCH	NL	02333564	147	Tanker	2011	14715	244660862	PB4939
VOTA	B	06002719	80	Cargo	1936	1128	205430490	OT4304
VOTANK 15	NL	03011971	76	Tanker #	1970	2579		
VOTRANS	NL	02318448	23	Tug (P)	1943	19	244740135	PD8631
VOYAGE	NL	06003666	110	Cargo	1997	3114	244660217	PD7827
VOYAGER	NL		21	Pilot			246242000	PIIB
VREELAND	NL	02007106	86	Cargo	1972	1803	244700267	PC7531
VREELAND	NL	02310951	67	Tanker	1961	839	244710881	PD4826
VREESWIJK	NL	02310893	90	Tanker	1961	1567		
VRIDO I	NL	02328232	99	Cargo	2006	2988	244700661	PD3185
VRIDO II	NL	02328233	86	Cargo #	2006	2768	244700779	PB3893
VRIES	NL	02313201	29	Tanker	1971	128		
VRIJBUITER	NL	03030516	54	Cargo	1926	628		PF2577
VRIJHEID	NL	02307054	80	Cargo	1944	1202	244650919	PF2581
VRIJHEID II	NL	4026537	12	Tender			244630608	PB5095
VROUWKE	NL	02005791	70	Cargo	1961	1010	244710310	PF8060
W.DE BEIJER SR.	NL	02324011	93	Cargo KVB	1999	2607	244670263	PD3260
W.DE BEIJER SR.	NL	02324129	80	Cargo #	1999	2415		
WAAL	NL	02101834	45	Cargo	1931	369		

BENELUX WATERWAY VESSELS 2012

Vessel Name	Flag	IMO/ENI	LOA	TYPE	BUILT	GT	MMSI No	Callsign
WAAL	NL	02104334	79	Cargo	1946	961	244690905	PD2510
WAAL	NL	02203415	42	Cargo	1954	442		
WAALKADE	NL	02325556	107	Cargo	1984	2045	244670262	PC9808
WAALPLUS	NL	02315424	32	Tanker	1984	149	244180628	PD9779
WAALSTROOM	B	02316185	80	Tanker	1980	1106	244690590	PG5558
WABO	NL	02207255	46	Tanker	1965	408	205253790	PE6642
WABO II	NL	02323078	39	Tanker	1955	343	244740306	PE9631
WADDENZEE	NL	02003751	19	Tug (P)	1940	10	244690360	PH9081
WADDENZEE	NL	02606143	50	Dredger	1964	670	244158000	PILQ
WADDENZEE	NL	9065467	38	Patrol			244499000	PILR
WADDENZEE II	NL	03330241	19	Tug	1956		244730564	PD2631
WADMAN	NL	02204797	36	Dredger	1960	142		PH5294
WADO	NL	02312366	22	Tanker	1967	66	244740489	PD3991
WAKER	NL	7522124	68	Tug	1976	2167	244429000	PILX
WALCHEREN	NL	02004482	54	Tanker	1954	474	244660091	PE5454
WALCHEREN	NL	02313919	85	Cargo	1973	1665	244110812	PH8993
WALCHEREN	B	02317903	17	Tug (P)	1962	47	205415690	OT4156
WALDPOARTE	NL	02305633	80	Cargo	1935	1257	244630912	PE6272
WALL STREET	B	06002967	80	Tanker	1958	1213	205420090	OT4200
WALRUS	NL	02211560	12	Tug (P)	2002		244730546	PE8582
WALVIS 3	NL	02320073	46	Dredger	1953	655	244710466	PF6898
WANDERER	NL	02001870	56	Cargo	1927	620		
WANDERER	NL	02328382	67	Cargo	1959	750	244710430	PE2952
WANTIJ	NL	02326428	86	Cargo	1994	1653	244710567	PI3036
WAPPER	B	06002580	54	Tanker	1961	499	205450790	OT4507
WARBER	NL	02317877	75	Cargo	1958	1012	205263490	PD9104
WARRIOR	B	06002487	55	Cargo	1960	649	205215590	OT2155
WARTBURG	NL	02318290	110	Cargo	1987	2307	244650897	PF2183
WATERBOOT 1	NL	02309660	27	Tanker	1956	180	244083764	PH3764
WATERBOOT 2	NL	02307610	30	Tanker	1950	285	244670998	PE8312
WATERBOOT 5	NL	02310175	32	Tanker	1957	288	244690001	PH3613
WATERBOOT 10	NL	02103684	35	Tanker	1963	206	244670997	PF2118
WATERBOOT 12	NL	02314461	37	Tanker	1955	330	244690002	PF2323
WATERBOOT 15	NL	02310060	30	Tanker	1957	217	244670996	PD7222
WATERGEUS	NL	03030812	55	Cargo	1929	605		PF5591
WATERKLIEVER	NL	03051590	60	Cargo	1961	667	244700633	PD7810
WATERLAND	NL	02006020	67	Cargo	1912	772		
WATERLAND	NL	02311396	55	Cargo	1962	598	244730116	PF5146
WATERLELIE	NL	02320161	17	Tug (P)	1978		244710981	PB8981
WATERMAN	NL	02304870	64	Cargo	1925	805		
WATERMAN	NL	02312629	61	Cargo	1937	672	244670802	PI2764
WATERPOORT	NL	02203865	20	Tug	1962	138	245779000	PD2884
WATERSPORT	NL		10	SAR			246087000	PC8092
WATERSTRAAT	NL	9428059	31	Tug	2004	84	246758000	PCIV
WATERSTROOM	NL	9428047	30	Tug	1974	32	246759000	PCIW

BENELUX WATERWAY VESSELS 2012

Vessel Name	Flag	IMO/ENI	LOA	TYPE	BUILT	GT	MMSI No	Callsign
WATERVLO	NL	02211506	50	Cargo	1912	500	244740589	PE5847
WATERWAYS 1	B	06003972	110	MVE	2004	2149	205394000	ONCJ
WATERWAYS 2	B	06004003	110	MVE	2004	2149	205396000	ONCK
WATERWAYS 3	B	06004026	110	MVE	2004	2149	205397000	ONCL
WATERWEG	NL	02318358	105	Cargo	1987	2108	244650668	PE8796
WATNA	NL	02318879	86	Cargo	1964	1564	205330990	PI5841
WAYGAT	NL	02004784	25	Tanker	1930	93	244130278	PI3316
WEERT	NL	02009039	65	Cargo	1969	1033	244660220	PD5955
WELLAND	B		77	Cargo			205228890	OT2288
WELLINGTON	NL	02322631	85	Cargo	1965	1287	244180620	PE7335
WELVAREN	NL	03051412	49	Cargo	1957	461	244660611	PI3412
WENDELIEN	NL	02205172	85	Cargo	1981	1713	244700464	PD2742
WENDING	NL	02312259	70	Cargo	1966	908	244700404	PE8088
WENDY CHANTAL	NL	02301777	50	Cargo	1926	515		
WENDY DUA	NL	02205627	86	Cargo	1988	1932	244700808	PG8320
WENDY-CHANTAL	NL	03011759	60	Cargo	1962	662	244670230	PH3535
WENRO	B	06003740	47	Cargo	1966	464	205348490	OT3484
WERCHINA	NL	02328970	110	Cargo	2007	3244	244660302	PE8472
WERE DI	B	06001770	80	Cargo	1949	1393	205334890	OT3348
WERNER REICH	D	02334091	110	Tanker	2011	2493	211552670	DF6978
WERVELWIND	NL	02205577	86	Tanker	1988	1690	244660918	PF5604
WESLEY	B	06000511	100	Cargo			205312590	OT3125
WESLIE	NL	02316504	77	Cargo	1956	1100	244700045	PD6762
WESSEL	NL	02333180	110	Cargo	2010		244670642	PB5558
WEST EUROPA	NL	02205447	60	Cargo	1966	800	244700769	PF4732
WESTCO	NL	02313946	80	Cargo	1952	1104	244010759	PD8143
WESTDIEP	B	9568988	25	Pilot			205591000	ORPT
WESTEIND	NL	02314043	86	Cargo	1955	1709	244700227	PI5533
WESTENWIND	NL	02329249	105	Cargo	2007	2301	244630233	PF2135
WESTERDOK	NL	02313928	66	Cargo	1957	1388		PF6839
WESTERSCHELDE	NL	02103650	86	Cargo	1963	3019	244660124	PD4571
WESTERSCHELDE	NL	02201674	62	Cargo	1935	766	244660670	PF3752
WESTERSCHELDE	NL	02324612	55	Cargo	1999	776	244700680	PD4219
WESTGEUL	NL	02209336	77	Cargo	1955	1031	244700333	PC5214
WESTHOEK	B	06000432	67	Cargo			205414390	OT4143
WESTLAND	B	02321410	85	Tanker	1973	1569	244740633	PG3581
WESTLANDGRACHT	NL	02104853	67	Tanker	1974	707	244620986	PF2342
WESTROPA	NL	03220219	39	Cargo	1960	362	244700012	PI3572
WESTSTELLINGWERF	NL	02330277	110	Tanker	2008	2755	244730978	PH8707
WESU	NL	02311850	70	Cargo	1964	1031	244670507	PD3945
WHY NOT	B		39	Cargo			205380490	OT3804
WIECHERJAP VISSER	NL		11	SAR			244318000	PINT
WIECHERTJE B	NL	02309300	53	Cargo	1955	559		PD6062
WIEKE E	NL	02011432	47	Cargo	1957	472		
WIELINGEN	NL	02009385	73	Tanker	1963	873		

141

Vessel Name	Flag	IMO/ENI	LOA	TYPE	BUILT	GT	MMSI No	Callsign
BENELUX WATERWAY VESSELS 2012								
WIELINGEN	B	06105126	135	Cargo	2010	3919	205492390	OT4923
WIELINGEN	B	9568990	25	Pilot (P)			205203100	OS2031
WIJKERZAND	NL	02324194	103	Cargo	1988	2151	244660177	PD6976
WIKO	NL	03250043	50	Cargo	1927	500		
WILANI	B	06004089	105	Cargo	1980	2111	205455690	OT4556
WILDE MAN	NL	02315934	86	Cargo	1958	1587	244630477	PE5855
WILGRE	NL	02201250	31	Cargo	1929	250		PD4812
WILHELMIEN	NL	02005745	50	Cargo	1961	365	244730177	PG7811
WILHELMINA	NL	02101672	39	Cargo	1913	325	244700898	PE9180
WILHELMINA	NL	02312522	21	Tanker	1967	54		
WILHELMINA	NL	02317518	86	Cargo	1961	1543	244700036	PH2403
WILHELMINA	NL	02329967	97	Cargo	2008	2837	244660785	PB4904
WILHELMINA ARINA	NL	02332389	110	Cargo	2009	3449	244650577	PG4517
WILHELMINA I }	NL	02323391	76	Cargo KVB	1987	2399	244690618	PC4622
WILHELMINA II }	NL	02330113	76	Cargo #	2008	2301		PH4271
WILHELMINA III }	NL	02329968	96	Cargo KVB	2009	2793	244660784	PB4903
WILHELMINA IV }	NL	02330114	76	Cargo #	2009	2268		PI3123
WILINA	B	06003647	110	Cargo	1972	2550	205307290	OT3072
WILJETTE	NL	02322721	105	Cargo	1980	2462		
WILJO	NL	02301605	67	Cargo	1927	1036	244690590	PG2132
WILLEBROEK	B		14	Tug			205253790	OT2537
WILLEM	NL	02333533	46	Ferry	2010	100	244690996	PH5051
WILLEM	NL	03011376	17	Tanker	1953	30		
WILLEM	B	06504051		Tug				
WILLEM ANTONIA	NL	03011585	57	Dredger	1955	558	244730090	PG5409
WILLEM ANTONIE }	NL	02331120	99	Cargo KVB	2008	2912	244650799	PH8986
WILLEM ANTONIE II }	NL	02331637	86	Cargo #	2008	2749		
WILLEM D	NL	02327586	105	Cargo	2006	2375	244690531	PD4331
WILLEM HENDRIK	NL	02203978	73	Tanker	1964	874	244740881	PD2236
WILLEM JOHAN	NL	02302149	80	Cargo	1924	1329		
WILLEM LOURENS	NL	02322650	19	Tug (P)	1987	64	244690317	PF3128
WILLEM PETER	NL	02314180	85	Cargo	1962	1324	244740500	PD9413
WILLEM SR	NL	02327686	110	Tanker	2006	3180	244660725	PF8224
WILLEM-B SR	NL	02507807	18	Tug	1978	117	244773000	PIPG
WILLEMINA PETERNELLA	NL	02312204	27	Tanker	1965	94		PG7838
WILLIE	NL	02104144	70	Cargo	1967	980		PD8546
WILLY N	NL	02319009	80	Cargo	1955	1041	244690632	PD5256
WILLY-B	NL	02319680	14	Tug	1980		244670318	PI9140
WILMA	NL	02325961	64	Cargo	2007	798	244730115	PE4215
WILMA 2	NL	02000143	18	Cargo	1923	34		PG8387
WILMA VI	NL	02326701	19	Cargo	2004			PD2496
WILMAJO	NL	03310022	48	Cargo	1921	465		
WILMAR	NL	02303307	50	Cargo	1928	527	244730596	PH2425
WILSI	NL	02316116	57	Cargo	1958	607	244710286	PD3603
WILSIA	NL	02007960	70	Cargo	1979	1100	244700877	PB7845

Vessel Name	Flag	IMO/ENI	LOA	TYPE	BUILT	GT	MMSI No	Callsign
WILSON	D	02326722	110	Tanker	2004	3147	244690894	PD2049
WILTAM	B	06003412	80	Cargo	1959	468		
WILTURA	NL	02328563	135	Cargo	1980	3201	244660746	PD9598
WINDECK	B	06002751	80	Cargo			205312390	OT3123
WINIE-W	NL	02314062	65	Cargo	1958	725	244670311	PD3450
WINIFRED	NL		10	SAR			244568000	PBFV
WINTAM	B	06504171	14	Tug (P)			205263490	OT2634
WIRIJANI	NL	02313507	80	Cargo	1948	1117	244690942	PF9415
WODAN	NL	02304561	63	Cargo	1907	704	244670346	PE5076
WOEI-MIN	NL	02316762	80	Tanker	1959	1102		
WOFRARI	NL	02315753	57	Cargo	1958	660	244010772	PF9602
WOODY	NL	02000443	39	Cargo	1913	341		
WOUTER	B	06002540	47	Tanker ©	1965	383	205503690	OT5036
WOUTER_R	LX	02327632	105	Tanker	2006	2356	244700742	PD3922
WOUTRINA	NL	02203966	60	Cargo	1964	650	244710209	PD4988
WULP	NL	9033878	24	Pilot			244833000	PISD
XANDER	B	06004245	15	Tug (P)	1969	18	205380290	OT3802
XENA	NL	02316825	73	Cargo	1961	1128	244670802	PI6257
XENIA	NL	02304987	67	Cargo	1930	867	244650980	PH9490
YANKEE	B	06105066	110	Cargo	2009	3234	205436290	OT4362
YANNICK	NL	02011876	39	Cargo	1960	351	244730010	PE6060
YARINYA	NL	02322125	85	Cargo	1955	1189	244700610	PD2976
YARIS	B	06002111	80	Cargo	1959	2037	205330990	OT3309
YEMAYA	NL	02328644	135	Tanker	2007	5149	244650805	PC2352
YOEP	NL	02318540	84	Cargo	1909	1400	244130278	PF4851
YOGI	NL	9479785	26	Tug	2008		245594000	PBMZ
YONA	B	06002057	85	Cargo	1940	1360		
YORAN	NL	06002396	55	Cargo	1956	561		
YOURI	NL	02326564	110	Tanker	2004	2985	244620028	PH4535
YSDU	B	06000225	51	Cargo	1961	631		
YSKA	NL	02308320	16	Tug	1941		244700541	PE8064
YVETTE	NL	02317788	86	Cargo	1958	2100	244700464	PD3304
YVO	B	02715502	25	Tug	1957	106		
YVON	NL	02204015	65	Cargo	1965	805	244750015	PG4279
YZER (IJZER)	B	06105025		Tug				
ZAANSTROOM	NL	02007287	90	Tanker	1974	1296	244020737	PD8541
ZAFFERANO	B	02318156	85	Cargo	1971	1519		
ZAGORA	B	06002747	110	Cargo	1989	2491	205329990	OT3299
ZAGRI	NL	02007007	76	Cargo	1972	1535	244710442	PE8200
ZAGRI 1	NL	02311673	97	Cargo	1948	2218	244060306	PI2316
ZAGRI 3	NL	02311728	73	Cargo	1963	1365	244660222	PE4081
ZAGRI 15	NL	02311615	73	Cargo	1963	1378	244660224	PD7705
ZAGRI 16	NL	03011999	81	Cargo	1971	2302		
ZALMHAVEN	NL	03011956	85	Tanker	1970	1514		
ZALMVISSER	NL	02325510	70	Cargo	2002	1002	244740119	PD4113

BENELUX WATERWAY VESSELS 2012

Vessel Name	Flag	IMO/ENI	LOA	TYPE	BUILT	GT	MMSI No	Callsign
ZAMBEZI	B	06000991	40	Cargo	1966	370	205473190	OT4731
ZANDEXPRES 3	NL	02005435	70	Cargo	1958	862	244690913	PF5631
ZANDEXPRES 4	NL	02005467	67	Cargo	1958	833	244690912	PF7260
ZANDEXPRES 5	NL	02205569	86	Dredger	1987	1471	244690915	PF9979
ZANDKREEK	NL	02103847	85	Cargo	1964	1496	244700726	PE8397
ZANDSTER	NL	02331608	86	Cargo	2009	1900		
ZEBULON	NL	02321466	15	Tug (P)	1968	29	244690544	PD4762
ZEEBRIES	B		14	Patrol			205379990	OT3799
ZEEBRIES	NL	02317056	85	Tanker	1958	1318		
ZEEBRUGGE	B	06000282	90	Tanker	1971	2146	205356700	OT3567
ZEEHOND	NL	02308867	23	Tug	1952		244670518	PI2848
ZEEHOND	NL	02316643	77	Tanker #	1974	2473		
ZEEHOND	NL	02709657	22	Tug	1956		246588000	PB9523
ZEEHOND	B	8843549	40	Tug			205111000	ORDO
ZEEKOE	NL	02008042	57	Cargo	1969	748	244730122	PG9943
ZEELAND	B			Cargo	1923	120		
ZEELAND	NL	02205703	110	Cargo	1989	2578	244700965	PD7295
ZEELAND	NL	02332990	135	Tanker	2010	4000	244670774	PB5697
ZEELAND	NL	02508792	63	Cargo	1968	713	244700363	PF6966
ZEELAND	NL	8117483	29	Tug	1982		244190000	PIWQ
ZEELANDIA	NL	02316888	84	Tanker	1961	1256		PD4994
ZEELANDIA	NL	03270620	70	Cargo	1962	600	244620986	PH9079
ZEELEEUW	B	8424903	56	Pilot			205108000	ORBB
ZEEMANSHOOP	NL		20	SAR			244237000	PBAC
ZEEMEEUW	NL	8434128	20	Pilot			244769000	PIWX
ZEEMEEUW II	NL	02012212	15	Tug	1971		244710228	PC4766
ZEESTER	NL	03250279	56	Cargo	1961	656	244730978	PG4313
ZEETIJGER	NL	02314247	11	Tug	1932		244670520	PB5400
ZEETIJGER	B	9581526	30	Tug			205595000	ORBO
ZEEZWALUW	NL	02717883	24	Pilot			244770000	PIYA
ZEFIROS	NL	02324931	70	Cargo	2001	1025	244260087	PC2612
ZEHDENICK	B	06003632	110	Tanker	1962	2000	205342390	OT3423
ZELDENRUST	NL	02328673	86	Cargo	2007	2407	244700736	PH2398
ZEMBLA	NL		135	Cargo	2011			
ZENNESTROOM	NL	02318119	110	Tanker	1987	3144	244630007	PD7452
ZEPHIR	NL	03110554	80	Cargo	1963	1153	244740664	PC2428
ZEPHIR	NL	06003720	50	Tanker	1960	422		
ZEPHYR	NL	02204595	60	Cargo	1968	841		PD7389
ZEPHYR	NL	02318424	100	Cargo	1957	1777	244690685	PD5509
ZEPHYRUS	NL		19	Tug	1930	17	244710970	PI2390
ZEPHYRUS (IMO 8433435)	NL	02718227	20	Tug	1992		245494000	PBNT
ZESTIENHOVEN	NL	02204097	70	Tanker	1966	851	244670836	PE4525
ZEUS	NL	02005412	56	Dredger	1958	572		
ZIJPE	NL	02310756	86	Cargo	1960	2437	244660123	PD4572
ZIJPE	NL	02316061	80	Cargo	1958	1352	244660402	PG7216

BENELUX WATERWAY VESSELS 2012

Vessel Name	Flag	IMO/ENI	LOA	TYPE	BUILT	GT	MMSI No	Callsign
ZIJPE	NL	02318118	71	Cargo	1963	898	244650840	PD2284
ZIJPE	NL	02325148	36	Workship	2001	500		PF7368
ZILVERMEEUW	NL		14	Patrol	1968		246408000	PBEQ
ZILVERMEEUW	NL	02313737	39	Cargo	1957	321		PB4734
ZILVERPUT	NL	02202000	33	Cargo	1923	148	244284000	PI2767
ZIRFAEA	NL	9046497	63	Patrol			246096000	PBZV
ZKH PR WILLEM ALEXANDER	NL	02325154	63	Cargo	2002	850	244670595	PD9302
ZOE	NL	02331486	86	Workship	1971	1482	244710728	PB4449
ZOEY.V	NL	02333794	110	Tanker	2011	2540	244750103	PG7107
ZOMERLAND	NL	02000742	44	Cargo	1928	375		
ZORA	NL	02301319	50	Cargo	1924	526	244730733	PD7346
ZP CAYMUS	NL	8207680	28	Tug	1982	196	244290029	PF7015
ZP CHALONE	NL		28	Tug			244690362	PH2109
ZP CHANDON	NL	8207692	28	Tug	1982	198		
ZP CONDON	NL	02318969	29	Tug	1981		244690361	PH2411
ZP MONTALI	NL	02322472	28	Tug	1985	194	244290028	PF6884
ZUID HOLLAND	NL		28	Tug (Fire)	2004		244010610	PE6820
ZUID HOLLAND	NL	02005831	55	Cargo	1961	545	244660316	PF4889
ZUID HOLLAND	NL	03110143	50	Cargo	1929	526		
ZUIDEINDE	NL	02323627	80	Cargo	1974	1381	244690772	PD6828
ZUIDENWIND	NL	02313829	90	Cargo	1974	2052	244730834	PD8549
ZUIDENWIND	NL	03110600	52	Cargo	1965	465	244700003	PH2990
ZUIDERDIEP	NL	02005819	71	Cargo	1961	1215	244690893	PH4566
ZUIDERKLIP	NL		62	Dredger			245951000	PC2593
ZUIDERZEE	NL	02303356	54	Cargo	1928	615	244690798	PD9882
ZUIDFRIESLAND	NL	02324037	85	Tanker	1973	2131	244710141	PF8798
ZUIDGOUWE	NL	03011475	43	Cargo	1954	401	244010871	PE8547
ZUID-HOLLAND	NL		28	Tug			244010610	PE6820
ZUIDWAL	NL	02333788	110	Tanker	2010	2675	244670511	PB5387
ZUIDZEE	B	06004070	135	Tanker	2004	4135	205245890	OT2458
ZUIGZAND	B			Cargo			205455390	OT4553
ZUIGZAND	NL	02318024	86	Cargo	1948	1671	205505290	OT5052
ZWAAN	B		14	Patrol			205181904	OE2000
ZWAANTJE	NL	02301140	85	Cargo	1925	1503	244670104	PD8241
ZWAANTJE	NL	02301418	18	Tanker	1924	32		
ZWAANTJE 1	NL	02322426	30	Tanker	1995	150	244670168	PI3346
ZWAANTJE 2	NL	02325830	35	Tanker	2002	200	244670169	PD6701
ZWAANTJE 3	NL	02322468	30	Tanker	1996	150	244670170	PF3862
ZWAANTJE 4	NL	02312845	27	Tanker	1969	54	244670172	PE3322
ZWAANTJE 5	NL	02312998	26	Tanker	1969	101	244670173	PG7802
ZWAANTJE 6	NL	02326201	35	Tanker	2003	200	244670174	PF9271
ZWAANTJE 7	NL	02312083	22	Tanker	1965	63	244670176	PD4309
ZWAANTJE 8	NL	02312997	28	Tanker	1969	107	244670177	PE3275
ZWAANTJE 9	NL	02331215	35	Tanker	2008	259	244630148	PI3347

Vessel Name	Flag	IMO/ENI	LOA	TYPE	BUILT	GT	MMSI No	Callsign
BENELUX WATERWAY VESSELS 2012								
ZWAANTJE 10	NL	02310594	27	Tanker	1960	111	244670178	PE3260
ZWAANTJE 11	NL	02006773	23	Tanker	1969	86	244670179	PI3346
ZWALMVALLEI	B	06002150	73	Cargo	1950	980	205408790	OT4087
ZWALUW	NL	02303113	53	Cargo	1928	505	244010283	PI3755
ZWALUW	NL	02314753	55	Cargo	1959	614	244670311	PD5721
ZWARTE GANS	NL	02102912	19	Tug	1945		244090082	PF3158
ZWARTE ZEE	NL	02204791	80	Cargo	1956	1140	244690942	PH8406
ZWARTEMEER	NL	02007729	35	Workship	1977	149		PG6332
ZWARTEMEER	NL	02203788	48	Cargo	1961	559	244750050	PE8140
ZWARTEWATER	NL	03310536	70	Cargo	1966	1034	244670346	PF9075
ZWARTEWATER	NL	03350027	35	Cargo	1921	164		PC8630
ZWERVER	NL	02300713	50	Cargo	1924	491		
ZWERVER	NL	02314046	53	Cargo	1954	495	244730788	PD2552
ZWERVER	NL	02316161	80	Cargo	1958	903		PD2764
ZWERVER	NL	02324139	67	Cargo	1958	803		
ZWERVER	NL	03010751	36	Cargo			244391037	PC2437
ZWERVER	NL	03011025	52	Tanker	1911	420		
ZWERVER I	NL	9423425	28	Tug	2007	297	244473000	PHJQ
ZWERVER II	NL	02720250	26	Tug	2003	265		
ZWERVER III	NL	9614878	35	Tug	2011	499	246024000	PCLQ

ENI_NAME INDEX		ENI_NAME INDEX		ENI_NAME INDEX	
IMO/ENI	Vessel Name	IMO/ENI	Vessel Name	IMO/ENI	Vessel Name
232-71	ECHO	02003576	ARANKA	02005433	JAGER
00305	HAVENDIENST 2	02003581	JAN VAN HASSELT SR	02005435	ZANDEXPRES 3
00204408	ZEPHYRUS	02003667	JACOBA	02005456	JETTA
01822422	LA CORUNA	02003738	NANCY	02005467	ZANDEXPRES 4
01822501	STRICK	02003749	CYNTHIA	02005495	JOELLE
01822636	ST LOUIS	02003751	WADDENZEE	02005501	CHRISTINA
01822954	ELONA	02004040	PIETER DINA	02005545	CAITLIN
01822965	CATHELI	02004082	EN AVANT	02005556	HOOP DOET LEVEN
01822997	RED BULL	02004273	MISTRAL	02005579	TOMMYCOR
01823098	AUDE	02004482	WALCHEREN	02005596	VALLETTA
01823215	AGENA	02004504	AQUATICUS	02005621	FLORIS
01823257	ATHENA	02004536	VLIST	02005652	MINTAKA
01823263	SYRACUSE	02004545	NIJVERHEID	02005658	SUCCES
01823375	AQUILON	02004560	BORNEO	02005665	ANNY
02000143	WILMA 2	02004574	PROSPERO	02005667	EENDRACHT
02000146	VIKING	02004656	KRISTIN	02005670	DE HOOP
02000305	LIS	02004657	VAGUE	02005698	PRINSES BEATRIX
02000346	GULF WAY	02004673	DYNAMO	02005745	WILHELMIEN
02000443	WOODY	02004674	ARGONAUT	02005747	HOLLANDS GLORIE
02000703	VOLHARDING	02004712	ANIMO	02005762	KOERIER
02000742	ZOMERLAND	02004713	INA	02005785	MULTRATUG 12
02000809	CONCORDIA	02004753	AURA	02005791	VROUWKE
02000971	VALK	02004784	WAYGAT	02005792	ISTAR
02001037	JEROM	02004795	NESCIO	02005798	CONCORDIA
02001128	AVIOR	02004984	THE-AN V	02005799	EBEN HAEZER
02001211	ROMA	02004988	COMMANDO	02005800	UNITAS
02001415	VALENCIA	02005103	LEKSTROOM V	02005819	ZUIDERDIEP
02001498	PARAAT	02005137	VALETA 2	02005828	SANSTOARM
02001528	HARERI	02005138	MIRA CETI	02005831	ZUID HOLLAND
02001577	DE GOEDE VERWACHTING	02005140	NOVATIE	02005832	DONNA
		02005160	DONGE	02005836	DINTEL 3
02001644	GERARDA	02005212	DEJO B	02005840	DRECHTSTROOM
02001852	JOJERIA	02005217	THE-AN IV	02005843	RODEUR
02001868	QUO VADIS	02005233	EMERGO	02005856	PALMGRACHT
02001870	WANDERER	02005274	VARIATIE	02005867	PETRONELLA
02001873	NAUTA	02005284	BETA	02005874	MARANTO
02001877	ELJA	02005290	TRAMONTANE	02005889	MULTRATUG 15
02002004	LEANKE	02005295	VALK II	02005898	JENNY
02002257	CORNELIA	02005320	THE-AN VII	02005899	FLUMAR II
02002337	DEO VOLENTE	02005325	THE-AN II	02005907	VARIATIE
02002505	JOHANNA	02005357	EEMLAND	02005949	L'ESCAUT
02002563	LABOR VINCIT	02005404	JAN	02005951	FIWADO 14
02002606	FINLAND	02005412	ZEUS	02005963	VIJZELGRACHT
02002639	CALPAM 218	02005415	DICO	02005966	PRINSES CHRISTINA
02003079	AQUARIUS	02005425	AQUARIUS	02005973	NITRICO II

ENI_NAME INDEX		ENI_NAME INDEX		ENI_NAME INDEX	
IMO/ENI	Vessel Name	IMO/ENI	Vessel Name	IMO/ENI	Vessel Name
02006003	ADMIRALENGRACHT	02006787	VERITAS 3	02007718	LAGUNA
02006004	KLAAS DE BOER	02006792	JAMAICA	02007729	ZWARTEMEER
02006019	FLAMINGO	02006796	DOUWE HENDRIK	02007730	LEENDERT
02006020	WATERLAND	02006804	FIWADO 3	02007784	RELAX
02006056	ESTERO	02006841	NOORDENDIEP	02007930	AMBIVALENT
02006061	T.C.W. II	02006846	SLOTERMEER	02007946	BATAVIER
02006089	TULLEMANS V	02006847	BUIKSLOTERBANNE	02007954	FUELTRANS 4
02006094	MERWEDE	02006848	BIJLMEMEER	02007960	WILSIA
02006102	IMPULS	02006849	BUITENVELDERT	02007984	JAMBO
02006130	BEAUME	02006850	GEUZENVELD	02007987	SAEFTINGE
02006131	BO-BO	02006851	OSDORP	02008018	RICK
02006135	ANGELIQUE	02006868	CONATUS	02008042	ZEEKOE
02006157	GREFO III	02006875	LOUISE V DER WEES	02008073	REMI
02006160	JELMER	02006886	BARTJE 1	02008131	HARMONIE
02006181	VELSERTUNNEL	02006897	ORKA	02008141	JAN B
02006187	SMOOKY	02006909	TANCAR	02008142	BUTSKOP I
02006193	PIETER	02006911	GEROMA	02008168	GEINLAND
02006196	CARPE DIEM	02006915	ENTERPRISE	02008169	MARIA
02006208	PROSERPINA	02006940	FARBER	02008181	ALBATROS
02006209	JABO	02006955	DE VIER	02008197	KENORA
02006223	THUREDREGT	02006964	ELIZABETH	02008214	TYRO
02006266	NOOITGEDACHT	02006967	ARNO	02008219	EVERDINA
02006279	MARTIJN B	02007007	ZAGRI	02008245	VOLHARDING 1
02006286	VOLHARDING	02007026	JELLE	02008259	LIBELLE
02006298	REX RHENI	02007032	TRIO	02008273	FIDES
02006302	GERRIT HENDRIK	02007058	CALPAM 131	02008283	MARIANNA
02006317	EENDRACHT	02007085	ATLANTIS	02008289	ESSEX
02006321	MERWEDE	02007092	PLOEGER	02008315	GLORIA
02006343	MARINER	02007106	VREELAND	02008381	SMITWIJS TYPHOON
02006366	SECUNDA	02007108	GEERTJE	02008390	MAURICE
02006411	ONDINE	02007145	SERVICE 5	02008430	SHADOW
02006412	ARDITO	02007196	JANNA MARIA	02008510	VOLHARDING 3
02006477	RODORT 9	02007252	INO	02008583	MON DESIR
02006505	REINOD 9	02007268	SYNTHESE 3	02008615	TWISTER
02006585	JAGER 3	02007287	ZAANSTROOM	02008886	THEODORUS
02006598	BURGZAND	02007370	DENZO	02009014	DRUTEN
02006605	BERT	02007381	VERTROUWEN	02009039	WEERT
02006618	BETSIE-G	02007411	LEENDERT	02009091	GULF SENATE
02006640	MA LONDA 2	02007427	GEROME	02009092	GULF MAR
02006663	AMSTELPLUS	02007430	GERRIT ADRIAAN	02009093	GULF SIGMA
02006712	GIESSENMOND	02007471	BOS EN LOMMER	02009196	INTERMEZZO
02006742	STATUS QUO II	02007596	PROVOCATIO	02009216	EEMSHORN
02006769	DEI GRATIA	02007607	HYDRA	02009253	MELANIE
02006771	MIRA	02007667	SPERA	02009267	JOCO IV
02006773	ZWAANTJE 11	02007693	FIWADO 12	02009283	VLB-1

ENI_NAME INDEX		ENI_NAME INDEX		ENI_NAME INDEX	
IMO/ENI	Vessel Name	IMO/ENI	Vessel Name	IMO/ENI	Vessel Name
02009348	JASMIJN	02100156	MERWESTROOM	02101834	WAAL
02009369	MARTINA	02100213	ANNE	02101934	IDUNA
02009385	WIELINGEN	02100373	MONZA	02101958	CECILIA
02009391	D.W.S. 14 WATERVAL	02100374	DESCHIETER 10	02101974	MARIANNE
02009392	D.W.S. 15 WATERMAN	02100381	VIKING	02101992	CURA NOSTRA
02009504	GULF ESKIMO	02100489	RIA	02102055	BABBELBERG
02009612	MARTINA	02100522	KRAANVOGEL	02102097	HERCULES
02009691	CORINA	02100547	MANUELA	02102114	ELISABETH
02009700	JOSETTE	02100620	SALLAND	02102121	FIAT
02009812	MORGENSTER	02100621	ROELIE	02102154	DELTA
02009859	HENDRIK 3	02100641	LEONARDUS	02102268	ALPHA
02010142	RIVAL	02100657	LOTUS	02102343	JANDI
02010158	LIS	02100659	INEKE	02102360	MORRA
02010210	ADRIAAN R	02100664	NAJADE	02102370	EN AVANT 28
02010386	ERIC	02100698	AMOR VINCIT	02102404	ANACONDA
02010538	ROELOFFINA	02100724	DE BOURGONDIER	02102518	RENE
02011373	AFSLUITDIJK	02100730	SUSANNA	02102537	NOORDSTROOM
02011432	WIEKE E	02100737	AD WILMA	02102538	GENDTIA
02011466	SEAN	02100843	BIANCA	02102574	TUNAS II }
02011551	DE TWAALF	02100858	ANJER	02102581	DACAPO
02011587	ANNIE III	02100867	SAILLANT	02102610	JENNIJ
02011689	RUNNER	02100931	TROLEK	02102850	THEA
02011876	YANNICK	02100968	ALBATROS	02102904	DA-MAR
02011928	NOVA VENTURE	02100983	AGENTIA	02102908	SPERO
02012212	ZEEMEEUW II	02101013	IRENE	02102912	ZWARTE GANS
02012508	VOLHARDING 2	02101027	ANJA II	02102944	TRIO
02012519	ADELAAR	02101038	CASA-NOVA	02102947	JUN AI
02012764	VOLHARDING 4	02101052	RIA	02103020	EMRIJ
02012834	MARCONI	02101084	COSMOPOLIET	02103050	SAO ANTONIO
02012907	P W L	02101127	ANJA	02103072	BGA TRANS
02013751	ENJA-D	02101179	LINQUENDA	02103080	STAPPER
02013809	ASSISTENT	02101204	DRAKAR	02103104	SANTIAGO
02014061	VOLHARDING 5	02101246	CALPAM 208	02103130	CALENDULA 2
02014120	VOLHARDING 8	02101280	LABOR	02103132	ALBERT SR
02014440	V 87	02101333	PERGO	02103175	MARDI
02014618	VOLHARDING	02101397	JOHANNES	02103183	RUBIS
02014916	UTOPIA XL	02101439	HARMONIE III	02103197	TESCO 6
02015186	ACTIEF	02101466	EBEN HAEZER	02103203	ESTHER
02015882	VOLHARDING 7	02101549	GOAD	02103266	SORAYA
02015930	LISIDECO	02101555	RIVAL	02103336	EBEN-HAEZER
02016073	CHELSEA B	02101637	SUZETTE	02103382	ODORATA
02016203	VOLHARDING 14	02101672	WILHELMINA	02103395	LEKSTROOM
02022675	HOLLAND	02101731	CARESSA	02103397	LYDIOS
02100095	INSPE II	02101735	ROEK	02103401	HENJA
02100099	SPONTAAN	02101776	OBDURO	02103428	MERDEKA

ENI_NAME INDEX		ENI_NAME INDEX		ENI_NAME INDEX	
IMO/ENI	Vessel Name	IMO/ENI	Vessel Name	IMO/ENI	Vessel Name
02103440	LUCTOR	02103747	ONDERNEMING	02104173	DEO JUVANTE
02103445	SMIT WAALHAVEN 2	02103776	GERARDUS MAJELLA	02104216	UTOPIA
02103447	AROWI	02103786	JOHANNA ADRIANA	02104224	ELLY
02103453	OOSTERSCHELDE	02103791	BOREAS	02104236	CARAMBA
02103465	HARGEE II	02103793	EENDRACHT	02104250	RONALD
02103473	BATAVIER	02103818	SA WAS DEE	02104266	PRINSENSTAD
02103475	CLASINA MARIA	02103821	MARGARET ANN	02104272	LAETITIA
02103480	CHRISTINA	02103824	BALENO	02104285	ALABAMA
02103504	CORMA	02103831	HOEK VAN HOLLAND	02104297	MARIANNE M
02103516	SYLMA	02103847	ZANDKREEK	02104306	RENATA
02103526	VIKING	02103852	JASMIJN	02104333	AMODO
02103546	GERSOM	02103855	SANSTREAM	02104334	WAAL
02103547	TRAVELER	02103868	MAAS	02104346	AN.KA
02103552	BONA SPES	02103874	ROTTERDAM	02104348	ALBLASSERWAARD
02103555	BARBARA V	02103886	DEVELSTEIJN	02104357	VERTROUWEN
02103559	DIEZE	02103887	ALWI-B	02104359	CORNELIS V
02103571	KEIMPE	02103893	JANNA	02104362	DOLFIJN
02103573	MAZZEL	02103904	CORNELIS ADRIANA	02104363	EUPLOIA
02103580	SPES NOVA	02103910	GOEDE HOOP	02104377	CALIMERO
02103585	ARIE CORNELIS	02103923	SPERWER	02104379	UNDINE
02103587	MEDEA	02103925	ADRIANA	02104388	BREEZE
02103598	CORNELIS B	02103932	HENJOR	02104388	HARJA
02103604	STORMVOGEL	02103941	STATENSTAD	02104399	BAUKJE
02103606	SECUNDA	02103944	MERWEDE 18	02104418	AQUA SCALDIS
02103607	OOSTERSCHELDE	02103954	VENTJAGER	02104419	FRYSLAN
02103609	GREBBE	02103960	MARIA CORNELIA	02104433	ISELLA
02103611	ALEGRIA	02103965	DE TIJD ZAL 'T LEREN	02104456	GERLETA
02103614	FRANSISCA	02103967	VITO	02104462	TURQUOISE
02103623	GRADATIM	02103980	RIVAL	02104480	DROOMLAND
02103627	FIDUCIA	02103987	ALTENA	02104491	MARLIJN
02103632	PIETER HUBERT	02104000	TIPI	02104517	MERCATOR
02103640	BENRO	02104001	SAN FRANCISCO	02104524	NORTH TRANS
02103650	WESTERSCHELDE	02104010	TEMPORE	02104525	HELENA
02103655	NAVITAS	02104011	ARUBA	02104530	IRIS
02103658	ARTEMIS	02104014	LUBMARINE UNIVER'L	02104543	ARINA
02103660	FLAVA	02104021	FIAT VOLUNTAS	02104544	CRESCENDO
02103683	COTCHA	02104023	PIZ CASTOR	02104547	SANCTA MARIA
02103684	WATERBOOT 10	02104034	CONFIANZA	02104556	VEGHEL
02103687	REGGE	02104039	DINA JACOBA	02104585	HELENA ADRIAAN
02103688	CONTO MIO	02104053	EN AVANT 21	02104592	GOUWZEE
02103710	SCHELDE	02104068	DAMARO	02104608	OSAR
02103715	MAIN XIII	02104104	ALPI	02104609	RAMBLER
02103725	RESTART	02104144	WILLIE	02104621	ADRIANA
02103727	DEFACTO	02104155	LEMSTERLAND	02104625	AQUA IBERIA
02103735	STAVRIA	02104162	HEIN JR	02104644	LIZZY

ENI_NAME INDEX		ENI_NAME INDEX		ENI_NAME INDEX	
IMO/ENI	Vessel Name	IMO/ENI	Vessel Name	IMO/ENI	Vessel Name
02104653	RIALTO	02200516	LIS	02203635	EMMA
02104659	MIRA FERRAMENTA	02200839	RES NOVA	02203638	TEMPORE
02104689	INSULA	02200955	DEO JUVANTE	02203641	REGALO
02104693	ERAN	02200981	NOOITGEDACHT 2	02203650	ADRIANA
02104694	ACACIA	02201250	WILGRE	02203662	GEHAN B
02104699	OTTO	02201267	AVONTUUR	02203683	RES NOVA
02104715	VIKING	02201346	LION D'OR	02203689	JOHANNA-C
02104725	BONNE ATTENTE	02201375	IBIS II	02203735	CHAMARI
02104727	MAAIKE	02201434	PRO ET CONTRA	02203736	OCTOPUS
02104730	MOANA	02201474	VOLHARDING	02203744	SLAMAT
02104732	CADENZA	02201493	DORINE	02203776	QUARTA
02104733	FLORA W	02201495	DESTINY	02203787	EETRUJE
02104762	SMIT WAALHAVEN 1	02201517	ACTIEF	02203788	ZWARTEMEER
02104768	SAGRADA	02201522	VIOD 2	02203791	TAMARA
02104789	MARCONI	02201548	ARGO	02203799	SPES
02104793	AQUARIUS	02201571	ANDREAS	02203816	GELDERLAND
02104800	PONENTE	02201583	LENNIE	02203863	NOMADOS
02104805	SARON K	02201586	TRAWANT	02203864	CHRISTA
02104810	VERA	02201647	FIX 17	02203865	WATERPOORT
02104830	ROB	02201674	WESTERSCHELDE	02203868	DOUWINA W
02104853	WESTLANDGRACHT	02202000	ZILVERPUT	02203885	ASPORTO
02104854	L'ESCAUT II	02202093	FIX 19	02203891	NIKYRA
02104875	FESTINA	02202248	VIVACE	02203902	THALASSA
02104876	ICHTHUS	02202487	ALLEGONDA L	02203903	ROXANA
02104883	VB 6	02202516	SPES	02203919	MIMOSA
02104893	GERMATON	02202602	LINQUENDA	02203920	AQUA RHENANIA
02104894	ANCILLA	02202662	BATTELLO	02203923	CRESCENDO
02104915	GRAAFSTROOM	02202750	ELANDSGRACHT	02203924	ANANJA
02119594	ESPERANZ	02202902	JOHANNA	02203927	VIKING
02131761	JURBRI	02203053	MICHAEL	02203934	COMMUNITAS
02132817	LADY J	02203074	DANKBAARHEID	02203953	MARISKA
02133056	EGBERTUS THIRZA D	02203174	KOOPMANS WELVAART	02203954	FRANCINA
02133830	FALCON	02203250	KRUIJF 3	02203956	SALIRE
02133880	EUROPOORT	02203318	VLUG	02203959	CHALLENGER
02135835	DIADEMA	02203344	AVONTUUR 2	02203959	CHICO
02137530	CORAL	02203415	WAAL	02203963	HARJA
02138387	FIONA S	02203475	CONFIDENTIA	02203966	WOUTRINA
02200005	DORUS	02203478	THIJS	02203973	GOOILAND
02200138	BARBARA III	02203560	UNION 1	02203978	WILLEM HENDRIK
02200182	GIESBERTHA	02203565	ALMERI	02203980	INTERBALLAST II
02200224	BAZAN II	02203584	NOVA CURA	02203987	LINDANJA
02200294	BE-AN II	02203585	HAAIBAAI	02203991	MERWESTAD
02200314	SUZANNA	02203589	VAGEBOND	02203999	DON BOSCO 2
02200352	KAY	02203600	PRINSES MARGRIET	02204009	VENLO
02200447	RES NOVA	02203623	SPES SECUNDA	02204013	TERRA

ENI_NAME INDEX		ENI_NAME INDEX		ENI_NAME INDEX	
IMO/ENI	Vessel Name	IMO/ENI	Vessel Name	IMO/ENI	Vessel Name
02204014	SCALDIS III	02204532	NAVATA	02205110	ANDROMEDA
02204015	YVON	02204560	VOLHARDING 6	02205114	KRANERWEERD
02204023	NAVARE	02204572	JEANNY	02205117	READINESS
02204027	DUO	02204579	OCTOPUS	02205120	KATHAROS
02204029	RISICO	02204595	ZEPHYR	02205122	MACKO
02204033	PIET HEIN	02204613	MOVENTE	02205123	DIVA
02204036	VINKEL	02204629	CYCLOOP	02205129	ST MARIA
02204040	MOA	02204636	JOWINA	02205138	SPRINGER
02204057	GREFO	02204647	RUSTICA	02205143	LUCTOR
02204061	JANNA-MARIA	02204655	MENRANDA	02205144	GENIUS }
02204062	NOORDERKROON	02204682	SCORPION	02205146	EN-GO II
02204063	ORION	02204694	SILVARIA	02205160	HEAN-S
02204064	LUDOVICA	02204778	KOERIER	02205171	RHEINSTEIN
02204068	AMPHORA	02204780	TIMBO	02205172	WENDELIEN
02204071	VECHT	02204781	ANTIO	02205234	DOMINGO
02204076	VANITAS	02204791	ZWARTE ZEE	02205284	MON DESIR
02204092	ALLETTE	02204797	WADMAN	02205288	NEMA
02204094	DIBO	02204816	DEO JUVANTE	02205299	DENNIS F
02204097	ZESTIENHOVEN	02204830	CHALLENGER	02205324	KEIZERSGRACHT
02204101	DANKBAARHEID	02204871	RAINBOW	02205378	JEANRI B
02204112	GRINZA VIII	02204873	OOSTENWIND	02205424	JAN VAN GENT
02204119	CORAM DEO	02204884	ALIANA	02205447	WEST EUROPA
02204188	BONHEUR II	02204895	ROBBENZAND	02205452	VEENTRANS
02204194	EMT 1	02204914	KOOPHANDEL	02205477	ROTTUM
02204207	AMIE	02204918	ALMERE 4	02205503	LIOBA
02204217	NIEUW HOORN	02204919	LILIAN	02205531	HANS PAUL
02204222	JUNIOR	02204988	NIL DESPERANDUM	02205533	LIBRA
02204254	DE VIJF	02204998	GREGORY	02205539	ESPERANCE
02204258	MERWEDIJK	02205001	SPES-SALUTIS	02205557	ALICE
02204281	ANITA	02205022	CALCIT 10	02205569	ZANDEXPRES 5
02204298	PATRIA	02205025	LOURENS SR	02205577	WERVELWIND
02204316	FERONIA	02205030	ODONATA	02205579	GULF MERIT
02204345	SCHELDEOORD	02205039	AFHANKELIJK	02205586	NOMADIS
02204363	HYDRA 2	02205047	MERGUS	02205595	POOLSTER
02204378	TRINTEL	02205049	BARBAROSSA	02205599	VICTORIE
02204396	ADJA-B	02205054	ARNOLD	02205627	WENDY DUA
02204398	BONA VENTURA	02205056	EMERALD	02205683	LUKAS
02204422	EROS	02205069	NAVITAS	02205685	PRIMAIR
02204458	TYCHO	02205071	ENTERPRISE	02205692	ERIK
02204470	SVERO	02205074	ACTIEF	02205698	VOLHARDING 9
02204481	ALDEMARIN	02205076	LIA	02205701	ISOLA BELLA
02204489	NOORDERLICHT	02205080	DIASPORA	02205703	ZEELAND
02204512	LEVI	02205099	OSTARA	02205776	HERMA
02204518	SPERANZA	02205100	CALCIT 5	02205819	JOHANNES-J
02204530	MAASSTAD	02205109	DIRK SR	02205838	NEDERWAARD

ENI_NAME INDEX	
IMO/ENI	Vessel Name
02205890	VOLHARDING 11
02205923	MORRA
02205947	RENO
02206010	SIER
02206027	CHRISTINA
02206367	MARITIEM
02206382	GLADIATOR
02206539	ARCILLA
02206633	MEDEDINGER
02206730	EMMANUEL II
02206775	CORRADO
02206944	HENDRIK
02207080	LURONA
02207255	WABO
02207282	CURATA
02207327	GRETINA
02207362	LACHS
02207407	CUPIDO
02207460	MARINA
02207509	TYCHO
02207585	MY DREAM
02207585	SPERANTA 2
02207596	HENCOR
02207738	THIBO
02207771	IBSH 14
02207834	TJERK-HIDDE
02208053	LEANDER
02208314	TIEMEN
02208330	IBIS III
02208663	PIRAAT
02208738	MORGENSTOND
02208830	TRANSITORIUS
02209228	M.N.O. ANNA
02209336	WESTGEUL
02209380	FARMSUM
02209788	GERARD
02210031	HECTOR
02210258	MIDLIFE C(RISIS)
02210291	TERSCHELLINGER BANK
02210531	ANDERE BOEG
02210941	FLEVOTRANS
02211189	BERLIN
02211506	WATERVLO
02211560	WALRUS
02212162	JACQUELINE

ENI_NAME INDEX	
IMO/ENI	Vessel Name
02212303	COMPAEN
02212395	PRISA
02212902	FERON
02231122	LOGICA
02231440	LIBERO
02231835	IRIS
02300002	PAPILLON
02300007	HANNIE
02300031	AVENA
02300038	HARMONIE
02300043	FLORO
02300059	DE TIJD ZAL T LEREN II
02300065	FIVEL
02300069	ASSISTANT
02300096	JURALIS
02300109	DEINING
02300120	ADONIA
02300158	ANIMO
02300159	HASARD
02300186	VARNE
02300229	ENGELINA
02300231	CREDO
02300240	AGATHANGELUS
02300258	MARTINA
02300405	DE TIJD ZAL T LEREN IV
02300425	MARJAN
02300435	DONGEMOND
02300439	BRIZO
02300506	ANGE
02300509	ITV 1
02300516	ORKA
02300566	STANFRIES X
02300572	DOK
02300591	BEATA
02300613	GIETA
02300701	RINI
02300713	ZWERVER
02300756	LEKSTROOM II
02300767	HELENA
02300786	SALTY DOG
02300787	JAN CORNELIS
02300813	MARMEA
02300824	FATIMA II
02300846	ACTIEF
02300970	KOKHAAN

ENI_NAME INDEX	
IMO/ENI	Vessel Name
02300984	FRANCINA
02301010	ANNEMARIE
02301032	LOUISA
02301044	ILONA
02301140	ZWAANTJE
02301295	ARMA
02301319	ZORA
02301337	MARCO
02301418	ZWAANTJE
02301419	ELJA
02301428	ADELAAR
02301448	ANLE
02301455	DUSKY
02301509	NOORTJE
02301533	INSPE
02301535	SOLA GRATIA
02301552	HOOP OP WELVAART
02301605	WILJO
02301630	MIRA JOWISARO
02301637	ELISA-LOUIS
02301657	HENJA
02301676	HOOP
02301695	DORADO
02301719	AVONTUUR
02301763	JAGRIE
02301777	WENDY CHANTAL
02301794	ARIELA
02301860	TETJE APOLONIA
02301861	JAVA
02301886	UNITAS II }
02301893	APOLLO
02301917	PAX
02301921	JOOST KRUIJFF
02301928	ANIMO
02301944	KIA-ORA
02301967	VIOLA
02301971	JOHAN
02301979	BOREAS
02301995	MIRA-AXIOMA
02302017	ANJO
02302045	DANCING WATER
02302051	MINSTREEL
02302056	LIS
02302080	EDWARD
02302085	TURR ISTVAN

ENI_NAME INDEX		ENI_NAME INDEX		ENI_NAME INDEX	
IMO/ENI	Vessel Name	IMO/ENI	Vessel Name	IMO/ENI	Vessel Name
02302116	CHILA	02303410	ELWI	02304440	GERSOM
02302139	PAX	02303464	HENNY II	02304495	LIZA
02302149	WILLEM JOHAN	02303557	STRIJD	02304508	MAAS 5
02302189	COBY	02303580	BATAVIER	02304518	HELENA
02302251	AVANTI II	02303603	VOORWARTS	02304535	VIOS
02302261	FELIX	02303729	JOLE	02304558	FRAMTIJD
02302265	VOLHARDING 2	02303751	KOOPHANDEL 4	02304561	WODAN
02302334	AVONTUUR	02303785	CORMA	02304578	PROVIDENTIA
02302342	MARIA	02303829	TARA	02304582	NAT-MAR
02302370	GEERTRUIDA MARIA	02303835	ESPERANTO	02304594	KEES
02302396	HENMAR	02303846	TRITON	02304599	MIJ'N ZORG
02302413	ALPHA	02303862	ELWIL	02304615	REHOBOTH
02302440	TWEE GEBROEDERS	02303863	SPES SECUNDA	02304625	SAFINI
02302529	SEA VIEW	02303903	LENA	02304639	RISICO
02302530	ARIE	02303943	HENDRIK	02304670	TIARIBA II }
02302613	REX	02303956	EENDRACHT	02304687	ALCYON
02302636	VIKING	02303968	NOOIT VOLMAAKT	02304703	EEMSHORN-B
02302647	AQUARANT	02304042	FLAMINGO	02304715	JERICHO
02302721	VERA	02304063	GENIUS II }	02304731	MARIS-STELLA
02302775	FOREVER II	02304119	SEOLTO	02304749	VITALIS
02302798	RAM	02304123	TRUUS B	02304773	C'EST TOUT
02302850	VERTROUWEN	02304150	LADY ANNA	02304774	PANTA RHEI
02302873	NIET ZONDER GOD	02304178	VIOS 1	02304790	REGINA
02302981	MIRO	02304182	ANCOR	02304793	TABULARA
02302985	PHOENIX 3	02304184	AURORA	02304794	ANDA (II)
02302989	SANCT WILLIAM	02304187	QUARTO	02304831	DYLAN
02302997	ELISABETH	02304211	ST MARIA 1	02304836	HELIOS
02303047	ANNEMARIE	02304216	KOOPHANDEL II	02304847	OERAL
02303073	LIEKE	02304217	OSTREA	02304870	WATERMAN
02303097	ALBATROS V	02304222	SUZANNA	02304888	CARLA B
02303113	ZWALUW	02304224	CHRISTIAN	02304893	ARIES
02303124	KOBUS	02304245	LUCTOR	02304897	LEVANT
02303134	AMOR	02304266	HENWIE	02304911	RISICO
02303173	FILOS	02304281	ANIMO	02304917	CORJA
02303180	FLEVO	02304288	GANZENDIEP	02304969	ALGRA
02303189	NIKY	02304289	CATHARINA	02304971	JOHANNES I
02303208	HENDY	02304294	TWISTER II	02304987	XENIA
02303211	ELAN	02304298	SIRIUS	02304994	HILDA MARIA
02303230	ENTERPRISE	02304352	KRAENFUGEL	02305023	TRYJOCO
02303249	SPES ET FELICITAS	02304360	HARJA	02305030	ROBINSON
02303258	JANTINA	02304361	CURA	02305065	DYNAMIEK
02303307	WILMAR	02304393	PROGRES	02305073	MARCEL
02303314	CHRISTINA	02304408	RUBISHIP IX	02305082	BETSIE
02303356	ZUIDERZEE	02304411	VOLHARDING	02305084	DIJANNE
02303392	MARINA	02304430	GERJA	02305111	COLIDON

ENI_NAME INDEX		ENI_NAME INDEX		ENI_NAME INDEX	
IMO/ENI	Vessel Name	IMO/ENI	Vessel Name	IMO/ENI	Vessel Name
02305125	HENMA	02306481	INGONA	02307813	RUNNER
02305132	ARDENTE	02306510	ELISE	02307825	JOHANNA
02305134	SPES II	02306586	RIVAL	02307833	OLA
02305151	NADIA	02306617	DIRK	02307850	CLEMENCE
02305166	SEROMA	02306638	DE TIJD ZAL T LEREN III	02307866	LEKSTROOM IV
02305177	INGRID JUDITH	02306675	RICHARD SR	02307876	BART
02305219	BART	02306690	CREDO	02307879	KAYA
02305225	RIJNLAND 6	02306694	ANJE-W	02307890	ARCTURUS
02305226	PATRIA	02306712	JANNY	02307914	BELLEZA
02305246	SMARAGD	02306783	AEGIR	02307915	EVOLUTIE
02305295	GERRY	02306799	SPES	02308058	LIMBO
02305299	ANCA	02306931	CARBON	02308061	AURORA
02305324	DRIUWPOLLE	02307042	LION	02308087	KELLY
02305379	ESTHER	02307044	INTERNOS	02308122	LINUS
02305384	VARNE 3	02307054	VRIJHEID	02308222	MAJA II
02305425	BONA SPES 2	02307092	GROVAN	02308287	COMBI
02305427	RUBISHIP XII	02307098	VECHT	02308299	IJSSEL
02305547	ALBATROS IV	02307133	CORMA	02308318	NOORD
02305586	DA VINCI	02307144	LAVA	02308320	YSKA
02305631	COLORADO	02307190	MEGGY	02308370	TORDINO
02305633	WALDPOARTE	02307211	COMMERCE III	02308371	ALFA
02305635	DIAMANT	02307233	VOLHARDING	02308423	MAASSTROOM 7
02305692	NORDISK	02307298	SPIDO II	02308427	BERKEL
02305714	RINA	02307357	JACQUELINE	02308525	ORION II
02305731	EOS	02307369	LUKKELIE	02308599	PETER
02305769	AMSTELSTROOM	02307399	JUDITH	02308607	SEMPER SPERA
02305951	LASTDRAGER II	02307415	ALBATROS	02308614	MAASSTROOM 8
02305952	STRAHLOMATIC III	02307438	VARIATIE	02308649	GIGANT
02305999	ARA	02307461	VECHT	02308661	VERDO III
02306057	ECLIPTICA	02307464	ONDERNEMING	02308670	ALM
02306120	SIETSKELINA	02307576	HYDROVAC 2	02308694	CARLTON
02306125	TABEEL 2	02307580	MADRIGALE	02308703	ECHO
02306154	TRIPANG	02307582	EXETER	02308855	FESTINA LENTE
02306163	VIOS	02307600	FIWADO 7	02308867	ZEEHOND
02306174	NOORMAN	02307610	WATERBOOT 2	02308874	T SONNEPAERD
02306217	FUELTRANS 5	02307658	POSEIDON	02308875	ALLEGONDA
02306256	LOTUS	02307659	DENNIS	02308922	RISICO
02306277	MYSTIC	02307660	ORION	02308960	EERLAND 23
02306282	LENA	02307661	STATUS QUO	02308974	SANDRA
02306326	VIKING	02307663	VITA NOVA	02308980	SHELLFISH
02306327	MIRANDA	02307670	MELISSA	02309000	ASSISTENT
02306337	PAULINA	02307707	KITA	02309001	ANITA
02306350	GRETA	02307774	ASTRID	02309015	HERCULES
02306351	SAGITTA	02307782	MARITIEM	02309036	JENNIE
02306472	LINQUENDA	02307805	PRINSLANDER	02309048	BRAVO

ENI_NAME INDEX		ENI_NAME INDEX		ENI_NAME INDEX	
IMO/ENI	Vessel Name	IMO/ENI	Vessel Name	IMO/ENI	Vessel Name
02309054	MAASPLUS	02309684	LUSTRATIO	02310093	CONCORDE
02309059	EQUINOXE	02309690	ELJA	02310104	MARIN
02309071	VERANDERING	02309691	EXCELSIOR	02310111	ANITA
02309102	TNB 1	02309702	QUO VADIS	02310120	PRESENT
02309112	TRIO	02309711	ROLINA	02310131	ENGELINA
02309189	VIONA	02309715	AALTJE	02310146	DIADEMAR
02309191	ALPHA	02309717	GRACILIS	02310150	LEXUS HOPPER
02309268	ALENA	02309738	BROEDERTROUW XIV	02310161	DE HOOP 4
02309272	ELLY	02309740	CHALLENGE	02310164	SEMPER
02309290	ORION	02309746	CHRISTIANA	02310175	WATERBOOT 5
02309300	WIECHERTJE B	02309779	HELENUS V	02310177	HE-JA
02309306	PASCAL 2	02309787	NOORDPOOL	02310179	THEO
02309314	CURA	02309788	GLISSANDO	02310182	AQUARIUS
02309340	LA NAUVE	02309794	ATRIUM	02310183	LEENDERT SR
02309345	BORIS	02309829	DELTA	02310188	CENSUS
02309354	RPA 15 (IMO 8224339)	02309836	OLY	02310192	ADJO
02309355	FIWADO 5	02309837	CARITAS	02310193	DESIDERIO
02309364	BERKEL 01	02309838	HERMAN S	02310196	NELLY
02309382	ANNINA	02309841	ALPA 2	02310202	PRUDENTIA
02309403	LINDA	02309842	EBEN HAEZER	02310212	TAURUS
02309416	ARUBA	02309865	JAMAIS PENSE	02310230	ANCORA IMPARO
02309423	NOVALIS	02309869	SANDER	02310234	ADJO II
02309428	GRUNO	02309873	AQUILA	02310238	ROTTERDAM 17
02309434	MERWEDE	02309894	MAASSTROOM 9	02310239	SPITSBERGEN
02309448	ANTILOPE	02309895	LINQUENDA	02310249	FORTUNA
02309469	JOHANNA VAN DER WEES	02309896	DE HOOP	02310257	RIMAR 1
		02309899	LIAN	02310262	SOLIST
02309477	VIKING	02309916	DE HOOP	02310266	AEMERACK
02309485	PANTA RHEI	02309924	LIBERTE	02310269	DEMAT
02309490	THERESIA	02309937	MIJN VERLANGEN	02310271	ANJE
02309510	AURORE	02309939	DORINE	02310277	GEO
02309513	EENDRACHT	02309940	DANKBAARHEID	02310292	GAMMA
02309515	COTRANS 12	02309949	GIESSENBURG	02310306	BARCA 1
02309517	JULISKA	02309963	DOLFIJN	02310326	MAYENNE
02309526	NOMADE 2	02309967	CASPARA	02310327	RE-INTRADE
02309529	LEKSTROOM I	02309970	BRENKA B	02310363	MARPIE
02309544	RES NOVA	02309985	FIWADO 15	02310381	IBERIA
02309606	SHIVA	02310006	BARTJE 3	02310399	NANDO
02309624	BE-AN	02310009	NEREUS	02310423	LUCTOR
02309625	HENSIE	02310018	KIM	02310426	HADES
02309660	WATERBOOT 1	02310035	AVALON	02310432	KORNELIS-JAN
02309663	LADY JANE	02310060	WATERBOOT 15	02310437	ELJA
02309670	GEPKE	02310073	HARM II	02310443	HYDROVAC 1
02309671	BROEDERTROUW XV	02310078	LEKSTROOM	02310457	PETRA
02309678	TORNADO	02310082	KOOPHANDEL I	02310462	INTERIM

ENI_NAME INDEX	
IMO/ENI	Vessel Name
02310485	ROME
02310489	SARO
02310498	GRUNO III
02310502	RODORT 7
02310506	VAN UDEN 17
02310507	SHAMROCK
02310511	ACRITAS
02310563	NAOMIE
02310584	COURAGE
02310590	ANTARES
02310594	ZWAANTJE 10
02310599	THE-AN VI
02310619	COTRANS 14
02310625	ANNA ARINA
02310626	HEIDE E
02310630	ARWI
02310639	JEDDA 2
02310640	AUSTRALIEHAVEN
02310648	ONDERNEMING
02310651	QUO VADIS
02310674	ALBATROS
02310678	KRAMMER
02310683	ARGO
02310690	FIDUCIA
02310707	MODESTA
02310726	MOSHULU
02310743	RES NOVA
02310743	SIJTJE
02310756	ZIJPE
02310786	HYDROVAC 3
02310799	INVOTIS
02310809	CONSEQUENT
02310812	BOREAS
02310814	IVON-S II }
02310815	CROW
02310833	JACOB SR
02310838	ANDRE
02310849	NOORDERLICHT
02310872	JAPKE
02310874	AVONTUUR
02310888	JACOMIEN
02310889	JOHANNA
02310893	VREESWIJK
02310911	MERWESTROOM
02310943	JAMA

ENI_NAME INDEX	
IMO/ENI	Vessel Name
02310951	VREELAND
02310954	ALIDA
02310955	HENDRIK Z
02310976	DRECHTSTAD II
02310982	DENNIS
02310984	DUO
02310999	MURENE
02311000	ONERA
02311023	ALEGRIA
02311031	AVONDSTER
02311035	VALKYRIE
02311037	ANTONIA
02311038	NAUTILUS
02311047	CHEMGAS 12
02311056	NEUTRAAL
02311057	JASMIN
02311063	HOUTMANSGRACHT 2
02311065	VERWACHTING
02311068	PRISCILLA
02311069	SIBILLA
02311072	BORIS
02311082	PANTERA
02311090	LIDA
02311102	CALPAM 114
02311121	PAX
02311139	ASTRID
02311145	CILINKA
02311150	SANNE MARIJE
02311152	MARGARETHA
02311156	REVE 3
02311157	OLIE SERVICE 2
02311159	VARIANT
02311193	JANITA
02311195	MARJA-B
02311201	HINTE
02311205	DIRBON
02311213	KEISTAD
02311215	PRINS VAN ORANJE
02311228	AUDREY
02311235	IMMANUEL
02311244	FLAMINGO
02311255	HELIOS
02311260	DEENEPLAAT
02311269	TENAX
02311272	MAAIKE

ENI_NAME INDEX	
IMO/ENI	Vessel Name
02311274	BBM
02311277	IDEAAL
02311302	EN AVANT 4
02311307	VARIUS
02311315	ESPERANCE
02311328	CORALIEN
02311331	ELISABETH
02311336	TULLEMANS IV
02311351	JANNELIEN
02311355	ENDURANCE
02311358	TARKA
02311365	JOEL
02311390	RONNY
02311396	WATERLAND
02311398	RES
02311401	ADRIANA
02311403	GE AL
02311404	ILMA
02311413	DORINTA
02311419	PORT 1
02311420	FUELTRANS
02311431	ANARA
02311432	BRISANT
02311441	DESIRE
02311446	THE-AN I
02311447	KALISTI
02311448	MAAS
02311451	BEAUFORT
02311459	AVONTUUR II
02311460	ES EL
02311470	REMI
02311472	AVENIR
02311474	DELFTANK 8
02311479	RESIDENCE
02311499	JOLANDA
02311510	CLAUDIA
02311516	CHARME
02311517	CLAMARANT
02311518	SINULIA
02311526	STRANGER
02311527	FOLLOW-ME
02311528	CONDOR
02311533	ANDANTE
02311539	SELAUMI
02311545	MARKUS 3

ENI_NAME INDEX		ENI_NAME INDEX		ENI_NAME INDEX	
IMO/ENI	Vessel Name	IMO/ENI	Vessel Name	IMO/ENI	Vessel Name
02311546	MARTENS 6	02311809	ATLANTIC SUPPLIER	02312116	FIWADO 19
02311548	LENA	02311811	OLIVIER	02312117	LEIDSEGRACHT
02311560	CALENDULA 5	02311813	TARIUS	02312120	DE UITDAGING
02311577	RISICO	02311814	CALPAM 116	02312121	PETRA XIII
02311581	OLIE SERVICE 3	02311827	REGENBOOG	02312124	STUDIUM
02311582	DELFTANK 3	02311833	ESPERANZA	02312142	DOUWINA
02311589	EIRINE	02311833	JAGER	02312158	CLIMAX
02311597	PATRIA	02311842	LIEJO	02312165	SYMPATHIE
02311601	TITANIA	02311850	WESU	02312168	NEXUS
02311605	OZON 1	02311851	BINGO	02312178	CORNELIS SR
02311606	JULIEN	02311853	ADRIANA	02312181	SUSTINEBO
02311609	STERN	02311861	JASPER	02312191	PASSAAT
02311615	ZAGRI 15	02311864	LINGESTROOM	02312202	HELENA
02311616	BARBARA II	02311867	RIMAR	02312204	WILLEMINA PETERNELLA
02311620	ACTIEF	02311873	DELTA	02312205	ATLANTIC TRADER
02311621	AQUA MOSA	02311883	JACOMINA	02312206	ANNEMIEKE
02311622	VIKING	02311885	PIETER.L	02312206	DINTELMOND
02311630	MARTIN	02311901	TRIADE	02312207	ESTHER
02311636	FATA MORGANA	02311912	ARKERVAART	02312208	LAUWRENS SR
02311641	ATLAS	02311913	ADMIRATIO	02312214	VIOLENTO
02311642	HILDA	02311921	MAITREYA	02312216	IMATRA
02311656	BONITAS	02311926	BAS ANNE	02312217	SCHEVENINGEN
02311663	CUNERA	02311936	JACOB F	02312238	NULLI CEDO
02311664	ADELANTE	02311947	DE HOOP 3	02312239	TNB 2
02311673	ZAGRI 1	02311949	DE HOOP 2	02312259	WENDING
02311682	EN AVANT III	02311956	ANCORA	02312262	BRABANT
02311684	CORNELIS B	02311967	VERBO VI	02312266	EVOLUTIE
02311691	CURIA	02311970	VECTURA	02312267	VIERVERLATEN
02311694	BORNRIF	02311979	DANKBAARHEID	02312269	LIJNBAANSGRACHT
02311699	VORCHTEN	02311983	CALCIT 9	02312273	MARIA S
02311700	MULTRASKIMMER	02311999	PRINSENGRACHT	02312277	VINCENT
02311703	AVONTUUR	02312009	MAIN XV	02312279	FIAT VOLUNTAS
02311705	LEENDERT	02312010	NEW PETRA	02312290	LELIEGRACHT
02311711	REINOD 15	02312014	IDA	02312304	TALINA
02311728	ZAGRI 3	02312016	MOSCOVA	02312305	BREGETTA V
02311729	HENRIETTE	02312023	LINGE	02312308	CON AMORE
02311732	VENUS	02312030	MUG	02312312	ORION 4
02311748	NORMA	02312037	NOORDSTER II	02312315	MARCO
02311749	SWIEBERTJE	02312069	LORELEY	02312337	FIWADO 4
02311762	ANTILOPE	02312077	SPES	02312339	THINFUELLA
02311766	AFRA	02312083	ZWAANTJE 7	02312344	DISCOVERY
02311791	BRANDING	02312088	SAM	02312345	MAIN X
02311796	AVONTUUR	02312098	RIJNLAND	02312354	ENTREPOT
02311797	GRINZA I	02312110	RUSTENBURG	02312362	NOVA SPES
02311803	FIWADO 6	02312114	EBEN HAEZER	02312364	JO-EL

ENI_NAME INDEX		ENI_NAME INDEX		ENI_NAME INDEX	
IMO/ENI	Vessel Name	IMO/ENI	Vessel Name	IMO/ENI	Vessel Name
02312365	DENI	02312637	STAD HATTEM	02312900	RIO
02312366	WADO	02312638	AUDE AUDENDA	02312901	QUO VADIS
02312369	VILSTEREN	02312640	GERRIT-JAN	02312902	NOMADE
02312373	CALENDULA 7	02312641	MOBIL SERVICE 39	02312906	SPERANTA 1
02312374	MAIN I	02312644	PANTA RHEI	02312911	BOREAS
02312382	MAJA	02312649	AVENTURIER	02312914	NIMAR V
02312383	DE NEGEN	02312650	RUNAMARA	02312916	VIOS
02312384	RAAMGRACHT	02312660	TUIMELAAR	02312927	DIRKJE BONNA
02312386	ASTRA	02312661	FEROX	02312937	FORTUIJN
02312388	TRUON	02312674	JACOBA	02312939	DEO JUVANTE
02312393	BODENSEE	02312676	FAUVE	02312944	CHARON
02312401	REGULIERSGRACHT	02312677	ARNA	02312964	JANNA
02312409	KIM ELYSE	02312684	LAURA	02312967	MADJOE
02312415	ROZENGRACHT	02312687	PROVIDENTIA	02312970	BARTJE 4
02312419	SMAL AGT III	02312712	FIWADO 8	02312972	CATHARINE W
02312435	MARTENS 8	02312714	ALWA 1	02312975	VERTROUWEN
02312436	DELTA I	02312715	STELLA DUCE	02312976	LODO
02312438	LEENDERT	02312723	HYDROVAC 5	02312984	MARTINUS SR
02312443	MAASSTROOM 11	02312727	HAVEMO	02312990	OLIESERVICE 4
02312448	JOLLING	02312732	ADRIANUS	02312997	ZWAANTJE 8
02312457	KALITHEA	02312737	BONAIRE	02312998	ZWAANTJE 5
02312458	MARINUS	02312744	PATRIA Y8760	02313000	COLUMBIA
02312462	PIZ PINTO	02312751	COURAGE	02313003	ALEXANDRIS
02312468	GEMMA	02312760	HARM	02313004	STEUR
02312471	RIJNPLUS	02312766	DESTINY	02313007	NOSTRA NAVE
02312483	ECLIPS	02312769	CORNELIS SR	02313014	BEO
02312488	MAIN XII	02312781	BOERAN	02313016	KATALIN
02312490	THEODORA W	02312794	VENTO	02313021	RIO GRANDE
02312491	REALENGRACHT	02312798	ESSAI	02313022	ALEXANDER
02312496	NESSIE	02312806	KST 10	02313023	ALASKA
02312498	HOOP OP ZEGEN	02312809	PANORAMA	02313033	GANZESTAD
02312500	NOMADE	02312814	FORTUNA	02313036	ALLEGRO
02312509	HEBBES	02312828	BLOEMGRACHT	02313057	LYDIA
02312519	ADRIAAN D	02312829	CORDI JAN	02313072	JANTINE
02312522	WILHELMINA	02312834	SJORS B	02313075	CHEYENNE
02312524	NOORD	02312844	SIEMENTA	02313086	THE WAVE
02312533	JEANNY	02312845	ZWAANTJE 4	02313097	CALPAM 122
02312534	GREVELINGEN	02312849	MARJAN	02313103	TWIRRING
02312540	TENDER	02312854	CORNELIS	02313106	KAYAK VII
02312567	CHRISTINA	02312868	PRODIGIO	02313113	AMOR
02312572	AMICE	02312874	REIGER	02313125	HILBER
02312579	OILSERVICE	02312876	JACOB SR	02313128	ARENDINA
02312629	WATERMAN	02312894	SVEN	02313134	JOLANDA
02312633	ORA ET LABORA	02312895	DEANNE W	02313138	HARM RUTH
02312636	DRAGON	02312897	SAILING HOME	02313142	LOUISA

IMO/ENI	Vessel Name	IMO/ENI	Vessel Name	IMO/ENI	Vessel Name
02313156	BLACKLOCK	02313468	ARENA NAVIS	02313828	KANSAS CITY
02313158	FURIE	02313503	ANTIDA	02313829	ZUIDENWIND
02313163	MAIN XI	02313507	WIRIJANI	02313841	PRIMO
02313165	ANIMA	02313512	TURBULENT	02313847	SECURITAS
02313181	DULLAERT	02313517	HENDRICUS	02313865	DESIREE
02313193	ANTHONIE II	02313518	VERONIQUE	02313868	DEO VOLENTE
02313199	DINTEL 2	02313520	SERFRA	02313874	MENORAH
02313201	VRIES	02313522	JADO	02313901	LIBERTY
02313206	EMELI	02313540	FORTUNA	02313902	MEDEDINGER
02313209	DONATA	02313541	OPTIMIST	02313908	JANUS
02313212	PRO RATA	02313542	MEJONI	02313913	ADORA
02313223	ONDERNEMING	02313547	JANNY + JANNY-M (54m)	02313915	MANTHANIQUE-S
02313224	GRAMPER	02313614	BREMARE	02313916	ELLY
02313225	DENZO	02313624	MAARTJE	02313917	INTERMEZZO
02313227	SOLLER	02313629	NELLY V	02313919	WALCHEREN
02313251	DELTA	02313659	HENJA	02313920	TRAVIATA
02313256	REGULUS	02313682	MYOS	02313923	ISELMAR
02313270	REINOD 14	02313685	BRABANDER	02313925	PRIMO INITIO
02313271	DEQEBE	02313693	DESMAR	02313926	SCORPIO
02313277	CON AMOR	02313701	MUSTANG	02313927	OOSTERDOK
02313289	TESSA	02313706	BEVER	02313928	WESTERDOK
02313292	TAPUIT III	02313718	CATHARINA	02313934	ALFA MEA
02313306	FIWADO 9	02313719	SIEMENTA II	02313942	HELENA JOHANNA
02313310	IDUNA	02313723	MIRA CURA	02313945	NATAL
02313320	SUCCES III	02313724	VLIELAND	02313946	WESTCO
02313322	FLUMAR III	02313728	MARJO	02313958	ANITA
02313329	SILKE	02313731	INVOTIS	02313959	MOKUM
02313333	MOBI	02313732	TIDA KIRA	02313965	SIMON M
02313363	LAVERNA	02313734	AQUARANT	02313969	MARCO
02313371	ADATO	02313735	ESTRELLA	02313970	JANINE
02313376	HORTENSIA	02313737	ZILVERMEEUW	02313978	CORNELIS
02313377	ANTHONIE	02313742	LEENDERT N	02313979	OVERIJSSEL
02313387	LIDWINA	02313744	POR-DIOS	02313980	CONFIANCE
02313390	KLADI	02313745	ARGO	02313982	DEO JUVANTE
02313392	KEVIN	02313758	RES NOVA	02313990	ANNA SORAYA
02313396	MARIA CATHARINA	02313761	CONTRA.A	02313993	ARJA
02313449	GIO-LEY	02313778	HENNY B	02313994	TAMARA
02313451	MEMENTO	02313783	GALATEA	02314001	JOHN
02313452	OMEGA	02313786	ERNA II	02314002	RAVELIJN
02313452	SAFIRIS	02313791	LYDIA	02314004	PRESTO
02313453	ELGERIA	02313798	CALCIT 1	02314005	HILLERS 1
02313455	GRATIAS	02313803	ERCULANO	02314006	HILLERS 2
02313457	AMBULANT	02313805	ARGO NAVIS	02314008	PIET HEIN
02313462	EMPRESA	02313808	SALVA	02314010	DEO DUCE
02313467	REINA	02313817	SATURA	02314027	VIRAGE

ENI_NAME INDEX		ENI_NAME INDEX		ENI_NAME INDEX	
IMO/ENI	Vessel Name	IMO/ENI	Vessel Name	IMO/ENI	Vessel Name
02314037	PLAY BOY	02314359	EXPANDED	02314855	SHERDENTRAX
02314043	WESTEIND	02314363	FAHRENHEIT	02314859	PROVOLARE
02314046	ZWERVER	02314364	CELSIUS	02314869	MARINA
02314049	DE TIJD ZAL T LEREN VI	02314368	CLAUDIA	02314884	MI AMORE
02314060	LAUROSA	02314380	BORA	02314894	SIMUL PROFECTI
02314061	ADRIANA	02314397	CHEMGAS 15	02314910	CATHY
02314062	WINIE-W	02314398	INDUCO	02314914	NAVICELLA
02314072	ENERGIE 8	02314402	JOOP SR	02314917	TESCO II
02314074	LUMINA	02314408	CHEMGAS 16	02314920	ORLANDO
02314076	ARA	02314410	VESTLAND	02314923	FOREL
02314077	CAMBIO	02314419	LEHO 3	02314936	JUDI
02314078	VAGRANT	02314427	ARISON	02314941	AUDACES
02314080	PARTIZAN	02314433	HUIG ROOK SR	02314961	TARGET
02314095	LARA	02314434	PEROLI	02314995	ED RON
02314114	EXODUS	02314439	COMRADE	02314998	MARIANNE H
02314122	CYBERNETICA	02314440	JELMER	02315007	JADI
02314125	SUNISHA	02314461	WATERBOOT 12	02315011	PANDA
02314127	MARINO	02314462	VOLHARDING 15	02315021	GERTRUDA
02314149	VOLTA	02314489	JEL	02315026	RAAF
02314161	CARIA	02314495	TEUNTJE S	02315041	FALAISE
02314164	ALJA	02314510	MARGARETHE	02315042	READY 2 GO
02314166	HUNZE	02314550	RHONE	02315048	SPERANZA
02314168	MATHIJS	02314556	DAILY	02315050	KADANS
02314178	CRAMANT	02314561	MARTINA	02315052	CORMORAN
02314180	WILLEM PETER	02314566	COTRANS 1	02315076	STIRO
02314181	VALKENBURG	02314567	VEERHAVEN III	02315085	IRMA
02314183	PALMERAS		(WATERBUFFEL)	02315086	DA CAPO
02314191	DEI VOLUNTAS	02314589	GIPSY	02315091	LISA
02314193	DILIGENT	02314590	ELIZABETH	02315095	SMALSTRANS 4
02314198	KARIN	02314600	TABULA RASA	02315102	ANNIE
02314207	PRIMAZEE	02314616	FIDUCIA	02315116	MARINA
02314212	LEHO 2	02314623	SPERATE	02315118	NATRONA
02314223	CLEOPAS	02314630	PAX	02315126	SJANIE
02314225	NOEL	02314661	CLEAN SERVICE	02315127	MIDDELBURG
02314227	MARLESRI	02314695	NESSE	02315129	CONFIANCE
02314231	CHARON	02314700	JENNY	02315133	HAPPINESS
02314235	ALK	02314705	CHEMGAS 17	02315138	JANINE
02314238	CALCIT 3	02314717	VECHTSTROOM	02315151	SPIEGELGRACHT
02314247	ZEETIJGER	02314729	TESCO	02315152	DECIBEL
02314263	NELLY	02314746	JANJO	02315154	SCHIPPERSGRACHT
02314264	JOSEF W	02314749	NIVOMA	02315156	VALENCIA
02314276	DE TWEE	02314753	ZWALUW	02315157	INGRID JUDITH II
02314282	ATRIUM	02314850	TERTIO	02315158	CORAZON
02314288	NEW VISTA	02314853	ALBULA	02315161	JURALIS
02314304	SWIND	02314854	MURETTO	02315163	CONNIE

ENI_NAME INDEX		ENI_NAME INDEX		ENI_NAME INDEX	
IMO/ENI	Vessel Name	IMO/ENI	Vessel Name	IMO/ENI	Vessel Name
02315164	ANGELIQUE	02315448	VB 7	02315780	ILSA
02315165	FLUPKE	02315489	SOCIETAS	02315785	CONCORDIA
02315170	VERTROUWEN	02315490	CHRISTIAAN WILLEM	02315789	CON ZELO
02315173	SPES	02315499	PERFECT 7	02315792	NICOLAIJE
02315179	JOMA-B	02315519	COTRANS 3	02315795	STORMVOGEL
02315180	FADO	02315539	CEES	02315803	VAR
02315182	COSMOPOLITE	02315544	ANTA	02315808	DEO VOLENTE
02315184	LYAEMER	02315545	L'ESPOIR	02315827	PLAYA GOLF
02315185	LEHO 4	02315549	ENJA	02315834	POLARIS
02315191	JANNETJE	02315557	MARIA JEANET	02315842	LINEKE
02315192	KERIZEL	02315561	ADRIANA	02315870	TADORNA
02315195	FRITSKE	02315562	ATLAS	02315871	NOORDENWIND
02315203	JOCO III	02315575	AMBULANT	02315872	DAMAR
02315206	SAEFTINGE	02315599	GEERTRUIDA VAN DER WEES	02315889	FOSSA
02315209	MARCHIENA			02315892	TTS I
02315216	AISANCE	02315600	HARRY	02315898	NORTE
02315217	METANOIA	02315627	SMIT FINLAND	02315901	LETITIA
02315224	KARIMA	02315632	EUROPA	02315918	AFHANKELIJK
02315228	ADRIANA	02315637	CHRISTOPHORUS	02315923	LATONA
02315230	CONDOR	02315638	CHRISTIAAN C	02315924	JOLLES
02315241	BETTY	02315649	BETUWE	02315934	WILDE MAN
02315254	RAYON	02315656	NEPTUNE	02315940	DAYER
02315258	ANIMO III	02315676	NAVIGATIE	02315954	SAWADI
02315265	EVERINGEN	02315684	ANTARES	02315961	IBIS V
02315268	HOEKSCHEWAARD	02315692	LINQULIEN	02315961	STEENBOK
02315269	LITTORELLA	02315693	VOLHARDING	02315974	FACTOTUM
02315270	TABEEL	02315694	RODORT 8	02315989	AVARO
02315284	AVANTI	02315695	MANON	02315999	LARA
02315285	OLAKO	02315701	JEANNET	02316002	INSOMNIA
02315303	TIMMERBAK 10	02315703	ULTIMO	02316015	GEERTJE JANNEKE
02315305	TRUDIE	02315705	OSIVA	02316016	SAN ANTONIO
02315307	DANMARIS	02315707	REINMAR	02316017	ASOPOS
02315311	MOBER	02315710	EN AVANT 12	02316050	EMUNA
02315312	PORT 2	02315713	MELVIN	02316051	AXIOMA
02315327	LASTAGE	02315725	DESIREE	02316051	LA MATTANZA
02315347	NAVICULA	02315738	MARINA LEONA	02316061	ZIJPE
02315374	CARTIER	02315753	WOFRARI	02316063	TIRANO
02315395	VENTURE	02315755	JOHAN EVERTSEN	02316064	EMMA
02315403	PHOENIX	02315757	COTRANS 4	02316073	ATALANTE
02315410	AMIGO	02315758	COTRANS 5	02316077	ADVENDO
02315424	WAALPLUS	02315759	COTRANS 6	02316079	LYRA
02315426	HAPI	02315760	COTRANS 7	02316080	MIRA
02315427	VIOS	02315766	DAYBREAK	02316085	REDBAD
02315431	JANNIJ D	02315771	AMAZONE	02316097	UNDINE 2
02315443	FIDES	02315776	NELLIE	02316099	EN AVANT 9

ENI_NAME INDEX		ENI_NAME INDEX		ENI_NAME INDEX	
IMO/ENI	Vessel Name	IMO/ENI	Vessel Name	IMO/ENI	Vessel Name
02316105	RICHARD V	02316394	BRAVA	02316748	NIREAS
02316109	FOXTROT	02316410	KLAARTJE 1	02316752	CHASSEUR
02316112	ATOL	02316425	ALANY	02316762	WOEI-MIN
02316116	WILSI	02316425	AREND	02316766	NESSELANDE
02316126	CONTRA.B	02316433	LUCTOR	02316777	LIBERTE
02316133	TORDERA	02316435	LA LIBERTE	02316790	PASSAAT
02316135	VALENCIA	02316446	THUVINE	02316797	MAJORCA
02316137	HIRUNDO	02316451	SALAMANCA	02316808	THALASSA
02316150	MEA VOTA	02316454	EUREKA	02316823	VERVANTI
02316153	META MARIA	02316455	LAETITIA	02316825	XENA
02316157	NAUTICA	02316458	TWISTER	02316826	VIRA
02316161	ZWERVER	02316484	FIDUCIE	02316830	ROMANCE
02316167	ALBATROS	02316487	AN-DY	02316831	KLA GRIE
02316170	MADEGRO SR	02316493	DAEVANOS	02316838	QUADRANT
02316175	DUC IN ALTUM	02316504	WESLIE	02316852	TABITHA
02316185	WAALSTROOM	02316506	VEERHAVEN V (ZEELEEUW)	02316862	ALBATROS
02316197	MIRAGE			02316862	ALBATROS 2
02316199	ENERGIE	02316507	ADJO	02316872	MATHEUS
02316204	JACOBA	02316508	ELISE	02316874	MERWE
02316214	CORENDYCK	02316516	CONQUEST	02316888	ZEELANDIA
02316222	FALKLAND	02316522	ALLIANTIE	02316917	LEANDRE
02316225	AMSTELSTROOM	02316524	STERN	02316918	ARGAS
02316228	SALVE	02316526	ELLY	02316925	OLIE SERVICE
02316246	TERRA	02316529	BUIZERD	02316965	PRIMAIR
02316259	REHOBOTH	02316559	KARAB	02316967	BLIZZARD
02316261	SALTO	02316563	JOLANDA	02316989	HE -JO
02316265	NELLEKE	02316566	JAN VAN VOORST	02316990	ST. ANTONIUS
02316272	ISANDRA	02316573	VOLTA	02317011	SCHEUR
02316273	DESTINATIE	02316577	NOORDCLIF	02317035	FORTUNA
02316274	SCHELDESTROOM	02316588	INGONA + INGONA II #	02317043	SYMPHAROSA
02316286	PETRUS	02316625	RECTE SPERO	02317044	GUNA
02316287	MEANDRO	02316629	SMIT WAALHAVEN 3	02317056	ZEEBRIES
02316293	ALBATROS	02316640	NINA	02317057	LINDA
02316296	ELITHE	02316643	ZEEHOND	02317060	JOHANNA
02316303	VEERHAVEN II (NARWAL)	02316647	SELINA	02317064	BEL AIR
02316307	CON ZELO	02316648	BUTSKOP II	02317069	PETRA
02316320	HELENA CORA	02316667	SAROMAJA	02317080	VEERHAVEN VI (BISON)
02316341	GEULSTROOM	02316681	GULF SECURITY	02317081	MALTA
02316348	STADT OLDENBURG	02316687	AQUARIUS	02317095	NEPTUNUS
02316363	VEERHAVEN IV (ALLIGATOR)	02316710	MORGENSTOND	02317098	DESPATCH
		02316719	NEVARO	02317114	EUROGAS
02316365	CYPRIA	02316720	ELIZ M	02317165	JOHANNES P
02316367	BARCO	02316721	NAVEX	02317171	LEGATO
02316370	MI VERA	02316726	ADELAAR	02317172	VENTURE
02316385	CAESAR	02316747	JANNIE-B	02317177	BRANDARIS

ENI_NAME INDEX		ENI_NAME INDEX		ENI_NAME INDEX	
IMO/ENI	Vessel Name	IMO/ENI	Vessel Name	IMO/ENI	Vessel Name
02317190	HYDROVAC 6	02317564	VALZEINAS	02317865	ENDEAVOUR
02317205	ALUDRA	02317584	TORRENT	02317874	BERNARDUS-D
02317214	BERDI	02317585	CONDOR	02317877	WARBER
02317215	HERIK 41	02317586	LIBURNA	02317891	VALE
02317220	CASTROL 2	02317587	CARDIE	02317895	COLONIA
02317242	HERMANNA	02317589	TESCO 3	02317896	POLARIS
02317251	CARICE	02317597	JENTINA V	02317898	BERJAN
02317262	VOORSCHOTEN	02317608	ALJA	02317902	NJORD
02317266	BONAFIDE	02317612	VICTUS	02317903	WALCHEREN
02317285	SUBITO	02317616	CASCADE	02317904	ROLETA
02317287	BROEDERTROUW II	02317624	MARLIE I	02317905	ALBA
02317300	PETER	02317628	ARCA	02317944	SARCELLE
02317310	FUELTRANS 2	02317634	DADAN	02317951	METAALHANDEL 34
02317323	OPTIMIST SR	02317635	SANITAS	02317952	METAALHANDEL 33
02317328	DE VLIJT	02317643	DE HOOP 1	02317953	KATRIN
02317331	BETTMERALP	02317646	HALLEY	02317979	EXCELSIOR
02317338	VOLHARDING 10	02317649	TRINITAS	02317981	JO-EL III
02317339	EXPERIENCE (ex AQUA FILIA)	02317655	CALENDULA 12	02317984	CREDO
		02317658	TEMPO PASSATO	02317993	PANDORA
02317340	SANDRIA	02317663	LIESBETH	02317995	HENDRIKA
02317355	KAMPERZAND	02317664	FERONIA	02318002	MONTIS 10
02317356	MUSCARI	02317665	THIRA	02318007	COLOMBUS
02317358	JOSEPHINA	02317673	AVENSIS	02318013	MAASSTROOM
02317364	HORIZON	02317673	ERAGON	02318017	KELVIN
02317386	TOURMALINE	02317674	JO-AN	02318023	EMERALDIS
02317390	VLIELAND	02317677	INVADO	02318024	ZUIGZAND
02317402	NACHTWACHT	02317691	JOBA	02318072	ACCEPI
02317407	HORST FELIX	02317703	SINGA	02318073	LICENTIA
02317427	FIWADO 11	02317708	DANKBAARHEID	02318090	LAURENT + LAURENS #
02317433	CENDY	02317712	SANDRIA 2	02318115	CONTENTUS
02317437	NOORDERZON	02317726	ESTRELLA	02318116	MARLEA
02317439	MISONDA	02317727	KEPLER	02318118	ZIJPE
02317441	OSTREA	02317730	ALINDA B	02318119	ZENNESTROOM
02317449	TRANSIT	02317732	PASHA	02318122	IDEAAL
02317453	MONZA	02317734	VERITAS	02318127	IRIS
02317462	SINBAD	02317735	TIAMO	02318130	LIBEL
02317463	EGBERTINE II	02317777	JAMAICA	02318150	BORNEO
02317467	DIELIS	02317788	YVETTE	02318153	PASTEUR
02317469	TEMPOREEL	02317798	MARINIER	02318154	CURIE
02317491	JANNY	02317801	JOMA	02318156	ZAFFERANO
02317499	ALETTA	02317814	JACOB-HESSEL	02318157	SPERA
02317518	WILHELMINA	02317821	ORCA	02318158	CAPIO
02317544	AMORE	02317827	OKUPOROS	02318173	SCALDIS
02317558	CAMARO	02317831	ANDROMEDA	02318189	VAAR-WEL
02317562	ALEX	02317847	PIZ ARINA	02318225	SKIPPY

ENI_NAME INDEX		ENI_NAME INDEX		ENI_NAME INDEX	
IMO/ENI	Vessel Name	IMO/ENI	Vessel Name	IMO/ENI	Vessel Name
02318228	MAARTEN TROMP	02318495	INCONSTANT	02318773	JOZINA
02318238	ATLANTIS	02318500	CHRISTINA	02318778	MACTE-ANIMO
02318245	BERNISSESTROOM	02318505	CON ZELO	02318779	MARIA HELENA
02318249	BRISE	02318506	HELENA TINEKE	02318780	TOKATA
02318253	LA PROVENCE	02318508	MARINE SERVICE 1	02318784	MON-REVE
02318254	KAREL DOORMAN	02318511	RAPIDE	02318787	CAPELLA
02318259	MARJAN	02318521	HILMAR	02318792	TJALRU
02318260	CENTURION	02318528	DIANITA	02318798	RENATA
02318263	BELLADONNA	02318533	SAM SAM	02318800	MAIN XIV
02318267	GEO IV	02318540	YOEP	02318817	CUM-DEO
02318286	LUMARA	02318545	GERARDUS	02318820	ALETTA
02318287	NELSON	02318552	ENGELINA II	02318852	VECTARE
02318288	TITAN	02318560	KOOPHANDEL IV	02318860	ABEL-NIELS
02318290	WARTBURG	02318561	QUI-VIVE	02318863	ANIMO
02318305	CEDI	02318564	IRBIS	02318869	MONICO
02318318	DONGESTROOM	02318576	HENDRIK SR	02318879	WATNA
02318319	BERKELSTROOM	02318589	RAM	02318901	MEZZOFORTE
02318320	PRINSENLAND	02318590	MANUELA	02318903	CAMILLE
02318324	NIAGARA	02318591	CHEYENNE	02318905	ANNA MARIE
02318334	MAIN VII	02318592	VICTORIE	02318925	VEERHAVEN XII
02318340	FLANDRE	02318593	LEVANTE	02318927	NAUTICTRANS
02318346	RHEINE	02318608	RP AMSTERDAM	02318928	MICHIEL DE RUYTER
02318350	TRAVERSEE	02318619	REIZIGER	02318929	FRITZ
02318351	GRAVELAND	02318620	DESANDO	02318931	ELISABETH
02318352	SALVÉ	02318624	BRIZO	02318958	VB 10
02318354	DEO JUVANTE	02318625	NAMASTE	02318962	JORDY
02318358	WATERWEG	02318629	COLORADO	02318963	CORNELIA
02318361	LADY INGE	02318642	SCHAUENBURG	02318969	ZP CONDON
02318369	KIRUNA	02318650	ASTRID	02318973	QUDAJO
02318379	MERWELAND	02318651	MARJOLEIN	02318975	COMMEARE
02318392	DESTINY + DESTINY 1	02318652	RENSKE	02318976	ARIE LEENDERT
02318395	VECHTLAND	02318657	MARIAN	02318979	AMANDA-NATHALIE
02318398	FRISO	02318658	ANNA	02318983	TRIO
02318399	SEMPACHERSEE	02318672	SO LONG	02318995	AMELAND
02318416	STOLT HAMBURG	02318675	ORION	02318997	SCHORPIOEN
02318424	ZEPHYR	02318694	MARO	02319000	ORTYGIA
02318432	DAILY	02318695	PIA	02319006	HARJA
02318443	BAKESTEIJN	02318708	DORINE	02319008	PICARO
02318447	EEMSTEYN	02318710	COTRANS 10	02319009	WILLY N
02318448	VOTRANS	02318713	BOEKANIER	02319012	SPLENDOR
02318451	SISSY	02318724	ANTONIE	02319014	AMBITIE
02318479	TUNAS }	02318730	OSIRIS	02319015	ROYAAL
02318480	MARISDY	02318756	JANJA	02319019	EUNICE
02318488	EURONAVI	02318763	MONTANA II	02319024	AQUA NOVA
02318494	COTRANS 9	02318772	KORUNDIS	02319032	SANJO

IMO/ENI	Vessel Name	IMO/ENI	Vessel Name	IMO/ENI	Vessel Name
02319046	AQUA MYRA	02319631	VEERHAVEN VII (WALRUS)	02320291	SPES SALUTIS
02319053	LYAEMER			02320297	MARKSTROOM
02319054	BABY TONGA	02319641	JUPITER	02320298	HARTELSTROOM
02319056	STEVEN ROOS	02319642	GENERAL	02320299	DISSIDENTIA
02319066	FIWADO 1	02319653	BREEDIEP	02320312	GIBRALTAR
02319078	PAULINE	02319670	MARTENS 10	02320322	MAX PLANCK
02319087	KYLE	02319680	WILLY-B	02320324	NAUTICA
02319100	SAMARA	02319685	CYMRU	02320325	AALIYAH
02319102	DUO	02319696	PARFORCE	02320353	SAVANNA II
02319106	CARPE DIEM	02319699	CHRISTINA	02320354	SAVANNA IV
02319130	IGNORAMUS	02319708	MARIA	02320359	ELJA III
02319178	RINA	02319711	BERNIC	02320377	RIJO
02319190	ODINA	02319722	LINKO	02320378	MACOMA
02319192	ANTISANA	02319740	MIRA VITA	02320394	SERVICE 3
02319199	AART SR	02319741	EMPRESA	02320416	PONTIAC
02319205	MUTATIE	02319749	PASSAGE	02320418	EEMSTROOM
02319231	CARPE DIEM	02319760	DESAFIO	02320419	REGGESTROOM
02319238	PASCAL	02319765	SAFFIRA	02320432	LISA BRIT
02319243	SJEF	02319767	JAN R	02320434	PROTECTOR
02319270	ANNA	02319785	HELLEVOET I	02320451	PHAROS
02319271	AGAMEMNON	02319806	UNION 2	02320484	VIATOR
02319310	POLARIS	02319820	MOVER 1	02320494	EURO SERVICE 2
02319316	RISICO	02319835	GERJA II	02320501	STOLT MOSEL
02319324	ERGON	02319840	AMERSTROOM	02320518	SOMNIUM
02319333	DUBAIL	02319850	ARGOS	02320519	LLOYDKADE
02319338	LINGE	02319861	ALLONS	02320521	BIESBOSCH
02319346	EXPLORER	02319872	SMIT WAALHAVEN 4	02320524	STOLT NECKAR
02319356	TYCHA	02319887	ANNA ARINA	02320544	MARGAUX
02319396	PORTEUR	02319971	SYMPATHIE	02320563	SPES
02319424	LABOR W	02319980	APRIL	02320586	SPARTIVENTO
02319425	JAN GERARD	02320017	REHOBOTH	02320590	D.W.S. 10 WATERGEUS
02319450	AQUITAINE	02320020	PACEAS	02320591	D.W.S. 11 WATERBUFFEL
02319460	VIOS	02320037	INGONA	02320649	THEION
02319464	ANIMO	02320073	WALVIS 3	02320668	EURO SERVICE
02319471	LIDWINA	02320092	LINQUENDA	02320681	GERRIE D
02319481	GUSIMONDA	02320108	SERDON	02320698	KAMELEON
02319484	ARTEMIS	02320161	WATERLELIE	02320761	JULIEN
02319490	CONSENSUS	02320162	RIJN	02320789	AEOLUS
02319494	GOUWE	02320163	STOLT BASEL	02320805	JOHANNA
02319501	NOOITGEDACHT	02320193	IBIS IV	02320808	CALCIT 4
02319539	AVONTUUR	02320213	AMOR	02320830	STOLT WAAL
02319546	SEQUANA	02320281	STOLT MAAS	02320844	AGMA S
02319577	JOLISE	02320282	STOLT MAIN	02320865	BRAM
02319601	MERCATOR	02320284	SMIT WAALHAVEN 7	02320887	KRALINGEN
02319615	SPRANKY	02320288	KOTANK 3	02320898	LUCIENNE-D

ENI_NAME INDEX		ENI_NAME INDEX		ENI_NAME INDEX	
IMO/ENI	Vessel Name	IMO/ENI	Vessel Name	IMO/ENI	Vessel Name
02320928	CRANE BARGE 1	02321516	UNITAS }	02322101	REINOD 4
02320929	CRANE BARGE 2	02321537	ANNE MARIE	02322108	MIXAGE
02320937	MISANDO	02321586	SERENITAS }	02322112	IMPRESA
02320953	CONFID	02321595	SERENITAS II }	02322125	YARINYA
02320965	ESPERANCE	02321599	MIRYANA	02322133	HORTENSIA 2
02320975	COENTUNNEL ACHT	02321611	MANTA	02322134	JOHNNY
02320996	JAAP WOUTER	02321631	MATTHIOLA	02322158	CARMEN
02321014	GOEDE HOOP	02321650	HERAN W.	02322162	EVITA
02321015	FIDELITAS	02321654	TOSSA	02322183	DRAKAR
02321028	VAYA CON DIOS	02321674	REALE	02322193	PROGRESS
02321032	VERTROUWEN	02321692	NIJMEGEN	02322216	SILVAN
02321038	LORENA	02321697	VOLONTA	02322223	DUALITY)
02321076	REMAR 4	02321703	SAN REMO	02322245	NORDICA
02321090	FARADAY	02321716	MARIELLE	02322257	NOORDKAAP
02321099	FRANCA	02321724	NEJO	02322260	GERDA
02321106	JOOP	02321732	LEYLA	02322281	LEENDERT ANGELINA
02321110	INGRIT	02321756	DENZO	02322286	NEW YORK CITY
02321119	REIMERSWAAL	02321773	ANTIQUITEIT	02322290	ARKANSI
02321126	JAEL	02321774	LANY + JOSHUA	02322305	KAROLA
02321170	LENY		(02321823)	02322332	HENDRIKA
02321202	GERARDUS	02321822	FLAVA	02322333	ATLANTIC CARRIER
02321204	IRIS	02321823	JOSHUA	02322338	LION
02321208	CHARLIE	02321851	AMICITIA	02322373	NADIA
02321238	SIRIUS	02321854	HERMINA }	02322375	ARGUS
02321241	MAARTEN	02321893	LIVARDA	02322402	BOLERO IV
02321254	CALCIT 2	02321900	INDEPENDENT II }	02322410	VERENA
02321255	ELBE	02321902	SERVICE 4	02322412	KANTARA
02321258	PALADIN	02321911	MAXWELL	02322413	MARTENS 9
02321276	BORNRIF	02321933	TB 2	02322426	ZWAANTJE 1
02321350	AWAKENINGS	02321948	ANACONDA I }	02322435	CORRENTE
02321365	BAREND	02321949	MICANTO	02322468	ZWAANTJE 3
02321390	PELIKAAN	02321973	MARJO R	02322469	CHALLENGER
02321394	DUCHESSE	02321973	MARJO-R	02322472	ZP MONTALI
02321403	CONFIANCE	02321976	ANNA CATHARINA	02322474	ASWINTHA
02321407	READY	02321983	ASFRA	02322492	SERENA
02321410	WESTLAND	02321989	JANIENKE	02322499	LA MONTANARA
02321419	HELENA	02321996	TAURUS	02322504	CON AMORE
02321452	CHRISTOFFEL	02321998	FLUMAR	02322505	VENEZIA
02321454	LIBERTAS	02322001	ANACONDA II }	02322517	AMAZONE
02321466	ZEBUL0N	02322002	ELSBERT	02322525	CHINOOK
02321471	SEBA	02322008	CHALLENGER	02322526	SALLY
02321475	VOLHARDING 12	02322010	QUO VADIS	02322529	BERTUS JR
02321479	ERIK V	02322053	PORT 4	02322533	SANTANA
02321481	ENDEAVOUR	02322084	ANBENO	02322555	BEVER
02321494	SOLVERE	02322087	MASABI	02322573	SOMTRANS XXIII

ENI_NAME INDEX		ENI_NAME INDEX		ENI_NAME INDEX	
IMO/ENI	Vessel Name	IMO/ENI	Vessel Name	IMO/ENI	Vessel Name
02322599	DELTA	02322959	MARANTA + MARANTA II	02323412	REVENU
02322603	FELIX	02322986	DA VINCI	02323421	VOLUNTAS
02322617	VOLKERAK	02322987	GERJA	02323422	VOLUNTAS II
02322627	MARINUS.SR	02322992	AMANDUS	02323435	DONATA
02322631	WELLINGTON	02323034	VAGARI	02323437	DUPLUS
02322643	PHILOS DYO	02323039	DINTELSTROOM	02323440	INGRID
02322650	WILLEM LOURENS	02323042	MARCONA	02323443	CAPIBARA
02322682	A NOUS	02323046	JANUS	02323447	BOLERO
02322692	AMAZONE	02323047	BEVERWIJK	02323455	COGO BARCO
02322706	JACOBUS SR	02323078	WABO II	02323459	BORNEOKADE
02322707	HENMAR	02323098	LAUWEN + CYBRA #	02323460	ANNE M
02322710	GEJA-S	02323163	VOLHARDING	02323461	VALLESIA
02322711	GERARD ALBERT	02323168	DROOGDOK III	02323466	SCHELDE
02322717	POSSIDI	02323184	IJSSELSTROOM	02323469	LORENTZ
02322718	TIARIBA I }	02323207	MSC MAAS	02323494	HAMARITHA
02322721	WILJETTE	02323214	ALDEANO	02323495	GALILEO
02322724	JONI	02323222	ASTERIX	02323504	HENJA
02322729	GRAAF VAN BYLANDT	02323237	CHEETA	02323527	SANDRA-F
02322731	DURANCE	02323245	ADJO 3	02323544	RIVER PRIDE
02322760	ANNEKE J	02323250	EXCELLENT	02323564	BEVER
02322780	APOLLO	02323256	JOOP 1	02323566	AQUAMARIN
02322782	CORJA	02323258	CARISMA I	02323578	GIESSENSTROOM
02322790	BOLERO V	02323261	VERONIQUE II }	02323607	COMPARI
02322798	ESPERANCE	02323263	HORNBILL II	02323611	RIO I
02322824	TORENVALK	02323289	NOVA	02323626	AMIGOS
02322831	TRISULCA	02323291	MARISA	02323627	ZUIDEINDE
02322844	DINERO	02323297	MILANO	02323635	NOMADISCH }
02322846	VON.HUMBOLDT	02323311	ORION	02323636	NOMADISCH II }
02322856	HERMINA	02323311	ORION	02323654	PRIVILEGE }
02322862	SCALDIS	02323314	HULHUIZEN I	02323666	LAUS DEO
02322865	VEERHAVEN VIII (NIJLPAARD)	02323317	ANNIE IV	02323672	MOVER 2
		02323320	CARISMA	02323673	MOVER 3
02322866	JOCO V	02323331	HENDRIK 7	02323682	ARMARIS
02322883	HUIBERT SR	02323333	KADIMA	02323686	CATHARINA
02322886	GEO II	02323335	ENERGY	02323701	REINOD 1
02322889	MI ANNA	02323362	DIABLO	02323702	REINOD 5
02322901	APHRODITE	02323366	BRISANI	02323703	REINOD 6
02322902	VERTROUWEN	02323373	CONSTALATION	02323708	COMBIMAC
02322909	ENSEMBLE	02323374	JANTJE	02323709	HEBO CAT 4
02322911	INARO + INARO II #	02323377	LAUWERSOOG	02323710	HEBO CAT 2
02322913	INACHOS }	02323384	DESTINO	02323712	DE EEN
02322917	TREASURY	02323386	OTHENE	02323713	REINOD 12
02322924	INDEPENDENT }	02323389	TESSA	02323715	REINOD 10
02322938	RIO-4	02323391	WILHELMINA I }	02323817	NOVALIS
02322951	LINGE	02323406	BEVELAND	02323831	ERNEST R

ENI_NAME INDEX		ENI_NAME INDEX		ENI_NAME INDEX	
IMO/ENI	Vessel Name	IMO/ENI	Vessel Name	IMO/ENI	Vessel Name
02323833	VEERHAVEN IX (DOLFIJN)	02324194	WIJKERZAND	02324513	INCA
02323837	ALLIANTIE	02324207	ROELOF SR	02324532	DIOMEDEA
02323840	DIENA	02324230	IJSSELDELTA	02324538	ESPERANTO
02323842	VIGILATE ET ORATE	02324242	JORI JAN	02324546	SJOUWER
02323862	RONARIS	02324247	JABO I }	02324548	SYNTHESE 10
02323869	PARCIVAL	02324250	TUIMELAAR	02324549	VLB-6
02323875	CLASINA	02324258	CALA JONDAL	02324550	ARCTIC
02323895	ARQUERO	02324261	ANROMA II]	02324554	KUBE HOPPER
02323909	ANROMA]	02324263	CHRISTIAAN P	02324558	SAMOJEDSKAJA
02323915	CALIPSO	02324279	GEO III	02324569	TARAWA
02323916	HILLERS 4	02324280	ROXANNA	02324571	FORMENTERA
02323921	SPERAVIT	02324285	TRIANGLE	02324574	PARCIFAL
02323926	VALENTIN	02324290	LOURINA	02324577	SMALSTRANS
02323931	COVANO	02324299	JACOLIEN	02324578	ROMANA II }
02323935	FESTINE VERE	02324313	DYNAMICA	02324592	CONTARGO II
02323956	JOHANNES	02324328	CYCLOON	02324596	SYNTHESE 2
02323957	MELANIE + MELANIE H	02324329	SIRIUS	02324605	DOMPHOORN
02323981	NOVARE	02324333	BOLERO	02324612	WESTERSCHELDE
02324003	MIRA SANRO	02324334	MERCURY	02324623	MARTINA 2
02324011	W.DE BEIJER SR.	02324335	CORNELIS R	02324636	ORION
02324012	ILONA	02324337	DOLFIJN	02324640	COMPROMIS
02324023	LIGURIA	02324352	CARLA	02324653	AVONTUUR
02324033	ENERGIE	02324394	CHILANDIA	02324671	SCHIEHOPPER
02324034	ADRIAAN	02324408	CHRISTIAAN	02324672	KRABBENKREEK
02324035	MARLA }	02324414	LEHO 1	02324673	HENREAN
02324037	ZUIDFRIESLAND	02324418	DIEGO	02324679	ISALA
02324043	RIVAL	02324421	DELTA III	02324692	PARADOX
02324050	MIREVITO	02324437	FORENSO	02324699	STARK
02324051	TWIN	02324438	QUINTO	02324700	EINSTEIN
02324052	SPES SALUTIS	02324450	VELDEN	02324710	KORTENOORD
02324053	CON AMORE	02324466	DIOS MEDIANTE	02324719	TAZ }
02324060	CONTARGO III	02324470	FERRAMENTA	02324736	NOORDERHOOFD
02324070	AMER	02324476	FEBE	02324743	CHAMSIN
02324073	ANIMO	02324477	PHILOS	02324744	CHUBASCO
02324086	RAVI	02324478	SANTINA	02324750	VERONIQUE }
02324108	BANKERT	02324479	MASORA	02324760	DEO DATA
02324109	HELIODOR	02324486	FRANS	02324761	CARINA
02324112	COURAGE	02324491	MATADOR	02324782	GANZEPOORT
02324120	VOGUE	02324494	CONTARGO I	02324783	PETRAQ
02324129	W.DE BEIJER SR.	02324495	VLB-7	02324784	MAGIC
02324139	ZWERVER	02324497	FRISIAN HOPPER	02324785	MUREEN
02324146	CASA NOVA	02324498	BRABANT HOPPER	02324786	MONACO
02324166	GOYA	02324500	MAGA	02324787	MERCUR
02324191	ANDANTE	02324502	RUBEN	02324788	AVANCE
02324193	LOVE STORY	02324504	PROMINENT	02324789	BARBOSSA

ENI_NAME INDEX		ENI_NAME INDEX		ENI_NAME INDEX	
IMO/ENI	Vessel Name	IMO/ENI	Vessel Name	IMO/ENI	Vessel Name
02324791	VARIANT	02325059	GAVIALIS + GAVIALIS II	02325405	AURORA
02324792	GERARD-ALBERT	02325082	MYOSOTIS	02325411	VITALITE
02324793	FIXUT MARIS	02325102	CUNADO	02325414	BASTIMENTO
02324795	CAMARO II	02325148	ZIJPE	02325427	TRANSIENT
02324796	VIOS	02325154	ZKH PR WILLEM ALEX'R	02325435	COTRANS 11
02324800	PAULINE-ANETTE	02325159	ADELIEKE	02325438	GIESSEN
02324802	GERARD-JOSE	02325162	CALANDPLUS	02325440	MONDIAL
02324803	FERRO	02325163	FIDELITY	02325460	DELTA
02324804	RIJNKADE	02325170	VALVERDE	02325465	SIAM
02324805	VECHT	02325182	KYLIAN	02325484	SULOMARO
02324806	HANZESTAD	02325183	DIEU DONNE	02325492	RIO Y MAR
02324807	ROMANI	02325188	IMPULS	02325500	MEGKALA V
02324809	HOLLARE	02325194	VARIATIE	02325505	TIESTO
02324814	INACHOS II }	02325204	NELLIE	02325510	ZALMVISSER
02324818	ESTATE }	02325206	CON ZELO	02325511	CORINA
02324819	VERONA	02325225	RIVAL	02325518	STITCH HOPPER
02324829	ANKERPOORT 2	02325248	MONTANA	02325525	EENHOORN
02324844	EBEN HAEZER	02325250	SOMTRANS XVII	02325529	BALANCE
02324874	EVELINE	02325257	KRABBEGEUL	02325535	RPA 12 (IMO 9239551)
02324875	UNITAS	02325258	CASCADE	02325536	OASE
02324880	IJSSELSTAD	02325261	HERMINA I }	02325540	EENDRACHT
02324882	NEWTON	02325270	STAD STAVOREN	02325541	HYDROVAC 4
02324902	PIETER SR	02325271	JORDAN	02325548	CONCORDIA
02324926	ESTATE II }	02325274	CIRCLE	02325556	WAALKADE
02324931	ZEFIROS	02325275	MISSOURI	02325564	SPES SALUTIS
02324932	ANNE	02325283	CALCIT 7	02325572	CHEMGAS 20
02324933	TAMARIVA	02325284	SPES VERA	02325573	CHEMGAS 21
02324937	MARIA	02325288	RELAX	02325583	JEROM
02324942	KALIMERA	02325290	ALEXANDER	02325586	RPA 10 (IMO 9239563)
02324944	COTRANS 8	02325291	MARTIE	02325590	MONTIGNAC
02324957	EIGER	02325297	ANWI-JA	02325598	CAMARO III
02324965	LINQUENDA	02325307	PARTNER	02325601	VITESSE
02324983	BARENDSZ	02325324	DORTSMAN	02325603	RPA 13
02324996	NECKARTAL	02325325	DINA	02325619	CORNELIS SR
02325003	HARMONIE	02325330	LINDA	02325620	NIVOMA
02325012	ELJA	02325336	SALO	02325626	ICARUS
02325024	FILAGRAM	02325341	MATHILDE	02325637	PAMOJA
02325031	LA PRIMAVERA	02325345	RENJO	02325638	PAFOS
02325032	NOVAMENTE	02325351	VADASZ	02325641	INITIA
02325035	VILVOORDE	02325357	MIRAGE	02325642	BERNADETTE
02325045	LINQUENDA	02325361	HKH PRINSES MAXIMA	02325649	LINQUENDA
02325046	PRINCESS	02325374	IJMEER	02325650	ALMAJO
02325047	SALUTE	02325385	RITRABO	02325659	AVANTI
02325055	PARKKADE	02325388	HENRI R	02325664	ESCALDA
02325058	DIEZE HOPPER	02325400	LINDE	02325673	INVASION

ENI_NAME INDEX		ENI_NAME INDEX		ENI_NAME INDEX	
IMO/ENI	Vessel Name	IMO/ENI	Vessel Name	IMO/ENI	Vessel Name
02325675	TERRA MARIS	02325934	IMPROVAL	02326258	RP ANTWERPEN
02325683	DOMINO	02325942	CATHARINA	02326260	RHENUS HANNAU II
02325697	KLASARINA	02325946	A-QUADRAAT	02326274	ARGUS
02325699	CREDO	02325951	VIKING	02326275	VOORBURG
02325700	MARLA DUO }	02325952	SYNTHESE 1	02326282	SUNSTAR
02325703	AVELINGEN	02325961	WILMA	02326283	GULF HARMONY
02325714	STOLT TEXAS	02325966	CALAMUS	02326293	CHALLENGER II
02325734	CORNELIS M	02325981	ONDERNEMING	02326315	NOORTSTROOM
02325735	MAXIMA	02325998	GEMMA	02326319	GOTTARDO
02325743	LINDENGRACHT	02325999	FRISIA	02326320	AHOY II
02325744	HOOP	02326010	CALANDO	02326324	PIZ EVEREST
02325748	FARADAY	02326029	SYNTHESE 11	02326325	PIZ DANIEL JR
02325753	GULF PRIDE	02326030	ELIONIE	02326327	STOLT LAUSANNE
02325758	LECHAIM	02326034	ELLY	02326328	STOLT MADRID
02325760	COMPROMIS	02326048	ORION	02326330	STOLT WIEN
02325765	NOORD NEDERLAND	02326049	PRINSENLAND	02326331	EMBATA
02325769	DÉJÀ VU	02326056	AMSTERDAM	02326332	EMWATIS
02325791	OCTOPUS	02326074	STOLT VARIANTE	02326336	VLAKE
02325794	DELTA HOPPER	02326075	PASAR	02326350	DEZI
02325795	ALPHEUS	02326076	ALMA	02326366	CALIBRA
02325825	MEJANA	02326090	KOSHER V	02326367	SHAKIRA
02325826	GITANA	02326107	LEMARNA	02326370	MANOUK
02325827	LA BLANCA	02326108	LEMARNA	02326396	CHARLOTTE
02325828	MARAJO	02326109	RHENUS HANNAU	02326407	CELESTE
02325830	ZWAANTJE 2	02326112	KRAAIJENBERG	02326428	WANTIJ
02325836	FEROX	02326116	GULF CROWN	02326429	OPTIMIST JR
02325838	T'AI SHANG	02326117	JOLANDA	02326432	BOSSUIT
02325839	BOLERO	02326126	CURA DEI	02326433	RONNY-O
02325846	FACTOTUM	02326131	FIDUCIA	02326442	GULF STREAM
02325851	PRO RATA	02326158	JOELLE	02326446	VECTURA
02325856	KILSTROOM	02326170	UNIQUESHIP	02326447	MILANO II
02325869	ELLEN	02326171	ROSETTE	02326458	DIAN
02325883	DIENI	02326178	ADANDI	02326460	CARPE AURORAM
02325891	HAZARD	02326196	LINQUENDA	02326469	ISIS
02325892	DÉJÀ VU	02326201	ZWAANTJE 6	02326484	FENNY I
02325901	JOMA	02326205	DEVYANTA	02326488	MAJESTIC
02325908	OLESIA }	02326210	EXPERIENCE	02326502	MARINA
02325909	OLESIA (2) }	02326212	VIGILIA II	02326505	ELSINA
02325911	VLISSINGEN	02326216	MY WAY	02326510	GEMINI
02325913	JOVEANTE	02326224	INVOTIS II	02326516	NOORDPOOL
02325915	CONFORZA	02326233	CARLA	02326518	MAIN II
02325918	EDELWEISS	02326238	VLB-2	02326519	MAIN III
02325926	SOPHIA	02326239	SENSATION	02326520	MAIN IV
02325930	BON JOVI	02326250	KARBOUW	02326527	NOORDKAAP
02325931	REMINKE	02326253	CATHARINA II	02326528	TITAN

ENI_NAME INDEX		ENI_NAME INDEX		ENI_NAME INDEX	
IMO/ENI	Vessel Name	IMO/ENI	Vessel Name	IMO/ENI	Vessel Name
02326530	CAPRICORNUS	02326738	JERO	02327111	ANTWERP
02326535	VA-BANQUE	02326743	FLUVIUS	02327130	NOVAMENTE
02326538	JADE	02326753	DEO FAVENTE	02327133	SAN-REMO
02326540	AQUA AMISIA	02326759	MURENE	02327149	HENDRIK
02326544	NO LIMIT	02326769	ISTOROMI	02327155	ELISABETH M I
02326563	EMENDO	02326775	BRIGITTE B	02327159	JOLIEN
02326564	YOURI	02326780	MARIE LOUISE	02327161	CONFIANT
02326565	JABO }	02326785	OMEGA	02327168	ALBATROS
02326567	ALOHA	02326794	RUBENS	02327182	CEBU
02326570	FRONTERA	02326796	OMERTA	02327190	CONSTELLATION
02326586	NOOIT VOLMAAKT	02326828	OLYMPIC	02327193	SOLENT
02326589	ATLANTIS	02326858	CONTARGO X	02327207	MEANDER
02326596	BARCO	02326861	NOCHT	02327210	CON AMORE
02326597	CONFIDENTIA	02326864	SHELBY	02327216	PRIVILEGE II }
02326607	SAJEBA	02326867	PANAMAX	02327217	NOVATIE
02326611	FIDE DEO	02326908	MERUADA	02327221	PATRISICA
02326613	CONTRA	02326915	RENOIR	02327236	SIANTO
02326620	LIMENAS	02326922	SYNTHESE 20	02327242	MARIJKE
02326621	LAZIO	02326925	RAFFAEL	02327244	MURO
02326622	ROZALINDE	02326933	NOORDZEE	02327246	ADRIAAN PIETER
02326627	ROMERA	02326940	MEGAN	02327252	SPERANZA II }
02326628	LORCA	02326959	ORA ET LABORA	02327257	ANTHONIE I
02326629	ODEON	02326969	CURRENCY	02327260	ALEXIA
02326631	BRUSSELS	02326973	TRICOLORE	02327262	DIFF
02326634	VELOCITY	02326975	DENERA	02327263	IRIS
02326637	STARK	02326984	BERGHEM 1	02327267	MATRICO I
02326640	ADDIO	02326985	ARISTO	02327269	VICTORIA
02326642	HENDRIKA	02326986	CENTURY	02327270	VISIOEN
02326647	SYNTHESE 4	02326988	ESCAPE	02327288	SPERANZA }
02326661	CARONIA	02326994	DEJA	02327293	ASKJA
02326666	COMPAGNON	02327002	INTENSITY	02327296	VIKING.KARVE
02326678	CAAN	02327007	KON-TIKI	02327306	CALANDA
02326679	KASBAH	02327014	FURKA	02327312	DENSIMO
02326681	PONTONNIER	02327017	OLEANDER	02327313	MI BARCO
02326684	JANA	02327021	TELSTAR	02327316	SARDANA
02326687	ADVENTURE	02327025	HILLEGERSBERG	02327327	MARCO POLO
02326695	RUBICON	02327026	VEENDAM	02327333	INDIGO 2
02326700	IDUNA 2	02327037	BRIGANTIJN	02327341	ONDERNEMING IV
02326701	WILMA VI	02327060	ORANJE NASSAU	02327351	FIDENTE
02326705	AQUALITY	02327085	AMETHYST }	02327353	DMS ROOK
02326710	NORDWAND	02327086	AMETHYST II }	02327353	KRUIER }
02326711	AMALIA	02327099	VALPARAISO	02327354	INITIA
02326721	CONTARGO XI	02327101	NOVALIS	02327356	FORENS II
02326722	WILSON	02327108	DIAMAR	02327357	ATLANTIC POWER
02326735	CRANE BARGE 3	02327110	SOMBRA	02327358	TURQUOISE

ENI_NAME INDEX		ENI_NAME INDEX		ENI_NAME INDEX	
IMO/ENI	Vessel Name	IMO/ENI	Vessel Name	IMO/ENI	Vessel Name
02327359	VANCOUVER	02327585	MARTCILINO	02328255	VICTUS
02327365	MAIN V	02327586	WILLEM D	02328262	SJOUWER
02327366	MAIN VI	02327593	IMEDI	02328296	BANZAI
02327367	LEO DETERMAN	02327598	TEUNIS	02328308	TOLERANTIE
02327373	LAUMA	02327608	EMERAUDE	02328356	KRAANVOGEL
02327377	ATLANTIC PIONEER	02327609	SOPRANO	02328379	DELTA
02327378	VLAARDINGEN	02327616	ROMAN }	02328382	WANDERER
02327379	SOVEREIGN	02327617	PRESAGIO	02328387	VIGILATE
02327380	VALENCIA	02327627	GOBLIN	02328394	LIANCO
02327381	ATLANTIC PRIDE	02327632	WOUTER_R	02328416	SYLVANA + SYLVANA II
02327384	PELGRIM	02327637	ADRIANA	02328417	INNUENDO
02327407	KRUIER I }	02327653	NOORDENWIND	02328420	VALINTA
02327408	AMOUREUS	02327661	EVANTI II }	02328422	ALPHA
02327417	ANJA	02327672	DISCOVERY	02328449	ELMA
02327419	IMEROS	02327680	MARTINIQUE	02328467	STARUM
02327429	MERCURIUS AMSTERDAM	02327682	MERWEMOND	02328475	VERSO
		02327684	SOMTRANS XIII	02328482	SHALIMAR
02327438	BORNEO	02327685	PHILIPSKERCKE	02328483	RAINBOW
02327439	INFINITY	02327686	WILLEM SR	02328488	REGGEPLUS
02327440	SOMTRANS XII	02327696	GREGORY (B-06002929)	02328509	CELTIC
02327445	BERMUDA	02327701	BO PETRA	02328551	THALYS
02327447	BO	02327706	FELICITAS	02328554	LINDOS II }
02327455	MOSELLA	02327712	EVANTI }	02328555	INNOVATION }
02327459	BASTA	02327713	LABORIEUX	02328556	INNOVATION II }
02327460	MARTINIQUE	02328022	EXPANSIE	02328562	DESCANSO
02327472	THEODORUS-JOHAN	02328065	THALIA	02328563	WILTURA
02327484	SUZANNA	02328092	MONDEO	02328564	GALACTICA
02327485	MEDIATION	02328101	CITO	02328593	AMSTELLAND
02327486	MEDIATION II	02328136	INTANTUM	02328598	LAGUNA
02327490	FAVORIET	02328143	CATHALIJN	02328609	MAGDELENA
02327495	DE VALK	02328144	JOHANNA }	02328626	VEBO AQUA
02327501	VANORA	02328153	FRANTO	02328629	DOMINIQUE
02327502	MISSION	02328172	SOMTRANS XVIII	02328633	LINDOS }
02327503	HANNA	02328190	PRINSES AMALIA	02328644	YEMAYA
02327505	DELFSHAVEN	02328191	PRINSES MAXIMA	02328649	SCOPUS
02327512	COBRA	02328194	MARINIER I	02328661	JACOB
02327521	VANTAGE	02328205	ATALANTA	02328673	ZELDENRUST
02327523	PHIANSARO	02328227	FORTISSIMO	02328674	VOPAK MERCATOR
02327526	ALEKSANDER	02328228	LAMANTIJN	02328677	SAMARY
02327527	FUELTRANS 6	02328232	VRIDO I	02328681	NORMA }
02327532	SOMTRANS XIV	02328233	VRIDO II	02328692	UNION XI
02327534	PIZ SHKHARA	02328238	ASPALI	02328693	ORION
02327536	CAZADOR	02328245	VERONIEKE	02328693	UNION XIII
02327564	VIA VAI	02328247	THALES	02328697	MARGRETA
02327567	REMAR 5	02328248	JOHANNA 2 }	02328704	SOMTRANS XXVII

ENI_NAME INDEX		ENI_NAME INDEX		ENI_NAME INDEX	
IMO/ENI	Vessel Name	IMO/ENI	Vessel Name	IMO/ENI	Vessel Name
02328705	VECTURA	02329082	FELICITAS	02329526	JOLINE II }
02328708	NARVIK	02329100	BRUTUS	02329557	SYNTHESE 15
02328709	MARTE MEO	02329107	USHUAIA	02329627	CARPE NOCTEM
02328726	CONTENDER	02329140	NAJADE	02329651	ALLIANCE
02328729	STORM	02329173	TRIVOR	02329656	JANNA MARIA III
02328731	EXCELSIOR	02329201	COBRA	02329682	OTD ALPHA
02328738	ORCHILA	02329221	GODEFRIEDA	02329683	MON DESIR
02328749	NAIROBI	02329222	EUROPA	02329693	DELTA
02328752	DAMINA-K	02329231	SPAUWER	02329697	INTERMEZZO
02328753	PORTO BELLO	02329232	ERAGON	02329698	NIALA
02328754	ANNETTE MARIA	02329233	GRATIAS	02329703	ILONA-G
02328757	CYRANO	02329240	MA BAKER	02329708	ISABELLE
02328781	NAVITAS	02329245	NORMA II }	02329711	ACHERON
02328793	CASIMIR	02329249	WESTENWIND	02329733	DELTA II
02328794	JUSTIN	02329273	VEERHAVEN X (ORCA)	02329747	PHOENIX
02328808	SYNTHESE 14	02329287	NIEUWE VAART	02329759	MICHAELANGELO
02328815	BATTENOORD	02329290	ELUNDA II	02329886	SIMCHA
02328821	RUBICON	02329301	SOLANO	02329893	MY WAY
02328823	CYGNUS	02329306	AZOLLA	02329908	PELSERT
02328826	JUTTER	02329316	COMIENZO	02329911	HELENA
02328856	OPHIR	02329331	CAMARO IV	02329914	ENJOY
02328858	GONDEL	02329358	BRITANIC	02329919	VEERMAN
02328872	JANNA-MARIA	02329364	SOWNENT	02329923	SENTO
02328873	HENDRIKA S	02329365	STELLA MARIS	02329930	AVONTUUR
02328878	STOLT EMDEN	02329366	JORDY M	02329944	RAM
02328879	STOLT KOLN	02329377	KILIYA	02329951	INVOTIS III
02328884	BERNHARD SR	02329379	ANCLAJO	02329967	WILHELMINA
02328894	UNITED	02329390	RENOVATIE	02329968	WILHELMINA III }
02328895	ARCTIC	02329392	PRESTO	02329999	MATRICARIA
02328898	CHIMO	02329407	JURA	02330036	SMART BARGE
02328900	SANNE	02329408	ALMIRA	02330050	VECTORIUS
02328907	ROJANA	02329409	NOVUM	02330052	STENTOR
02328919	ELOISE	02329420	JOCO VI	02330094	ANTONIE
02328937	ELEONORA	02329438	ESPERANTWO	02330113	WILHELMINA II }
02328956	MOVER 4	02329443	HEROS II }	02330114	WILHELMINA IV }
02328969	VERANO	02329444	ELUNDA	02330120	DEO CONFIDENTES
02328970	WERCHINA	02329462	LANSINGH	02330121	FRIENDSHIP
02328984	MELAROCE	02329466	HELENA JACOBA	02330126	SYRACUSA
02328985	HOLLANDS DIEP	02329473	MARILENKA	02330132	ISABELLA
02329010	INVONTES	02329474	COFELICA	02330141	DANA
02329036	SAGITTARIUS	02329482	JOLINE }	02330149	THOMAS
02329040	ALSACE + HOLLANDE	02329487	MERAL	02330152	UNION XII
02329041	ORANJE NASSAU	02329494	AVALON	02330155	DORTSMAN II
02329063	MARLA	02329502	JOHANNES SR	02330160	JOBER
02329079	BRIGITTE	02329503	TYDA KYRA	02330161	DIRK-ROMY

ENI_NAME INDEX		ENI_NAME INDEX		ENI_NAME INDEX	
IMO/ENI	Vessel Name	IMO/ENI	Vessel Name	IMO/ENI	Vessel Name
02330162	VENEZIA	02330576	NIVOMA	02331320	ALJA
02330163	TERZO	02330600	INGE II }	02331321	CUNERA II
02330164	GREENTANK 1	02330635	VIKING DRAKAR	02331345	POUWEL S
02330183	INVOTIS IV	02330640	THREANT	02331363	LRG GAS 87
02330190	CALCIT 11	02330684	COMMANDER	02331365	BISAM
02330192	AMER	02330686	FACTOFOUR	02331380	DUC IN ALTUM
02330197	ADDIO	02330687	HEROS }	02331381	PASSANT
02330198	AMICE	02330688	ORIANA	02331392	FIDES
02330200	VIGILIA	02330689	NOVUM	02331393	NADORIAS
02330203	VAGEBOND	02330709	VANITAS	02331394	SIERRA
02330211	JOWI	02330726	PROVIDENCE	02331400	CONDOR
02330212	VOLTERRA	02330727	TEMPTATION	02331406	FITARIEK
02330219	DEO GRATIAS	02330728	ORANJE NASSAU III	02331409	CHALLENGER
02330233	PARIS II }	02330751	SYMPHONY	02331439	IMMANUEL
02330236	VIVALDI	02330758	GREVELINGEN	02331441	OTTER
02330239	MARIPOSA	02330760	VITALIS	02331447	AMIRA
02330240	LAURENTIEN	02330817	CARON	02331448	PANTA RHEI
02330241	PAUL DELVAUX	02330827	CONTARGO XII	02331449	SOLARE
02330242	VIGILA	02330828	VOLENDAM	02331454	VECTURA
02330262	VASCO DA GAMA	02331002	ORANJE NASSAU II	02331458	RIVER
02330264	SAILING HOME	02331015	VECTOR	02331459	MAREA
02330272	PROCYON	02331021	REAN-L	02331460	SARINA
02330277	WESTSTELLINGWERF	02331045	MONTANARA	02331472	SAYONARA
02330279	MON DESIR	02331062	COMMODORE	02331473	ESPERANZA
02330289	MANOUK II	02331067	INGE }	02331474	DURICHA
02330297	HOLLANDIA	02331118	ARIANE	02331475	RAPSODY
02330327	VOJA	02331119	ROSANNE	02331481	RAVEL
02330361	PROFILER	02331120	WILLEM ANTONIE }	02331486	ZOE
02330402	HELENA	02331137	RAPITARD	02331496	MARIA D
02330403	PRONTO	02331138	SARON	02331497	FELLOWSHIP
02330413	RAPIDE	02331195	ARMIRA	02331508	BOS 18
02330417	ADELVOTIS	02331196	BENJA	02331511	SOLUTION
02330426	ELJA-V	02331202	FORMOSA	02331524	PATRICIA
02330436	MODENA	02331206	IMMACULATA	02331526	LAHRINGEN
02330440	PEALKO	02331207	HANS NICO	02331536	CHOICE
02330445	DEO JUVANTE	02331215	ZWAANTJE 9	02331553	RIVER DANCE }
02330445	ONDERNEMING	02331217	SPLENDID	02331573	INVOTIS V
02330447	CUNERA	02331243	DEO GRATIAS	02331582	LAMMERT SR
02330454	ALPHA 3	02331244	ALLEGONDA	02331608	ZANDSTER
02330484	CENTURY II	02331245	THEODORA	02331616	REHOBOTH
02330490	FANTOOM	02331246	ADMIRAL	02331628	ROELANDA
02330533	PANTA RHEI	02331263	TOPAZ	02331636	VALSINNI
02330534	FIDUCIA	02331296	PIZ PERFORMANCE	02331637	WILLEM ANTONIE II }
02330542	DEO GRATIAS	02331298	METEOOR	02331638	EXPLOSIEF
02330574	JOHANNA-M	02331319	FOCUS	02331643	MERCATOR

ENI_NAME INDEX		ENI_NAME INDEX		ENI_NAME INDEX	
IMO/ENI	Vessel Name	IMO/ENI	Vessel Name	IMO/ENI	Vessel Name
02331644	BACCARAT	02332043	JACOBUS	02332313	CITRINE
02331645	VITESSE	02332046	COOLSINGEL	02332315	ROTTERDAM 30
02331646	QUADRANS I	02332057	MILAGRO	02332317	ODEON
02331647	QUADRANS II	02332059	ENDEAVOUR	02332320	ELSI-R
02331666	ADMIRAL	02332063	SOMTRANS XXII	02332321	LEAN
02331667	FELICIA	02332067	CATHY	02332322	PETRAN
02331685	ESPERANTO 4 }	02332074	TALING	02332323	JEANINE
02331690	ARESE	02332076	HYADE	02332326	CRIGEE
02331716	AMARANTHUS	02332081	INDIGO	02332328	CALISTO I
02331723	VOLANTE	02332135	ARCHIMEDES	02332329	KRUISKADE
02331724	VIRAGE	02332149	DAKATO I	02332354	RIAD
02331731	BOHEMIA	02332158	LEENDERT SR II }	02332358	URSA MONTANA II }
02331739	GOVERT-SR	02332160	ANJELIERSGRACHT	02332359	URSA MONTANA }
02331740	NASSAUKADE	02332170	EGILODAN	02332364	SHAMROCK
02331755	LEENDERT SR }	02332180	TRIMAX	02332389	WILHELMINA ARINA
02331756	SERANO	02332181	ERICA	02332398	RIVER SIDE
02331761	ALIE-JAN	02332183	NOVITAS	02332399	PRIDE OF FAIAL
02331765	PARIS }	02332192	DUANCIS	02332400	JONGERT
02331771	RIVER DANCE (2) }	02332193	AMAZONE	02332401	URGENTIA
02331793	VITA NOVA	02332196	NORTH CAROLINA	02332403	LEONARDUS
02331802	HYDROVAC 10	02332197	SOUTH CAROLINA	02332406	FRANCISCA
02331835	SEINPOST	02332205	CALYPSO }	02332409	GALIYA
02331837	ESPERANTO 3 }	02332206	SILVER	02332415	ORCHILA
02331845	AMESHA I	02332207	RPA 20	02332427	STAVORDIA
02331846	AMESHA II	02332208	RPA 22	02332430	DISCOVERY
02331851	ISABELLE II }	02332209	RPA 23	02332439	ANDA
02331860	REXALDA	02332218	INA	02332441	SPEELMAN
02331871	GER-JAN }	02332224	EXPLOSIEF II	02332442	VOERENDAAL
02331873	CALISTO	02332225	CLAUDIA II	02332444	MIDWAY
02331876	NOORDSTER	02332226	IVEN I }	02332448	ANACONDA
02331877	REZOVAR	02332227	IVEN II }	02332449	PAPILLON
02331909	CHAMISA-D	02332228	SJOUWER I }	02332450	PROMESSA
02331926	ROSETTE II	02332229	SJOUWER }	02332451	AMISTADE
02331927	CHARDONNAY	02332230	OOSTENWIND	02332452	MILAGRO
02331952	BONTEKOE	02332232	DECHELLE	02332457	ELMARE
02331956	CARDIUM	02332234	GROENENDAAL	02332462	VICI
02331961	CHARISMA	02332252	SOMTRANS XV	02332477	HENDRIK
02331962	SENSATION	02332254	INA	02332478	MAIN IX
02331965	VIDI	02332255	GULF CHALLENGER	02332479	CRANE BARGE 4
02331968	TENAX	02332260	SUSTENTO	02332483	VENI
02332001	CHEMGAS 22	02332261	MOONLIGHT	02332484	MARILENE
02332008	ANIMAR	02332265	FRIENDSHIP	02332487	MANUS
02332021	VEENINGEN	02332304	MAASVALLEI	02332503	COMPANION
02332041	PAMELA	02332309	ODISEG	02332510	GER-JAN II }
02332042	SAM	02332311	ISIS	02332517	COMPONIST

ENI_NAME INDEX		ENI_NAME INDEX		ENI_NAME INDEX	
IMO/ENI	Vessel Name	IMO/ENI	Vessel Name	IMO/ENI	Vessel Name
02332525	ALDABRA	02332866	VEKABORG I	02333289	ANTONIE C
02332526	SOMTRANS XVI	02332868	AMARONE	02333290	TOURMALINE
02332529	LUTIN	02332887	QUADRANS III	02333291	THERA
02332537	GULF MAX	02332893	ST ANTONIUS II }	02333325	CONVENANT
02332571	MATRIX	02332896	ANDREA	02333326	PIETER
02332572	MANOUK III	02332899	ST ANTONIUS }	02333346	ACHILLES
02332584	GERDA }	02332901	IREEN	02333347	DINARA
02332586	DESPERADO	02332934	CASTOR	02333354	JOFFER JET
02332590	ODESSA	02332936	OASE	02333357	NOMADISCH III
02332594	FLEUR II }	02332952	RP GENT	02333363	CORNELIS
02332596	FLEUR }	02332963	DEO VOLENTE	02333376	MON-DESIR
02332610	SERVUS	02332972	NICOLE	02333386	LEON
02332611	CATHARINA	02332975	ALEXANDRA	02333388	AQUA ALBIS
02332614	MORGENSTER	02332983	IRIS	02333389	LA PAREJA
02332618	ALLEGRO	02332990	ZEELAND	02333391	BEOTANK 2
02332647	BARCELONA	02332991	TIM	02333392	GAMBLER
02332648	SCALETTA	02333003	LEONORE	02333399	SOMTRANS XX
02332651	DEVONIA	02333018	NADUAH	02333400	SOMTRANS XXI
02332654	MERDEKA	02333026	DEO FAVENTE	02333403	TANJA DEYMANN I
02332656	BOTEIN	02333061	QUESTE	02333404	TANJA DEYMANN II
02332657	DELTA	02333063	SCHIEPLUS	02333406	AVENTURA
02332679	ASTRA	02333091	ARENA	02333409	DIANE
02332689	MAIN VIII	02333095	VEERHAVEN XI (IJSBEER)	02333428	ESTRELLA
02332691	GERDA II }	02333117	INVOTIS VI	02333432	SCHELDEMOND I
02332709	DELOS	02333118	ATLANTIC PARTNER	02333436	FORENS
02332712	COMBINATION	02333120	MICHAEL	02333461	CHARLOIS
02332716	EXPERTA	02333123	FIDATO	02333472	SPECHT
02332734	OCEAN	02333127	VENTRANS 2	02333477	NIKKI
02332745	FATA MORGANA	02333131	NICKY	02333489	ATLANTIC PRESTIGE
02332750	DAMIANO	02333145	BANZYSTAD	02333491	RIVA
02332765	IDUNA	02333163	AMELIE 2	02333510	HELENA ARIEANNE
02332771	TRANSFERIUM	02333180	WESSEL	02333516	CT SOFIA
02332788	CHICAGO	02333184	GENTLE	02333533	WILLEM
02332789	MARISKA	02333185	EVIDENCE	02333547	AMALIA
02332792	VANTAGE	02333199	VIRAYA	02333548	CENTINA
02332795	VANQUISH	02333203	PECARO	02333549	ARIANE
02332799	MILLENIUM	02333227	KLAAS	02333556	TROUBADOR
02332800	MILLENNIUM 2	02333236	HOUSTON	02333564	VORSTENBOSCH
02332826	COMPAAN	02333237	NJORD	02333565	VINOTRA 10
02332827	STOLT FILIA	02333241	RENS	02333566	ATLANTIC PROGRESS
02332832	CHEMGAS 23	02333247	MILAN	02333567	ROJAS
02332837	PROMOTION	02333259	AMULET	02333568	ETERNITY
02332840	JULIA	02333260	ENERGY 5	02333571	MEJORA
02332857	PHILOS	02333261	PETER JAEGERS	02333597	HANNEKE
02332862	AMPHIRO	02333268	COPENHAGEN	02333599	EN-AVANT

IMO/ENI	ENI_NAME INDEX Vessel Name	IMO/ENI	ENI_NAME INDEX Vessel Name	IMO/ENI	ENI_NAME INDEX Vessel Name
02333617	VALBURG	02334167	LRG GAS 88	02716736	EN AVANT 27
02333618	JENERO	02334277	ARGANON	02716843	SCHORPIOEN
02333621	RP BRUGGE	02334311	MARMARA	02716850	MISKA
02333629	ANGELIQUE	02334334	SYNTHESE 16	02717082	LINGESTROOM
02333652	SOMTRANS XXV	02334345	BACCHUS	02717141	KREEFT (IMO 8331209)
02333653	SOMTRANS XXVI	02334347	FESTINA LENTE	02717350	MULTRATUG 4
02333677	FREIENSTEIN	02334352	INVOTIS VII	02717424	SMIT JAPAN
02333682	PA4 ATHENA (A'dam 4)	02334365	BERGSE DIEP	02717545	RI-JOS
02333685	MONTREAL	02334485	UNION X	02717549	SALMON
02333686	QUEBEC	02334508	PALANDIEL	02717550	STURGEON
02333687	MELBOURNE	02334510	MER-GREEN	02717808	PRINS 2
02333722	PIZ PALU	02334564	EBEN HAEZER	02717809	PRINS 3
02333726	BOLERO VI	02334602	CALYPSO II }	02717883	ZEEZWALUW
02333727	MARJON	02334645	ESMALIJN	02717957	TWAITE
02333728	INTEGRITY	02334730	STOLT RHINE	02718169	AUKE
02333731	STOLT FLORENCE	02336709	ALISMA	02718227	ZEPHYRUS
02333736	RO-VER	02352587	ADIOS	02718246	POOLSTER
02333747	JOLANDA II	02375680	FINITOR	02718286	TEXELBANK
02333752	MYRIAM	02404476	ELAN	02718315	THAMESBANK
02333754	TOBA	02507807	WILLEM-B SR	02718374	POLLUX
02333760	NAVIGATIE	02508792	ZEELAND	02718397	TESSA W
02333764	AQUA TEAM	02508946	GAR	02718408	SAVANNA III
02333775	RINA	02509038	PRINS 1	02718550	SMIT BEVER
02333788	ZUIDWAL	02509162	JUMBO	02718636	HOLLAND
02333789	MATTHINGE	02509164	EEMS	02718927	MULTRATUG 6
02333794	ZOEY.V	02509193	ROLAND VIII	02719064	GOUWESTROOM
02333811	NERODIA	02509327	SIMSON	02719091	BRANDARIS
02333812	KALAHARI	02509355	RPA 14 (IMO 8306412)	02719310	SD JACOBA
02333816	ATLANTIC PERFORMER	2605322	FRIESLAND	02719567	MULTRATUG 9
02333843	JANNICK	02605351	TIME	02719833	AIRSET
02333880	GREVELINGEN	02605554	GRUNO II	02720007	EN AVANT 7
02333890	CONNEMARA	02605588	VERTROUWEN	02720176	DMS RAVEN
02333904	FREDERIKA	02605666	LAUWERSZEE	02720250	ZWERVER II
02333925	EILTANK 65	02606017	STERN	02720478	DMS MERLIN
02333982	VALIENTE	02606143	WADDENZEE	02720510	GOLLWITZ
02334018	BIANCA II	02607136	OERD (IMO 9269673)	02720535	PRINS 4
02334023	SYNERGY	02709657	ZEEHOND	02720712	BALOE (IMO 9382463)
02334028	GRETE-MARIE	02715198	VLIESTROOM	02720747	SMIT BRONCO
02334048	GRATO	02715502	YVO	02721298	THRESHER
02334054	REHOBOTH II	02715506	SMIT ZWEDEN	2851942	ENTERPRISE
02334060	SONORA	02715590	FURIE	02899968	DIMAR
02334081	TRISTAN	02715717	SMIT RUSLAND	03010463	SPES NOSTRA
02334082	SOMTRANS XXIV	02715821	GULF SUPER DUTY	03010751	ZWERVER
02334091	WERNER REICH	02716321	COASTAL SERVICE	03010852	BALTIC
02334123	HARINGVLIET	02716488	SEA EAGLE	03010859	ELJA

ENI_NAME INDEX		ENI_NAME INDEX		ENI_NAME INDEX	
IMO/ENI	Vessel Name	IMO/ENI	Vessel Name	IMO/ENI	Vessel Name
03010870	TETRUMA 3	03020384	BARCA 2	03030632	DE STEUR
03010951	LINQUENDA	03020635	ELECTRA	03030652	LENNY
03011025	ZWERVER	03021052	REMI	03030718	ISOLA
03011315	GERWI	03021112	SAMUDERA	03030771	RES NOVA
03011317	BETA CURA	03021263	TRAMP	03030781	TERRA NOVA
03011352	FINA 6	03021267	SPES MEA	03030812	WATERGEUS
03011366	RUDIS	03021271	DILIGENTIA	03030824	DAGERAAD
03011376	WILLEM	03021295	LENY	03030836	JANANJA
03011383	CLIMAX	03021301	MA LONDA	03030845	HENNY
03011403	FIWADO 2	03021307	SOPHIA	03030849	DRIE GEBROEDERS
03011430	NOOIT VOLMAAKT	03021324	TERRA NOVA	03030862	DE VERANDERING
03011445	AMSTEL	03021336	PUCK	03030882	JOHANNES
03011466	RORIJ	03021389	NELLY	03030914	ELISABETH
03011475	ZUIDGOUWE	03021429	COTRANS 2	03030922	FATA MORGANA
03011492	HOOIMARKT I	03021433	ANMARES	03030924	JANNETJE
03011564	CONDOR	03021446	SEOLTO	03030956	DE 3 GEBROEDERS
03011585	WILLEM ANTONIA	03021447	SPES SALUTIS	03031000	FIX 16
03011605	FINA 34	03021480	SEMPER SPERA	03031039	ENERGIE
03011642	AQUA MARE	03030021	ARJA	03031076	STERN
03011730	MIRA QUEST	03030022	DYLAN	03031170	EDISON
03011744	EUREKA	03030023	FRANCISCA	03031181	SATURNUS
03011759	WENDY-CHANTAL	03030026	ARIE V	03031214	RIJNSTROOM
03011761	DOMMEL	03030032	GOUJE	03031227	SUCCES
03011795	LINGEPOORT	03030037	RACHELLI	03031300	RODIE
03011804	DOBBER	03030043	REVENU	03031363	BATRA
03011807	OLIE SERVICE 1	03030047	DE BLAUW GANS I	03031403	HENDRIKA
03011815	CHRIGON	03030068	DINA B	03031584	SANDER
03011824	BERNARDUS	03030134	FORTUNA	03031615	PAULA F
03011827	HARTE AAS	03030147	BARCA 3	03031748	UNION
03011829	MOBY 3	03030157	DE TIJD ZAL T LEREN	03031777	AMICE
03011832	TULLEMANS I	03030187	AVANTI	03031801	STORMVOGEL
03011837	ANSA	03030240	SANTANA	03031819	GERCOR
03011845	ARTA	03030242	LA PLATA	03031853	AMBITIE
03011956	ZALMHAVEN	03030251	AVONTUUR	03040144	MATRA
03011964	FIWADO 43	03030267	SHAMROCK	03040195	ARAFURA
03011965	CATHARINA	03030279	JANNY	03040409	AMBULANT
03011969	NEPTUN 44	03030300	ROJA	03040560	BARTJE 2
03011971	VOTANK 15	03030301	DAGERAAD	03040604	VARIATIE
03011972	HYDROVAC 7	03030309	BE-AN	03041219	GERRIT B
03011981	ANTWERPEN	03030343	UNDINE II	03050011	ALPHONSIA MARIA
03011983	TETRUMA	03030467	ULF	03050040	GOEDE VERWACHTING
03011999	ZAGRI 16	03030501	LEAMAR	03050302	NOORDSTER
03020022	RINA	03030516	VRIJBUITER	03050440	GENERAAL
03020225	BIZON	03030569	MARJAN	03050595	EN AVANT
03020333	COR	03030602	JANNA II	03050620	ALBERDINA

ENI_NAME INDEX		ENI_NAME INDEX		ENI_NAME INDEX	
IMO/ENI	Vessel Name	IMO/ENI	Vessel Name	IMO/ENI	Vessel Name
03050640	ANNA	03051729	REMONSI	03110605	PROVOCATIO
03050677	HOLLAND	03053191	GAASPERLAND	03110611	THERESIA
03050714	KATHY	03100559	AVANCE	03110622	SIRIUS
03050831	SALLAND	03101637	THETIS	03110624	MAR GRIETHE
03050837	LAUWRENCE	03101866	MARIE JOSE	03140003	VOLHARDING
03050937	BERBER	03110010	SPES VERA	03140006	DRIE GEBROEDERS
03050967	KLAZIENA	03110014	MARIA	03150036	RIVAL
03051179	DINTEL	03110065	DANDY	03150047	ROMARO
03051202	JACOBA	03110096	SAN ANTONIO	03150052	VERWISSELING
03051317	M.N.O. EVA	03110125	ROBERT H	03150123	AMER
03051329	SEOLTO B	03110131	UNITAS	03150167	TRIADE
03051334	AEOLUS	03110132	MARJAN	03150171	THEODORA
03051335	CORNELIA	03110142	KLAZINA	03150181	TENAX
03051342	TESCO 4	03110143	ZUID HOLLAND	03150184	RISICO
03051356	EVA 2	03110176	ATLANTA	03150191	NOVA CURA
03051379	SCHOKLAND	03110190	HEI DI	03150206	NOORMAN
03051380	AMSTELSTROOM	03110281	HENNIE III	03150258	MAGRI
03051412	WELVAREN	03110406	TEXEL	03150361	ANTONIE IV
03051415	ARENDA	03110440	IRENE	03150380	JAN S
03051448	SCORPIO	03110460	BAR MELUS	03150386	MON DESIR
03051467	AMICE	03110471	VAARWEL	03150411	BATAVORUM
03051482	RICKUS	03110472	BONTEKOE	03150421	VIALIS
03051536	MINI	03110479	SILAS	03150425	JERO D
03051576	ALMERE 7	03110480	SPERANZA	03150432	TUBANTIA
03051580	VIATOR	03110486	SUSANNA	03150440	BREEZAND
03051587	BETSY-T	03110488	LUCAS F	03150446	IRIS
03051590	WATERKLIEVER	03110498	DOLFIJN	03150447	LA PROVIDENCE
03051597	KRAGGENBURG	03110501	MARION	03150451	BELLA VISTA
03051602	SENTIDO	03110503	CONFIDE	03150458	INTERLUDE
03051615	FRIESLAND	03110506	AVANTI	03150542	ENERGIE X
03051617	NENUPHAR	03110508	SPERANZA	03150567	NEPTUN 2
03051619	AB OVO	03110515	LIBRA	03150687	BARTJE 5
03051640	PIONIER	03110521	VIGILA	03150739	RPA 2
03051650	CHRISTINA	03110536	SCHOONENBURG	03160006	FIX 18
03051652	ORION	03110538	LUCINDA	03160196	GULF BAVEX
03051661	MARLIE	03110554	ZEPHIR	03160316	HENRI
03051665	UNICUM	03110560	ANTONIUS	03160340	SHAMROCK
03051685	HILLIE	03110564	ENERGIE	03160341	LINQUENDA
03051692	ROSEMI	03110567	IVON-S }	03160343	GALINA
03051700	VERONICA	03110571	IMPALA	03160344	NIKO
03051704	LIBERTE	03110579	NOORDSTAD	03160382	VAGARI
03051709	SELINA	03110592	MATHEUS	03170016	HENRIETTE
03051712	RAAF	03110593	POOLSTER	03170028	HEWI
03051715	CHRISTIANA	03110600	ZUIDENWIND	03170096	CONFIANCE
03051726	ALBERT-R	03110604	ANTARCTICA	03170106	PARANA

ENI_NAME INDEX		ENI_NAME INDEX		ENI_NAME INDEX	
IMO/ENI	Vessel Name	IMO/ENI	Vessel Name	IMO/ENI	Vessel Name
03170125	NOORDSTER	03170650	AQUATIQUE	03250130	EMMANUEL
03170150	ELLA	03170656	NIVOMA	03250149	MARIEKE
03170155	MAJOFRA	03170671	VAGARI	03250157	CHRISTINA
03170174	CORNELIS	03170672	PIA	03250165	HENMAR
03170176	DOROTHEA	03170681	LEENDERT G	03250214	JEANNE
03170186	AVONTUUR	03170860	AMATIS	03250224	STORMVOGEL
03170233	POSTSLOOT	03180025	DE 3 GEBROEDERS ZUTPHEN	03250247	SAM
03170297	SALEM			03250248	ADRIENNE
03170302	SANNE SOPHIA II	03190035	ACTIEF	03250249	STAD NIJKERK 1
03170330	ANGELA CATHARINA	03190038	PERFECT 5	03250279	ZEESTER
03170337	VOGELZAND	03209833	TRINTEL	03250283	JOHAN
03170391	ROBERT	03211027	BENJAMIN	03250289	ANTHONIE III
03170426	GAZELLE	03211458	UNITAS	03250290	SPAARNMUIDEN
03170493	JOHANNA	03218972	SALAMANDER	03250293	ADELAAR
03170529	HELENA	03220043	JACQUELINE	03250294	JULISKA
03170541	PIKKOLO	03220165	LIDI	03250299	ALBATROS
03170545	SEOLTO	03220174	MEDIO	03250303	CHAPERON
03170547	AVANTI	03220178	EBEN HAEZER	03250304	NEERLANDIA
03170548	IJSSELMOND	03220188	ROMI	03250306	RONNIE W
03170553	RIO	03220212	MARION	03256285	BO DJOVANNI
03170558	SAMSA	03220218	NADEDOS	03260110	QUO-VADIS
03170561	BARBERA I	03220219	WESTROPA	03260133	SADILE
03170565	CARMEN	03230027	LEMARNA II	03260140	TYFOON
03170574	RIJNSTROOM	03230075	MERWEDE 7	03260142	MYSTIQUE
03170575	COURAGE	03230172	MARINUS H	03260143	HILDA
03170576	TRAMONTANE	03230209	MORGENSTER	03260156	DAVY
03170582	GRATIAS	03230224	GALA	03270544	TYPHOON
03170589	RENOVA	03230230	ROUZAND EXPRESS	03270593	NIVOMA
03170594	TIBLETS	03230233	JAAP	03270595	INSULA
03170599	NOORDSTER	03230273	BROEDERTROUW IV [4]	03270600	JANTINE
03170604	ROTERODAMI	03230279	IMKE	03270607	KOOPHANDEL III
03170610	FUELTRANS 3	03230304	AKKRES	03270610	PI JA
03170613	TONNY	03230332	BENNY	03270620	ZEELANDIA
03170616	KEIKO	03230355	JAMAIS PENSE	03270622	REPOS AILLEURS
03170622	BATAVIA	03236436	PATRISCIA II	03270629	AMALFI
03170623	ROSIS	03237261	ORANDA	03270630	CASCADE
03170627	PLEVIER	03240078	NELLIE	03270631	BABETTE
03170628	CONFIDENCE	03242287	ANLK	03270638	SIBEANKO
03170631	TRANSITO	03250011	JOHAN	03270652	QUOS EGO
03170633	FURORE	03250021	INSPE IV	03270663	AMARE
03170637	UNICA	03250038	NIGER	03270668	AVANTI
03170638	POSEIDON	03250043	WIKO	03270676	THEODORUS
03170641	DEO VOLENTE	03250050	MARIAN	03270678	GRINZA II
03170643	SPERANZA	03250066	MADJOE	03270687	DITA
03170648	SHALOM	03250100	CORMA B	03270689	GRINZA III

ENI_NAME INDEX		ENI_NAME INDEX		ENI_NAME INDEX	
IMO/ENI	Vessel Name	IMO/ENI	Vessel Name	IMO/ENI	Vessel Name
03270697	CORMORAAN	03310083	HETTY	03320202	HINGRIE
03270698	LUCIE	03310305	CORNELIS	03320213	SANTA MARIA
03270700	GRINZA IV	03310366	DORUS	03320228	TETRUMA 2
03270701	JUNTOS	03310401	BOBO	03320236	SUMUS UMBRA
03270707	SARDON IX	03310409	FIDUCIA	03320237	HENMAR
03270709	REIMERSWAAL	03310413	HYDROVAC 9	03320460	NIELS
03270715	GRINZA VI	03310415	BETUWE	03330007	SPEEDY
03270717	NOORDEREILAND	03310439	SIENTJE	03330043	VERTROUWEN
03270719	GRINZA VII	03310449	HELGOLAND	03330090	ELISABETH
03276800	(ANTWERP) 80	03310450	ONTARIO	03330241	WADDENZEE II
03280009	PIRANA	03310453	ROSALINDE	03330262	HARMANNA
03280169	ALBERTINA	03310456	MONSIJANA	03340004	PRIMAS
03280180	SPES NOSTRA	03310459	IJSSELMONDE	03340007	LINGE
03280191	FACTOTUM	03310465	SI-CA	03340017	PATRICK
03280194	EGELANTIERSGRACHT	03310472	CORNELUS	03340019	VAGANT
03280195	ERASMUSGRACHT	03310474	TWILLIS	03340034	EXOTICA II
03290050	CONTENT	03310475	DEVIANT	03340118	MORGENSTOND
03290059	GRIENDUIL 9 - POTVIS	03310479	LODO II	03340157	FLORA
03290126	KABOUTER	03310488	ARGONAUT	03340158	BEJA
03290188	LINSI	03310489	RESOLUTO	03344003	BOW 1
03290193	IONA	03310490	ANIMATO	03350024	KOSTRA I
03290203	HONTE	03310492	MARPOL 14	03350027	ZWARTEWATER
03290208	RIAN	03310495	MARTENS 12	03350029	THEODOR FRANS
03290212	TRANSVAAL	03310498	LELI	03350160	IDEAAL
03290214	SANNE H	03310499	ELISABETH D	03350168	SCHELDE
03290216	SILENCE	03310500	AMORE VICI	03350173	DUO
03290217	VITE	03310501	BONAFIDE	03350264	KLASIENA
03290226	DELCACIA	03310502	CALABRIA	03350285	POSEIDON
03290231	BATOUWE	03310503	TOROS	03350375	DE WATERMAN
03290246	DESTINY	03310509	JANINA	03350406	ANCOR
03290261	BESTEVAER	03310510	ALIE	03350436	TAUNUS
03290265	CARPIO	03310511	EN AVANT 32	03350440	ANTON
03290269	SPICA	03310516	ORION	03350480	GOVERT
03290283	GERDIE T	03310517	NEO INTENTO	03350487	ESGE II
03290288	VINCITA	03310521	MARJA	03350491	SERVITUS
03290293	GECA	03310525	BRIGITTE	03350508	JAAP
03290294	JEANNETTE	03310527	VAGEBOND	03360060	RIJNLAND
03290296	SPES ET FIDES	03310532	DAMIAN	03370017	GRIETJE W
03290297	SAFIRA	03310536	ZWARTEWATER	04001760	NAWATRANS III
03290298	LA GUARDA	03310539	LEENDERT ANDREAS	04003930	NAWATRANS IV
03290299	JOMAJA	03310542	LUDOVICUS	04005050	ELINIC
03310022	WILMAJO	03311499	KIBEN	04005500	NAWATRANS V
03310023	DE HOOP	03320001	BETA	04005670	LUSITANIA
03310043	PADUA	03320083	JAN WILLEM	04006520	ARMADOR II
03310066	HILJO	03320138	MAR MON	04007960	JUPITER

ENI_NAME INDEX		ENI_NAME INDEX		ENI_NAME INDEX	
IMO/ENI	Vessel Name	IMO/ENI	Vessel Name	IMO/ENI	Vessel Name
04008250	LRG GAS 70	04503160	PIZ BUIN	06000034	LUXOR
04008280	LRG GAS 73	04607500	NIDDAPLUS	06000063	PORRENA
04008300	LRG GAS 75	04608680	KRAICHGAU 3	06000072	SCAPA
04008310	LRG GAS 76	04701150	KRAICHGAU II	06000100	AXIOMA
04008330	LRG GAS 78	04701160	KRAICHGAU I	06000134	ILUSA
04008450	LRG GAS 80	04800300	SHENANDOAH	06000136	ORISSA
04008460	LRG GAS 79	04801150	PIZ BOVAL	06000137	SIKKIM
04008530	BEN	04801160	PIZ BEVER	06000147	AUGINA
04008620	LRG GAS 77	04801290	PIZ LA MARGNA	06000148	MAKIMBO
04009260	LRG GAS 81	04801560	HECHT	06000149	ESQURUDE
04012060	REDOUTABLE	04801850	TINA	06000149	KENO
04012100	THEODOOR	04801910	PIZ VARUNA	06000156	KRI-SIL
04014420	JORN	04802060	NAWATRANS IX	06000157	GUPPY
04017610	VAKENA	04802090	HARMONIE	06000161	RIO NEGRO
04017870	GAEA	04802210	LRG GAS 85	06000169	CARI II
04018900	ARMINIA	04802360	ALBERANTO	06000173	BRABO 4
04019530	ANTHONIE V	04802510	ANTIEKEXPRESS	06000175	DESEADO
04020060	KEVIN	04802900	PIZ KESCH	06000184	ASOKA
04022230	LUCIFER	04803480	MAIROW	06000191	ORGANZA
04023150	FLEVO TRANS	04803760	RUDOLF DEYMANN	06000196	MEETJESLAND
04025040	THEKLA	04803890	CONCORDE	06000211	RENATA
4026537	VRIJHEID II	04803900	MICHAELANGELO	06000212	CARTAGENA
04029050	PIZ EVEREST	04804240	PIZ BERNINA	06000213	FLUMINA
04029050	SALUTE	04804560	VERITAS	06000221	BOS 4
04029290	PIZ ANNAPURNA	04805400	ANJA I	06000225	YSDU
04029290	ROBIN	04805450	LRG GAS 86	06000227	MAGELLAAN
04029370	ELAN	04805750	KRONSTADT	06000239	PRO VERITATE
04029390	ARCHIMEDES	04805780	MIRA SERENA	06000246	REYNOLDS
04029430	EMMA	04807050	RHEINTAL	06000247	DESCHIETER 17
04029430	PIZ STANLEY	04808550	RIVER KWAI	06000249	AMBERES
04029910	MAINPLUS	04808570	TOM BURMESTER	06000270	LIBERTE
04033050	REMBRANDT	04809660	MY WAY	06000279	FUELTRANS 7
04033410	LRG GAS 84	05018730	FIX 20	06000281	HYDROVAC 6
04033850	SEMPER FIDELIS	05107550	PIZ AUBRIG	06000282	ZEEBRUGGE
04033880	REAN	05107560	BIRJO	06000288	MANHATTAN
04302650	ANGELO	05108260	PIZ TRIKORA	06000291	PEDRO
04400020	FORTUNA	05110880	LRG GAS 83	06000297	CHARLES-EUGENE
04400300	PIZ MANDALA	05117500	LEHAR	06000302	CREDO
04400310	PIZ SIDLEY	05306400	ACIDUM	06000307	MELINA
04400990	SAARPLUS	05402820	GRUNO	06000308	GLAMONA
04401000	REINPLUS	5453926	RV 162	06000309	ROCK
04401040	MOSELPLUS	05501770	LRG GAS 82	06000310	LORCA
04401410	JOLANDA	05501990	HYDROVAC 8	06000325	ODRA
04401601	NAWATRANS VI	05600010	CALCIT 6	06000336	TORA-ZO
04401640	NAWATRANS VIII	06000027	BRIZO	06000339	FANDANGO

ENI_NAME INDEX		ENI_NAME INDEX		ENI_NAME INDEX	
IMO/ENI	Vessel Name	IMO/ENI	Vessel Name	IMO/ENI	Vessel Name
06000348	LA PURDENSIS	06000687	ALYCIA	06001169	EDISON
06000353	SUZY	06000690	SOMME	06001176	ELLY
06000365	SANTA RITA	06000704	EDRA	06001243	NOUMEA
06000383	EXAUDI	06000707	MACUMBA	06001280	MARIE PIERRE
06000385	FAENZA	06000722	EL VERDUGO	06001291	SARAH
06000391	THAILAND	06000725	FREGATE	06001327	CAVIRENA
06000393	BREYDEL	06000725	LINCY	06001344	ENILEHCIM
06000394	ANJA V	06000749	PAREATIS	06001355	MINERVA
06000399	ARNICA	06000762	TOSCA	06001358	BEATI
06000401	FRISIUS	06000765	CINDY	06001369	LIBRA
06000414	ANITA	06000773	ALMA	06001370	AMPHIRO
06000421	CINDY	06000786	STE RITA	06001379	SANDRA
06000428	BARQUERO	06000787	HEMAFRA	06001387	RISQUE
06000432	WESTHOEK	06000789	CORONA DEL RIO	06001391	PAX MEA
06000458	MERAL	06000820	BON ESPOIR	06001398	AVALANCHE
06000473	LAUSANNE	06000822	CHATEAU LAFITTE	06001410	RIOPSE
06000480	GRACE DE DIEU 1	06000826	AMIRAL	06001422	ECCE HOMO
06000482	IRBER	06000843	KEALE	06001430	COMPAAN
06000487	CORJANO (TSUNAMI)	06000851	ST JEAN BOSCO	06001446	FORTUNA
06000495	TSUNAMI	06000872	ROGER	06001461	JOHANNA-H
06000497	MUSTANG	06000903	RI-JO	06001490	SYLVIA
06000499	OSTARA	06000931	LAGO	06001492	RITA DEL CASCIA
06000502	COOPERATION	06000943	LUDIVINE	06001510	ALEA
06000503	RORIKA	06000944	ALJEBA	06001526	VENEZUELA
06000511	WESLEY	06000956	MIKEMO	06001551	MORENA
06000520	VANGUARD	06000968	GONDOLA	06001575	BENTLEY
06000525	LOMA	06000982	IRIS	06001602	FLAUMANDRUM
06000532	FLANDRIA	06000982	IRIS	06001604	AVANTI
06000559	LEONORE	06000983	BELCANTO	06001606	ABYSS
06000577	VEWI	06000984	COSTA RICA	06001611	FIGARO
06000578	GRA NET	06000991	ZAMBEZI	06001626	CELANDRO
06000584	NOVA CURA	06001007	BARCOR	06001627	SAPHIR
06000588	SANDEROS	06001016	MIRANDA	06001658	KINEVY
06000591	LUDOVICA	06001031	CAPTAIN KEIKO	06001692	CHRISMI
06000605	ESPOIR	06001048	LUCIE	06001695	PADOVA
06000615	ANKARA	06001060	BOUNTY	06001696	AUDAX
06000625	ST JUST	06001117	ST GOAR	06001707	PYTHON
06000627	BARACAS	06001132	JE-PA	06001709	STEINDAMM
06000629	PARSIFAL	06001134	PANAMA	06001712	ODYSSEUS
06000633	AMBIORIX	06001138	NAGASAKI	06001738	LOMA
06000635	MARACAIBO	06001148	DEO-DATE	06001752	FRADY
06000639	STRATON	06001151	URANIE	06001763	NAXOS
06000662	EDUARD	06001153	DYMPHNA	06001765	BARRYLAUNA
06000665	KROONLAND	06001154	DANDIA	06001770	WERE DI
06000684	ALBEMAR	06001168	SCALDIS	06001772	LUDOVICA

ENI_NAME INDEX		ENI_NAME INDEX		ENI_NAME INDEX	
IMO/ENI	Vessel Name	IMO/ENI	Vessel Name	IMO/ENI	Vessel Name
06001783	ANTWERPEN	06002121	SCARABEE	06002379	APHODIUS
06001786	MARIA	06002122	KLAUWAARD	06002380	CHRIS-LI
06001789	SAYONARA	06002126	AVILA	06002382	PAT-VERO
06001792	RISKY	06002128	TARTAAN	06002389	SOMTRANS XIX
06001794	DUO	06002138	GERMAINE	06002392	DAYTONA
06001795	MAGDA	06002143	BIRJO II	06002396	YORAN
06001799	CAMELO	06002148	KENDALL	06002397	MIKIDA
06001814	AMARA	06002150	ZWALMVALLEI	06002415	SEQUENS
06001817	SIRIUS	06002153	DANIELLA	06002430	SOMTRANS III
06001820	ADVERSA	06002166	VIGO	06002433	MORENA-P
06001830	GIRONA	06002167	CARDAN	06002434	DESCHIETER 16
06001850	MAUNA KEA	06002172	SPES MEA	06002437	BOOTHUIS BRAUHAUS
06001864	TRICKSTER	06002181	PAROLA	06002439	GWENDOLINA
06001867	ARCADIA	06002187	ROMY	06002447	HUMAVIDI
06001872	MILAGROS	06002190	CHARLINE	06002448	BRABO
06001886	BUKA	06002212	AMORE	06002456	ROBLA
06001912	LEEUW	06002218	PATMOS	06002457	SANTA MARIA
06001915	CENTURION	06002220	ASOKA	06002458	AVE MARIA
06001921	PHILADELPHIA	06002226	ARCADIE	06002467	AMARIGE
06001928	APACHE	06002230	MOZART	06002468	HANNIBAL
06001929	LI-TORE	06002231	GODELIEVE	06002474	ELISABETH
06001931	KANANGA	06002235	NORWELLA	06002482	INTERNOS
06001933	FELOEK	06002240	RIO Y MAR	06002483	LA FOSCA
06001935	CADENSIA	06002249	OBI	06002487	WARRIOR
06001937	CORNEEL	06002250	EDELWEISS	06002494	TCHANTCHES 2
06001940	CANBERRA	06002254	GRANAT	06002497	ANNICO
06001946	MARY	06002256	KARVEEL	06002501	ELTO
06001971	ORION	06002261	NECTA	06002503	MALDEN
06001989	SUNNY	06002271	MUSCARI	06002508	MARISE
06002000	NOVA SCOTIA	06002274	BACH	06002511	NAVALO
06002002	LA VIDA	06002280	TWINS	06002530	PELIKAAN
06002019	ARBON	06002291	SUNRISE	06002531	ROBIA
06002026	HELENA	06002294	VLAANDEREN	06002533	RENE 19
06002032	MARVIK	06002297	ESMI	06002540	RENOVACCIO
06002042	MOREA	06002299	TABERNA	06002540	WOUTER
06002054	VESTA	06002307	ARK	06002560	CERAMBYCIDA
06002057	YONA	06002324	ALAIN	06002562	FALCON CREST
06002074	TRANSPORT	06002330	BONA-FIDE	06002565	PATTY
06002080	HELLBOY (F)	06002331	PALLIETER	06002580	WAPPER
06002080	NAUTIEK	06002342	CASSANDRA	06002589	INSOMNIA
06002087	ASTERIA	06002342	MALEKE	06002591	SWING
06002090	AVISO	06002352	CHE-NO	06002595	AD-FUNDUM
06002106	PATRICIA-V	06002363	CHEYENNE	06002602	NAUSICA
06002111	YARIS	06002371	SAVIRO	06002614	ATLAS
06002119	SIMBA	06002378	SOMTRANS II	06002616	ORCA

ENI_NAME INDEX		ENI_NAME INDEX		ENI_NAME INDEX	
IMO/ENI	Vessel Name	IMO/ENI	Vessel Name	IMO/ENI	Vessel Name
06002619	PIZ TERRI	06002834	BER/MEL	06003069	SOMTRANS IV
06002629	ELMA	06002835	GAMMA	06003075	ALYSSIA
06002634	SPARTIVENTO	06002837	SATANAS	06003084	MARLIN
06002636	NATASHA-N	06002845	LOVE STORY	06003086	ELLY
06002641	BELFORT	06002847	DECENNIUM	06003095	AMBRO
06002653	LUG	06002850	HORTENSIA	06003095	ENAXOR
06002659	SEBASTIEN	06002856	RU-SAN	06003100	KAYAK I
06002661	POLSKA	06002857	CUPIDON	06003104	RED DRAGON
06002666	FLOREAT	06002859	SCORPIO	06003200	JAN BREYDEL
06002667	SAINT BENOIT	06002867	MIKE	06003201	DEEF
06002672	SMARAGD	06002871	NERVIER	06003210	BIZET
06002673	NAPOLEON	06002876	ORIDA	06003211	CETUS
06002676	VENTURA	06002881	MONS	06003212	FOUJI-YAMA
06002684	SILMAY	06002882	ERONE	06003213	SEMADAR
06002693	CASABLANCA	06002884	SEVILLE	06003217	ROOS
06002701	OURAGANO	06002893	NUEVA VIDA	06003224	EARLY BIRD
06002702	BARAKA	06002894	GUNDA	06003236	RUBICON
06002705	BERINGZEE	06002897	ATLANTA	06003237	EDWIN
06002707	PAXI	06002899	SIPISTO	06003243	ASANA
06002714	SHELINDO	06002901	SANTOS	06003251	HEYST
06002719	VOTA	06002903	DAKOTA	06003252	SIGUENZA
06002722	NOVA CURA	06002906	BJORN	06003254	KIMBERLEY
06002725	KARIN	06002914	JAVA	06003258	QUID NOVI
06002731	GODETIA	06002920	ISOLA D'ISCHIA	06003285	ABEONA
06002741	RIO-TEJO	06002921	OSIRIS	06003286	VITA DURA
06002747	ZAGORA	06002922	BEN-DOR	06003289	MARIEKE
06002750	KEDYS	06002941	STAR BLENDER	06003290	PHANTOM
06002751	WINDECK	06002943	VIERWALDSTATTERSEE	06003292	ROSA
06002762	PANDA	06002944	JASNA-GORA	06003303	ARMAGEDDON
06002779	SUNSHINE	06002945	SPERANTA	06003315	SINJOOR
06002781	DC MOSA 1	06002958	LUDOVIC	06003318	HERMES
06002785	PIRAAT	06002967	WALL STREET	06003329	TJOOLDER
06002786	CHRIDA	06002974	JET	06003341	NYASSA
06002787	PRIMA	06002978	MANTHA NIQUE	06003345	MONTANA
06002789	LOURDES	06002984	HYDROPHILIDA	06003351	RAPIDO LANZA
06002803	SAMOREUS	06002985	SILENCIO	06003353	BO BJORN
06002808	CHRIDI V	06002994	VISTA-BONITA	06003355	BIG DIL
06002810	MAXMAI	06002995	NOROY	06003358	OLIEVINKER II
06002818	HEJEBA	06002997	PICARDIE	06003362	GANDA
06002819	GWENN	06003008	MERRIMACK	06003366	NOMADIS
06002820	PETER	06003016	GOJAPI	06003376	CHERASCO
06002821	PATMAR Z	06003028	RO-MA	06003388	BELVONA
06002822	BIVIO	06003049	ALCATRAZ	06003398	ISABELLE
06002827	REVISIO	06003053	GALYPSOS	06003408	IBIZA
06002831	DISCOVERY	06003068	FERONIA	06003412	WILTAM

ENI_NAME INDEX		ENI_NAME INDEX		ENI_NAME INDEX	
IMO/ENI	Vessel Name	IMO/ENI	Vessel Name	IMO/ENI	Vessel Name
06003413	EL BARCO	06003577	CYGNUS	06003746	DAMIATE
06003417	KIRSTEN	06003579	SCRAPHUNTER	06003747	GUEVARA
06003426	LA LUNA	06003589	GUNA	06003748	FLUVIUS
06003429	JOY	06003591	GENOVA	06003749	AJIS
06003430	TIVANO	06003599	MANOU	06003750	JULIENNE
06003432	CORSAIRE	06003600	LETS GO	06003751	LE TEMPS
06003434	COWA	06003602	ARIZONA	06003752	MARGUERITE
06003435	ERAGON	06003616	BRUTUS	06003753	MIRA-CETI
06003436	CUTTY SARK	06003619	TORONTO	06003762	GERSOM
06003444	KMG	06003622	TANYA	06003766	PASCAL-V
06003446	EL-BLAJO	06003624	SPEED	06003767	THEODELA
06003450	OKLAHOMA	06003625	MONIKA	06003768	TORMENTA
06003455	ICARIA	06003626	RHOEN III	06003769	PASSANT
06003455	POLARIS	06003629	MARC	06003770	OCEANIC
06003456	AMORSITA	06003632	ZEHDENICK	06003772	MSC POOLSTER
06003460	NORALY	06003644	ACROPOLIS	06003780	SEMPER FI
06003465	PRO-CONTRA	06003646	CHRIS	06003782	ANTIGOON
06003470	DREAMBOAT	06003647	WILINA	06003785	TARO
06003472	OOSTZEE	06003650	TJORVEN	06003786	FADO
06003473	JORANDA	06003651	ISABEL	06003790	CANTHARIDA
06003476	RUMANDY	06003657	PEGASUS	06003793	CONCORDIA
06003477	TARRAGONA	06003658	SAGRES	06003794	JAWS
06003482	TORNADO	06003660	SOMTRANS V	06003800	VERRAZANO
06003490	ROMANIA-G	06003661	SOMTRANS IX	06003802	GANGES
06003491	FIGHTER	06003664	AMOUR	06003805	OLIEVINKER IV
06003493	MILLA	06003666	VOYAGE	06003806	TUNICA
06003497	BELIZE	06003670	COMUS	06003809	FREYJA
06003508	DEALO	06003701	AGORA	06003810	CLAUMAR
06003514	MOSKITIA	06003704	AMENTO	06003815	MONITOR
06003516	VIPER	06003705	DANNY	06003816	SELODIE
06003519	LAGUZ	06003706	BROADWAY	06003820	DUNE
06003522	CHIBA	06003714	BENEL (Seen as 02309866)	06003823	NAUTIEK
06003533	LAMBADA			06003826	MOXA
06003535	ANNA Z	06003717	OLIEVINKER III	06003828	GALAPAGOS
06003537	MITCHELL	06003720	ZEPHIR	06003830	SAPPHIRE
06003544	HALLOWEEN	06003722	ALADIN	06003831	FLINT
06003549	TIJL	06003723	NIMITZ	06003832	LINQUENDA
06003555	BOS 20	06003725	HASTA LA VISTA	06003834	LEONORE
06003559	CORBITA	06003729	ODESSA	06003838	LAURANA
06003560	MISTRAL	06003734	POZNAN	06003843	MISTRAL
06003568	MERCATOR	06003735	SAMOA	06003850	KARA
06003569	TARKANA	06003736	CALISTA	06003854	DEVOTION
06003571	DEGO	06003739	FEROX	06003855	STEWEN
06003572	MULTRATUG 2	06003740	WENRO	06003858	KAMINA
06003575	TSJECH	06003745	POSEIDON	06003861	LAILA-M

IMO/ENI	Vessel Name	IMO/ENI	Vessel Name	IMO/ENI	Vessel Name
06003867	PACIFIC	06004053	ASTRAKHAN	06004159	ELIN
06003869	MARCARI	06004055	NIRVANA	06004160	PALLAS
06003872	GULF STREAM	06004055	SAN-REMO	06004165	ALMERIA
06003875	LAVANDA	06004062	BRIGITTE	06004166	EMMA
06003884	GOTCHA	06004064	TAHITI	06004168	ALCANTARA
06003885	DIANTHUS	06004065	NATHALIE	06004169	STANLEYSTAD
06003895	FEHAR	06004066	PROTEUS	06004170	TIGRIS
06003896	PRESTO	06004067	TERVANT 134	06004178	DONGESTROOM
06003900	PAGADDER	06004070	ZUIDZEE	06004180	LOVE BOAT
06003901	SABRINA	06004073	SOMTRANS XI	06004183	AREND
06003903	SATURNUS	06004075	FREJA	06004185	VERSUS
06003909	SANTORINI	06004081	LOUISA	06004188	DESIREE
06003944	ARGUS	06004082	THALASSA	06004189	MEDUSA
06003948	SOMTRANS X	06004084	MUGUET	06004191	ELVEBA
06003954	LA LIBERTE	06004085	JAMAIS-PENSE	06004193	ITASCA
06003956	KENAVO	06004087	THEODELA	06004196	CONTESSA
06003965	ODYSSEA	06004089	WILANI	06004200	CLEMA
06003967	SAO-MAI	06004090	CARRERA	06004201	BERKEL 02
06003971	DEO FAVENTE	06004091	SAKETA	06004203	NAUTILUS
06003972	WATERWAYS 1	06004095	SAMARKAND	06004205	ISARNO
06003978	BILL	06004096	GRACIOSA	06004207	MENTOR
06003981	NADA	06004098	DIAMOND	06004209	DESIRE
06003983	KEIKO	06004102	CHARIS	06004211	LOUIS
06003993	MERDOK	06004104	KON-TIKI	06004212	EMILE
06004001	VERA CRUZ }	06004105	ADIO	06004216	LARGO
06004002	GOUDVIS II	06004108	CARACAS	06004218	ORTELIUS
06004003	WATERWAYS 2	06004113	CURACAO	06004224	OLI-CHRIS
06004009	ANDISA	06004121	NOVATEUR	06004225	LOANA-CALISTA
06004010	SAM	06004122	KAAPSTAD	06004226	TAMARIS
06004012	NORDSTERN	06004125	DORNECK	06004228	BARBUDA
06004015	RHODY	06004128	BOSCO	06004229	SONIA
06004016	LORCA	06004130	MEARE	06004231	DIALASA
06004017	ALSVIN	06004131	TAORMINA	06004232	SIALIRNO
06004022	TORTUGA	06004132	ANTEROS	06004233	VITADOR
06004026	WATERWAYS 3	06004133	FUTURA	06004234	SYNTHESE 12
06004032	BELICHA	06004134	HOOP OP ZEGEN	06004237	STRELITZIA
06004033	TEXAS	06004135	PURA VIDA	06004239	COLOMBIA+COLOMBIA II
06004034	TANZANITE	06004138	BEETHOVEN	06004243	ATHINA
06004035	NEOPHYTE	06004139	CYLOR	06004244	ECLIPS
06004036	LEO	06004140	PRAXEAS	06004245	XANDER
06004037	SAVIO	06004149	RICKY-M	06004246	NAUTRANS
06004039	SOLITAIR	06004151	DEBOTANK	06004247	SHAMAL
06004041	CASSIDY	06004152	OKINAWA	06004249	THOR
06004046	GRACE DE DIEU	06004156	ALY-SON	06004251	TENNESSEE
06004050	TARSIS	06004158	ELMARO	06004254	CATANIA

ENI_NAME INDEX		ENI_NAME INDEX		ENI_NAME INDEX	
IMO/ENI	Vessel Name	IMO/ENI	Vessel Name	IMO/ENI	Vessel Name
06004255	TADORNA	06105020	COMUS 2	06105155	METROPOLIS
06004256	LINJAD	06105021	NECTON	06105170	NEW YORK
06004257	ROXY }	06105022	AMBERES	06105175	VERDI
06004262	ALCEDO	06105023	TRIPOLI (IMO 9540546)	06105178	GUATEMALA
06004263	FENIX	06105024	SKYLINE	06105187	NOORDZEE
06004264	TABIGHA	06105025	YZER (IJZER)	06105199	TATIANA
06004267	BELUGA	06105027	ISABELLE	06105201	ROSSINI
06004273	CORTINA	06105028	MYZAKO	06105203	DE NEUS
06004274	HOUTLAND	06105032	THEODELA C	06105206	OOSTZEE
06004275	CYMBA	06105033	ROSARIUM	06105211	ARTEGA
06004278	CURSOR	06105034	PRESTIGE	06105227	RASTA }
06004279	ORCA	06105035	PAGANINI	06105228	RASTA I }
06004280	RAYPA	06105036	ASPASIA	06105232	EUROSTAR
06004282	ANTON	06105037	ALASKA	06105239	CORYLOPHIDA
06004283	ROBINE	06105039	FLORALIA	06105250	ISABELLE I }
06004286	ALFA	06105040	VILARDO	06105251	EUROPORTS
06004290	AMPHIRA	06105041	BRYAN	06105257	SPN-14
06004292	TIBERIAS	06105043	SONNY	06105272	BANCO
06004293	COLORADO	06105045	LIGA	06105279	MONTANA
06004296	BEN-GUS	06105049	JUNA	06105280	LIANNE
06004299	MISTRAL	06105051	ARAGON	06105289	FREEDOM
06004300	PAULINA	06105057	DEUGNIET	06500096	DENDRE
06004303	TORNADO	06105059	LOMA	06501439	GEAN
06004304	CETUS	06105060	ADRIATICO	06502853	PENNSYLVANIA
06004305	ST RITA	06105061	LEOPOLDSTAD	06502949	ANTIGOON
06004306	PARANA	06105062	ELISABETHSTAD	06502959	VAMI
06004307	LA MATTANZA	06105066	YANKEE	06502979	FIJI
06004307	SUOMI	06105074	ACHERON II	06502979	RAVEL
06004312	DUBAIL	06105078	VICTROL 10	06502983	NAUTICA
06004314	OXBOW	06105079	SIGNUM	06503006	ANTIGOON
06004753	SANKARA	06105080	QUENYA	06503032	TRICO I
06004816	TESKELLY	06105081	GOUDVIS	06503037	TRAFUCO 5
06006389	CHERDY	06105090	REBEL	06503048	JOSMAR
06103016	ASSI	06105126	WIELINGEN	06503051	CON ZELO
06105000	APHRODITE	06105128	GREMKO G	06503066	DOMMEL
06105001	AMELIE 1	06105131	SINJOOR 1	06503070	CHRISTIAN 2
06105002	AQUAPOLIS	06105132	ORINOCO	06503072	SYLDO
06105004	ALLEGRO	06105139	CHRIDI + CHRIDI I	06503097	TABOR
06105006	PECUNIA	06105141	(ANTWERP) 30	06503110	PIERRE
06105007	QUEEROY	06105142	(ANTWERP) 31	06503203	CON ZELO II
06105008	TAMARIN	06105143	(ANTWERP) 32	06503203	SUO TEMPORE
06105012	SANTA PONSA	06105147	ACALI	06503207	JAN V
06105015	DESEO	06105151	BOS 16	06503219	HORTENCE
06105018	OXFORD	06105152	BOS 17	06503256	NORD
06105019	THALASSINI	06105154	AVILA	06503266	FLOR

ENI_NAME INDEX		ENI_NAME INDEX		ENI_NAME INDEX	
IMO/ENI	Vessel Name	IMO/ENI	Vessel Name	IMO/ENI	Vessel Name
06503302	NAJADE	06504083	LUSITANIA	7402453	LONDON
06503307	REGINA COELI	06504092	KOGO	7512454	FIGHTER
06503335	EUROPEO 2	06504142	MELODIE +	7515377	TEMPEST
06503344	GINARD	06504143	BRUTUS	7522124	WAKER
06503349	FURY (+OBI)	06504148	BIENVENU	7528491	ARION
06503360	JEA-MA	06504157	(ANTWERP) 92	7605677	MIRFAK
06503382	EUROPEO 1	06504171	WINTAM	7605689	MENKAR
06503389	RONITA	06504177	RIJNSTROOM	7605691	MARKAB
06503449	PATRICIA	06504214	ELMA	7612620	HERCULES
06503485	GEORGES	06504222	(ANTWERP) 90	7615593	ALPHONSE LETZER
06503495	TRAFUCO 4	06504223	(ANTWERP) 91	7700180	SIRIUS
06503501	LAURMICK	06504272	BOREAS II	7719052	SATURNUS
06503502	(ANTWERP) 10	06504277	KEMP 2	7803451	FAIRPAY IV
06503503	(ANTWERP) 11	06504294	CARAMONA	7811604	MARK
06503506	JE-JA	6807591	JAN LEENHEER	7925285	STERN (A963)
06503539	DW II	6907171	GRUNO V	08000048	PORTOFINO
06503547	LORENZO	07000382	ARNICA	08000156	ROTTERDAM
06503548	DESCHIETER 11	07000538	ELIANE	8009741	MNO ANNA
06503550	STELVIO	07001456	PIZ JULIER	08023057	APHRODITE
06503576	CHRISTIAN	07001488	PIZ CAMBRENA	08023059	CHAMONIX
06503578	EUROPEO 3	07001631	THRASOS	08023064	CREDO
06503611	LYDIA +	07001635	ARIZONA I }	08023080	HARMONIE
06503679	NEHALENNIA	07001708	ISABEL	08023090	EGALITE
06503691	KAYAK III	07001708	PIZ GLORIA	08023091	LIBERTE
06503775	IN-DI	07001708	PIZ PALU	08023092	LORRAINE
06503781	FLANDRIA #?	07001713	PIZ LANGUARD	08023093	DILLINGEN
06503784	FLANDRIA 5	07001720	LAMBERT	08023094	ROBERT-DAVID
06503799	(ANTWERP) 20	07001730	CONQUEST	08023110	LIBERTAS
06503801	KEVIN	07001748	RP BASEL	08023114	REALITE
06503824	(ANTWERP) 21	07001801	PIZ BIANCO	08023148	SOMTRANS VIII
06503840	(ANTWERP) 22	07001814	PIZ PILATUS	08040008	MARINA
06503841	FLANDRIA 9	07001822	PIZ ALBANA	08043007	EMMA
06503864	DANIQUE-F	07001823	PIZ ALBRIS	08043010	FRANK BURMESTER
06503868	SUPERMAC	07001824	PIZ AMALIA	08043011	ECKHARD BURMESTER
06503878	LE-CRI	07001827	PIZ K2	08043013	HERMANN BURMESTER
06503879	SPERWER	07001829	PIZ LOGAN	08043014	HEINRICH BURMESTER
06503880	SNEP	07001836	ELBINGERODE	08058001	SOMTRANS VII
06503897	MAUD	07001843	PIZ KESCH	08058002	SOMTRANS VI
06503946	SABINE	07001845	PIZ LOHTSE	08060011	BARZABEL
06503959	BIRGIT	07001845	SAMAR	08060011	ERTEPELLER
06504023	DN 61	07011817	ARIZONA II }	08060021	NAVIRA (LX)
06504047	THOR	7052911	BARRACUDA	08062002	FRATERNITE
06504051	WILLEM	7232626	MULTRATUG 11	08065007	FRANCA
06504069	DABRICY	7232638	MULTRATUG 10	8106991	RETRIEVER
06504083	ALPHA	7402439	ROTTERDAM	8117483	ZEELAND

ENI_NAME INDEX		ENI_NAME INDEX		ENI_NAME INDEX	
IMO/ENI	Vessel Name	IMO/ENI	Vessel Name	IMO/ENI	Vessel Name
8133617	RIJNSTROOM	9167966	ARCA	9372664	DMS EAGLE
8134039	TENDER 1	9190054	RT INNOVATION	9376220	RT MARGO
8207680	ZP CAYMUS	9190066	RT MAGIC	9385893	FRISIANA
8207692	ZP CHANDON	9190315	ALCEDO	9394026	MEANDER
8213964	SINGAPORE	9190327	ARDEA	9394038	ISA
8409290	HEMIKSEM	9190614	RT PIONEER	9397119	UNION KODIAK
8409305	GENT	9190829	RT SPIRIT	9397121	UNION GRIZZLY
8424886	LOODSBOOT 6	9192313	EN AVANT 5	9405382	SEA GOLF
8424903	ZEELEEUW	9196278	MNO ZEEZAND	9406415	UNION ONYX
8424927	LOODSBOOT 7	9201724	JAN VAN GENT	9406427	UNION TOPAZ
8432974	MERCUUR	9220548	UNION DIAMOND	9406439	UNION HAWK
8433497	MEHARI	9226255	BAREND BIESHEUVEL	9406441	UNION EAGLE
8433966	MEERMIN III	9226841	VISAREND	9411109	GIESSENSTROOM
8434128	ZEEMEEUW	9229544	DUTCH PIONEER	9412191	DMS BLUEBIRD
8516976	BLUSTER	9240732	THARSIS	9414204	DMS STARLING
8516988	BOULDER	9257292	STORMMEEUW	9423425	ZWERVER I
8521127	TELSTAR	9261487	UNION MANTA	9424754	TEMPEST
8521141	SVEZIA	9267871	BETELGEUZE	9428047	WATERSTROOM
8603004	BRUGGE	9281592	AMADEUS	9428059	WATERSTRAAT
8609888	ROTTERDAM	9292888	SVITZER MUIDEN	9431903	VIKING
8802650	VLIESTROOM	9292890	SVITZER MARKEN	9433767	ITC CYCLONE
8802662	TERSCHELLING	9292905	SVITZER MEDEMBLIK	9439242	IEVOLI BLACK
8802674	FRANS NAEREBOUT	9295646	SEA DELTA	9444663	SEA ECHO
8819034	VLIESTOLMA F	9295775	AMSTELSTROOM	9450268	DMS DUNNOCK
8843549	ZEEHOND	9304904	DMS GLOBE	9451252	ANDRE-B
8900799	NIEUWE DIEP	9314272	UNION PEARL	9451537	ATRITON
8900804	SCHUITENGAT	9314284	UNION RUBY	9453925	ITC MISTRAL
8915457	BRAAKMAN	9314296	UNION EMERALD	9454888	SMIT TIGER
8915469	TERNEUZEN	9315563	FAIRMOUNT SHERPA	9466271	SEA ALFA
8915471	ST ANNASTRAND	9315575	FAIRMOUNT SUMMIT	9470181	KIM K
8916310	ENSOR	9333888	RT ZOE	9474917	RT PETER
8943545	ASTERIAS	9339002	ANNA B	9479113	RWS 71
9031193	PIETER COECKE	9342102	EN AVANT 1	9479125	RWS 75
9033878	WULP	9342669	GRUNO IV	9479137	RWS 78
9034975	UNION 5	9344784	FAIRMOUNT ALPINE	9479175	RWS 70
9034987	UNION 6	9344796	FAIRMOUNT GLACIER	9479187	RWS 72
9046497	ZIRFAEA	9345518	SMIT BISON	9479199	RWS 73
9065467	WADDENZEE	9350161	MULTRATUG 5	9479266	RWS 74
9104718	DELTA	9352365	NOVA K	9479278	RWS 76
9120140	LIEVEN GEVAERT	9358943	FAIRMOUNT EXPEDITION	9479280	RWS 77
9120164	UNION 7	9365116	FAIRPLAY 3	9479292	RWS 79
9120176	UNION 8	9365130	UNION AMBER	9479785	YOGI
9120190	UNION 11	9365142	UNION JADE	9481752	MULTRATUG 17
9147605	NAOMI E	9367114	PERSEUS	9483413	RV 180
9148752	FAIRPLAY 21	9369057	BREITLING	9487029	SEA BRAVO

ENI_NAME INDEX		ENI_NAME INDEX		ENI_NAME INDEX	
IMO/ENI	Vessel Name	IMO/ENI	Vessel Name	IMO/ENI	Vessel Name
9489948	RT EDUARD	9533969	VIGILANT	9569322	DMS PELICAN
9492256	BEVER	9537408	MULTRATUG 3	9569346	DMS HERON
9492880	MULTRATUG 18	9537513	UNION WARRIOR	9572824	ODIN
9502697	UNION PANDA	9537537	UNION BOXER	9581526	ZEETIJGER
9502714	UNION KOALA	9537549	UNION WRESTLER	9582752	LYDIA D
9507051	BRENT	9541708	FAIRPLAY XIV	9586409	M.P.R. 1
9507063	GINGER	9545651	ALBATROS	9593256	M.P.R. 2
9507582	TYPHOON	9547879	DUTCH POWER	9605347	DMS ALBATROSS
9507594	TWISTER	9548885	DMS KINGFISHER	9605449	SEA FOXTROT
9510228	ITC CHINOOK	9548897	DMS OSPREY	9606883	HEBO CAT 7
9522336	FREEDOM	9556337	SHOALWAY	9611539	M.P.R. 3
9524504	DMS BLACKBIRD	9563201	DMS SISKIN	9612806	NORNE
9524516	HARRIER	9563213	TARKA 3	9614878	ZWERVER III
9531038	DHAMRA	9568988	WESTDIEP	9616577	M.P.R. 4
9531624	ITC MELTEMI	9568990	WIELINGEN	9639969	OCEANUS

Printed in Great Britain
by Amazon.co.uk, Ltd.,
Marston Gate.